고려사 속의 원 제국

고려사 속의 원 제국

권용철 지음

경인문화사

책을 내면서

본서는 필자가 박사과정 시절부터 학술지에 발표하기 시작했던 고려와 원의 관계사 논문들을 모아서 한 권의 책으로 엮은 결과이다. 본서에 수록된 10개의 장들 중에서 가장 먼저 발표했던 글은 2014년에 학술지에 게재된 논문이니 결과적으로 10년 동안 관심이 가는 주제들에 대해 간헐적으로 썼던 글들이 모인 셈이다. 필자는 석사과정 때부터 원 제국 후기 정치사에 큰 관심을 가지고 공부를 했고, 박사학위논문까지도 그 관심이 이어져 2017년에 박사학위논문을 제출했다. 그리고 2019년에는 학위논문의 내용을 수정하고 다듬어서 『원대 중후기 정치사 연구』라는 제목의 단행본으로 출간했다. 그리고 필자가 저술한 이번 두 번째 책은 고려와 원이 얽힌 내용의 논문들을 모아놓은 형식으로 출간하는 것이다. 이렇게 한 차례 정리를 하고 난 이후에 또 다른 학문적 원동력을 얻기를 기대하는 것도 있다.

몽골-원 제국 역사를 공부하면서 선행 연구 성과들을 읽어나가고, 또 같은 분야를 연구하시는 연구자 선생님들을 직접 만나 배움을 얻기도 하면서 관심이 가는 학문적 소재와 주제들은 다양해질 수밖에 없었다. 특히 한국사학계에서 고려-원 관계사를 전공하시는 선생님들과의 학문적 교류는 매우 소중한 것이었고, 이를 통해 고려의 대외관계사를 공부할 수 있었으며 관련 자료들의 존재도 파악해 나갈 수 있었다. 이 과정에서 자연스럽게 고려의 기록과 원의 기록을 접목할 수 있는 주제가 없을까 고민하게 되었고, 그 고민의 결과들을 논문으로 풀어내기 시작했던 것이다. 때마침 필자가 대학원에서 공부하던 2010년대에 몽골제국사 연구가 활성화되고, 연구의 관점도 넓어졌다. 연구의 새로운 경향은 고려-원 관계사를 연구하는 한국사 연구자들에게도 큰 영향을 끼쳤고, 그 결과 고려사 연구자와 몽골-원사 연구자들이 모두 고려-원 관계사 분야에서 뛰어난 연구 성과들을 발표했다. 필자는 이러한 성과들의 도움을 톡톡히 받았다.

고려-원 관계사 분야에는 굵직한 화두가 많다. 형제맹약, 30년 가까운 시간에 걸쳐 벌어진 양국의 전쟁, 삼별초, 정동행성, 쿠빌라이의 일본 원정, 다루가치, 고려국왕의 다면적 지위(고려국왕, 부마, 정동행성승상), 동녕부와 쌍성총관부 등이 그러한 주제들이다. 이러한 주제들에 관한 연구에서 고려사 연구자와 몽골-원사 연구자들이 서로 놓쳤던 관점이나 자료를 발굴하면서 상호 보완이 이루어졌고, 혹은 양국 관계의 성격을 둘러싼 학문적 논쟁이 진행되기도 했다. 그런데 필자의 연구 관심은 조금 다른 방향으로 나아갔다. 아마도 장동익 선생님의 『元代麗史資料集錄』을 접했던 것이 계기로 작용했던 것 같다. 원 제국 측의 자료에 고려 관련 기록들이 굉장히 많은데, 생각보다 실제 연구에서는 자주 활용되지 못하는 것 같다는 인상을 받았기 때문이다. 그리고 거꾸로 고려 측의 자료에 보이는 원 제국 관련 기록의 가치를 몽골-원사 연구자 입장에서 부각시켜 보면 좋겠다는 생각도 가지고 있었다. 그러다보니 필자의 논문들은 기존의 연구 성과들과는 연구의 방향이라는 측면에서 약간의 차이가 생겼다.

그러한 차이점은 필자가 논문을 심사받는 과정에서 더욱 뼈저리게 절감할 수 있었다. 아무래도 논문들 중에서는 기존 사료에서 주목하지 않았던 원 제국 관련 내용을 소개하고 이를 열거하면서 나름의 의미를 부여하려고 했지만, 그것이 기존 주장에 대한 반박이나 역사상의 변화로 연결되지는 못하는 부분들이 존재했기 때문이다. 그러다보니 소개의 차원에 그친다는 비판을 많이 받았다. 하지만 필자는 아예 관심을 가지지 않거나 모르는 것보다는 소개를 먼저 하는 것이 연구의 시작이자 연구 관심사의 공유, 후속 연구를 위한 관심 유발이라고 생각하고 있어서 앞으로 발굴한 자료를 어떻게 활용하여 후속 연구로 이어갈 것인가가 중요한 문제라고 할 수 있다. 비판은 늘 필자 자신을 되돌아보게 하고, 더 고민하게 만드는 촉매가 된다.

그런데 논문 심사평 중에는 심지어 '논지 자체가 별로 관심 없고, 중요하지 않은 주제'라는 평가도 있었다. 즉, 고려 측 자료에서 원 제국 역사 관련 내용을 소개하고 분석하는 방향의 연구가 '관심도 가지지 않는, 중요성도 없는 것'이라는 평가도 받았던 것이다. 이때 필자는 '학술 논문', 더 나아가 '학문'이라는 것이 무슨 의미를 가지고 있는지에 대해서 진지하게 고민하지 않을 수 없었다. 학문의 영역에서 관심의 유무, 그리고 중요성의 여부는 누가 결정하는 것일까? 결정의 기준은 무엇일까? 학문은 '다양성'의 발현이라고 알고 있었는데, 관심이 가고 중요한 주제는 따로 있었던 것인가? 그렇다면 필자가 매달리고 있는 사료, 소재들과 그를 다룬 여러 논문들은 쓸모가 없는 결과일 뿐인가?

　필자가 첫 번째 책인『원대 중후기 정치사 연구』에서 논리 전개나 상황 설명을 위해 고려 측의 자료를 꽤 많이 인용했다는 점을 상기해보면 몽골-원사 연구에서 고려 측 자료는 절대로 무시되어서는 안 되는 기록들이다. 고려-원 관계의 특성을 생각해보아도 양국의 자료에 서로에 대한 기록들이 많이 남아 있을 수밖에 없는 것이다. 학문의 영역에서 '관심도 가지 않는' 분야에 대한 논문을 쓰기 위해 머리를 싸매고 어딘가에서 고심하는 연구자들을 주변의 곳곳에서 목격했고, 그런 선생님들로부터 필자가 자극과 용기를 얻었다는 점을 생각하면 사실 위와 같은 심사평을 보고 온갖 상념이 들 수밖에 없었다. 결국 필자가 제시한 연구의 방향성이 아직까지 거의 공감을 얻지 못하고 있다는 것이었고, 이에 개별 논문들을 학술지에 게재하는 것도 중요하지만 연구 결과들을 하나의 단행본으로 묶어서 출간하는 작업을 시작으로 고려와 원 두 국가의 사료를 연계시키는 연구의 중요성과 이에 대한 공감대를 형성할 필요가 있음을 절감했다. 몇 년 전에 발표하면서 필자 자신의 기억 속에서도 점점 희미해져가는 내용들을 상기시키는 차원에서라도 필요한 작업이라고 여겨졌고, 논문을 발표한 이후에 추가된 최신 연구 성과들을 반영하면 더욱 좋겠다는 생각도 들었다. 그리고 이런 주제로 책까지 나올 수도 있다는 점을 알리는 데에도 단행본 출간은 반드시 필요한 과정이라고 느꼈고, 『원대 중후기 정치사 연구』 출간 이후 필자가 번역서들을 계속 내놓게 되면서 잠시 미루어놓았던 하나의 작업을 이제는 해야 될 때라고 생각했다.

그렇다면 고려 측의 기록에서 원 제국과 관련된 자료들을 찾아내고 이를 분석하는 연구를 필자가 중요하다고 생각하는 이유를 밝힐 필요가 있겠다. 이미 여러 연구들을 통해 고려-원 관계의 다양한 역사상들이 드러나고 있는데, 아직도 놓치는 부분들이 있다. 특히 고려 측의 기록에 등장하는 원 제국의 제도, 인물에 대해서 주목한 연구들은 그리 많지 않다. 하지만 고려 측의 기록에 원 제국과 관련된 세부적인 역사상까지 등장하고 있다는 것 자체는 고려-원 관계의 특성이 고스란히 반영되어 있는 현상이다. 그러므로 원 제국 역사에 대한 깊은 이해를 바탕으로 고려 측의 기록을 들여다보게 되면, 고려와 원이 서로 간에 끼친 영향력이 상당히 컸다는 점을 여러 사례를 통해 파악할 수 있다. 그리고 고려와 원 양측 자료의 비교를 통한 사료의 교감(校勘)도 가능한데, 예를 들어 이 책의 2장에서는 『목은문고』에 등장하는 간극장(幹克莊)이라는 이름이 알극장(斡克莊)의 오기(誤記)라는 점을 확인했다. 알(斡)을 간(幹)으로 잘못 적은 것이다. 사소하게 보일지 몰라도, 사료 한 글자의 오류를 바로잡는 작업은 사료의 올바른 이해를 위해서라도 꼭 필요한 것이다. 건주여진의 역사 연구에서 『조선왕조실록』이 굉장히 중요한 사료로서의 역할을 하는 것처럼, 원 제국 역사 연구에서도 고려 측 자료가 차지하는 위상은 제고되어야 한다고 생각한다.

이 책이 출간되었다고 해서 필자가 관심을 가지고 있는 연구 분야,

즉 고려와 원의 기록들을 비교 검토하면서 고려-원 관계의 특별한 성격을 보여주는 사례들을 들여다보는 연구가 종결되는 것은 결코 아니다. 연구로 삼을 수 있는 소재가 너무나도 다양하기 때문에 언제든지 사료에서 가치 있는 주제를 발견하게 된다면, 논문의 형태로 만들어서 발표할 것이다. 아니, 발표해야 한다. 그것이 연구자로서 항상 마음에 품고 있는 사명이 아닐까?

이제 이 책이 나오기까지 도움을 주신 분들에게 감사의 말씀을 드리고자 한다. 대학원에서 공부하던 때에 은퇴하시기 전까지 지도교수가 되어주신 박원호 선생님의 저서인 『明初朝鮮關係史研究』를 읽으면서 처음으로 한중관계사의 재미를 알게 되었다. 수업에서 알려주셨던 여러 자료와 연구들은 지금도 필자에게 큰 자양분이 되고 있다. 박원호 선생님께 큰 감사를 드린다. 그리고 고려-원의 관계사 공부가 흥미롭다는 것을 처음으로 몸소 느끼게 해주셨던 선생님들이 계셨기에 연구를 시작할 수 있었다. 고려시대사를 연구하시면서 다양한 주제로 논문을 발표하여 필자의 모범이 되어주신 이정신, 김난옥, 이정란, 허인욱, 김보광, 이미지 선생님께 진심으로 감사드린다. 그리고 고려시대, 조선시대의 대외관계사를 중점적으로 연구하며 서로의 관심사를 공유하고 관련 정보를 알려주신 한국역사연구회 중세국제관계사연구반의 여러 선생님들께도 감사드린다. 필자는 몽골-원사 연구를 전공 분야로 삼고 있지만, 전공 분야에 대한 공부가 여전히 부족하니 고려사 방면의 공부는 더 부족하다는 사실은 말할 것도 없다. 그래서 연구반에서 한국사가 아닌 동양사 연구자로 '이방인'이 되지 않을까 하는 걱정을 하는데 그럴 때마다 조언과 격려를 아끼지 않으신 여러 연구자 선생님들이 계셨기에 용기를 낼 수 있었다. 이 자리를 빌려 이규철, 김창수, 구도영, 이승민, 오기승, 정동훈, 강재구, 김진곤, 서은혜, 안선규 선생님 등 여러 선생님들께 감사의 인사를 드린다.

몽골-원사를 연구하시면서 고려-몽골(원) 관계사에 관한 색다른 관점의 연구들을 발표하시는 선생님들께도 감사의 인사를 드리지 않을 수 없다. 이개석, 김호동, 윤은숙, 김장구, 최윤정, 고명수, 류병재, 조원, 김석환 등 여러 선생님들께서 발표하신 논문이나 책들이 있었기에 필자가 다양한 소재와 관점들 그리고 보지 못했던 자료들을 하나씩 알아갈 수 있었기 때문이다. 그리고 고려시대사의 관점에서 고려-원 관계사를 새롭게 조명한 연구들을 발표하시면서 필자가 공부해야 될 것이 끝이 없음을 알게 해주신 장동익, 김광철, 이익주, 이강한, 이명미 선생님 등 수많은 논문들을 통해 도움을 주신 모든 연구자 선생님들께 감사드린다.

아울러 학술서의 출판 사정이 갈수록 어려워지고 있음에도 불구하고, 필자의 출간 제안을 흔쾌히 허락해주신 경인문화사 한정희 대표님께 감사드린다. 그리고 거친 원고를 꼼꼼하게 편집하여 학술서의 체계를 갖추게 만들어주신 김윤진 편집자님께도 감사의 말씀을 드리지 않을 수 없다. 공부를 시작한 이후 지금까지 자료의 인쇄, 복사를 늘 도와주신 후문사의 최수영 사장님께도 이번 기회에 감사하다는 말씀을 드리고 싶다. 또한, 공부를 위한 최적의 환경을 지원해주신 경기대학교 사학과의 김기봉, 이왕무, 오치훈, 윤효정 선생님께 감사드린다. 그리고 필자가 노트북 앞에서 열심히 자판을 두드리고 있을 때, 이번에는 무슨 책을 번역하고 있는 것이냐고 물어보신 부모님께 이번에는 저의 '저서'라고 말씀드렸

더니 더욱 흐뭇한 미소를 지으셨던 장면을 잊을 수가 없다. 그 장면이 연출될 수 있도록 지금까지 아낌없는 지원과 응원을 보내주신 부모님께 또다시 감사의 말씀을 올리고자 한다.

2024년 3월

광교 연구실에서 권용철

차례

1. 고려의 문집에 기록된 원 제국

2. 원 제국의 영향과 고려인

3. 고려의 기록에 보이는 원 제국의 역사상

고려사 속의 원 제국

1 — 고려의 문집에 기록된 원 제국

1장

이곡『가정집』의 원 제국 관련 기록

1. 머리말

1206년에 칭기스 칸이 몽골제국을 건립한 이후, 제국은 빠른 속도로 팽창해 나갔다. 고려 역시 몽골제국과의 접촉을 피할 수 없었고, 고려 고종 재위 시기에 오랫동안 전개된 몽골과의 전쟁은 고려-몽골 관계 수립의 기반으로 작용했다. 이후 쿠빌라이는 고려의 독자적인 풍속을 인정하며 겉으로는 이전의 '책봉-조공 관계' 형식을 유지하면서도 실질적으로는 고려에 대한 간섭의 강도를 확대하는 방향의 정책을 수행했다. 게다가 충렬왕이 원 제국[01] 황실의 부마가 되면서 고려-몽골 관계는 더욱 특수해지기 시작했고, 이후 여러 가지 요소가 결합되면서 고려-몽골 관계는 기존 한중관계의 모식만으로는 설명하기 어렵다는 점이 각종 연구들에 의해 밝혀졌다.[02]

---

01   정식 국호를 따르면 대원제국이라고 해야 하나, 이 책에서는 축약하여 원 제국으로 표기한다.

02   고려-몽골 관계를 다룬 대표적인 연구서로는 김호동, 『몽골제국과 고려』, 서울대학교

이러한 고려와 원 제국 사이의 특별한 관계 속에서 다양한 교류망이 형성되었는데, 그 중에서 주목할 가치가 있는 것은 바로 인적(人的) 교류였다. 혼인관계로 인해 원 제국 황실 여성이 고려왕에게 시집을 오면서 데려온 사속인(私屬人)들이 고려에서 활동했고,[03] 고려 출신 환관과 공녀들이 원 제국 궁정에서 활약했다는 사실[04] 등 두 국가 간의 인적 교류는 다방면에서 조명되었다. 그리고 원 제국 인종(仁宗) 황경(皇慶) 2년(1313)에 과거를 시행한다는 조서가 반포되면서 이듬해인 연우(延祐) 원년(1314)에 향시(鄕試)가 실시되고, 연우 2년(1315)에 회시(會試)와 전시(殿試)가 시행되어 진사 56명이 선발된 이후부터 문인들 사이의 교류도 더욱 활발해졌다.[05] 특히 고려의 일부 문인들이 원 제국의 과거에 직접 응시하여 합격한 이후 관직을 받으면서 원 제국 중앙 조정에 포진한 지식인들과 긴밀한 친분 관계를 형성하기도 하였다.[06]

출판부, 2007; 이개석, 『고려-대원 관계 연구』, 지식산업사, 2013; 이강한, 『고려와 원 제국의 교역의 역사』, 창비, 2013; 이명미, 『13~14세기 고려·몽골 관계 연구』, 혜안, 2016; 고명수, 『몽골-고려 관계 연구』, 혜안, 2019 등을 참고할 수 있다.

03   이에 대해서는 고명수, 「충렬왕대 怯憐口(겁령구) 출신 관원 - 몽골-고려 통혼관계의 한 단면」, 『사학연구』 118, 2015를 참고.

04   고려 출신 환관에 대해서는 이개석, 「元 宮廷의 高麗 출신 宦官과 麗元關係」, 『東洋史學研究』 113, 2010을 참고. 공녀에 관해서는 喜蕾, 『元代高麗貢女制度研究』, 北京: 民族出版社, 2003을 참고.

05   원 제국에서 오랫동안 시행되지 않던 과거제도가 인종 시기부터 실시된 배경과 과정에 대해서는 余來明, 『元代科擧與文學』, 武漢: 武漢大學出版社, 2013, 146~167쪽을 참고.

06   원 제국 과거에 급제한 고려 문인들에 대해서는 高惠玲, 『高麗後期 士大夫와 性理學 受容』, 일조각, 2001, 102~121쪽의 내용을 참고. 고려-원 문인들의 交遊에 관해서는 張東翼, 『高麗後期外交史研究』, 일조각, 1994, 194~234쪽을 참고. 또한, 배숙희도 고려-원 문인들의 교류를 상세히 다루면서 원대 과거를 설명한 연구를 발표한 바 있다.

고려-원 제국 간 인적 교류의 구체적인 양상을 보여주는 사례로는 여러 인물들이 있는데, 그 중에 1장에서 다룰 이는 바로 가정(稼亭) 이곡(李穀, 1298~1351)이다. 이색(李穡)의 부친으로도 잘 알려져 있는 이곡은 원통(元統) 원년(1333)에 원 제국에서 실시되었던 과거에 급제[07]하여 한림국사원검열관(翰林國史院檢閱官)의 관직을 받으면서 본격적으로 원 제국과 고려를 넘나들며 활동하였다. 이곡은 1330~1340년대 원 제국과 고려의 상황을 직접 목도하면서 상당히 넓은 시야를 가지게 되었고, 그래서 이곡의 문집인『가정집』에는 두 국가에서 관직을 받아 활약하면서 얻을 수 있었던 귀중한 역사적 정보들이 기록될 수 있었다. 즉,『가정집』은 당시 고려-원 제국 관계의 특수성이 짙게 반영되어 있는 문집으로 고려와 원 양국의 역사적 사실을 밝혀내기 위해 꼭 필요한 자료라고 할 수 있다.

『가정집』의 자료 가치는 이미 기존의 연구들을 통해 증명된 바 있다. 고려후기 역사 연구에서『고려사』,『고려사절요』의 부족함을 보완하기 위해 문집 자료가 적극적으로 활용되었고,『가정집』역시 중요한 자료로 인식되어 여러 연구들에서 인용된 것이다. 또한, 문학 방면에서는 이곡이 지은 시(詩), 사(詞) 등을 분석하여 그 문예적 특징이나 이곡의 세계관, 자아의식을 밝히는 연구들이 발표되면서『가정집』의 가치를 확인시켜주었다.[08]

이에 대해서는 裵淑姬,「元代 科擧制와 高麗進士의 應擧 및 授官」,『東洋史學硏究』 104, 2008 참고.

07 　이곡을 포함하여 원통 원년에 치러진 과거에서 급제한 100인의 출신과 인적사항에 대해서는 蕭啓慶,『元代進士輯考』, 臺北: 中央硏究院歷史語言硏究所, 2012, 54~97쪽을 참고.

08 　대표적인 연구들로는 元周用,「稼亭 李穀의 記에 관한 考察」,『동방한문학』40, 2009; 강동석,「李穀의 詩世界와 自我意識」,『漢文敎育硏究』35, 2010; 魚江石,「稼亭 李穀의

최근에는『가정집』의 시에 문학적인 표현이 많아 역사 연구자들에게 소홀히 다루어진 경향이 있음을 지적하면서『가정집』의 시를 활용해 이곡의 행적을 상세하게 고찰한 논문이 발표되어『가정집』이 사료로서 유용하게 활용될 수 있음이 재차 밝혀졌다.[09] 또한, 신예(辛裔)의 행적을 중심으로 이루어진 시문(詩文) 교류를 살핀 연구에서도『가정집』이 중요한 사료로 이용되고 있다.[10] 또한, 이곡의 사회관계망이나 인적 네트워크를 분석하는 데에 있어서도『가정집』은 필수적인 자료로 활용해야 한다는 점이 최근의 연구로 증명된 바 있다.[11] 즉,『가정집』은 저자인 이곡과 이곡이 살았던 고려후기의 모습을 탐구하는 데에 있어서 필수적인 문헌으로 자리매김했음을 파악할 수 있다.[12]

　『가정집』을 통해서 고려후기의 상황을 파악하기 위한 다방면의 연구들이 이루어진 반면, 원 제국의 모습을 알아내려는 시도는 그다지 많이 이

在元期 詩에 나타난 交遊樣相과 精神的 葛藤」,『한국한문학연구』45, 2010; 元周用, 「稼亭 李穀 散文의 文藝的 特徵」,『동방한문학』46, 2011; 정성식, 「詩文에 나타난 李穀의 세계관」,『동방학』22, 2012 등이 있다.

09　김창현, 「가정집 시 분석을 통한 이곡의 인생여정 탐색」,『韓國人物史研究』22, 2014.

10　김난옥, 「고려말 詩文 교류와 인적관계-辛裔를 중심으로」,『韓國史學報』61, 2015.

11　김윤정, 「李穀의 사회관계망과 在元 고려인 사회-〈稼亭集〉에 대한 분석을 중심으로」, 『학림』44, 2019; 배규범, 「李穀의『稼亭集』을 통해 본 14세기 전반기 인적 네트워크의 양상」,『동양한문학연구』53, 2019.

12　최근에는 이곡이 고려와 원의 사이에 위치한 '경계인'이었다는 새로운 관점이 제기된 바 있고(김영수, 「팍스 몽골리카 하 가정(稼亭) 이곡(李穀)의 이중적 정체성-'고려인-세계인' 사이를 방황한 경계인」,『동방문화와 사상』11, 2021), 이곡의 사상을 다룬 도현철의 단행본도 출간되었다(도현철,『이곡의 개혁론과 유교 문명론』, 지식산업사, 2021). 그리고 이곡이 교류한 원 제국의 인물들과의 관계를 상세히 규명한 연구도 최근에 발표된 바 있다(배규범, 「稼亭 李穀의 중국체험과 원나라 인적 네트워크 분석」, 『동양한문학연구』65, 2023).

루어지지 않고 있다. 한국학계에서는 원 제국의 자료에 있는 고려와 관련된 기록을 모아서 출판하는 등 활발한 관심을 보이고 있지만,[13] 반대로 고려의 문집 등에 기록된 원 제국의 역사상에 대해서는 아직 본격적으로 탐구된 바가 없다.[14] 그나마 중국학계에서는 천가오화(陳高華)가 『가정집』과 이색의 『목은고』에 기록된 원 제국 관련 내용을 일부 개략적으로 소개하며 차후 연구를 위한 시론을 펼친 바 있고,[15] 수리(蘇力)는 『가정집』에 나온 至正 4~5년(1344~1345)의 재해 모습을 언급하면서 『가정집』을 『원사』의 부족함을 보완할 수 있는 자료로 적극 활용하고 있다.[16] 필자는 기황후가 원 제국 궁정으로 들어가는 발판의 역할을 했던 투멘데르(禿滿迭兒, Tümender)라고 하는 환관이 고룡보가 아니고, 『가정집』 권4에 나온 정독만달(鄭禿滿達)일 수도 있다는 사실을 주장하면서 『가정집』을 주목한 바 있다.[17] 그러나 위 연구들을 통해서 『가정집』에서 찾아볼 수 있는 원 제국 관련 기록이 충실하게 다루어졌다고 보기는 어렵다.

이에 1장에서는 『가정집』에 기록되어 있는 원 제국 역사 관련 내용을

13   張東翼, 『元代麗史資料集錄』, 서울대학교출판부, 1997; 이근명 외, 『송원시대의 고려사 자료 2』, 신서원, 2010, 289~487쪽.

14   일찍이 중국에서는 한국의 문집에 기록된 원 제국 자료를 수록한 자료집(杜宏剛·邱瑞中·崔昌源 輯, 『韓國文集中的蒙元史料』, 桂林: 廣西師範大學出版社, 2004)이 출간되었지만, 이것이 활용되어 활발한 후속 연구로 이어지지는 못한 것으로 보인다. 그러나 최근 중국학계에서는 고려의 자료에서 원 제국과 관련된 기록을 탐색하고 분석하는 연구 프로젝트들이 진행되면서 조금씩 성과를 발표하고 있다.

15   陳高華, 「《稼亭集》·《牧隱稿》與元史研究」, 『蒙元史曁民族史論集: 紀念翁獨健先生誕辰一百周年』, 北京: 社會科學文獻出版社, 2006.

16   蘇力, 「《稼亭集》所見元至正五年大都災荒事」, 『東北師大學報(哲學社會科學版)』 2010-6.

17   권용철, 「高麗人 宦官 高龍普와 大元帝國 徽政院使 투멘데르(禿滿迭兒)의 관계에 대한 小考」, 『사학연구』 117, 2015. 이 책의 5장을 참고.

이전의 연구들보다 조금 더 상세하게 살펴보고, 그 의미가 무엇인지를 분석하고자 한다. 이를 통해 14세기 초·중반의 고려-원 관계가 나타나는 구체적인 모습을 확인하고, 『가정집』의 사료적 가치가 고려후기 연구는 물론이고 14세기 원 제국 연구에서도 유용하게 발휘될 수 있다는 점을 검토하게 될 것이다.

2. 원 제국의 궁정 정치와 관련된 기록

a. 원 제국의 제위계승분쟁 상황

이곡은 비록 원 제국의 과거에 합격하기는 했지만, 궁정의 핵심부에서 활약할 정도의 고위 관직에 임명된 것은 아니었다. 그렇기 때문에 원 제국 궁정 정치의 상세한 사건까지 파악할 수는 없었음에도 불구하고, 『가정집』에는 당시 정치사의 흐름을 알려주는 기록들이 남아 있다. 우선, 「대원고려국광주신복선사중흥기(大元高麗國廣州神福禪寺重興記)」에는 동지민장총관부사(同知民匠摠管府事) 박군(朴君)[18]이 이곡을 찾아와 말한 내용 중에 "내가 약관의 나이에 부모님을 하직하고 황제의 조정에 나아가서 벼슬을 했다. 무종(武宗)의 시대부터 이미 은혜를 많이 받아 인묘(仁廟, 즉 인종)가 제위를 계승하기에 이

---

18   여기에서 朴君은 朴瑣兀大를 가리키고, 고려 출신으로 무종 시기에 원 제국의 內侍로 충원된 인물이다. 필자는 瑣兀大가 몽골어로 고려인을 뜻하는 '솔롱고다이'를 적은 것으로 추정하고 있는데, 강원대학교 윤은숙 교수께서는 '털이 있는 사람'이라는 뜻의 '소롤다이'가 더 적합할 것이라는 의견을 주신 바 있다.

르자 동궁(東宮)의 옛 신하라고 하여 후대하는 것이 보통과는 달랐다"[19]는 기록이 보인다.

위 기록은 당시 무종에서 인종으로 이어지는 원 제국의 제위계승과정이 남긴 파장이 불러온 정치적 배경을 통해서 더욱 상세하게 이해할 수 있다. 대덕(大德) 11년(1307)에 성종이 사망한 후에 발생한 계승분쟁에서 기선을 잡은 것은 쿠데타를 성공시킨 아유르바르와다(훗날의 인종)였지만, 이때 몽골에서 양성한 군사력을 바탕으로 아유르바르와다의 형 카이샨(훗날의 무종)이 결국 제위에 오를 수 있었다. 무종은 자신의 즉위에 결정적인 공적을 세운 동생을 황태자에 책립했고, 이때부터 무종과 황태자의 근신(近臣)들 사이에 치열한 대립이 벌어졌다. 그러다가 지대(至大) 4년(1311) 정월에 무종이 갑자기 사망했고, 황태자는 자신과 갈등 관계에 있었던 무종의 신료들을 대부분 숙청하고 난 뒤 즉위했다.[20] 즉, 황태자로 지명이 되기는 했지만 인종은 실질적으로 제위를 장악하기 위한 쿠데타를 일으킨 것이었다. 그렇기 때문에 박쇄노올대(朴璅魯兀大)가 동궁의 옛 신하라는 이유로 인종 즉위 이후 특별한 우대를 받았다는 것은 그가 무종의 근신들과의 대결 속에서도 끝까지 인종을 지지했음을 암시하고 있다.

무종과 인종 사이의 계승분쟁 이후 원 제국에서는 무종의 아들이 갈등의 씨앗으로 떠올랐다. 인종은 무종의 아들을 차기 계승자로 만들겠다는

---

19 "同知民匠摠管府事朴君造予言曰, 吾弱冠辭親, 宦于帝庭. 自武宗之世, 已承恩渥, 洎仁廟繼極, 以東宮舊臣, 眷遇異常." 『稼亭集』 卷3, 「大元高麗國廣州神福禪寺重興記」.

20 무종에서 인종으로 이어지는 시기 원 제국 궁정의 구체적인 갈등 과정에 대해서는 권용철, 『원대 중후기 정치사 연구』, 온샘, 2019의 1장 1절을 참고.

기존의 약속을 어기고 자신의 장남을 황태자로 책립하면서 무종의 장남 코실라(和世㻋, 훗날의 明宗)를 변방으로 내쫓았기 때문이다. 이 조치로 인해 코실라를 따르는 신료들이 연합하여 반란을 일으켰다가 내분으로 인해 세력이 와해되고, 코실라는 중앙아시아의 차가타이 울루스로 망명하였다.[21] 이와 관련된 내용이 『가정집』에서 확인되고 있는데, 코실라의 망명이 원대의 자료들이나 페르시아어 사료에서도 그리 많이 기록되어 있지 않다는 점을 고려하면 『가정집』의 가치는 더욱 높다고 할 수 있다. 먼저 「대원증봉훈대부요양등처행중서성좌우사낭중비기위요양현군조공묘영기(大元贈奉訓大夫遼陽等處行中書省左右司郎中飛騎尉遼陽縣君趙公墓塋記)」를 살펴보자. 이 기록에는 고려 출신으로 원 제국의 중정원사(中政院使)를 역임하고 있던 조바얀부카[趙伯顔不花]가 지정(至正) 4년(1344)에 자신의 동생을 이곡에게 보내 선영(先塋)의 기문(記文)을 적어달라고 부탁한 내용이 아래와 같이 적혀 있다.

"나는 무종 시기부터 (원에) 들어와 숙위(宿衛)가 되었소. 얼마 지나지 않아 명종 황제를 따라 삭방(朔方)에 가게 되었는데, 거리가 멀리 떨어져 있어 부모님의 안부를 오랫동안 듣지 못했소. 황제의 어가(御駕)를 따라 남쪽으로 귀환하기에 이르니 돌아가신 부친의 묘소에 나무가 이미 한 아름이나 되었소. 하지만 여전히 내직(內職)에 얽매이고 황제의 명에 복종하고 있어 있는 힘을 다해 선친의 묘지를 돌볼 수가 없으니 동쪽을 바라보며 가슴 아프게 슬퍼한 것이 지금에 이르렀소. 이제 나의 아우로 하여금

21   무종의 장남 코실라가 大都 궁정의 정세 변화에 따라 쫓겨나 망명을 떠나기까지의 과정에 대해서는 권용철, 같은 책, 107~122쪽을 참고.

돌아가서 선친을 생각하며 제사를 정성껏 지내게 하고, 또 비석을 세워 선친의 묘소임을 알게 하여 나의 뜻을 밝히려 하니, 그대에게 기문을 청하겠소."[22]

위 기록을 살펴보면, 조바얀부카는 무종의 휘하에서 숙위의 직을 담당하다가 명종(코실라)을 따라 삭방으로 가게 되었고 명종이 남쪽으로 돌아올 때에 선친의 묘소에 나무가 크게 자랄 정도로 시간이 흘러갔으나 자신이 직접 가지 못하는 사정을 안타까워하고 있다. 실제로 코실라는 연우(延祐) 3년(1316)에 연안(延安, 현재 섬서성 연안시)에서 정변을 일으켰다가 실패하여 중앙아시아로 도피했고, 13년이 지난 천력(天曆) 2년(1329)에 이르러서야 제위계승을 위해 원 제국으로 귀환하는 도중 몽골에서 제위에 올랐다. 이로 인해 조바얀부카 역시 명종을 수행하는 신료로서 13년 동안 '삭방'에 머무르고 있었던 것이다.

조바얀부카의 부탁을 받은 이곡은 자신의 능력이 부족하여 기문을 지을 수 없다고 사양하면서 "그리고 공은 어린 나이에 향리를 떠나 부모와 멀리 떨어져 황도(皇都)에서 발걸음을 높이 하고 궁중에서 천자를 가까이 모셨고, 선제(先帝)를 섬기면서 만 리 길에 고생하며 고난의 10년 동안 일편단심으로 절조를 지킨 것은 많은 사람들이 알고 있습니다. 그래서 금상(今上)

---

22   "吾自武宗之時, 入爲宿衛. 俄從明皇于朔方, 道里遼遠, 庭闈之安否久不相聞. 泊鑾駕南還, 則先人之墓木已拱矣. 然猶縻於內職, 壓於上命, 未得匍匐拜掃, 東望痛悼, 迄至于今. 今令吾弟歸, 以致追遠之誠, 且立石以識先塋, 以表吾志, 請子爲之記."『稼亭集』卷4,「大元贈奉訓大夫遼陽等處行中書省左右司郎中飛騎尉遼陽縣君趙公墓塋記」.

이 대통(大統)을 계승하여 선제의 뜻을 좇고 생각하면서 대우하는 것이 더욱 후해져 관품이 1품에 오르고 은혜가 구천(九泉)에까지 미치게 되었습니다"[23]라고 언급했다. 여기에서 금상은 혜종(惠宗)[24]을 지칭하는데, 혜종은 명종의 장남으로 우여곡절을 거쳐 즉위했다. 명종이 제위에 오르고 7개월 만에 암살되었던 탓에 혜종이 즉위하기까지 넘어야 할 난관이 많았기 때문이다. 혜종은 궁정을 장악한 권신들의 영향력을 제거하고 난 이후에 비로소 부친 명종의 위상을 정립할 수 있었고, 명종을 수행한 조바얀부카를 후대한 것은 당시의 정치적 상황을 잘 보여주는 대목이라고 할 수 있다.

또한 『가정집』에는 코실라를 둘러싸고 벌어진 궁정 내부의 갈등이 더욱 극적으로 묘사된 사건이 기록되어 있다. 「유원고아중대부하남부로총관겸본로제군오로총관관내권농사지하방사증집현직학사경거도위고양후시정혜한공행장(有元故亞中大夫河南府路總管兼本路諸軍奧魯摠管管內勸農事知河防事贈集賢直學士輕車都尉高陽侯謚正惠韓公行狀)」에서 그 내용을 확인할 수 있는데, 이 행장의 주인공은 한영(韓永)이라는 고려인으로 대덕(大德) 7년(1303)에 숙위에 충원된 이후 원 제국에서 여러 관직에 임명되어 능력을 발휘한 인물이다. 『가정집』 이외에도 원의 문인이었던 소천작(蘇天爵)이 자신의 문집에 한영의 신도비명을 기록했는데, 정작 『가정집』에 남아 있는 중요한

---

23 "而公以齠齔之年, 離鄉里遠父母, 高步輦轂之下, 昵侍宮掖之中, 旣而委身先帝, 間開萬里, 夷險十年, 赤心一節, 爲衆所知. 故今上繼統, 適念先志, 待遇益豐, 官躋一品, 恩及九泉." 『稼亭集』 卷4, 「大元贈奉訓大夫遼陽等處行中書省左右司郞中飛騎尉遼陽縣君趙公墓塋記」

24 여기에서는 명태조 주원장이 붙인 順帝라는 묘호 대신에 북쪽으로 쫓겨난 몽골 측에서 정한 혜종이라는 묘호를 사용하여 1368년에 원 제국이 멸망하지 않았다는 점을 부각시키려 한다.

사건에 대해서는 전혀 언급이 없다.[25] 이 사건의 구체적인 전말은 아래와 같이 서술되어 있다.

이때 명종이 주왕(周王)에 봉해져서 장차 떠나려 할 때, 세갑(細甲)을 인종에게 청하니 인종은 지급하라고 명하였다. 강절성승상(江浙省丞相) 다니쉬만드(答失蠻, Danishmand)가 당시에 무비경(武備卿)이었는데, 시(寺, 무비시를 지칭)에 와서 무고(武庫)를 상징하는 것을 가지고 가려 하였다. 공(한영을 지칭)이 말하기를 "경은 듣지 못했습니까? 세조께서 상의어개(尚衣御鎧)를 하사하시면서 이르기를 '이것으로 무고를 상징하는 물건으로 삼으라. 후세에 제위를 계승한 자가 혹 융로(戎輅)를 탈 때에 이것을 입고, 그렇지 않으면 비장(祕藏)하여 대대로 보물로 간수하라'라고 하셨습니다. 그래서 무비시의 관원들이 서로 전하며 오직 근실하게 받들어 왔습니다"라고 하였다. 경이 말하기를, "내가 장차 가져가서 보려고 할 따름이지 다른 뜻은 없다"라고 하였다. 그런데 그 보물을 보자마자 가지고 달아났고 공이 큰 소리로 "경은 황제의 명령을 어기고 있습니다"라고 외치면서 급히 달려가서 손으로 빼앗았으나 겨우 투구만 획득했다. 경이 다시 빼앗기 위해 오니 공이 말하기를, "내 머리는 가져갈 수 있어도 이것만은 가져갈 수 없습니다"라고 하면서 투구를 품에 안고 통곡하니 경이 어떻게 할 수가 없어서 단지 갑옷만 주왕의 저택에 바쳤다. 몇 개월이 지나서 인종이 그

---

25   韓永의 神道碑銘은 『滋溪文稿』 卷17, 「元故亞中大夫河南府路總管韓公神道碑銘」에 수록되어 있다. 고려와 원 제국 문집 양쪽에 모두 행적이 기록되어 있는 한영에 대해서는 이 책의 6장을 참고.

어개를 가져오라고 명하였다. 이에 주관하는 자가 사실대로 대답을 하니 황제가 노하여 경을 극형에 처하였지만, 끝내 투구를 보존한 일을 상문(上聞)한 사람은 없었다. 삼고(三庫)는 모두 황제가 사용하는 무기를 비장한 곳으로 공이 재삼 지키는 동안 근실하고 신중하여 털끝만큼도 잘못이 없었는데 경이 형벌을 받게 됨에 이르자 사람들이 (공을) 더욱 중하게 여겼다(괄호 안의 보충 설명은 필자가 첨부).26

명종이 주왕에 봉해진 것은 인종이 코실라를 서쪽으로 쫓아냈음을 의미하는데, 이때 강절성승상 다니쉬만드가 제위를 상징하는 물건을 탈취하여 코실라에게 가져다주었다가 처형을 당하게 되었던 것이다. 여기에 나온 다니쉬만드는 무종의 즉위에 기여한 인물로, 무종의 장남에게 제위가 마땅히 계승되어야 한다는 생각을 가지고 위와 같은 행동을 저질렀다. 그러나 결과적으로 코실라는 곧바로 돌아오지 못했고, 다니쉬만드의 처형은 코실라가 제위계승에서 확실하게 배제되었음을 보여주는 직접적인 사건이었다.27 즉, 한영 행장은 제위계승을 둘러싸고 무종의 구신(舊臣)과 인종이 충돌했음을 구체적으로 서술한 매우 중요한 기록이라고 할 수 있다. 이

26 "時明宗卽封于周, 將行, 請細甲於仁宗. 上命給之. 江浙省丞相答失蠻時爲武備卿, 抵寺欲取鎭庫者. 公曰, 卿不聞乎? 世祖賜以尙衣御鎧, 若曰, 以此鎭武庫. 後世嗣聖或乘戎輅者服之, 否則祕藏, 世以寶守. 寺官相傳, 奉之惟謹. 卿曰, 吾將取觀耳, 無他也. 及見卽持走, 公大叫卿違制, 奔及而手奪之, 僅得兜牟. 卿復來奪, 公曰, 我頭可得, 此不可得也. 乃抱之哭, 卿無如之何, 止以鎧上王邸. 後數月, 仁宗命取是鎧, 主者以案對, 上怒, 置卿極刑, 竟無以存兜牟事上聞者. 三庫皆尙方戎器祕藏, 公再三管鑰, 克勤以愼, 無絲毫失, 及卿被刑, 人益重之."『稼亭集』卷12,「有元故亞中大夫河南府路摠管兼本路諸軍奧魯摠管管內勸農事知河防事贈集賢直學士輕車都尉高陽侯諡正惠韓公行狀」

27 陳高華, 앞의 논문, 2006, 322~324쪽.

는 중국 측의 기록에서는 전혀 확인할 수 없는 내용으로 원 제국 제위계승 분쟁의 양상을 극적으로 보여준다는 점에서 커다란 가치를 지닌다.

b. 혜종 초기의 정치

한편, 이곡은 혜종 재위 초기부터 원 제국에서 관직 생활을 시작했기 때문에 『가정집』에는 혜종 시기 정국에 대한 내용도 기록되어 있다. 특히 혜종 초기의 권신이었던 바얀의 축출에 대한 이야기가 짧게나마 보이고 있는 것이 주목된다. 바얀은 혜종의 즉위에 기여한 이후, 조정에서 막대한 권력을 장악하여 대승상(大丞相)의 지위에까지 올랐지만 후지원(後至元) 6년 (1340) 2월에 바얀의 조카인 톡토(脫脫, Toyto)를 내세운 혜종에 의해 축출되었는데 이곡은 이 사건을 『가정집』에서 언급하고 있다. 먼저 「중흥대화엄 보광사기(重興大華嚴普光寺記)」에서는 고룡봉(高龍鳳, 고룡보의 다른 이름)의 행적을 설명하면서 관련 내용을 아래와 같이 기록했다.

얼마 지나지 않아서 공이 재신(宰臣)의 시기를 받아 남복(南服)으로 옮겨 가 살게 되었다. (중략) 지정으로 연호를 바꾸기 전 해의 2월에 권간(權姦)을 파면하여 정화(政化)를 새롭게 하였다. 바람과 천둥처럼 호령(號令)을 내리고 뇌우처럼 풀어줄 때에 공도 사환(賜環)되어 총애가 더욱 새로워졌다.[28]

---

28 "已而爲宰臣所忌, 出居南服. (중략) 至正改元之前二月, 黜斥權姦, 更張政化. 風霆發號, 雷雨作解, 公被賜環, 眷顧益新."『稼亭集』卷3, 「重興大華嚴普光寺記」 여기에서 '至正改元之前二月'은 至正으로 개원하기 2개월 전을 뜻하므로 至正 개원 조서가 반포된 至正 원년(1341) 정월보다 2개월 전인 後至元 6년 11월이 되어야 하지만, 11월에는 권신 파면과 관련된 사건이 일어나지 않았다. 그래서 後至元 6년 2월에 발생한

위 기록은 고룡보(高龍普)가 원 제국 궁정에서 본격적으로 활동하기 전에 재신의 시기를 받아 쫓겨났다가 권간의 파면 이후 복귀했다는 것을 설명한 부분으로 '재신'과 '권간' 모두 바얀을 가리키는 것이다. 이를 통해 고려인의 궁정 진출을 달갑게 여기지 않았던 바얀이 고룡보 역시 퇴출시켰고, 바얀이 축출된 이후 혜종의 강력한 의지를 바탕으로 고룡보를 포함한 많은 사람들이 사면을 받고 궁정으로 돌아왔음을 알 수 있다.

이러한 정국은 「송신시승입조서(送辛寺丞入朝序)」에서도 확인할 수 있다. "황제가 즉위한 지 8년째 되는 해의 봄 2월에 권력을 전횡한 승상을 축출하고 천하에 두루 알리고 정화를 새롭게 하였다. 조정이 청명해지고 기강이 엄숙해지자 해와 달이 비치는 곳의 혈기를 지닌 자들은 춤을 추면서 성덕(聖德)을 노래하지 않을 수 없었다. 4월 17일에 경사(京師)에서 대회를 열어 천수절(天壽節)을 축하하였다"[29]는 기록이 바로 그것이다. 여기에서는 혜종이 즉위하고 8년째 되는 1340년 2월에 바얀을 파직한 것이 더 분명하게 기록되어 있고, 4월 17일에 혜종의 생일을 축하하기 위한 연회가 열렸음도 알 수 있다. 『원사』에 따르면, 혜종은 연우 7년(1320) 4월 병인에 태어났기 때문에[30] 4월 17일이라는 날짜는 정확한 것이고, 바얀을 축출하고 난 이후

바얀 축출과 시간이 일치하기 위해서는 '至正으로 연호를 바꾸기 전 해의 2월'로 풀이할 수밖에 없는데, 그렇다면 前과 二 사이에 '年'이 빠진 것은 아닐까 생각된다. 권용철, 「大元帝國 末期 政局과 고려 충혜왕의 즉위, 복위, 폐위」, 『韓國史學報』 56, 2014, 87~88쪽의 각주 95를 참고.

29 "皇帝卽位之八年春二月, 出丞相之顓權者, 大誥天下, 更張政化. 朝廷淸明, 紀綱振肅, 日月所照, 凡有血氣者, 莫不蹈舞歌詠聖德. 將以四月十七日, 大會于京師, 賀天壽節." 『稼亭集』 卷9, 「送辛寺丞入朝序」.

30 『元史』 卷38, 「順帝本紀一」, 815쪽.

의 천수절 행사는 분명 이전과는 다른 의미를 지니고 있었다. 「송신시승입조서」에서 "금년의 회동은 반드시 예전보다 성대할 것(今年會同必盛於前日)"이라고 한 것은 이러한 사정을 반영하고 있다.

바얀이 쫓겨난 이후 혜종 시기의 제국 정치에 대해서 이곡은 대체로 긍정적으로 인식했던 것으로 생각된다. 1340년대의 제국 궁정에서는 여전히 권력을 둘러싼 정쟁이 치열하게 벌어지고 있었지만,[31] 이 와중에서도 혜종은 자신의 권위를 잃지 않고 있었다. 1350년대부터 시작된 홍건적의 광범한 반란을 보지 못하고 세상을 떠난 이곡의 입장에서 원 제국은 비교적 안정된 정국을 유지했던 것이다. "금상이 성명(聖明)하여 한결같이 지원(至元)의 도리를 좇고 있다"[32]는 기록은 혜종의 성명을 세조 쿠빌라이와 비교하는 이곡의 인식을 잘 보여준다. 이러한 분위기는 정포(鄭誧)가 지은 시에 화답하며 이곡이 지은 시문에서도 확인된다. 「중부견화, 부작육수(仲孚見和, 復作六首)」에는 "섭리가 이미 현상(賢相)의 손에 돌아갔고 성군이 천하를 다스리니 모두 성인의 은정(恩情)을 입었네"[33]라는 구절이 있고, 「정중부시여거년울주소작동래십수, 차기운(鄭仲孚示予去年蔚州所作東萊十首, 次其韻)」에는 "다행히 태평한 시대를 만났으니 황상의 은혜를 어찌 감히 잊으리오"[34]라는 문구가 있다. 정포와 주고받은 시는 대체로 지정 4년(1344) 4월~5월에 걸쳐

---

31 이에 대해서는 권용철, 「대원제국 말기 재상 톡토의 至正 9년(1349) 再執權에 대한 검토」, 『大丘史學』 130, 2018과 최윤정, 「1356년 공민왕의 '反元改革' 재론」, 『大丘史學』 130, 2018, 248~255쪽을 참고.

32 "今上聖明, 一遵至元之理." 『稼亭集』 卷9, 「送鄭副令入朝序」.

33 "燮理已歸賢相手, 陶甄共荷聖人情." 『稼亭集』 卷17, 「仲孚見和, 復作六首」.

34 "幸値升平代, 皇恩安敢忘." 『稼亭集』 卷17, 「鄭仲孚示予去年蔚州所作東萊十首, 次其韻」.

지은 것으로 여겨지므로[35] 이곡은 지정 초기를 태평한 시절로 생각했음을 알 수 있다. 이곡이 '현상'을 언급한 것도 흥미로운 대목이다. 지정 4년 4월 ~5월에 원 제국의 중서우승상은 톡토, 중서좌승상은 베르케부카(別兒怯不花, Berke Buqa)였는데 톡토는 5월에 간곡히 사직을 청하여 물러난 상태였다. 대부분 현상이라고 하면 톡토를 지칭하는 것으로 알려져 있지만,[36] 이후의 본격적인 권력 투쟁이 벌어지기 이전에는 베르케부카에 대한 평판도 상당히 좋았다.[37] 그래서 이곡이 언급한 현상은 톡토 혹은 베르케부카를 지칭하거나 두 사람에 대한 총칭일 가능성도 있다. 어쨌든, 이곡이 당시의 재상을 현상이라고 인식했다는 것은 1340년대 초반의 안정적 정국 유지라는 상황과도 연결된다.[38]

C. 양도순행(兩都巡幸)

앞에서 서술한 중요한 정치적 사건 외에도 이곡은 원 제국 특유의 정치적 관행도 기록하고 있다. 대표적으로 양도순행과 관련된 내용을 언급할 수 있다. 양도순행은 원 제국의 황제가 대도와 상도를 계절에 따라 주

35 　김창현, 앞의 논문, 2014, 126~127쪽.

36 　『元史』의 톡토 열전에도 至正 원년(1341)에 중서우승상이 되어 바얀 시기의 弊政을 개혁한 톡토를 '賢相'이라 칭했다는 기록이 보인다(『元史』 卷138, 「脫脫傳」, 3343쪽).

37 　베르케부카가 至正 2년(1342)부터 3년(1343)까지 江浙行省左丞相이었을 때와 중서 좌승상을 맡은 초기의 행적에 대한 긍정적인 평가는 그의 열전에서도 확인할 수 있다(『元史』 卷140, 「別兒怯不花傳」, 3366~3367쪽).

38 　물론 이곡은 원 제국의 과거에 합격한 지식인이기 때문에 기본적으로 원에 대해 긍정적인 이미지를 가지고 있었을 것이다. 그 중에서도 특히 『稼亭集』에서 확인할 수 있는 것은 權姦이라고 칭하고 있는 바얀 축출 이후 1340년대 초반의 제국 정치에 대해서 이곡이 더욱 긍정적인 인식을 가지고 있었다는 사실이다.

기적으로 왕복했던 것을 가리키는데,[39] 이로 인해 황제가 이동을 할 때에는 임시로 설치된 '행궁'에서 정사가 처결되었다.[40] 『가정집』에는 이에 관한 설명이 아래와 같이 기록되어 있다.

> 본국에서는 배신(陪臣)을 보내 천수절을 축하하는데, 내옹(乃翁)이 문한(文翰)에 선발되어 표문을 받들고 대궐에 오게 되었다. 이때 거가가 마침 순행하고 있어 이미 관문을 넘어갔다. 내옹이 사신 일행과 함께 험난한 길을 따라 힘겹게 북상하여 장전(帳殿)에서 빈객(賓客)이 되었다. 마침내 난경(灤京)까지 따라가서 몇 개월 동안 머물렀으며, 연경에 돌아와 또 몇 개월 동안 머물렀다.[41]

위 기록은 천수절을 경하하는 표문을 들고 황제를 알현하러 간 내옹이 때마침 상도로 순행하러 간 황제와 길이 어긋나 그 뒤를 따라가 북상했고, 결국 난경(즉, 상도)까지 같이 가서 몇 개월을 머무른 후 연경(즉, 대도)으로 돌아왔다는 사실을 보여준다. 혜종 재위 시기에는 대체적으로 음력 4월이

---

39 양도순행에 대해서는 葉新民, 「兩都巡幸制與上都的宮廷生活」, 『元史論叢』 4, 1992; 金浩東, 「몽골帝國 君主들의 兩都巡幸과 遊牧的 習俗」, 『中央아시아硏究』 7, 2002를 참고.

40 몽골제국의 宮帳인 오르두가 지닌 정책 결정 장소로서의 의미를 분석하며 '오르두 정치'라는 개념을 오르두라는 공간적 범위 안에서 몽골의 핵심집단을 중심으로 이루어지는 정치로 정의한 연구로는 김호동, 「몽골제국의 세계정복과 지배: 거시적 시론」, 『歷史學報』 217, 2013, 87~97쪽을 참고.

41 "而本國遣陪臣賀天壽節, 乃翁選於文翰, 捧表赴闕. 時車駕時巡, 已踰關矣. 乃翁與其使輔間關北上, 用賓于帳殿. 遂從至灤京, 居數月, 旣還燕都, 又居數月." 『稼亭集』 卷7, 「乃翁說. 送裵君允堅東歸」

되면 상도로 갔다가 8~9월이면 대도로 돌아오는 일정을 유지했는데,[42] 혜종의 천수절(4월 17일)을 전후해서 거가가 상도로 갔다는 서술은 순행 주기와도 어긋나지 않는다. 또한, '장전'에서 비로소 황제 일행과 만나 손님이 되었다는 기록은 황제가 이동 중 주둔을 위해 짓는 천막에서 접대 절차가 이루어지는 이른바 '오르두 정치'의 실제 광경을 보여주는 것이기도 하다. 이곡도 상도에 직접 다녀온 경험을 바탕으로 여러 시를 지었고, 여기에서 황제의 순행을 언급하고 있다.[43] 또한, 상도와 대도의 날씨에 대한 비교는 양도순행이 왜 이루어졌는지를 보여주는 암시와도 같은 역할을 하고 있다.[44] 이렇게 이곡은 원 제국의 정치적 상황과 제도에 대해 직접 겪거나 전해 들었던 일화를 기록하면서 중국 자료에 없는 부분을 서술했고, 고려인의 입장에서 바라본 제국의 더욱 생생한 모습을 전달하고 있는 것이다.

---

42   金浩東, 앞의 논문, 2002, 15쪽.

43   『稼亭集』卷18,「灤京紀行」居庸關이라는 제목의 시에서는 "皇居年年此往還"이라 언급하며 대도와 상도 사이를 주기적으로 순행하며 거용관을 반드시 거쳤음을 기록했다. 灤京에서 지은 시에서는 "大駕時巡駐淸蹕"이라는 시구를 적어 상도에 주기적으로 방문하는 황제를 위한 일들이 시행되었음을 보여주고 있다.

44   『稼亭集』卷18,「灤京紀行」이곡은 灤京에서 지은 시에서 6월의 날씨가 8월 같다고 하며 燕京의 엄청난 무더위와 대조하고 있다(六月天如八月時. 怪底上着多變化. 燕山暑氣正蒸炊.). 또한, 상도를 떠날 때 지은 시에서는 서리가 가을이 되기 전부터 날리며 날이 추워 머물러 있을 수가 없다고 술회하고 있다(霜飛那待秋. 儒衣元自薄. 吾去不堪留.). 이를 통해 양도순행이 날씨의 변화라는 요소도 일부 고려하면서 진행되었음을 추측할 수 있다.

3. 원 제국의 인물과 관련된 기록

이곡은 원의 과거에 합격하여 당시 저명한 문인들과 활발한 교류를 맺었다. 이러한 관계는 이곡이 원의 문인들로부터 받았던 여러 시문(詩文)들이 『가정집』 잡록(雜錄)에 기록된 것을 통해 분명하게 확인되고 있다.[45] 문제는 '사대부'라고 불릴 수 있는 인물들 이외에 『가정집』에 등장하는 원 제국 측 인물들에 대한 분석은 상대적으로 부족하다는 점이다. 따라서 3절에서는 『가정집』에 보이고 있는 일부 인물들을 소개하고, 이들과 관련된 또 다른 기록들의 내용을 추적하면서 그 중요성을 가늠해보고자 한다.

a. 샤라발(沙剌班, Sharabal)

샤라발은 혜종 시기에 조정에서 활약했던 위구르인으로, 샤라발의 선조들은 학문, 문서 등의 일을 관장했다. 샤라발의 부친 알린테무르(阿鄰帖木兒, Alin Temür)는 명종이 자신의 스승이라고 했을 정도로 명망이 높았다.[46] 샤라발 역시 학문적 능력이 출중하여 문종 시기에 설립된 규장각(奎章閣)의 관직을 맡아 경연(經筵)을 주관하는 등의 역할을 담당했다. 그러나 그의 선조들이 활약했던 모습을 서술한 열전에는 알린테무르의 행적까지만 기록되어 있어 『원사』의 기록만으로는 샤라발에 대해서 자세하게 알기가 어렵다. 다행히 『산거신어(山居新語)』와 같은 필기 자료에 샤라발에 대한 기록이

---

45   이곡과 交遊한 원의 사대부들에 대한 분석은 高惠玲, 앞의 책, 2001, 176~195쪽을 참고.
46   『元史』卷124, 「哈剌亦哈赤北魯傳」, 3048쪽.

남아 있고, 이를 구체적으로 고찰한 연구도 발표되면서 샤라발이 혜종의 스승으로서 그 지위가 남달랐음이 밝혀졌다.[47]

샤라발과 고려의 관계는 중국 측의 자료에서는 전혀 언급되지 않았는데, 『가정집』에는 관련 내용이 기록되어 있다. 「금강산보현암법회기(金剛山普賢菴法會記)」에는 규장공(奎章公)[48]이 태정 연간(1324~1327)에 일이 있어 왕경(즉, 개경)에 왔다가 경치를 유람하며 여러 난야(蘭若)를 둘러보는 중에 보현암이 수리되고 있는 것을 보고 자신이 시주(施主)가 되겠다고 약속했다는 기록이 보인다. 그리고 실제로 후지원 2년(1336)에 보현암의 비구인 달정(達正)이 대도에 들어갔을 때 샤라발은 거금을 달정에게 주며 시주의 역할을 수행했고 그 덕분에 법회를 개최할 수 있었다. 이에 보현암의 주지인 지견(智堅)은 샤라발의 뜻을 기문으로 남기고자 하였고, 그 작성을 이곡에게 부탁했던 것이다. 이곡은 샤라발이 황제의 고굉(股肱)이라고 하면서 샤라발의 위상을 분명하게 적었고, 기문의 마지막에는 아래와 같은 내용을 기록했다.

---

47 샤라발과 그 선조들의 활동을 개략적으로 분석하여 원 제국 내에서 그들이 차지한 위상을 언급한 연구로는 Michael C. Brose, *Subjects and Masters: Uyghurs in the Mongol Empire*, Bellingham: Center for East Asian Studies, Western Washington University, 2007, pp.116~122를 참고. 샤라발과 그의 아들 사꺄빨(世傑班, Sakya dpal)의 행적 고찰 및 샤라발이라는 이름을 가진 동명이인에 대한 분석은 尙衍斌, 「說沙剌班-兼論《山居新語》的史料價値」, 『中國邊疆民族研究』5, 北京: 中央民族大學出版社, 2011을 참고.

48 『稼亭集』에는 '奎章公', '徽政公', '中政公'과 같은 표현이 종종 등장한다. 이는 담당 기구의 최고 책임자를 지칭하는 용어였고, 奎章公은 記文의 마지막 부분에도 기록되어 있듯이 奎章閣大學士를 뜻하는 것이었다.

공의 이름은 샤라발[沙剌班]로, 지금 규장각대학사한림학사승지[奎章閣大學士翰林學士承旨]이다. 부인 기씨(奇氏)는 선경옹주(善敬翁主)의 소생이다. 동한(東韓)의 명족인 본국의 정순대부(正順大夫) 좌상시(左常侍) 기철(奇轍)이 부인의 친족이기 때문에 이 법회를 실제로 주선했다고 한다.[49]

이는 샤라발과 기씨 가문이 혼인 관계로 연결되어 있었음을 보여주는 유일한 기록이기도 하다. 필자는 혜종에게 당시 궁녀로 있으면서 혜종의 아들을 낳았던 기씨를 황후로 책봉할 것을 샤라발이 건의한 것에는 이 혼인 관계가 특별하게 작용하고 있었던 것이라고 주장한 바 있고,[50] 이보다 앞서 상옌빈(尙衍斌)은 고려 기씨 가문과의 혼인으로 인해 혜종과 샤라발의 관계가 더욱 친밀해졌을 가능성을 지적하기도 했다.[51] 더욱 자세한 내막이 기록되어 있지 않아 아쉬움이 크지만, 이곡이 남긴 단편적인 기록 그 자체는 샤라발의 위상과 역할을 탐구하는 데 있어 반드시 언급해야 할 정도로 중요한 가치를 지니고 있는 것이다.

b. 황태후와 전서사(典瑞使) 신당주(申當住)

『가정집』에는 원 제국의 최고 통치자인 황제는 물론이고, 황태후와 관

---

[49] "公名沙剌班, 今爲奎章閣大學士翰林學士承旨. 室奇氏, 善敬翁主出. 東韓名族, 本國正順大夫左常侍奇轍, 以其親而實幹玆會云."『稼亭集』卷2,「金剛山普賢菴法會記」 직접 인용을 하지 않고 샤라발과 보현암의 관계에 대해 서술한 부분 역시「金剛山普賢菴法會記」에 기록된 내용을 요약한 것이다.

[50] 권용철, 앞의 논문, 2014, 88~89쪽.

[51] 尙衍斌, 앞의 논문, 2011, 42쪽.

계된 내용도 기록되어 있다. 이곡이 원의 과거에 합격한 1333년부터 사망하는 1351년에 이르는 기간 사이에 원에서 황태후라 불리는 이는 단 한 사람이다. 그녀는 문종의 황후인 보타시리(卜答失里, Botasiri)인데, 문종이 사망한 이후 황태후가 되었고 혜종이 즉위하고 2년이 지나 바얀이 정권을 장악하면서 주변 신료들의 반대에도 불구하고 태황태후의 자리에까지 올랐다.[52] 바얀이 축출되고 그녀 자신도 쫓겨나게 되는 후지원 6년(1340) 초반까지 보타시리는 태황태후로서 조정의 최고 권위자의 위상을 차지하고 있었다.

『가정집』에서 태후가 언급되어 있는 부분으로는 태후에게 보낸 표문이 있고,[53] 그 이외에는 불교 사원에 대한 지원과 관련된 기록이 확인된다.

> 그해(충숙왕 후7년, 1338) 여름에 달환(達幻) 스승이 법회에 쓰일 의우(衣盂)와 위의(威儀) 물품을 가지고 도하(都下)에서 돌아왔다. 또, 전서사 신당주 등이 태황태후의 명을 받들어 향과 폐백을 내려 불사(佛事)를 빛내도록

---

52 보타시리는 혜종의 叔母였기 때문에 황제의 祖母가 받을 수 있는 태황태후가 되었다는 것은 중국의 전통적인 관념과는 전혀 맞지 않는 것이다. 이는 보타시리의 위상이 그만큼 높았음을 의미하고, 또한 태황태후가 단지 황태후보다 한 단계 위의 칭호라는 점만을 인식한 원 제국 특유의 개념이 반영된 것이기도 하다. 이에 대해서는 洪金富, 「元代文獻攷釋與歷史研究-稱謂篇」, 『中央研究院歷史語言研究所集刊』 81-4, 2010, 758~762쪽의 서술을 참고.

53 『稼亭集』 卷10, 「表牋」의 太后上同前表와 太后賀正表를 참고. 太后上同前表는 보타시리가 황태후에서 태황태후로 격상되었을 때 작성된 축하 표문이고, 太后賀正表는 태황태후가 축출되기 이전에 작성된 표문이라는 것만 알 수 있다(김창현, 『고려 도읍과 동아시아 도읍의 비교연구』, 새문사, 2017, 347쪽의 각주 20). 또한, 정동훈의 연구에 따르면 太后賀正表는 충숙왕 후6년(1337)부터 후8년(1339) 사이에 작성되었을 것이라고 한다(정동훈, 『고려시대 외교문서 연구』, 혜안, 2022, 488쪽).

하라는 은택을 입었다.[54]

지원 3년(1337) 4월 초하루에 전서사 신공당주가 나에게 말하기를, "지난번에 태황태후의 명을 받들어 용천사(龍泉寺)의 불전(佛殿)을 다시 일으 켰습니다. 시주에 쓸 땅을 사서 해마다 수입을 거둔 것을 장명등(長明燈)의 자금으로 쓰게 하였으니, 불승(佛乘)에 의지하여 황제, 태후, 황후, 태자[55] 를 위해 하늘의 영원한 명을 기원하여 상서로움을 모이게 하려는 것이었 습니다. 이와 함께 고려의 계명선사(戒明禪師)에게 그 사원을 맡게 하였으 니 바라건대 이 본말을 기록하여 후세에 보였으면 합니다"라고 하였다. 내가 일찍이 신공에게 지우(知遇)를 받아 그 청을 사양하기가 어렵기에 자 료를 모아 서술하였다.

불씨(佛氏)의 도가 천하에 행해진 것이 오래되었다. 우리 성스러운 원 의 시대에 이르러서 받들어 섬기는 것이 더욱 근실하였다. 삼가 생각건 대, 태황태후께서 일찍부터 이 종교를 존숭하였고 문종 황제가 세상을 떠난 후부터 더욱 간절히 귀의하였다. 부처를 공양하고 승려를 먹이는 일을 날로 더해도 부족하게 여겨 무릇 불사를 크게 벌이면서 이를 모두

---

54 "其年夏, 幻師以法會所需衣盂威儀之物, 自都下歸. 又蒙典瑞使申當住等奉太皇太后之命, 降香幣用光佛事."『稼亭集』卷2,「興王寺重修興教院落成會記」

55 이때의 태자가 누구인지는 정확히 파악할 수가 없다. 황후는 後至元 3년 3월에 새로 책립된 바얀쿠투(伯顔忽都, Bayan Qutu)임을 알 수 있지만, 같은 해 4월의 시점에 벌 써 아들을 낳았는지는 확인을 할 수 없기 때문이다.『稼亭集』에 따르면, 기씨의 아들 인 아유시리다라가 태어난 것은 혜종이 즉위한 뒤 7년째 되는 해(즉, 後至元 5년인 1339년)이기 때문에(『稼亭集』卷6,「金剛山長安寺重興碑」) 여기에서의 태자는 아유 시리다라를 지칭하는 것은 아니다.

신공에게 위임하였다. 신공은 유악(帷幄)에서 가까이 모시면서 오랫동안 총애를 받았다.[56] (후략)

위 두 기록을 종합해보면, 보타시리가 평소에 불교를 숭배하였고 남편이 사망한 이후로는 종교적 열정이 더욱 강해지게 된 상황 속에서 불교 사원의 중건이나 법회의 개최 등에 필요한 자금을 아낌없이 지원했음을 확인할 수 있다. 즉, 불교와 관련된 일에서는 태황태후의 권한을 적극적으로 활용했던 것인데 흥미로운 것은 그때마다 전서사 신당주라는 인물이 등장한다는 점이다. 전서사는 정2품 전서원사(典瑞院使)를 일컫는 것이고, 전서원은 보새(寶璽)와 부패(符牌) 관리를 담당하는 관청이었다.[57] 고려 출신의 신당주는 특히 문종의 총애를 받아 출세하게 되었고, 그때 보타시리 황후의 눈에 들어 그녀의 수족 역할을 수행했던 것이다. 그 역시 법왕사(法王寺)라는 사원을 위해서 거금을 내놓는 등 불교를 위한 자금을 아끼지 않았다.[58] 중국 측의 자료에는 보타시리 태황태후가 쫓겨난 이후인 지정 원년(1341)에 고려의 승려 혜월(慧月)이 화엄경 경본 보수를 위해 고룡보와 신당주의

---

56 "至元三年四月朔, 典瑞使申公當住謂予曰, 頃奉太皇太后之命, 重興龍泉寺之佛殿. 買施之田, 俾收歲入, 資長明燈用, 託佛乘, 爲皇帝太后皇太子祈天永命, 集于休祥. 仍命高麗戒明禪師主其寺, 乞次本末以示方來. 余嘗知遇於申公, 重違其請, 廼撫而叙之曰, 佛氏之道, 行於天下者久矣. 迨我聖元, 奉事彌謹. 恭惟太皇太后夙尊是教, 自文皇晏駕之後, 尤切歸崇. 供佛飰僧, 惟日不足, 而凡張皇寺事, 悉委之申公焉. 公昵侍帷幄, 久承寵眷."『稼亭集』卷6,「大都大興縣重興龍泉寺碑」

57 『元史』卷88,「百官志四」, 2218쪽.

58 『稼亭集』卷4,「大都天台法王寺記」.

후원을 받았다는 내용이 기록된 기문이 있다.[59] 신당주는 보타시리가 축출된 이후에도 조정에서 그대로 지위를 유지했고, 기문에는 정2품 장작원사(匠作院使, 원래 표기는 將作院使)로 나와 있어 관직이 바뀌었음을 확인할 수 있다. 신당주가 원 제국과 고려의 정치에 얼마나 간여했는지에 대해서는 자세히 알 수 없지만, 『가정집』을 통해 태후가 하사한 자금을 직접 받아 행동하는 중요한 위치에 있었다는 점은 분명하게 확인할 수 있다. 이 역시 중국 측의 자료에서는 잘 찾아볼 수 없는 보타시리 태황태후와 그녀를 수행한 측근의 활동 기록이라는 점에서 귀중한 가치를 지니고 있다.

c. 안서왕(安西王)

원 제국은 분봉을 통해 칭기스 칸의 여러 후손들에게 각자의 '울루스'를 나누어주었고,[60] 이로 인해 세력을 형성한 여러 제왕(諸王)들이 존재했다. 그 중에서 특히 안서왕은 원 제국의 정치사에서 자주 언급되는 제왕 중 한 사람이다.[61] 안서왕 아난다(阿難答, Ananda)는 세조 쿠빌라이의 셋째 아들 망갈라(忙哥剌, Mangrala)의 아들로 원 제국의 서북쪽에서 상당한 실력을

---

59 『金石萃編未刻稿』卷下, 「重修華嚴堂經本紀」. 이는 新文豐出版公司編輯部, 『石刻史料新編』 1輯 5冊, 臺北: 新文豐出版公司, 1977, 3703쪽을 참고. 이 자료는 장동익에 의해 이미 학계에 소개된 바 있다. 張東翼, 앞의 책, 1997, 230~232쪽.

60 이에 대한 상세한 논의로는 金浩東, 「몽골제국의 '울루스 체제'의 형성」, 『東洋史學硏究』 131, 2015를 참고.

61 安西王에 대한 연구로는 松田孝一, 「元朝期の分封制-安西王の事例を中心として」, 『史學雜誌』 88-8, 1979; 王宗維, 『元代安西王及其與伊斯蘭敎的關系』, 蘭州: 蘭州大學出版社, 1993; Ruth W. Dunnell, "The Anxi Principality: [un]Making a Muslim Mongol Prince in Northwest China during the Yuan Dynasty", *Central Asiatic Journal*, Vol. 57, 2014 등을 참고할 수 있다.

보유하고 있었다. 페르시아어 사료 『집사』에는 아난다에 속한 군사가 15만 명 정도였다고 기록되었을 정도였다.[62] 이를 기반으로 성종 사후의 제위계승에 도전했으나 실패하면서 모든 세력을 상실하고 말았다. 『가정집』에는 아난다의 세력이 강력했을 때 고려에 사신을 파견했다는 내용이 등장한다.

> 대덕 을사년에 안서왕이 고려 승려의 계행(戒行)이 매우 높다는 말을 듣고는 성종에게 청하여 사신을 파견해서 불러오게 하였다. 공이 그 명에 응하여 들어가 뵙고는 안서왕을 따라 삭방으로 갔다. 북방의 풍속은 농경에 종사하지 않고 목축을 생업으로 삼기 때문에 고기를 먹고 고깃국을 마셨으며 그 가죽으로 옷을 만들어 입었다. 공이 그 사이에서 두 번의 겨울과 여름을 머무르며 차라리 굶주림을 참을지언정 고기를 절대로 먹지 않고 계율을 지키는 것이 더욱 굳건해지니 왕이 점점 더 중하게 여겼다.[63]

위 기록은 고려 출신으로 원에 건너가 활동했던 승려 원공(圓公, 속명俗名은 조해원趙海圓)을 기리기 위해 지어진 비문으로 여기에서 안서왕이 자신의 휘하로 고려 출신의 승려를 데려왔음을 알 수 있다. 『집사』에 따르면, 아난

---

62   라시드 앗 딘 지음, 김호동 역주, 『칸의 후예들』, 사계절, 2005, 473쪽.

63   "大德乙巳, 安西王聞高麗僧戒行甚高, 請于成宗, 遣使招致之. 公應其命入覲, 仍從安西王于朔方. 北俗不事耕種, 以畜牧爲生, 食肉飮汁而衣其皮. 公居其間再寒暑, 寧忍飢絶不茹葷, 持戒律益堅, 王愈重之." 『稼亭集』卷6, 「大崇恩福元寺高麗第一代師圓公碑」

다는 이슬람교의 신봉자였는데 이는 아난다가 관할 영역의 이슬람교 신자들을 포섭하고 조정에 있는 회회인들의 지지를 받기 위한 정치적 목적을 가지고 있었던 점과 연결된다.[64] 하지만『가정집』을 보면 아난다가 불교에도 지대한 관심을 보였음을 확인할 수 있다. 이는 다양한 종교를 현실 정치에 적극적으로 활용했던 몽골제국 특유의 정책을 안서왕 역시 시행하고 있었음을 보여주는 중요한 자료에 해당된다.

한편, 안서왕 아난다는 위에서 언급된 것 이외에도 고려로 사신을 파견했던 적이 있었다.『고려사』에서 총 4건이 확인되는데, 최초의 파견은 충렬왕 27년(1301, 대덕 5년) 정월에 이루어졌고, 이때 아난다는 고려에 동녀를 요구했다.[65] 이듬해인 충렬왕 28년(1302, 대덕 6년)에는 고려에 사신을 보내 해청(海靑)과 금단(金段)을 바쳤고,[66] 충렬왕 30년(1304, 대덕 8년)에는 엄인(閹人)을 요구했다.[67] 마지막으로 아난다의 사절이 파견된 것은 충렬왕 31년(1305, 대덕 9년)으로 이때에는 아난다의 부인이 사신의 자격으로 와서 금을 바치고 동시에 동녀를 요구했다.[68]『가정집』의 기록처럼 아난다가 사신을 파견할 때에 성종의 허락을 구하는 과정이 있었을 것이지만, 고려 측에서 황제가 아닌 아난다의 사신 파견으로 인식했다는 것은 안서왕의 지위가 그만큼 강력했음을 시사한다. 원공이 안서왕을 따라간 것은 대덕 을사년

---

64 陳廣恩,「元安西王阿難答倡導伊斯蘭教的眞正目的」,『西域研究』2005-2, 60~62쪽.

65 『高麗史』卷32, 忠烈王 27年 正月 己未.

66 『高麗史』卷32, 忠烈王 28年 11月 丁巳.

67 『高麗史』卷32, 忠烈王 30年 6月 丙申.

68 『高麗史』卷32, 忠烈王 31年 9月 戊午.

이므로 대덕 9년에 해당되는데, 아마『고려사』에서 아난다의 부인이 사절로 왔던 때에 부름을 받고 함께 북방으로 갔던 것으로 생각된다. 즉,『가정집』의 안서왕 관련 기록은 중국 자료에서는 보이지 않는 부분을 조명하면서도 안서왕의 강력한 위상을 잘 드러내고 있다.

d. 강절평장(江浙平章) 오마르(烏馬兒, Omar)와 안길왕(安吉王) 에르기니 (也兒吉尼, Ergini)

『가정집』권3의「조정숙공사당기(趙貞肅公祠堂記)」는 역관(譯官)으로 쿠빌라이의 신임을 얻으면서 출세했던 조인규(趙仁規)의 행적과 그의 자손들이 누구인지에 대한 내용을 적고 있다.[69] 그 중 자손들의 혼인 관계를 서술하는 부분에서 강절평장 오마르[70]와 안길왕 에르기니가 등장한다. 우선, 오마르는 조인규의 차녀와 혼인한 것으로 되어 있고『가정집』에는 더 이상의 정보가 기록되어 있지 않다. 조인규 가문의 혼인 관계를 분석한 민현구는 조인규의 차녀가 충선왕의 비였던 '조비'라고 보고 있고, 조비저주사건으로 조인규와 조비 자신이 원으로 붙잡혀가면서 왕비의 위치에서 물러나 원에서 오마르와 재혼을 하게 된 것이었다고 추정하고 있다.[71]

---

69 趙仁規와 그의 가문에 대해서는 이미 민현구가 상세한 연구를 제출한 바 있다. 閔賢九,「趙仁規와 그의 家門(上)」,『진단학보』42, 1976; 閔賢九,「趙仁規와 그의 家門(中)」,『진단학보』43, 1977.

70 조인규의 묘지명에는 '榮祿大夫江浙等處行中書省平章政事吳抹'로 기록되어 있다. 吳抹은 오마르를 가리키는 것이다. 金龍善 編著,『高麗墓誌銘集成 第五版』, 한림대학교 출판부, 2012, 631쪽. 여기에서 오마르가 從1品 榮祿大夫의 文散官銜을 받았음을 추가로 확인할 수 있다.

71 閔賢九, 앞의 논문, 1977, 11쪽.

중국 측 자료에는 오마르라는 이름을 가진 인물이 17명이나 등장한다.[72] 이 중에서 강절성과 관련이 있는 사람은 3명인데, 민현구는『신원사(新元史)』의 사이드 아잘 샴스 앗 딘(賽典赤瞻思丁, Sayyid Ajall Shams al-Din) 열전에 실린 오마르를 언급하고 있다. 이 오마르는 사이드 아잘 샴스 앗 딘의 손자로 지치(至治) 원년(1321)에 강절행성평장이 된다. 그런데 이보다 앞선 시기에 또 다른 강절행성평장 오마르가 확인된다.『원사』의「무종본기」를 보면, 지대 3년(1310) 10월에 어사대에서 강절성 평장 오마르가 사람을 보내 조정에서 파견한 사신이 먼 길을 돌게 하고, 뇌물을 받은 관리를 옥에서 풀어주었다고 고발하는 기록이 보인다.[73] 그리고 이듬해 무종이 사망한 후, 오마르 등 일부 행성 관료들이 뇌물을 받거나 백성을 해한 혐의에 연루되어 모두 파면되기에 이른다.[74] 이를 통해 추정해보면, 오마르는 무종의 측근 신료로 무종이 즉위한 이후에 강절행성평장에 임명되었다가 무종이 사망하면서 관직에서 쫓겨났던 것으로 보인다.

강절행성의 관료였던 오마르는 위에서 언급한 2명의 다른 오마르보다 앞선 세조 재위 시기에도 존재했던 것이 확인된다.『원사』의 체릭(徹里, Cherig) 열전에는 세조 말기의 권신이었던 셍게(桑哥, Sengge)가 주살된 후, 셍게의 인족(姻族)이었던 강절성 신료 오마르 등이 붙잡혀 기시(棄市)되었다는 기록이 보인다.[75] 여기에는 오마르가 강절성에서 어떤 관직을 가지고 있

72   余大鈞 編著,『元代人名大辭典』, 呼和浩特: 內蒙古人民出版社, 2016, 111~112쪽.
73   『元史』卷23,「武宗本紀二」, 527쪽.
74   『元史』卷24,「仁宗本紀一」, 539쪽.
75   『元史』卷130,「徹里傳」, 3162쪽.

었는지 구체적으로 나오지 않지만, 셍게의 열전에는 오마르를 강회행성(江淮行省)76의 참정(參政)에 임명해달라는 셍게의 상주가 기록되어 있다.77 결국 이때의 오마르가 평장은 아니었다는 것이고, 오마르 등의 처벌을 다룬 체릭의 신도비에서는 오마르를 절성(浙省)의 참정이라고 적고 있다.78 그래서 『가정집』에 나온 강절평장 오마르는 민현구가 이미 언급한 바 있는 사이드 아잘 샴스 앗 딘의 손자일 수도 있지만 무종 시기의 강절평장이었을 가능성도 배제할 수 없다.

그렇다면, 조인규의 장남 조서(趙瑞)의 딸과 혼인한 안길왕 에르기니는 누구일까? 『고려사』의 조서 열전에는 에르기니가 안길왕이 아니라 원의 '총상(寵相)'이라고 기록되어 있어서79 에르기니는 왕호를 받은 재상급의 인물이었음을 짐작할 수 있다. 에르기니의 행적을 추적하는 데에 있어서는 『가정집』에 기록된 안길왕이라는 왕호가 중요한 단서로 작용한다. 인종 황경(皇慶) 2년(1313) 정월에 전(前) 상서우승상(尙書右丞相) 걸태보제(乞台普濟)를 안길왕에 봉했다는 기록이 있기 때문이다.80 탕구트인 걸태보제는 무종과 인종

---

76 남송을 정복한 이후 세워진 江淮行省은 至元 21년(1284) 혹은 22년(1285)에 江浙行省으로 명칭이 바뀌었다. 그러다가 至元 24년(1287)에 다시 江淮行省으로 되돌렸고, 최종적으로는 至元 28년(1291)에 江浙行省으로 변경되었다.

77 『元史』卷205, 「姦臣傳」, 4572쪽.

78 『牧庵集』卷14, 「平章政事徐國公神道碑」, 査洪德 編校, 『姚燧集』, 北京: 人民文學出版社, 2011, 207쪽.

79 『高麗史』卷105, 「趙瑞傳」.

80 『元史』卷24, 「仁宗本紀一」, 555쪽. 이보다 앞서 무종 至大 3년(1310) 6월에 안길왕 乞台普濟에게 安吉州(현재 浙江省 湖州市)의 民戶 500을 하사했다는 기사가 있는 것을 참조하면(『元史』卷23, 「武宗本紀二」, 525쪽), 皇慶 2년에 안길왕에 다시 봉해진 것일 가능성도 있다.

이 어렸을 때 그들을 교육하며 최측근 신료의 역할을 맡았고, 이후 무종이 즉위하기 전 북방에서 전투를 치를 때에도 함께하며 많은 전과를 올렸다. 무종이 즉위하면서 걸태보제는 조정 내에서 높은 지위를 차지했지만, 원로로서의 위상을 유지하고 실질적인 정치에는 간여하지 않았다. 그래서 인종 즉위 이후에도 숙청의 대상이 되지 않았다. 에르기니는 바로 이 걸태보제의 아들이었다. 에르기니 역시 아버지를 따라 북방에서 수많은 전투에 참여했고, 무종 즉위 이후 중서성, 추밀원, 어사대 등에서 여러 직함을 겸임했다.[81]

걸태보제는 인종 연우 5년(1318) 4월에 사망했지만,[82] 그 이후 에르기니가 안길왕이라고 불린 기록은 『원사』에는 존재하지 않고 안길왕의 습봉(襲封)에 대한 기록 역시 찾을 수 없다. 하지만 『가정집』에서 에르기니를 안길왕으로 칭한 것은 걸태보제 사후에 왕호의 세습이 이루어졌음을 보여주는 증거가 될 수 있다고 생각한다. 무종 즉위 이후부터 급속하게 출세하기 시작했던 에르기니에 대해서는 그 이후 별다른 기록이 발견되지 않다가 영종이 즉위(1320)한 그 달에 "지추밀사(知樞密事) 에르기니를 공창(鞏昌, 치소는 현

---

81 乞台普濟와 에르기니에 관한 기록으로는 『牧庵集』 卷26, 「開府儀同三司太尉太保太子太師中書右丞相史公先德碑」(查洪德 編校, 앞의 책, 2011, 398~400쪽)를 참고. 이를 바탕으로 乞台普濟 가문의 지위를 논한 이개석, 『14世紀 初 元朝支配體制의 再編과 그 背景』, 서울대학교 대학원 동양사학과 박사학위논문, 1998, 115~117쪽도 참고의 가치가 있다. 원에서 활약했던 탕구트인들의 행적과 공헌에 대해서는 陳旭, 「吸收與融合-元代西夏遺民社會地位及其民族融合的歷史考察」, 『西北第二民族學院學報(哲學社會科學版)』 2008-2; 鄧文韜, 「元代唐兀怯薛考論」, 『西夏研究』 2015-2 등의 연구를 참조. 최근에는 이 주제에 대한 종합적인 연구 성과가 발표되었는데 이는 鄧文韜, 『元代唐兀人研究』, 蘭州: 甘肅文化出版社, 2022를 참고.

82 『元史』 卷26, 「仁宗本紀三」, 583쪽.

재 감숙성 농서현(隴西縣) 등 로의 둔수(屯戍)를 조사하도록 보내 감주(甘州)의 수졸(戍卒)을 선발하게 하였다"[83]는 기록이 있다. 지추밀원사라고 하는 관직이 붙은 것으로 볼 때 여기에 나온 에르기니가 안길왕과 동일한 인물로 보이고, 영종 즉위 후 감숙 지방으로 좌천되었던 것임을 짐작할 수 있다. 즉, 에르기니는 부친 걸태보제가 사망하고 감숙으로 가기 이전에 안길왕의 왕호를 받았던 것이라고 볼 수 있다.

4. 맺음말

지금까지 1장에서는 이곡의 『가정집』에서 언급되고 있는 원 제국의 중요한 정치적 사건과 기존 연구에서는 상세히 언급하지 않은 원 제국 측 인물들에 대하여 살펴보았다. 주로 원으로 진출한 고려인들의 사정에 밝았던 이곡은 그들과 관련된 문장을 남기면서 원의 정치에 대해서도 서술했다. 이를 통해 보면, 원에서 벌어진 주요한 국면에 고려 출신 인물들도 참여하여 그 광경을 목격했음을 알 수 있다. 또한, 이곡과 교유하면서 『가정집』의 시문을 통해 출현하고 있는 여러 문인들 이외에도 원의 역사에서 중요한 위상을 차지하고 있는 인물들의 행적이 『가정집』에 기록되었음을 확인했다. 앞으로 원대사 연구에서 이러한 내용들이 조금 더 주목을 받았으면 하고, 차후 더 나아간 분석을 위한 소중한 자료로서의 역할을 할 수 있

---

83   『元史』卷27, 「英宗本紀一」, 600쪽.

기를 기대한다.

마지막으로, 『가정집』을 통해 확인할 수 있는 고려-원 관계에 대해서 언급하는 것으로 1장을 마무리하고자 한다. 1장에서 살펴본 내용들을 통해 확인할 수 있듯이 고려와 원 양국을 오고 가며 활약했던 이곡이 남긴 문집은 14세기 중반 고려-원의 특별한 관계가 남긴 산물이었고, 그렇기 때문에 『가정집』은 고려사 연구는 물론이고 원 제국 역사 연구를 위해서도 반드시 검토해야 할 사료이다. 당시 고려와 원의 관계를 누구보다 몸소 체험하고 있었던 이곡의 서술은 시사하는 바가 큰 것이다. 특히 양국 관계의 성격을 보여주는 아래 기록은 더욱 주목할 가치가 있다.

혹자는 세조 황제께서 훈시하셨듯이 본국의 습속을 변경해서는 안 된다고 한다. 혹자는 모든 하늘 아래에 왕의 땅이 아닌 곳이 없다고 한다. 지금 위로는 (원의) 조격(條格)을 어기지 않고 아래로는 (고려의) 옛 법을 상실하지 않으면서 형법을 하나로 돌아가게 하여 사람들이 구차하게 피하지 않게 하려면, 그 요체는 어디에 있는가?[84]

(정동)성의 관리로 (대원)통제를 집행하는 자는 모든 하늘 아래에 왕의 땅이 아닌 곳이 없다고 한다. (고려)국의 신료로 옛 법을 지키려는 자는 세조 황제께서 훈시하셨듯이 토풍(土風)을 바꿔서는 안 된다고 한다. 이에 저기에서 나왔다가 여기로 들어가면서 가벼운 것은 취하고 무거운 것은

---

84 "或曰, 世皇有訓, 毋變國俗. 或曰, 普天之下, 莫非王土. 今欲上不違條格, 下不失舊章, 使刑法歸一, 而人不苟免, 其要安在?"『稼亭集』卷1,「雜著·策問」

버리는데 모두 도리가 있어서 (한쪽을) 따를 수가 없다.[85]

위에 인용된 문장들 중에서 먼저 제시된 것은 '책문(策問)'에 출제된 것으로 이곡을 포함한 당시 사람들이 고려-원 관계의 성격에 대해 여전히 고민하고 있었음을 보여준다. 뒤에 제시된 내용은 정동행성의 이문(理問)이었던 게이충(揭以忠)과 이곡의 대화 도중 이곡이 말했던 부분이다. 여기에서도 정동행성과 고려의 입장이 각각 확연하게 달라서 합의점이 도출되기 어려웠던 실태가 드러난다. 즉, 원 제국 측에서는 고려 역시 황제가 통치하는 천하의 일부분이라고 인식하면서 원의 법제를 적용하려 하였지만, 고려에서는 세조 쿠빌라이가 약속한 이른바 '세조구제(世祖舊制)'를 내세우며 고려의 법속을 유지하고자 애썼던 것이다. 이러한 상황에서 이곡은 정동행성의 관리이면서도 고려인이었으니 더욱 혼란을 느꼈음에 틀림없다.

이렇게 고려의 습속을 유지하려는 경향과 원 제국의 법제를 적용하려는 움직임 사이에서는 끊임없는 충돌이 일어났고, 이는 고려 후기를 규정하는 중요한 특징 중의 하나가 되었다.[86] 『가정집』 속에는 본론에서 분석한 여러 사건들과 인물들 이외에도 당시의 정치 구조에 대해 치열하게 고민했던 저자 이곡의 인식까지 담겨있는 것이다. 즉, 『가정집』은 고려 및 원

85　"省吏之執通制者則曰, 普天之下, 莫非王土. 國臣之持舊法者則曰, 世皇有訓, 不改土風. 於是出彼入此, 趣輕舍重, 皆有所說, 莫可適從."『稼亭集』卷9, 「送揭理問序」

86　김형수는 고려 후기의 이러한 모습을 '國俗'과 '通制'의 대립이라는 개념을 활용하여 당시의 정책과 정치 구조를 설명했고(김형수, 『고려후기 정책과 정치』, 지성인, 2013), 이종서 역시 두 가지의 상반된 경향이 공존하고 있었던 것의 의미를 분석한 연구를 내놓은 바 있다(이종서, 「고려후기 상반된 질서의 공존과 그 역사적 의미」, 『한국문화』 72, 2015).

에서 활약한 여러 인물, 사건들은 물론이고 고려-원 관계에서 드러나는 다양한 문제들에 이르기까지 광범한 내용을 담고 있어 고려 후기는 물론이고 원 제국 후기를 연구하기 위한 중요한 사료로서 충분한 가치를 가졌다고 할 수 있다.

2장

이색『목은문고』의 원 제국 관련 기록

1. 머리말

고려 후기의 역사는 부득이하게 몽골-원 제국으로부터 직접적, 간접적인 영향을 받으면서 형성되었고, 이로 인해 고려 후기의 사료들에는 몽골-원 제국의 역사상을 보여주는 기록들이 많이 남아 있다. 게다가 고려 후기에는 고려 왕실이 원의 황실과 혼인을 하고, 관원들을 포함한 다양한 계층의 사람들이 양국을 수시로 왕래하는 등의 여러 요인으로 인해 고려 측에는 원과 관련된 기록이 상당 정도로 남아 있다. 반대로 원 제국 측의 기록에도 고려 관련 기록이 꽤 많이 남아 있다. 그래서 고려와 원 제국 양쪽의 사료에 기록되어 있는, 상대방 국가에 대한 정보를 분석하는 작업은 또 다른 역사적 관점을 확보할 수 있게 한다.[01]

---

01 이미 국내학계에서는 원 제국 측의 고려 관련 기록을 수집하고 분석한 장동익의 선구적인 연구가 이루어진 바 있다. 이에 대해서는 張東翼, 『元代麗史資料集錄』, 서울대학교출판부, 1997을 참고. 그리고 고려 측의 사료에 보이는 원 제국 관련 기록은 세계

특히 고려의 기록에서 원과 관련된 내용을 추출하고 분석하는 연구는 고려-원 관계사의 연구가 또 다른 방향으로 전개될 수 있게 하는 계기를 제공한다. 그리고 원 제국 측의 기록에서는 보이지 않던 모습이 고려의 기록에서 나타나는 경우에는 새로운 시각과 자료의 확보라는 성과를 얻어낼 수도 있다. 물론, 고려의 문집 자료에서 굳이 원과 관련된 '사소한' 기록들을 추출하여 소개하고 분석할 필요성이 과연 존재하는가에 대한 의문이 생길 수 있을 것이다. 그러나 필자는 원 제국 역사 연구에서 고려 측의 자료가 지니는 가치를 결코 무시할 수 없다고 판단하고 있고, 그러한 사료 탐색을 통해 앞으로 더욱 소중한 연구들이 이루어질 수 있는 발판이 만들어질 수 있을 것이라 기대하고 있다.

필자는 이러한 연구의 일환으로 이곡(李穀)의 『가정집』에서 발견할 수 있는 원 제국 역사 관련 기록을 분석한 성과를 발표한 바 있다.[02] 이곡은 원의 과거에 합격하여 관료를 역임하면서 원 제국 측의 인사들과 활발하게 교류했고 상도(上都)에 직접 가보기도 하는 등 이로 인해 원과 관련된 중요한 정보를 자신의 문집에 기록할 수 있었다. 그래서 고려의 문인이 남긴 『가정집』에 원과 관련된 기록이 상당 정도로 남아 있는 것이다.[03]

학계의 蒙元史 연구에서 수시로 활용되고 있는데, 그 중심이 되는 기록은 『高麗史』와 『高麗史節要』이다. 앞으로 고려 후기의 묘지명과 문집 자료에 남아 있는 원 제국 관련 기록을 발견하고 상세하게 분석하는 연구가 이루어질 필요가 있다.

02 권용철, 「李穀의 『稼亭集』에 수록된 大元帝國 역사 관련 기록 분석」, 『역사학보』 237, 2018. 이 책의 1장을 참고.

03 이곡이 지닌 독특한 역사적 위상을 중점적으로 다룬 최신 연구 성과로는 김영수, 「팍스 몽골리카 하 가정(稼亭) 이곡(李穀)의 이중적 정체성-'고려인-세계인' 사이를 방황한 경계인」, 『동방문화와 사상』 11, 2021; 이승수·민선홍, 「1345년 李穀의 上都 행로와

고려 후기의 문집으로『가정집』이외에 주목할 수 있는 것은 바로 이곡의 아들 이색의 문집인『목은집』이다. 이색 역시 부친인 이곡의 뒤를 이어 원의 과거에 합격하면서 제국의 일부 관료들과 인연을 맺었던 것에 주목할 수 있고, 비록 이색이 원에서 오랫동안 머무르지 않고 고려로 돌아와 활약하기는 했지만 고려에서만 활약한 문인들보다는 원과 관련된 정보를 더욱 풍부하게 접할 수 있었다. 이러한 점을 생각한다면, 이색의 문집에 기록된 원 제국 역사 관련 자료를 찾아내어 조명해 볼 필요가 있다. 이에 2장에서는 이색『목은집』의 기록들 중에서『목은시고』에 실린 시들에 대한 자세한 검토는 후속 연구로 미루어두고, 우선『목은문고』에 기록된 원 제국과 관련된 내용들을 확인해보고자 한다.

고려 말기에 조정에서 최고의 직위를 유지하며 활약했던 이색이 남긴 문장은 당연히 당시 고려에서 활약했던 고위 인사들에 대한 중요한 정보를 남겨놓고 있고, 역사학계에서도 이 점에 주목하여 관련 연구가 이루어졌다.『목은집』의 사료로서의 가치를 조명하고, 그 간행 과정 및 사료로서의 활용 방법 등을 제시한 이익주의 연구는『목은집』이 사료로서 본격적으로 활용될 수 있는 기반을 마련했다는 점에서 학술적 의미를 지닌다고 평가할 수 있다.[04] 그리고『목은집』의 기록을 토대로 이색의 불교에 대한 관점 및 승려들과의 인적 관계 등을 상세하게 분석한 고혜령의 연구는『목은집』을 사료로서 적극적으로 활용한 연구 성과라고 할 수 있다.[05]『목은집』

心迹」,『한국한문학연구』84, 2022 등이 있다.
04   李益柱,「『牧隱集』의 간행과 사료적 가치」,『진단학보』102, 2006.
05   高惠玲,「『牧隱集』을 통해 본 李穡의 불교와의 관계」,『진단학보』102, 2006.

의 사료적 가치를 밝힌 이익주는 더 나아가 『목은시고』를 중심 사료로 삼아 이색의 위상, 일상생활 및 교유관계 등을 상세하게 분석한 연구 성과를 발표하면서 이색의 시문(詩文)이 사료로서 신중하게 활용될 수 있는 연구 사례를 제시했고,[06] 『목은시고』를 통해 이색의 생애 전반과 그의 현실인식을 검토한 단행본 성과까지 내놓기도 했다.[07] 이러한 연구 성과들은 문학 연구에서만 주로 활용되는 경향이 있었던 『목은집』이 사료로서도 충분한 가치를 지니고 있다는 점을 명확하게 입증했다는 점에서 학술적인 의의를 가지고 있다고 판단된다.

한국학계에서는 이색의 생애 및 그의 사상 등을 면밀하게 파악하기 위해 『목은집』을 활용했는데, 중국학계에서도 『목은집』에 주목한 약간의 연구들이 이루어졌다. 중국학계의 몽원사 연구자인 천가오화(陳高華)는 이곡의 『가정집』, 이색의 『목은집』에 수록되어 있는 원 제국 관련 자료들에 주목했고, 그러한 자료들을 활용하기 위한 시론(試論)적인 성격의 연구를 발표한 바 있다.[08] 천가오화의 연구에서는 『가정집』과 『목은집』에 수록된 일부 내용들을 언급하면서 원 제국 연구를 위한 사료로서의 가치를 재검토했는데, 이를 기반으로 더욱 광범하고 꼼꼼하게 사료의 기록을 점검할 필요가 있다. 그리고 리링(李岭)은 원말명초 시기 한중관계의 성격을 논하면

---

06 이익주, 「『牧隱詩藁』를 통해 본 고려 말 李穡의 일상-1379년(우왕 5)의 사례」, 『한국사학보』 32, 2008.

07 이익주, 『이색의 삶과 생각』, 일조각, 2013.

08 陳高華, 「《稼亭集》·《牧隱稿》與元史研究」, 郝時遠·羅賢佑 主編, 『蒙元史暨民族史論集: 紀念翁獨健先生誕辰一百周年』, 北京: 社會科學文獻出版社, 2006.

서 『목은시고』의 기록들을 적극적으로 활용한 연구를 발표했다.[09] 이색의 시를 통해 당시의 한중관계가 어떻게 전개되었고, 이를 이색이 어떻게 인식하고 있었는지를 검토한 것이다. 또한 라오신(勞心)은 북원(北元)의 카안인 토구스테무르(脫古思帖木兒, Togus Temür)가 누구의 아들인지를 탐구한 선행 연구들을 검토하면서 『목은시고』의 자료를 활용해 토구스테무르는 혜종과 기황후의 아들인 아유시리다라(愛猷識理達臘, Ayusiridara)의 아들일 가능성이 높다는 주장을 제시하였다.[10]

　　『목은집』을 중점적으로 다룬 선행 연구 성과들을 살펴보면, 대부분 『목은시고』를 활용하고 있음을 알 수 있다. 이색의 시문에 담긴 맥락과 시가 저술되었던 당시의 시대적 상황을 함께 고려하면서 『목은시고』를 중요한 사료로서 이용한 것이다. 이에 2장에서는 『목은집』의 또 다른 구성 부분인 『목은문고』에서 원 제국 관련 자료들을 탐색해보고자 한다. 이를 통해 이색의 『목은집』이 가진 사료적 가치가 또 다른 시각에서 입증될 수 있기를 바란다.

09　李岭, 「《牧隱稿詩稿》所見元明之際的中朝關係」, 『內蒙古社會科學(漢文版)』36-5, 2015.

10　勞心, 「李穡《牧隱稿詩稿》和北元若干問題探討-兼對蒙古天元帝脫古思帖木兒身份和汗系問題的辨析」, 『科學大衆(科學教育)』 2018-8.

2. 원 제국의 궁정 정치와 관련된 기록

a. 원 제국의 계승분쟁에 관한 기록

원 제국 후기 궁정의 모습은 치열한 제위계승분쟁으로 인해 항상 불안한 정국을 유지하고 있었다고 해도 과언이 아니다.[11] 그래서 원 제국 측의 역사서에는 정치적 분쟁과 갈등으로 인해 벌어진 사건들이 상당 정도로 기록되어 있는데, 유독 명종(明宗) 코실라(和世球, Qosila)의 사망에 관해서는 애매한 기록을 남기고 있다. 코실라는 무종(武宗) 카이샨(海山, Qaishan)의 장남이었지만, 제위계승에서 밀려나면서 중앙아시아 방면으로 망명을 갔다가 제국 조정에서 쿠데타가 일어나 자신의 동생 문종(文宗) 톡테무르(圖帖睦爾, Toq Temür)가 즉위하자 몽골 초원으로 돌아와서 즉위했다. 코실라가 즉위한 것은 1329년 정월의 일인데,[12] 얼마 지나지 않아 코실라는 같은 해 8월에 사망했다.[13]

『원사』의 「명종본기」에는 코실라의 사망을 그저 '갑자기 세상을 떠났다'라고 기록했다. 코실라가 사망한 것은 자신이 황태자로 삼았던 동생 톡테무르가 직접 알현을 하러 온 지 4일이 지난 뒤의 일이었다. 결국 톡테무르가 도착하여 코실라를 만난 이후에 모종의 음모가 벌어진 것임을 추정할 수 있는데, 이러한 추정을 뒷받침하는 기록들이 원 제국 측 자료에 일

---

11   원 제국 후기 정치사에 대한 상세한 내용은 권용철, 『원대 중후기 정치사 연구』, 온샘, 2019를 참고.

12   『元史』 卷31, 「明宗本紀」, 696쪽.

13   『元史』 卷31, 「明宗本紀」, 701쪽.

부 남아 있다.[14] 그 추정에 따르면, 쿠데타를 일으켜 문종 톡테무르를 옹립한 엘테무르(燕鐵木兒, El Temür)가 명종을 암살한 것이었다. 그런데『목은문고』에 기록된 윤지표(尹之彪)의 묘지명에는 엘테무르가 명종을 암살했음을 직접적으로 보여주는 기록이 남아 있다.

이때 진저(晉邸)가 승하하자 문종이 강남에서부터 먼저 황궁에 들어와 즉위하고 명종을 삭방에서 맞아들였다. 문종이 들판으로 나아가 (명종을) 위로했는데, 승상 연첩목아(燕帖木兒)가 독주(毒酒)를 올려 명종이 한밤중에 붕어하자 육군(六軍)이 소란스러워졌다.[15]

위 기록은 태정제-문종-명종 순서로 이루어졌던 제위계승을 간략하게 언급하면서 문종 톡테무르가 명종 코실라를 알현하러 왔을 때(위의 기록에서는 들판으로 나아갔다고 표현) 승상 엘테무르가 독주를 올려 명종을 암살했다는 것을 보여주고 있다. 윤지표의 묘지명에 이러한 정황이 기록된 것은 당시 원에 머무르고 있었던 즉위 이전의 충혜왕을 보좌하던 윤지표가 제국 내의 위중한 상황 속에서도 충혜왕을 잘 보필했음을 강조하기 위함이었다. 비록 길지 않은 기록이지만, 1329년 당시 원의 긴박했던 정치적 상황에서 벌어진 핵심적인 사건을 숨김없이 언급하고 있는 것이다. 그래서 원 제국 후기 정치사 연구에서 이 기록은 크게 주목을 받을 수밖에 없다.

14   이에 대해서는 권용철, 앞의 책, 254~255쪽의 내용을 참고.
15   "時晉邸陟退, 文宗自江南先入宮正位, 迎明宗于朔方. 文宗出勞于野, 丞相燕帖木兒進毒酒, 明宗中夜崩, 六軍亂."『牧隱文藁』卷17,「海平君諡忠簡尹公墓誌銘」.

b. 황태자에 관한 기록

『목은문고』에는 원의 황태자를 언급하고 있는 내용도 등장한다. 여기에서 언급하는 황태자는 혜종과 기황후 사이에서 태어난 아유시리다라를 가리키는 것이다. 아유시리다라는 지정(至正) 13년(1353)에 공식적으로 황태자에 책봉되었으므로[16] 책봉된 이후부터는 당연히 이색도 황태자라는 칭호를 사용하게 되는 것이다.

『목은문고』에서는 황태자 아유시리다라가 몇 차례 등장하는데, 먼저 불교 승려인 지공(指空)의 부도명에 황태자가 기록되어 있는 것을 찾아볼 수 있다. 승려 지공은 인도에서 출생하여 티베트, 운남 등을 거쳐 원의 여름 수도인 상도에서 태정제와 만난 이후, 고려에까지 왔다가 문종의 명을 받아 대도로 돌아온 이후 사망할 때까지 원에서 불법(佛法)을 설파하였던, 매우 특이한 이력을 보유한 승려이다. 이러한 지공의 행적에 대해서는 일찍부터 학계의 연구자들이 주목했기 때문에 상당한 연구 성과가 축적되어 있다.[17] 지공의 행적을 분석하기 위한 기본적인 자료들 중의 하나가 바로 『목은문고』에 기록된 부도명이고, 그 부도명에 황태자가 등장한다.

---

16   『元史』卷43,「順帝本紀六」, 910쪽.

17   국내학계의 대표적인 연구 성과로는 許興植, 『高麗로 옮긴 印度의 등불』, 일조각, 1997을 참고할 수 있다. 또한, 염중섭이 지공에 관한 여러 논문들을 발표하고 있다. 염중섭, 「指空의 戒律意識과 無生戒에 대한 고찰」, 『한국불교학』70, 2014; 염중섭, 「指空의 戒律觀과 티베트불교와의 충돌양상 고찰」, 『온지논총』44, 2015; 염중섭, 「麗末鮮初의 한국불교에 끼친 指空의 영향 검토」, 『동아시아불교문화』39, 2019; 염중섭, 「指空의 大都 귀환 후 행보와 입적 관련 기록 검토」, 『보조사상』61, 2021 등의 연구들을 참고. 필자는 지공과 관련되어 주목받지 못했던 기록들을 소개하고, 이에 대한 해석을 시도한 바 있다. 권용철, 「승려 指空과 관련된 추가 자료와 그 해석을 위한 試論」, 『역사와 세계』63, 2023.

지공의 부도명에는 "지정황후(至正皇后)와 황태자가 연화각(延華閣)으로 (지공을) 맞아들여서 불법을 물었다"는 기록이 보인다.[18] 그렇다면, 지정황후는 누구일까? 지정은 원의 혜종이 1341년부터 1370년까지 사용했던 연호였으므로 지정황후는 혜종의 황후인데, 황태자와 함께 지공을 불러들였다는 것을 보면 황태자의 생모를 가리키는 것이라고 보아야 할 것이다.[19] 지정 연간에 황태자는 오직 아유시리다라 한 사람이므로, 지정황후는 아유시리다라의 모친인 기황후를 지칭하는 것이다. 연화각은 대도 궁성에 있었던 전각 중의 하나로, 『원사』에서는 태정(泰定) 2년(1325) 2월에 티베트 승려들이 단(壇)을 불태우는 불사(佛事)를 연화각에서 행했다는 기록만이 보이고[20] 이외에는 연화각에 대한 내용을 찾아볼 수 없다. 하지만 다행히 『남촌철경록(南村輟耕錄)』에는 대도의 구조를 설명하는 내용이 있고 그 중에서 "산자문(山字門)은 홍성궁(興聖宮)의 뒤에 있는데, 연화각의 정문이다"[21]라는 기록이 확인된다. 즉, 연화각은 홍성궁의 뒤편에 위치했고 홍성궁은 황후가 머무는 궁전이므로 기황후의 거처와 가까운 곳에서 아유시리다라와 함께 지공을 접견했던 것임이 지공의 부도명을 통해 드러난다. 또한 원 제국 말기 궁정의 모습을 기록한 『경신외사(庚申外史)』에는 지정 19년(1359)의 기사들 중에서

---

18   "至正皇后皇太子迎入延華閣問法."『牧隱文藁』卷14,「西天提納薄陀尊者浮屠銘」

19   至正 연간에 혜종에게는 두 사람의 황후가 존재했다. 한 사람은 1337년에 황후가 된 바얀쿠투(伯顔忽都, Bayan Qutu)이고, 또 한 사람은 1340년에 황후가 된 기황후이다. 그러나 기황후는 엄연히 '제2황후'였고, 기황후가 제1황후가 된 것은 바얀쿠투 황후가 사망하고 난 이후인 1365년의 일이었다.

20   『元史』卷29,「泰定帝本紀一」, 655쪽.

21   『南村輟耕錄』卷21,「宮闕制度」(王雪玲 校點,『南村輟耕錄』, 上海: 上海古籍出版社, 2022, 425쪽).

"태자가 지공 화상(和尚)을 불러 백성들이 굶주리는 것을 어떻게 치료해야 할 것인지를 물었다. 지공이 말하기를, '해운(海運)이 또 이르는데, 무엇을 걱정하십니까?'라고 했다"는 내용이 보인다.[22] 이를 통해서 황태자는 불사 (佛事) 이외의 사안에도 지공을 불러 조언을 구하기도 했음을 추정할 수 있고, 『목은문고』에 기록된 지공의 부도명은 그러한 정황을 뒷받침할 수 있는 기록이라고 할 수 있다.

원 제국의 황태자 아유시리다라가 등장하는 불교 기록은 지공의 부도 명 이외에도 나옹(懶翁)의 탑명(塔銘)이 있다. 나옹은 자신의 스승을 찾기 위해 원으로 와서 지공을 만났고, 지공을 스승으로 모시면서 나옹 역시 원에서 오랫동안 머물며 불법을 공부했다. 그러한 사실은 나옹의 탑명에 비교적 자세히 기록되어 있는데, 그 중에서 황태자가 등장하는 내용은 다음과 같다.

> 을미년 가을, 성지를 받들어 대도의 광제사(廣濟寺)에 머물렀다. 병신년 10월 보름, 개당법회(開堂法會)를 열자 황제가 원사(院使) 에센테무르(也先帖木兒, Esen Temür)를 보내 금란가사(金襴袈裟)와 폐백(幣帛)을 하사하였다. 황태자는 금란가사와 상아불자(象牙拂子)를 하사하였다.[23]

위 기록은 나옹이 황제로부터 명령을 받아 광제사에 머무르며 설법을 했고, 황제와 황태자로부터 귀한 물품을 하사받았을 정도로 우대를 받았

---

22 『庚申外史』卷下(任崇岳, 『庚申外史箋證』, 鄭州: 中州古籍出版社, 1991, 99쪽).

23 "乙未秋, 奉聖旨住大都廣濟寺. 丙申十月望, 設開堂法會, 帝遣院使也先帖木兒賜金襴 袈裟幣帛. 皇太子以金襴袈裟象牙拂子來錫." 『牧隱文藁』卷14, 「普濟尊者諡禪覺塔銘」.

음을 보여주는 부분으로 나옹의 행적 분석에서 중요한 비중을 차지하는 내용이다. 개당법회를 열었다는 병신년은 1356년이고, 이때 황제와 황태자가 모두 나옹에게 하사품을 내렸다는 것은 고려에서 온 승려 나옹을 통해 제국의 안녕을 기원하려는 의도가 있었음을 암시한다. 황태자가 제국 궁정에서 이루어지는 정치·종교적 사안에 적극적으로 참여했던 모습을 보여주는 기록이라고 할 수 있다.

그리고 『목은문고』에서 주목할 부분은 황태자에게 보내는 전문(牋文) 2건이다. 하나는 황태자의 천추절을 축하하기 위해 보낸 문서이고, 나머지 하나는 황태자의 개선(凱旋)을 축하하기 위해 보낸 문서이다. 황태자의 생일인 천추절을 기념한 전문은 고려 공민왕이 보낸 것인데, 그 첫머리에 "학금(鶴禁)에서 글을 익히시는 것을 모시면서 우악(優渥)한 은혜를 특별히 받았다"는 구절이 있다.[24] 여기에서 학금은 황태자의 거처를 가리키는 용어이므로, 공민왕이 고려왕이 되기 이전 원에 머무르고 있을 때에 아유시리다라와의 접촉이 상당 정도로 존재했음을 암시한다. 더 구체적으로 살펴보면, 학금은 지정 9년(1349)에 원 제국의 혜종이 아유시리다라의 공부를 위해 세운 기구인 단본당(端本堂)을 가리킨다고 보아야 할 것이다. 공민왕은 아유시리다라가 학문을 익히는 단본당에서 '글을 익힐 때에 모시면서' 교류를 했을 것이고, 이러한 정황은 공민왕이 단본당에서 설손(偰遜)으로부터 종유(從游, 따르면서 학문을 배웠다는 의미)했다는 기록을 통해서도 확인된다.[25]

---

24   "侍書鶴禁, 偏承優渥之恩."『牧隱文藁』卷11,「皇太子千秋牋」.
25   "上以端本從游之故, ……"『牧隱文藁』卷7,「近思齋逸稿後序」.

황태자에게 보내는 또 다른 문서는 황태자의 개선을 축하하는 것인데,[26] 이는 어떤 사건을 가리키는 것일까? 아유시리다라의 '개선'은 원 제국 말기의 궁정에서 발생한 내분에서 거둔 승리를 지칭하는 것이다. 이 문서는 『고려사』에도 실려 있어서 문서가 보내진 배경을 더욱 정확하게 확인할 수 있다. 공민왕 15년(1366) 3월에 황태자가 '정난환도(定難還都)'한 것을 축하했다는 내용이 분명히 기록된 것이다.[27] 이보다 앞선 공민왕 14년(1365) 10월에 황태자가 역적 보로테무르(孛羅帖木兒, Boro Temür)[28]를 토벌하여 평정했다는 조서가 고려 측에 전달되었고,[29] 공민왕은 황태자의 승리를 축하하기 위한 문서를 이색에게 작성하게 했던 것이었다.[30] 비록 1356년에 이른바 '반원개혁'을 추진했던 공민왕이었지만, 1366년의 시점에서도 여전히 원과 고려의 관계는 이어지고 있었으며 특히 공민왕이 숙위 시절 아유시리다라와 맺었던 친분이 명확히 드러나고 있다. 아울러 황태자 아유시리다라가 원 제국의 궁정 정치에 굉장히 깊숙이 개입하고 있었다는 점 역시 『목은문고』의 기록에서 분명히 확인된다.

---

26   『牧隱文藁』卷11, 「皇太子凱還賀牋」. 이 문서의 해석과 그 문학적 의미에 대해서는 김건곤 외, 『고려시대 외교문서와 사행시문』, 한국학중앙연구원출판부, 2020, 200~202쪽의 내용을 참고.

27   『高麗史』卷41, 恭愍王 15年 3月 庚子.

28   孛羅帖木兒라는 이름은 주로 몽골어의 '볼로드 테무르'(Bolod Temür)를 음사한 것으로 보았는데, 몽골어에서 볼로드는 '鋼鐵'을 의미하고 테무르는 '鐵'을 뜻하기 때문에 볼로드와 테무르는 중복되는 의미를 가진 셈이 되어 어색한 측면이 있다. 오히려 몽골어에서 회색, 회백색, 갈색 등을 의미하는 보로(boro)에 더 가까운 발음이라고 생각된다. 이에 孛羅帖木兒를 보로테무르로 표기한다.

29   『高麗史』卷41, 恭愍王 14年 閏10月 甲子.

30   황태자의 이른바 '定難還都' 사건의 추이에 대한 상세한 내용은 권용철, 앞의 책, 372~379쪽을 참고.

c. 베르케부카에 관한 기록

『목은문고』에는 원 제국의 고위 관료인 승상들에 대한 기록도 조금씩 남아 있는데, 그 중에서 베르케부카(別兒怯不花, Berke Buqa)의 사적도 찾아볼 수 있다. 베르케부카는 1340년대 원의 궁정 정치에서 중요한 비중을 차지하는 인물로, 톡토(脫脫, Toyto)와의 정치적 갈등에서 핵심적인 역할을 하다가 정쟁에서 패배하고 사망했다.[31] 『원사』의 베르케부카 열전에 그의 행적에 관한 기록이 남아 있는데, 이를 보완할 수 있는 기록을 『목은문고』 등 고려 측의 사료에서도 확인할 수 있는 것이다.[32]

『목은문고』의 기록 중에서도 베르케부카와 관련된 사적이 일부 보이고 있다. 염제신의 신도비에 다음과 같은 내용이 있다.

> 지정 계미년(1343)에 봉사강절성(奉使江浙省)으로 중정원(中政院)의 돈과 재물을 회계(會計)하였는데, 관리들이 뇌물을 많이 바치면서 비위를 맞추었으나 공은 모두 물리쳤다. 승상 별가불화공(別哥不花公)이 공을 특별히 예우하였고, (조정에) 들어가서 재상이 되자 황제에게 공을 천거하면서 말하기를, "노신(老臣)이 강절에 있었을 때에 염불노(廉佛奴)의 청렴결백함이 보통 사람을 뛰어넘는 것을 알았습니다"라고 하면서 그 사실을 갖추어 황

31 　베르케부카가 참여한 정쟁에 대해서는 윤은숙, 「元末 토곤 테무르 카안의 宰相政治 와 黨爭-톡토 派와 베르케 부카 派의 대립을 중심으로」, 『중앙아시아연구』 23-2, 2018 의 내용을 참고.

32 　베르케부카에 대한 고려 측 사료의 검토를 통해 고려-몽골 지배층의 혼인관계를 분석한 내용에 대해서는 이개석, 『고려-대원 관계 연구』, 지식산업사, 2013, 284~291쪽 을 참고.

제에게 보고하였다.[33]

위 기록에 등장하는 '별가불화(別哥不花)'가 바로 베르케부카이다. 염제신이 강절행성에 봉사(奉使)[34]로 파견되었을 때에 그 청렴결백함을 보고 베르케부카가 염제신을 특별히 예우했다는 것이 그 내용인데, 이는 1343년 당시에 베르케부카가 강절행성의 승상이었기 때문에 가능한 일이었다. 베르케부카는 지정 2년(1342)에 강절행성좌승상이 되었고, 그 후 2년이 지난 지정 4년(1344)에 중서좌승상에 임명되어 중앙 조정으로 들어갔다.[35] 그렇게 베르케부카가 중서좌승상이 된 이후에 염제신의 청렴결백함을 언급하며 황제에게 추천까지 했던 것이다. 그래서 위 기록은 베르케부카가 강절행성좌승상이었던 기간에 일어났던 일을 다룬 것으로, 당연히 중국 측의 사료에서는 전혀 찾아볼 수 없는 내용이기도 하다.

『목은문고』 권20의 「정씨가전(鄭氏家傳)」에도 베르케부카의 이름이 보인다. "갑신년(1344)에 연(燕)을 유람할 때에 승상 별기석화공(別奇昔化公)이 그를

---

33   "至正癸未, 奉使江浙省, 會計中政院錢貨, 官吏多行賂求媚, 公一切却之. 丞相別哥不花公待以殊禮, 及其入相, 薦公於帝曰, 老臣在江浙, 知廉佛奴淸白過人. 具其事白帝."『牧隱文藁』卷15,「高麗國忠誠守義同德論道輔理功臣壁上三韓三重大匡曲城府院君贈諡忠敬公廉公神道碑」

34   여기에서의 奉使는 使命을 받았었다는 의미만을 가지는 것이 아니라 원 제국 중기, 후기의 지방 감찰을 위해 파견되었던 '奉使宣撫'를 가리키는 것이다. 奉使宣撫에 대해서는 于洋,「芻議元代奉使宣撫-兼議元中後期監察制度」,『新西部』2017-31을 참고.

35   『元史』卷140,「別兒怯不花傳」, 3366쪽.『元史』의「順帝本紀」에는 베르케부카가 至正 3년(1343) 12월에 중서좌승상이 되었다고 나와 있다. 이 시점이 1343년 말이기 때문에 여기에서는 편의상 베르케부카의 열전에 기록된 것처럼 베르케부카의 중서좌승상 임명 시기를 1344년으로 서술했다.

크게 아껴서 장차 천자에게 추천하려 했다"[36]는 기록이 있는 것이다. 이 내용은 『설곡집(雪谷集)』의 저자이기도 한 정포(鄭誧)를 베르케부카가 조정에 추천하려 했다는 것인데, 갑신년인 1344년은 베르케부카가 중서좌승상에 막 부임한 해였기 때문에 앞서 염제신과 더불어 새로운 인재를 베르케부카가 적극 추천하려 했던 것임을 알 수 있다. 『목은문고』의 원문에는 그의 이름이 '별기석화(別奇昔化)'로 기록되어 있어 그 발음은 베르케부카가 될 수 없지만, 1344년에 승상으로서 인재를 추천할 수 있는 위치에 있는 인물이 베르케부카이고 『고려사』의 정포 열전에는 '별가불화'로 명확하게 기록되어 있으므로[37] 『목은문고』 원문의 '昔'은 '普'의 오기(誤記)임이 분명하다.

그렇다면, 베르케부카는 왜 정포를 크게 아꼈던 것일까? 염제신의 경우에는 강절행성에서 그의 청렴결백을 베르케부카가 직접 목격했기 때문이었지만, 정포에 대해서는 『목은문고』에 더 자세한 사항이 나오지 않고 있다. 이 의문은 이색의 부친인 이곡의 『가정집』을 통해서 해결할 수 있다. 『가정집』 권17에는 '송정중부유항주알승상(送鄭仲孚遊杭州謁丞相)'이라는 시가 실려 있는데, 이는 항주로 가서 승상(여기에서의 승상은 강절행성좌승상)을 알현하려는 정포를 송별하기 위해 이곡이 지은 것이다.[38] 항주는 강절행성의 중심 치소였기 때문에 정포는 강절행성의 승상을 만나러 항주로 향했던 것이었다. 이때 정포가 강절행성좌승상이었던 베르케부카를 만났을 것이고, 베르케부카는 이때 정포의 인품이나 능력을 확인하지 않았을까 추정된

---

36   "歲甲申, 游燕, 丞相別奇昔化公大愛之, 將薦之天子." 『牧隱文藁』 卷20, 「鄭氏家傳」

37   『高麗史』 卷106, 「鄭誧傳」

38   『稼亭集』 卷17, 「送鄭仲孚遊杭州謁丞相」

다. 그렇다면, 가정 이곡이 정포를 송별하며 지은 시는 베르케부카가 강절행성좌승상을 역임했던 1342~1343년경에 지어졌던 것이라고 볼 수 있다. 즉, 이곡-이색 부자의 문집에서 베르케부카의 모습을 모두 확인해볼 수 있다는 독특한 의미가 존재한다.

d. 보로테무르에 관한 기록

『목은문고』에는 원 제국 말기의 또 다른 승상인 보로테무르의 이름도 등장한다. 앞서 황태자에 관한 기록에서 서술했듯이 보로테무르는 황태자에 의해 토벌된 '역적'이었다. 제국 중앙의 정치적 분쟁에서 최종적으로 패배했기 때문에 역적이 된 보로테무르였지만, 그 패배 전에는 궁정을 장악하여 중서성의 최고 직위인 중서우승상에 올랐을 정도였다. 홍건적의 반란 이후 독자적으로 군사력을 키운 군벌 출신으로, 그 군사력을 이용하여 제국의 핵심부에까지 진출한 인물이었던 것이다. 자신을 제거하려는 움직임에 반발하여 군대를 이끌고 대도에 들어간 것이 지정 24년(1364) 7월이었고, 같은 해 8월에 중서우승상이 된 보로테무르[39]는 지정 25년(1365) 7월에 살해될 때까지 우승상의 지위를 차지했다.

『목은문고』에서 보로테무르의 이름이 보이는 기록은 이인복과 이공수의 묘지명이다. 이인복은 지정 2년(1342)에 원 제국의 회시(會試)에 합격하여 대녕로금주판관(大寧路錦州判官)의 관직을 받고 얼마 후 고려로 귀국하여 출세가도를 달리기 시작했다. 충목왕-충정왕-공민왕 시기 고려 조정에서 활약

---

39   『元史』卷46,「順帝本紀九」, 967~968쪽.

했던 이인복은 특히 공민왕의 신임을 크게 받았던 것으로 보인다. 공민왕 5년(1356) 10월에 공민왕은 원에 표문을 보낼 때 이인복을 사신으로 파견하는데,[40] 이때의 사신 파견에는 특별한 배경이 존재했다. 공민왕이 기철을 죽이는 등 이른바 '반원개혁'을 추진하고 원으로부터 질책을 받자 그 사정을 설명했고, 이에 황제는 고려의 사정을 인정하고 '관용을 베풀어 특별히 용서'한다는 조서[41]를 보내니 공민왕이 이에 감사를 표시하면서 여러 요구사항을 제시한 표문을 보냈던 것이다. 이렇게 민감한 사안이 담긴 표문을 전달하는 사신으로 이인복이 파견되었던 것은 『목은문고』에도 기록되어 있듯이 공민왕이 그를 크게 신임했음을 보여준다. 몇 년 후, 이인복은 다시 원으로 파견되는데 그때의 일화는 다음과 같이 기록되어 있다.

패랄첩목아(孛剌帖木兒)가 군대를 이끌고 조정에 들어와 승상을 쫓아내고 그 지위를 대신 맡으니 입조하여 아뢸 사람을 (정하는 것이) 실로 어려웠다. 상(上)이 또 말하기를, "李某(이인복)가 아니면 안 된다"라고 하니 선생이 들어가 승상을 접견하였다. 말이 간결하고 용모가 정중하니 승상이 여러 차례 바라보았고, 선생이 물러가자 부하에게 말하기를, "그에게 나아가도 두려워하는 바를 보지 못했다는 것이 이 사람이다"라고 하였다.[42]

---

40 『高麗史』卷39, 恭愍王 5年 10月 戊午.

41 『高麗史』卷39, 恭愍王 5年 10月 甲寅.

42 "孛剌帖木兒引兵入朝, 黜丞相代其位, 入奏實難其人. 上又曰, 非李某不可, 先生入見 丞相. 辭簡貌重, 丞相屢目之, 先生退謂從者曰, 就之不見所畏, 其斯人乎."『牧隱文藁』卷15,「有元奉議大夫征東行中書省左右司郎中高麗國端誠佐理功臣三重大匡興安府院 君藝文館大提學知春秋館事謚文忠公樵隱先生李公墓誌銘」

이 일화는『고려사』의 이인복 열전에도 보이는데, 여기에 나온 패랄첩목아가 바로 보로테무르이다. 보로테무르가 군사력을 이용해 원 제국 조정을 장악하면서 분위기가 단숨에 바뀌게 되자 고려에서도 변화된 상황을 감안하여 조심스럽게 외교를 전개해야만 했을 것이다. 1356년에 이인복이 파견되었을 때처럼 민감한 정국 속에서 공민왕은 또 다시 원에 이인복을 사신으로 보냈다. 1364년 10월에 원으로 파견된 이인복은 공민왕의 복위에 대한 감사를 표시하는 표문을 전달했는데,[43] 그 배경은 1364년 초에 기황후 세력을 중심으로 일어난 덕흥군 옹립 시도가 실패로 끝났고 보로테무르가 그 기황후 세력을 축출하면서 정권을 장악한 이후 황제가 공민왕을 복위시킨 것에 있었다. 즉, 공민왕에게 있어서 보로테무르의 집권은 껄끄러웠던 기황후 세력이 숙청되면서 원과의 관계를 다시 정상적으로 돌리게 되는 기회가 되었던 셈이었다. 또한, 기황후 세력을 몰아내고 집권한 보로테무르도 기황후와 맞선 공민왕과 굳이 적대적인 관계를 형성할 필요가 없었기 때문에 이인복을 긍정적인 시선으로 바라보았을 것이다. 기황후의 공민왕 폐위 시도가 실패로 끝난 이후 형성된 새로운 정세를 잘 보여주는 장면이라고 할 수 있다.

이러한 상황은 이공수의 묘지명에서 조금 더 구체적으로 드러난다. 이공수의 구체적인 행적에 대해서는 필자가 다룬 바 있기 때문에[44] 자세한 내용은 생략하고, 보로테무르가 등장하는 기록만을 언급하고자 한다. 그 기

---

43   『高麗史』卷40, 恭愍王 13年 10月 辛亥.
44   권용철, 「元代 말기의 정국과 고려 文人 이공수(1308-1366)의 행적」, 『인문학연구』 59-2, 2020. 이 책의 7장을 참고.

록은 아래와 같다.

　　(1364년) 가을 7월, 패라첩목아(孛羅帖木兒)가 군사를 이끌고 성에 들어
가서 승상 삭사감(搠思監)을 쫓아내고 그 자리를 대신하였으며 독견첩목
아(禿堅帖木兒)를 대신(臺臣)으로 삼아 폐정(弊政)을 개혁하였다. 이에 말하기
를, "고려의 왕이 공은 있고 죄는 없는데 소인(小人)에게 곤욕을 당하고 있
으니 어찌 이를 먼저 다스리지 않겠는가?"라고 했다. 이에 조서를 내려
복위시키고 최유(崔儒)를 형틀에 묶어 보냈다.[45]

　위 기록 역시 보로테무르가 군사력으로 제국 궁정을 장악했음을 보여
주는데, 이를 '폐정의 개혁'이라고 표현했다. 보로테무르와 행동을 함께 했
던 투겐테무르(禿堅帖木兒, Tügen Temür)는 어사대부가 되었는데,[46] 이를 위 기
록에서는 '대신(臺臣)'이 되었다고 표현한 것이다. 그리고 보로테무르는 공
민왕이 죄가 없다는 것을 직접 언급했고, 공민왕을 공격한 세력을 '소인'이
라고 칭하고 있다. 기황후 세력과 대립하고 있었다는 점에서 보로테무르
와 공민왕은 똑같은 입장에 놓여 있었기 때문에 이런 발언을 할 수 있었던
것이다. 공민왕의 복위는 보로테무르의 정국 장악으로 인해 더욱 순조롭

45　"秋七月, 孛羅帖木兒引兵入城, 黜丞相搠思監, 代其位, 禿堅帖木兒爲臺臣, 革弊政. 迺
　　日, 高麗王有功無罪, 而爲小人所困, 盍先治之. 於是降詔復位, 械崔儒以送."『牧隱文
　　藁』卷18,「有元資善大夫大常禮儀院使高麗國推忠守義同德贊化功臣壁上三韓三重大
　　匡益山府院君諡文忠李公墓誌銘」
46　『元史』卷46,「順帝本紀九」, 967쪽. 투겐테무르의 이름은『牧隱文藁』卷14,「西天提納
　　薄陀尊者浮屠銘」에서는 圖堅帖木兒로 기록되어 있다.

게 진행되었음을 보여주는 기록이다.

그리고 보로테무르의 이름이 직접 등장하지는 않지만, 그를 지칭하는 기록이 확인되는 부분도 있다. 바로 한공의(韓公義)의 묘지명인데, 묘지명의 첫머리에 다음과 같은 내용이 보인다.

상이 (즉위한 지) 14년, 평간공(平簡公)이 비로소 밀직부사에 임명되었다. 그해 겨울에 장차 신년을 하례하고자 (사신을) 경사로 향하게 하려는데, 재신(宰臣)이 입대(入對)하기를, "지금[47] 승상이 전정(殿庭)에 군대를 놓고 천하를 호령하고 있으니 조근하여 회동(會同)하는 것이 다른 날과 같지 않습니다. 신 등이 사신을 (정하는 것이) 실로 어려워서 삼가 죽음을 무릅쓰고 청합니다"라고 하였다.[48]

위 기록에서 즉위한 지 14년이 지났다는 상은 공민왕을 가리키는 것이고, '그해'는 1364년에 해당된다. 1364년 겨울에 원으로 파견할 사신을 정하는 과정에서 앞서 이인복의 묘지명에서 기록되었던 것과 비슷한 내용이 나오고 있다. 승상이 군대를 이용하여 궁정을 장악하고 있어서 평상시와는 다른 상황이 전개되고 있다는 것이 위 기록에서도 암시되는데, 1364년 겨울 당시의 중서우승상은 보로테무르였으므로 위 기록의 승상 역시

---

47 『목은문고』의 원문은 '슈'이지만, 원문 그대로는 해석이 되지 않는다. 이는 '수'의 誤記인 것으로 보이기 때문에 '지금'으로 해석했다.

48 "上之十四年, 平簡公始拜密直副使. 其冬, 將賀來歲正京師, 宰臣入對, 令丞相鎧甲殿庭, 號令天下, 朝覲會同, 非他日比. 臣等實難其使, 謹昧死請."『牧隱文藁』卷16,「重大匡淸城君韓謚平簡公墓誌銘」.

보로테무르를 지칭하는 것이다. 비록 보로테무르의 집권으로 인해 공민왕이 복위할 수 있었지만, 그 이후의 외교에는 여전히 신중을 기할 수밖에 없었다는 점이 잘 드러난다. 이때 공민왕은 파견할 사신으로 한공의를 선택했고, 한공의는 1364년 11월에 원으로 파견되었다.[49] 『목은문고』에 실린 묘지명들의 기록을 통해서 1364년에 보로테무르가 정국을 장악하고 있었을 당시의 정치적 분위기를 엿볼 수 있고, 공민왕이 원과의 관계 유지에 크게 신경을 쓰고 있었다는 점도 확인할 수 있다.

3. 원 제국의 관료와 관련된 기록

『목은문고』의 저자 이색은 원 제국의 과거에 합격하면서 원의 과거 출신 관료들과 인연을 맺게 되었다. 그래서 『목은문고』에는 원 제국의 일부 관료들이 등장하고 있다. 이에 원 제국 관료들에 관한 『목은문고』의 여러 기록들을 조금 더 구체적으로 살펴보고자 한다.

a. 게혜사(揭傒斯)

게혜사는 원 제국 중기, 후기에 활동했던 문인 관료로 『원사』의 열전에서 그의 행적을 확인할 수 있다.[50] 주로 학문, 역사 편찬 등의 분야에서 활

---

49   『高麗史』卷40, 恭愍王 13年 11月 戊辰.
50   게혜사의 열전은 『元史』卷181, 「揭傒斯傳」, 4184~4187쪽의 내용을 참고.

약했던 게혜사의 이름은『목은문고』에서도 확인할 수 있는데, 그 내용은
아래와 같이 간략하다.

> 귀성부원군(龜城府院君) 김공(金公)은 천력황제(天曆皇帝)를 섬기면서 규장
> 각(奎章閣)에서 독서하였다. 우강(旴江) 게문안공(揭文安公)이 이때 강관(講官)
> 의 지위에 있어 김공이 그를 섬기면서 제자의 예를 다하였다. 때때로 (게문
> 안공이) 우거(寓居)하고 있는 곳으로 가서 심오한 뜻을 질문하면서 마침내
> 경사(經史)에 통달하였고, 시장(詩章)을 익혔다. 그 후 지정황제가 예를 갖추
> 어 후하게 대우하였다.[51]

위 기록은 귀성부원군에 봉해진 인물이 원 조정에 머물렀을 때의 일화
를 언급하고 있는데, 여기에 나오는 게문안공이 바로 게혜사를 지칭하는
것이다. 천력황제는 원 문종을 가리키고, 규장각은 천력 2년(1329)에 문종
이 세운 학술 기관이었다.[52] 이 규장각에서 문종은 유교 관료들과의 학술
적 교류를 행하며 자신만의 정치적 색깔을 만들고자 했다. 게혜사가 이 규
장각에 있으면서 강관의 역할을 했음이 위 기록에서 확인되는데,『원사』의
게혜사 열전에는 그가 '수경랑(授經郎)'에 임명되었음이 기록되어 있다.[53] 게
혜사의 학문은 문종이 세운 규장각에서의 강론을 통해 관료 지식인들에게

---

51   "龜城府院君金公事天曆皇帝, 讀書奎章閣. 旴江揭文安公時爲講官閣下, 金公事之盡
      弟子禮. 時就所寓, 質問奧義, 遂得通經史, 習詩章.其後至正皇帝厚待以禮."『牧隱文
      藁』卷2,「陽軒記」.
52   『元史』卷33,「文宗本紀二」, 730~731쪽.
53   『元史』卷181,「揭傒斯傳」, 4184쪽.

널리 전파되어갔음을 『목은문고』를 통해 분명히 확인할 수 있는 것이다.

그리고 게문안공 앞에 붙어 있는 우강은 무엇을 가리키는 것일까? 우강은 '여수(汝水)'라고도 칭해졌던 강의 이름이다. 이 강은 원 제국 강서행성(江西行省)의 건창로(建昌路), 무주로(撫州路) 일대를 통과하고 공강(贛江)에 합류하는데 『목은문고』에서는 게혜사의 이름 앞에 이 강을 기록한 것이다. 인명 앞에 지명이 있을 경우 대부분 그 인물의 출신지를 지칭하는 것인데, 우강도 그러한 사례라고 볼 수 있다. 게혜사의 열전에 따르면, 게혜사는 '용흥(龍興) 부주(富州)' 사람인데 이 부주는 우강이 공강과 합류하는 지점에서 그리 멀리 떨어지지 않은 곳에 위치해 있다. 이를 감안하면, 『목은문고』에서는 게혜사의 출신을 그 지역에 흐르는 우강으로 기록한 것인데 도시가 아닌 강의 명칭을 기록한 독특한 사례라고 볼 수 있을 것이다.

b. 우문공량(宇文公諒)

『목은문고』에 등장하는 인물 중 우문공량이라는 사람이 있는데, 그에 관한 기록은 아래와 같다.

내가 관례(冠禮)를 치른 이듬해에 벽옹(辟雍)에 입학하였다. 역(易)은 가학(家學)인데 아직 가르침을 받지 못하였다. 마침 선군(先君)의 동년(同年)인 우문자정(宇文子貞) 선생이 학관(學官)으로 부름을 받아 이르렀다. 내가 즉시 찾아뵙고 나아가 스스로 청하면서 말하기를, "저는 고려 이가정(李稼亭)의 우마도(牛馬走)입니다. 바라건대 선생을 따라 역을 배우고자 합니다"라고 하였다. 선생이 말하기를, "중보(中甫)는 역에 밝은 사람이어서 내가 경외

했다. 자네의 나이가 어려서 자네의 부친이 필시 가르쳐주지 못했을 것이다. 동년의 아들은 내 아들과 같으니 내가 자네를 가르쳐 주지 않을까 봐 걱정하지는 마라"라고 하였다.[54]

위 기록은 이색이 벽옹, 즉 원 제국의 국자감에 들어간 이후 우문자정에게 주역을 가르쳐달라고 부탁했다는 내용인데 여기에 나오는 우문자정이 우문공량을 가리키는 것이다. 우문공량에 대해서는 『원사』의 유학 열전속에 간략한 기록이 있는데, 그 기록에는 우문공량이 1333년의 과거에 합격했다는 사실이 보인다.[55] 이색의 부친 이곡이 원 제국의 과거에 합격했던 해와 똑같고, 그렇기 때문에 이색은 우문공량이 선군(즉, 이곡)의 동년이었다고 서술한 것이다. 또한, 우문공량은 동년인 이곡의 아들 이색을 자신의 아들과 같이 여기며 학문을 가르쳐주게 되었다.

『원사』의 우문공량 열전에는 그가 1333년에 과거에 급제했다는 것 이외에는 관직 임명, 사망 등의 연도를 알려주는 기사가 존재하지 않는다. 그런데 『목은문고』의 기록을 보면, 그가 국자감의 학관으로 부름을 받은 것은 이색이 국자감에 입학한 해였음을 알 수 있다. 우문공량의 열전 내용 중에는 '이후 소환되어 국자감승(國子監丞)'이 되었다는 표현이 보이는데, 국자감의 학관으로 부름을 받았다는 것은 국자감승으로 조정에 복귀한 일을

---

54   "予旣冠之明年, 鼓篋璧雍. 易, 家學也, 未得師. 會先君同年宇文子貞先生以學官召至. 予卽上謁, 進而自請曰, 穡, 高麗李稼亭牛馬走也. 願從先生受易. 先生曰, 中甫, 明易者也, 吾所畏也. 汝年少, 汝父未必授. 同年之子猶子焉, 無患吾不汝授也."『牧隱文藁』卷4,「朴子虛貞齋記」.

55   『元史』卷190,「儒學傳二」, 4349쪽.

가리키는 것으로 보아야 한다. 이색이 국자감에 들어간 것이 1348년의 일이었으니 우문공량이 국자감승에 임명되었던 시기 역시 1348년으로 볼 수 있는 것이다. 중국 측 기록에서 찾아볼 수 없는 우문공량의 국자감승 임명 시기를 추정할 수 있게 하는 내용을 『목은문고』에서 확인할 수 있다.

c. 보타시리(普達實理, Botasiri)

원의 기록에 나오는 인명 중에 보타시리는 동명이인이 많기 때문에 이 이름만으로 특정 인물을 골라내기 위해서는 인물의 행적을 더 상세하게 비교 검토해야 한다. 『목은문고』에 실린 권렴(權廉)의 묘지명에서는 권렴의 딸들이 누구와 혼인했는지를 기록한 대목이 있는데, 여기에서 보타시리의 이름이 등장한다. 바로 "장녀는 수비(壽妃)이다. 차녀는 원의 한림학사승지 영록대부 보타시리에게 시집을 갔다"[56]라는 부분인데, 권렴의 둘째 딸이 보타시리와 혼인을 했다는 것이다.

이 보타시리가 어떤 인물인지를 추적하게 해 주는 중요한 실마리는 바로 그의 관직인 한림학사승지이다. 『원사』의 이린지발(亦憐眞班, Irinjibal) 열전을 보면, 그에게 9명의 아들이 있었는데 그 중 차남의 이름이 보타시리(普達失理)이고 한림학사승지이자 지제고겸수국사(知制誥兼修國史)였다는 기록이 있다.[57] 普達失理와 普達實理에서는 '失'과 '實'의 차이가 있기는 하지만, 이는 모두 보타시리라는 같은 이름을 음사한 것이다. 그리고 보타시리의 부친

---

56   "長女壽妃也. 次適元朝翰林學士承旨榮祿大夫普達實理." 『牧隱文藁』卷16, 「重大匡玄福君權公墓誌銘」.

57   『元史』卷145, 「亦憐眞班傳」, 3447쪽.

이린지발의 행적을 살펴보면, 보타시리가 영록대부라는 종1품의 높은 산관 직함을 받을 자격이 충분하다는 것도 알 수 있다.

이린지발은 서하인(즉, 탕구트인)으로 인종 시기에 숙위가 되어 궁정에서 활약을 시작했다. 문종 연간인 지순(至順) 원년(1330)에는 한림학사승지에 임명되고 영록대부에 봉해졌는데 이는『목은문고』에 나온 보타시리의 직함과도 일치한다. 그리고 지정 연간에도 여러 직위를 역임하면서 정1품인 금자광록대부(金紫光祿大夫)에까지 오르고 있어 이린지발의 위상이 상당히 높았다는 것을 확인할 수 있다. 물론, 이린지발은 권력자들에게 영합하지 않은 탓에 지방으로 전전하는 경우가 많기는 했지만, 권렴의 차녀가 이린지발의 차남인 보타시리와 혼인을 했다는 것은 장녀를 충숙왕에게 시집보낸[58] 권렴이 혼인 관계를 통해 원의 탕구트인 관료와도 밀접한 관계를 맺었음을 시사한다. 또한, 중국 측의 기록에서는 확인할 수 없는 보타시리의 혼인을 보여주는 내용이라는 점에서도『목은문고』의 중요성이 드러난다.

d. 간극장(幹克莊)

『목은문고』권20에는 박소양(朴少陽)이라는 인물에 관한 이야기가 기록되어 있다. 그 내용 중에 박소양이 원의 수도에 갔을 때에 "서하(西夏) 간극장 치서공(治書公)이 한 번 보고 그를 아꼈고, 자신의 집에 거처하게 하면서 후하게 대접하였으며 때때로 시서(詩書)를 가르쳤다"[59]라는 부분이 있다. 여

---

58   권렴의 장녀가 壽妃였다고 기록되어 있는데, 이 수비는 1335년에 충숙왕의 후궁이 되었다.

59   "西夏幹克莊治書公一見愛之, 館之于其家, 厚遇之, 時教以詩書."『牧隱文藁』卷20,「朴

기에서 '서하 간극장 치서공'이 등장한다. 서하는 서하인, 즉 탕구트인임을 가리키는 것이고 치서공은 간극장이 치서시어사(治書侍御史)를 역임했기 때문에 붙여진 명칭이다. 그러나 『목은문고』에는 더 이상의 실마리가 남아 있지 않아서 간극장이라는 인물이 누구인지를 파악하려면 중국 측 기록을 검토해야 한다.

중국 측 기록에서 중요한 단서가 되는 것이 있는데, 박소양에 관해서 원의 학자였던 주덕윤(朱德潤)이 남긴 기록이다. 그 기록은 지정 6년(1346)에 박소양이 학문을 익히고자 주덕윤을 찾아왔다는 것으로 시작되는데, 여기에 "지금 회서감헌(淮西監憲) 알공극장(斡公克莊)의 문인(門人)"이라는 표현이 보인다.[60] 즉, 박소양은 알공극장의 문하생이었다는 것이니 『목은문고』의 간극장은 알극장(斡克莊)을 가리키는 것이라고 할 수 있다. '幹'은 '斡'의 오기인 것이다.

알극장에 대해서는 원 제국 중기, 후기에 주로 활약했던 관료인 우집 (虞集)의 기록을 통해 조금 더 구체적으로 파악할 수 있다. 「병산서원기(屏山書院記)」라는 기록을 보면, "지정 원년, 이헌(貳憲) 알공옥륜도(斡公玉倫徒)가 이르렀다. …… 알공의 자(字)는 극장(克莊)이고, 서하의 구족(舊族)이다"라는 내용이 확인된다.[61] 즉, 극장은 이름이 아니라 자이고 본래 이름은 알옥륜도(斡玉倫徒)라는 점을 분명히 알 수 있다. 또한, 탕구트인 알씨 가문의 가계(家系)

氏傳」

60   『存復齋續集』, 「密陽朴質夫廬墓圖記」(李修生 主編, 『全元文 40冊』, 南京: 鳳凰出版社, 2004, 573쪽).

61   『道園類稿』卷24, 「屏山書院記」(王頲 點校, 『虞集全集』, 天津: 天津古籍出版社, 2007, 648쪽).

에 대해서도 우집이 개략적으로 기록을 남겨놓은 것이 있다. 그 기록에는 서하에서 재상을 지낸 알도충(斡道沖)이라는 사람이 있었고, 그 알도충의 증손자가 운남염방사(雲南廉訪使) 알도명(斡道明)이었으며 이 알도명의 손자가 바로 알옥륜도라는 점을 확인할 수 있다.[62] 그리고 『원사』 권134의 도르지(朶兒赤, Dorji) 열전을 보면 도르지의 자가 도명(道明)이고, 서하 영주(寧州) 사람이라는 기록이 있다.[63] 이 도르지가 훗날 운남염방사에 임명되었다는 기록도 확인되므로,[64] 알도명은 알도르지를 가리키는 것이고 이 알도르지의 손자가 알옥륜도라는 점을 분명하게 알 수 있다.

알옥륜도의 행적에 관해서는 자세하게 알려져 있는 것이 많지 않다. 언제 과거 시험에 합격했는지조차도 확인할 수가 없다. 그가 역임한 관직은 규장각전첨(奎章閣典籤), 회서염방첨사(淮西廉訪僉事), 남대경력(南臺經歷), 복건염방부사(福建廉訪副使), 공부시랑, 산남염방사(山南廉訪使), 시어사인데[65] 『목은문고』에서 그의 관직이라고 언급한 치서시어사는 기존 연구들에서 언급되지 않은 것이다. 『목은문고』의 기록을 감안한다면, 알옥륜도는 치서시어사도 역임했다. 중국 측 기록에서 확인되지 않는 사실을 『목은문고』에서 발견할 수 있는 또 다른 사례이다.

---

62   『道園學古錄』 卷4, 「故西夏相斡公畫像贊」(王頲 點校, 같은 책, 321쪽).

63   『元史』 卷134, 「朶兒赤傳」, 3254쪽.

64   『元史』 卷134, 「朶兒赤傳」, 3255쪽.

65   余大鈞 編著, 『元代人名大辭典』 呼和浩特: 內蒙古人民出版社, 2016, 745쪽.

e. 호중연(胡仲淵)

『목은문고』에 기록된 여러 묘지명들에는 고려시대는 물론이고, 원 제국과 연관해서도 주목할 내용들이 보이는데 홍빈(洪彬)의 묘지명도 그 중 하나이다. 홍빈은 원 제국에 숙위로 들어가 활약하기 시작하여 여러 관직을 역임했기 때문에 제국의 관료들과도 일정한 교류를 분명히 유지했을 것이다. 그러한 관료들 중에서 묘지명에 확실히 이름이 등장하는 인물이 호중연이다. 관련 내용은 아래와 같다.

> 공이 제거(提擧)를 가르칠 때에 절동(浙東) 호중연 선생이 공의 (집에) 거처하였다. 나의 선군 가정공이 동성(東省)의 좌막(佐幕)이 되어 공의 동료가 되었고, 또 서로 사이가 좋았다. 이에 내가 함께 가르침을 받을 수 있었다.[66]

위 내용은 홍빈이 제거(여기에서는 홍빈의 아들인 홍수산을 지칭)를 가르치던 시절에 호중연이 홍빈과 함께 거주하였고, 이색은 부친 이곡이 정동행성의 관료였을 때 홍빈의 동료여서 홍빈을 잘 알고 있었고 이에 홍수산과 함께 가르침을 받았다는 것이다. 호중연이라는 사람이 홍빈의 집에 거처했을 정도로 사이가 가까웠음을 짐작할 수 있고, 또 호중연의 출신 지역이 절동이라는 것도 확인할 수 있다. 그렇다면, 이 호중연은 누구를 가리키는 것일까? 다행히도 원말명초의 유학자인 송렴(宋濂)의 문집에 호중연의 신도비

---

66   "公之敎提擧也, 浙東胡仲淵先生館于公. 予先君稼亭公佐幕東省於公爲同寮, 又相善也. 是以予得同受業焉."『牧隱文藁』卷19,「唐城府院君洪康敬公墓誌銘」.

명이 있기 때문에 이를 토대로 행적을 분석해볼 수 있다.

호중연의 이름은 호심(胡深)이고, 중연은 그의 자이다. 그의 선조 때에 처주(處州)의 용천(龍泉)으로 옮겨와 정착했다고 기록되어 있는데, 처주는 현재 절강성 여수시(麗水市) 부근이고 용천은 현재 절강성 용천시이므로 절동 지역에 해당된다. 호심의 부친 호옥(胡鈺)은 정동행중서성좌우사원외랑을 역임했다. 이는 호심이 고려와도 연결될 수 있는 가능성을 보여주는 부분이기도 한데, 이를 더 직접적으로 드러내는 기록이 있다. "약관이 되지 않아 경사로 와서 부군(府君, 호심의 부친인 호옥을 지칭)을 모셨다. 마침 부군이 고려에 사신으로 가자 다시 가서 시중을 들었다. 오랫동안 머무르다가 부군이 관사(館舍)에서 세상을 떠나자 공(호심)이 험한 길 1만 리를 운구를 받들어 남쪽으로 돌아갔다"[67]라는 내용이다. 즉, 호심이 부친과 함께 고려에 머무르다가 부친 호옥이 사망하자 자신의 고향으로 돌아갔다는 기록이다.

그렇다면, 호심은 언제 고려에 왔던 것일까? 앞에서 인용한 기록으로 추정해보면, 호심의 나이 20세를 전후하여 고려에 왔을 것으로 보인다. 신도비명에 따르면, 호심은 을사년(1365)에 52세의 나이로 사망했기 때문에 1314년에 태어난 것으로 계산할 수 있고 나이 20세를 전후한 시기는 1330년대 초·중반에 해당하게 된다. 그리고 호심이 홍빈과 친밀한 관계를 맺었다면, 서로 만나서 교류를 했을 것인데 홍빈이 원에 있다가 고려로 돌아온 시기는 1337년이었고 정동행성의 관리를 맡으면서 국정을 운영하다가 충목왕이 즉위하고 얼마 지나지 않아 정치적 갈등에 휘말리면서 원의 수도

---

67 『鑾坡前集』 卷3, 「大明故王府參軍追封縉雲郡伯胡公神道碑銘」(黃靈庚 編輯校點, 『宋濂全集』, 北京: 人民文學出版社, 2014, 1229쪽).

로 들어갔다. 이를 감안하여 생각하면 1337년부터 충목왕이 즉위한 1344
년 사이에 홍빈과 호심이 고려에서 만났을 가능성이 높고, 이색이 가르침
을 받을 수 있었던 것도 부친 이곡이 정동행성좌우사원외랑을 역임했던
1337년 이후 이곡과 홍빈의 관계가 가까워지면서 가능해졌을 것이다. 또
한, 호심의 부친 호옥도 정동행성좌우사원외랑을 역임했기 때문에 홍빈,
이곡, 호옥 세 사람의 관계가 밀접해졌고 이에 호옥의 아들 호심과 이곡의
아들 이색, 홍빈의 아들 홍수산의 관계가 연결되는 것으로 보인다.

　　고려를 떠난 호심은 이후 기록들에서는 원 제국 말기에 강남 지방의
여러 군웅 세력들이 할거하는 상황을 맞아 이를 진압해 가는 과정에서 크
게 활약하는 모습이 확인된다. 『원사』에서는 강절행성 일대 세력들의 평정
을 맡게 된 석말의손(石抹宜孫)이 호심을 참모로 선발하여 활약하게 했다는
기록이 있고,[68] 『명사』에는 호심의 열전이 기록되어 있어 호심이 군사를 이
끌고 활약하다가 주원장에게 투항했고 진우정(陳友定)에 의해 사로잡혀 죽
임을 당하게 되는 내용이 보인다.[69] 이렇게 정사(正史)에서는 호심의 무공(武功)
만 언급되어 있지만, 송렴이 기록한 신도비명과 『목은문고』에 나온 단서를
비교해서 분석하면 1350년대 이전 호심의 행적과 고려와의 관계를 알아낼
수 있다. 그런 의미에서 『목은문고』에 등장하는 호중연의 이름은 무시하고
지나갈 수 없는 부분이다.

68　　『元史』 卷188, 「石抹宜孫傳」, 4310쪽.

69　　『明史』 卷133, 「胡深傳」, 3889~3891쪽.

4. 맺음말

　지금까지 2장에서는 이색의『목은문고』에 기록되어 있는 원 제국과 관련된 내용들을 추출하여 분석해 보았다. 이색은 원 제국의 과거에 합격하여 제국의 사정에 밝았던 부친 이곡으로 인해 제국의 관료들과 일찍부터 교류할 수 있었고, 이색 본인도 원의 국자감에 입학한 후 부친처럼 원의 과거에 합격하는 성과를 올렸다. 이색은 과거에 합격한 후, 제국의 관직을 오랫동안 역임하지 않고 곧바로 고려로 돌아와서 활약했지만 그럼에도 불구하고 그 시대의 다른 누구보다 제국의 사정을 잘 알고 있었다고 할 수 있다. 그래서 그가 남긴 기록은 고려 후기의 역사는 물론이고 원 제국 후기의 역사 연구에서도 사료적 가치를 지니고 있는 것이다.

　『목은문고』에 등장하는 원의 인물들을 2장에서 모두 다룬 것은 아니다. 요수, 조맹부, 소천작, 마조상 등 원의 많은 유학자 관료들은 워낙 잘 알려진 사람들이라서 이미 선행 연구들이 많고 이들과 관련되어『목은문고』에 기록된 내용은 중국 측 자료에서 찾아볼 수 없는 독특한 성격을 지닌 것은 아니기 때문이다. 그럼에도 앞으로 다양한 시각과 관점 및 주제에 따라『목은문고』에서 활용할 수 있는 자료들을 다양한 시선에서 검토하여 꾸준히 발굴해야 할 필요가 있다.

　한편, 이색의 기록 중에서 또 주목해야 할 것은『목은시고』이다.『목은시고』를 통해서 이색의 인생과 행적 자체를 복원할 수 있는 것은 물론이고, 여러 시들 속에 등장하는 원 제국 측 인물들과의 교유 관계도 가늠해 볼 수 있을 것이기 때문이다. 2장에서는 분석의 대상을『목은문고』로 한정했지만, 차후의 연구에서 『목은시고』의 내용에서 찾아볼 수 있는 원 제국 관련 자료까지 검토하게 된다면 이색과 그의 기록이 가지는 역사적 의미는 더욱 광범해질 수 있을 것이다. 아울러 원 제국 시기를 넘어서 명대 초기에 해당되는 기록까지 이색의 문집에서 찾아내어 분석하게 된다면, 원말명초 시기 한중관계사의 새롭고도 독특한 면모를 확인할 수 있을 것이라 생각한다. 2장의 내용은 『목은문고』의 원 제국 관련 기록을 추출하여 사례별로 정리하고, 그에 담긴 각각의 의미를 조명하면서 『목은문고』의 사료적 가치를 새로운 측면에서 검토한 것이다. 이러한 색다른 시도를 기반으로 다양한 관점에 입각한 연구들이 앞으로 활발히 이루어지기를 기대한다.

고려사 속의 원 제국

2 — 원 제국의 영향과 고려인

3장

충렬왕 시대 공신교서에서 보이는
원 제국의 다르칸 제도

1. 머리말

역사 연구를 위해서 필요한 사료에는 여러 종류가 있는데, 그 중에서 가장 많이 활용되는 것은 국가 기관에서 공식 편찬한 사서(史書)나 실록(實錄)이다. 이러한 자료들에는 과거의 상황을 보여주는 다양한 내용의 기록이 수록되어 있어서 그 기록을 여러 관점에서 해석하고 분석하는 연구가 축적되면서 역사가 구성되고 새로운 사실들이 밝혀지는 것이다. 그리고 사료의 관점에서 볼 때 중요한 또 다른 기록이 바로 고문서(古文書)라 불리는 것들이다. 고문서에는 여러 종류가 있어서 국가 간에 주고받는 외교문서나 관부(官府) 사이에서 왕래하는 행정문서는 물론이고, 특정한 인물 혹은 지역과 관련된 사정을 알려주는 자료들도 존재하기 때문에 역사서들처럼 자주 활용되는 자료는 아니지만, 역사서에 수록되어 있지 않거나 개략적으로만 기록된 부분을 상세하게 알려주는 역할을 한다는 점에서 매우 가치가 높다.

이렇게 고문서의 가치를 언급하는 이유는 3장에서 다루는 중심 자료가 바로 고문서이기 때문이다. 그 문서는 바로 고려 후기 문인인 김여우(金汝盂)의 공신 지위를 보장하는 공신교서이다. 이 문서의 내용을 다룰 수 있게 된 것은 이를 검토한 선행 연구 성과가 존재하기 때문이다. 우선 한국의 고대와 중세의 고문서들을 정리하고 분석한 연구서인『한국고대중세고문서연구(상)』에 김여우의 공신교서가 수록되어 있는데, 이는 문서의 원본이 아니라『부녕김씨족보』(扶寧金氏族譜)에 전사(轉寫)되어 있는 기록을 참고한 것이었다.[01] 이 성과를 통해 김여우를 공신에 봉한 배경이 어느 정도 밝혀졌고, 그 이상의 연구가 더 이루어질 가능성이 많지 않으나 최근에 김병기가 「문한공단권(文翰公丹券)」의 목판과 이 목판을 인쇄한 것을 발견하고 이를 분석한 연구를 발표했다.[02] 김병기의 연구에서 공개된 자료도 원래의 고문서는 아니고 김여우의 후손들이 조선 후기에 자체적으로 목판을 만들어 인쇄한 것이었다.[03] 결국 두 연구 성과가 모두 원본 고문서를 분석한 것은 아니지만, 그럼에도 불구하고 부안 김씨 가문에서 전해지고 있는 자료

---

01   노명호 외,『韓國古代中世古文書硏究(上)-校勘譯註篇』, 서울대학교출판부, 2000, 32~34쪽. 사진 자료는 노명호 외,『韓國古代中世古文書硏究(下)-硏究·圖版篇』, 서울대학교출판부, 2000, 도판 7쪽 참고.

02   김병기,「신발견 麗·元관계 자료 金汝盂의 〈文翰公 丹券〉에 대한 고찰」『대동한문학』 52, 2017. 김병기는 인쇄된 목판에 있는 제목 그대로「문한공단권」이라고 부르고 있지만, 노명호 등의 연구서에서 언급한대로 이는 단권 그 자체가 아니라 훗날에 충렬왕이 내린 교서에 해당된다.

03   김병기는 이 공신교서의 판각 시기가 명시되어 있지 않기 때문에 인쇄가 언제 이루어진 것인지를 정확하게 파악할 수는 없지만, 김여우의 부친 김구의 문집인『止浦集』의 간행과 거의 같은 시기에 인쇄된 것으로 추정하였다. 이에 대해서는 김병기, 같은 논문, 210~215쪽의 내용을 참고.

들을 기반으로 삼은 것이므로 사료로서의 가치는 분명히 존재한다.

3장에서는 이 두 연구 성과를 비교 분석하면서 김여우가 공신이 된 배경 및 문서의 내용을 조금 더 상세하게 검토해보고자 한다. 『한국고대중세고문서연구(상)』에서는 김여우의 공신교서 원문을 제시하고 역주하는 것까지만 이루어졌기 때문에 그 내용이 무엇을 의미하는지를 조금 더 세심하게 들여다 볼 필요가 있고, 김병기의 연구에서는 공신교서 자체를 '문한공단권' 인쇄본에 근거하여 복원하고 이를 빈역하는 것 위주로 작업이 진행되면서 고려-원 관계사 연구들을 기반으로 한 분석은 진행되지 않았다. 그리고 선행 연구 성과인 『한국고대중세고문서연구(상)』을 참조하지 않았기 때문에 약간의 공백이 보이기도 한다. 그러므로 공신교서에 대한 기존 연구 성과들[04]을 바탕으로 김여우 공신교서를 다룬 두 연구 성과의 상호 비교 및 대조 검토가 이루어져야 할 필요가 있다고 생각한다.

김여우 공신교서는 충렬왕 18년(1292)에 내려진 것인데, 이 시기는 충렬왕이 고려국왕, 원 제국의 부마, 정동행성의 승상으로서 다양한 위상[05]

---

04 국내학계의 공신교서 연구는 주로 조선시대의 공신교서를 대상으로 이루어지고 있다. 대표적인 연구 성과로는 노인환, 「조선시대 功臣教書 연구-문서식과 발급 과정을 중심으로」, 『古文書研究』 39, 2011; 박성호, 「조선초기 공신교서와 녹권의 발급제도 변경 시기에 대한 재론」, 『古文書研究』 45, 2014; 박성호, 「조선초기 좌명공신 김영렬 공신문서에 대한 고찰」, 『古文書研究』 50, 2017 등을 언급할 수 있다. 고려시대 공신교서의 경우에는 노명호, 「高麗時代의 功臣錄券과 功臣教書」, 『韓國古代中世古文書研究(下)』, 서울대학교출판부, 2000을 참고할 수 있다. 물론 고려시대의 경우 원본 고문서가 남아있지 않고, 족보 등의 자료에 전사된 형태로만 전해지고 있기 때문에 관련 연구가 활성화되기가 쉬운 환경은 아니지만 그럼에도 차후 새로운 자료들이 발굴될 수 있기를 기대해 본다.

05 고려국왕이 원 제국과 관계를 맺으면서 생긴 다양한 위상에 대해서는 이명미, 『13~14세기 고려·몽골 관계 연구』, 혜안, 2016을 참고. 고려국왕이 원 제국의 부마가

을 가지며 원 제국의 일부 제도를 수용하면서 자신의 권한을 확립했던 시대이기도 했다. 충렬왕이 원 제국의 케식을 도입한 것,[06] 응방이 설치된 것[07] 등은 모두 원 제국이 고려의 제도에 영향을 끼치고 있음을 보여주는데, 3장에서 살펴볼 김여우 공신교서에서는 공신에 대한 처우 중에서 원 제국의 제도를 활용했다는 표현이 확인된다. 이 점을 더 상세하게 분석해보면, 원 제국의 제도가 고려에 유입된 또 하나의 양상을 확인할 수 있을 것이라고 생각된다.

2. 두 연구 성과의 원문 비교 검토

김여우 공신교서를 분석하기 위해 우선 이를 다룬 두 연구 성과에서 제시한 원문을 비교하면서 조금 더 완벽한 원문 형태를 복원할 필요가 있다. 김병기의 연구에서는 선행 연구 성과인 『한국고대중세고문서연구(상)』에 수록된 공신교서 자체를 검토하지 않았기 때문에 두 연구에서 제시된 원문이 어떠한 지점에서 차이가 나는지를 짚고 넘어갈 필요가 있다고 본다. 이에 『한국고대중세고문서연구(상)』에 수록된 공신교서는 (A), 김

된 것으로 인해 발생한 변화들에 대해서는 최윤정, 「13~14세기 몽골과 고려의 부마들통혼의 정치적 의미와 고려왕권의 성격 재론」, 『중앙아시아연구』 24-2, 2019를 참고.

06   김보광, 「고려 충렬왕의 케시크제 도입과 그 의도」, 『사학연구』 107, 2012.

07   이강한, 「1270~80년대 고려내 鷹坊 운영 및 대외무역」, 『한국사연구』 146, 2009; 임형수, 「고려 충렬왕대 鷹坊의 구조와 기능에 대한 재검토」, 『역사와 담론』 93, 2020.

병기가 판독한 '문한공 단권'의 원문을 (B)로 설정하여 아래에 제시하고 자구의 차이를 확인하도록 하겠다. 물론, 두 연구 사이에 보이는 자구의 차이가 문서의 내용을 완전히 다르게 해석할 정도의 격차가 있는 것은 아니지만 두 자료를 상세하게 짚어본다는 차원에서 다루었다. 띄어쓰기와 표점은 각 연구 성과에서 제시한 것을 그대로 옮겼고, 밑줄로 표시된 글자는 (A)와 (B)에서 차이가 확인되는 부분이다.

(A) 皇帝福蔭裏 特進上柱國開府儀同三司征東行中書省<u>右</u>丞相駙馬高麗國王諭 一等功臣朝奉大夫試衛尉尹世子右賛懷金汝盂 自漢唐已來 至于本朝 臣下有殊功茂烈 則特賜丹<u>卷</u> 用示厚賞 此乃有國有家者之通制 所以旋善勸後也 然古代<u>君</u>子之功 徒以邊境上 對<u>敵</u>決勝 或朝廷間 制度定策之功耳 越辛未歲 寡人爲安社稷 <u>入</u>侍天<u>朝</u> 備嘗險阻之時 爾國耳忘家 勤勞隨從 至于四年 終始一心 又輔導寡人 請婚天戚 復整三韓 流榮萬國 式至今日之休 朕嘉其功 記其<u>勞</u>, 賜以丹<u>卷</u>, 仍給田丁奴婢 粗答忠誠 然而功大賞微 常有歎然之意 謹聞 上國賞賚功臣之制 容有犯禁 不加於法 雖至九犯 終不之罪 及至十犯 不得已論之 至於子孫亦如之 今欲循上國之制 確行而不變 爾雖有大犯 若不<u>逾</u>十犯 誓<u>終</u>赦宥 將使後世子孫 永受其賜 當予莅政之時 無復置疑 至於後嗣君王 宜通遵朕意 堅行此制 但欲都兪相慶 永保國家耳 故茲詔示<u>詳</u>宜知悉 至元二十九年壬辰十二月 日

(B) <u>麗朝 刑部尚書 同知密直司事兼文翰學士金先生受 賜丹券書曰:</u> 皇帝福

蔭裏, 特進上柱國 開府儀同三司 征東行中書省 **左**丞相 駙馬 高麗

國王 諭一等功臣 朝奉大夫 試衛尉尹 世子右贊懷金汝盂. 自漢唐

已來至于本朝, 臣下有殊功茂烈, 則特賜丹**券**, 用示厚賞. 此乃有國

有家者之通制, 所以旋善勸後也. 然**觀**古代**臣**子之功, 徒以邊境上

對**敵**決**勝**, 或朝廷間制**變**定策之功耳. 越辛未歲, 寡人爲安社稷**八**

侍天**庭**, 備嘗險阻之時, 尒國耳忘家, 勤勞隨從, 至于四年, 終始一

心, 又輔導寡人, 請婚天戚, 復整三韓, 流榮萬國. 式至今日之休, 朕

嘉其功, 記其**榮**, 賜以丹**券**, 仍給田丁奴婢, 粗答忠誠. 然而功大賞

微, 常有歉然之意. 謹聞 上國賞賚功臣之制, 容有犯禁不加於法,

雖至九犯, 終不之罪. 及至十犯, 不得已論之. 至於子孫亦如之. 今

欲循上國之制, 礭(確)行而不變. 尒雖有大犯, 若不**踰**十犯, 誓**於**赦

宥, 將使後世子孫永受其賜, 當予莅政之時, 無復置疑. 至於後嗣君

王, 宜遹遵朕意, 堅行此制. 但欲都兪相慶, 永保國家耳. 故茲詔示,

想宜知悉. 至元二十九年 壬辰十二月日

우선, (B)에만 보이는 '麗朝 刑部尚書 同知密直司事兼文翰學士金先生
受 賜丹券書曰' 부분은 공신교서를 소개하는 구절로, 이 '단권'을 목판으로
만늘고 인쇄한 김여우의 후손들이 삽입한 내용이라고 볼 수 있다. 그러므
로 (A)에는 없는 구절이지만, 별다른 의미를 가지고 있지는 못하다.

두 연구 성과에서 제시된 원문 사이에는 자구의 차이가 조금씩 보이는
데, (A)의 원문을 기준으로 삼아 그 차이를 살펴보도록 하자. '정동행중서
성우승상(征東行中書省右丞相)'에서 우승상은 (B)에서는 좌승상으로 기록되어

있고 (A)의 교감 주석에서도 우승상은 오류라고 보고 있기 때문에 이는 좌승상으로 적힌 (B)가 정확한 것이다. 또한 (A)에서는 '단권(丹卷)'이라고 기록되어 있으나 (B)에 적힌 '단권(丹券)'이 정확한 글자이고, (A)의 교감 주석에서도 이를 밝히고 있다.

(A)에 기록된 '연고대군자지공(然古代君子之功)'이 (B)에서는 '연관고대신자지공(然觀古代臣子之功)'으로 표현되어 있는데, (A)의 교감 주석에서는 군(君)이 신(臣)의 오류라고 추정했다. 이 추정은 (B)를 통해서 보았을 때 올바른 것이었음이 드러난다. 그리고 문맥상으로 (B)의 '관(觀)'이 들어가 있어야 '옛 신하의 공을 살펴보니'라는 뜻으로 연결될 수 있기 때문에 (B)의 구절이 더 정확한 것이라고 파악된다. 또한 (A)의 '제도정책지공이(制度定策之功耳)'와 (B)의 '제변정책지공이(制變定策之功耳)'는 사실 모두 뜻이 통하는데 제도(制度)는 '법도를 정립하다'라는 의미이고 제변(制變)은 '돌발적인 사건에 대처하다'라는 의미이다. 김병기의 연구에 수록된 사진을 보면 이 부분의 글자가 변(變)처럼 보이기도 하고 도(度)를 흘려 쓴 모양으로 보이기도 한다. 그러나 '정책(定策)'과 연결되는 자구로는 제변보다는 제도가 더 적합하고, 교서의 뒷부분에 한 차례 더 나오는 변(變)이 변(變)으로 쓰이지 않은 것을 보면 (B)의 제변은 제도를 잘못 판독한 것이라고 말할 수 있다.

그 다음으로 (A)와 (B)에 차이가 보이는 자구는 '입시천조(入侍天朝)'와 '팔시천정(八侍天庭)'인데, 이 부분은 충렬왕이 원 제국에 케식으로 들어갔을 때를 의미하는 것이므로 당연히 입시(入侍)라는 표현이 사용되어야 한다. (B)에 수록된 사진에는 글자가 팔(八)로 보이기는 하지만, 이는 입(入)을 잘못 쓴 것임이 분명하다. 천조(天朝)와 천정(天庭)은 모두 원 제국을 가리키는 표현이기 때문에 어느 쪽을 쓰더라도 오류는 없다.

(A)의 '기기로(記其勞)'와 (B)의 '기기영(記其榮)'에서 두 연구 사이의 차이가 확인되는데, (A)를 따르면 '그 공로를 기억하여'가 되고 (B)를 따르면 '그 영광을 기억하여'가 되기 때문에 뜻에 확연한 차이가 발생하게 된다. 그런데 (B)에 제시된 사진을 보면, 이 부분의 글자는 기기로(記其勞)로 되어 있다. 즉, 김병기가 판독을 하는 과정에서 로(勞)를 영(榮)으로 잘못 본 것이다. 그렇다면 이 부분은 (A)에서 정확하게 적어놓았음을 확인할 수 있다. 즉, 김여우의 공을 충렬왕이 기억하면서 단권을 내렸다는 서술로 내용이 연결되어야 하는 것이다.

(A)의 '약불유십범(若不逾十犯) 서종사유(誓終赦宥)'와 (B)의 '약불유십범(若不踰十犯), 서어사유(誓於赦宥)'에서는 두 글자의 차이가 확인된다. 이 중에서 (A)의 유(逾)와 (B)의 유(踰)는 모두 '초월하다, 넘다'라는 뜻을 가진 동사이기 때문에 글자는 다르지만 문제될 것은 전혀 없다. 문제는 '서종(誓終)'과 '서어(誓於)'의 차이인데, 서어는 '~에 맹세한다'라는 의미가 될 것인데 이렇게 되면 뒤의 사유(赦宥)와 자연스럽게 연결되지 않는다. '서종'이 되면 '결국에 용서할 것을 맹세한다'라는 의미로 볼 수 있을 것이다. (B)에 제시된 사진을 보면 이 부분의 글자가 흘림체로 되어 있어 판독이 쉽지 않은데, 이는 『한국고대중세고문서연구(상)』에서 판독한 또 다른 공신교서인 정인경 공신교서를 통해 추정할 수 있다. 정인경 공신교서는 김여우 공신교서와 내용이 매우 비슷한데, 이 부분이 '종사유(終赦宥)'로 되어 있어 김여우 공신교서에서도 어(於)보다는 종(終)을 썼을 가능성이 더 높다.

마지막 부분의 '상의지실(詳宜知悉)'과 '상의지실(想宜知悉)'은 교서를 끝맺는 관용구절에 해당되는데, (A)의 교감 주석에서는 상(詳)이 상(想)의 오기(誤記)라고 보았고 (B)를 통해서 그 추정이 옳았음이 확인된다. 그리고 한 가지 덧붙이자면, (A)의 교감 주석에서는 '무부치의(無復置疑)'의 치(置)가 치(致)의 오기인 것으로 추정했지만 (B)에서도 치의(置疑)로 적혀 있다. 치의는 '의심을 더하다'라는 뜻을 가지고 있기 때문에 '무부치의'는 '또 의심을 더하지 않을 것이다'라는 의미로 충분히 해석할 수 있다. 즉, 김여우의 공신 지위를 의심하는 일은 절대로 없을 것이라는 점을 강조한 구절이라고 볼 수 있겠다.

이렇게 두 연구 성과에서 제시된 원문의 차이를 살펴보면서 김여우 공신교서를 조금 더 정확하게 분석하기 위한 토대를 마련해 보았다. 다음 장에서는 이 교서가 나오게 된 배경이 무엇이었는지를 되새겨보고, 그 내용 속에서 어떠한 독특한 의미를 발견할 수 있을지를 검토해보겠다.

3. 김여우의 공신 책봉 배경

김여우가 단권 및 공신교서를 받게 된 배경은 이미 두 연구 성과를 통해서 어느 정도 설명이 되었다. 공신교서를 통해서도 나타나 있듯이 신미년에 충렬왕이 원 제국에 들어간 이후부터 4년 동안 충렬왕을 잘 보필했고, 더 중요한 것은 원 제국 황실과의 통혼을 김여우가 잘 성사시켰던 것이 그가 단권을 받게 되는 결정적인 배경으로 작용했던 것이다. 여기에서 신미년은 원종 12년인 1271년인데, 『고려사』에는 그 해 6월에 세자(즉, 충렬왕)

가 몽골에 '입질(入質)'하였고 이때 송분(宋玢), 설공검(薛公儉), 김서(金愔) 등 20명이 따라갔다는 기록이 확인된다.[08] 이후 원종 15년(1274)에 원종이 사망하자 충렬왕이 고려로 돌아오게 되는데, 몽골에 있던 1271년부터 1274년까지 김여우가 충렬왕을 보좌하며 신임을 받았다. 『고려사』에 충렬왕을 따라갔다고 기록된 20명 중에 김여우가 포함되어 있었던 것이다.

충렬왕을 따라갔던 20명의 인물들은 『고려사』의 기록에 따르면 '의관윤주(衣冠胤冑)'로 되어 있는데, 이는 명문세족의 장남을 가리킨다. 『고려사』에 따르면, 김여우는 김구(金坵)의 장남이었기 때문에[09] 몽골로 가는 세자를 호종하는 인원으로 선발되었던 것으로 생각된다. 김여우의 행적은 『고려사』 등 정사 기록에는 나타나지 않고 있어서 더 이상의 상세한 사실은 파악하기 어렵다. 그리고 이제현이 지은 『역옹패설』에 김여맹(金汝孟)이라는 이름으로 등장하고 있는 인물이 김여우인데, 여기에서는 "김평장의 아들이자 김추밀의 사위로서 벼슬은 또한 3품"이라는 내용이 보인다.[10] 김평장은 김구를 가리키는 것이고, 김추밀은 김혼(金琿)을 지칭하는 것이다. 즉, 김여우는 부친 김구의 뒤를 이어 높은 정치적 위상을 보유하고 있었으리라 짐작된다.

이렇게 사료에서 행적이 잘 드러나지 않는 김여우가 충렬왕 즉위 후 단권을 받은 결정적 이유는 바로 충렬왕의 '혼인'이었다. 주지하듯이 고려 왕실은 몽골 황실과 혼인 관계를 맺게 되면서 제국 내에서의 지위가 올라

---

08   『高麗史』卷27, 元宗 12年 6月 己亥.

09   『高麗史』卷106, 「金坵傳」.

10   『櫟翁稗說』前集 卷2.

갔고, 무신집권시대 이래 추락했던 왕권을 끌어올릴 수 있는 계기를 마련했다. 이 혼인은 고려왕의 지위가 위태로웠을 때에 이미 고려가 몽골 측에 제기한 바가 있었는데, 그에 대해서는 정인경의 공신교서에 언급되어 있다. 즉, 원종이 무신 집권자 임연에 의해 폐위되었을 당시에 몽골에서 고려로 돌아오던 세자는 이 소식을 듣고 몽골에 가서 하소연을 하게 되는데 이때 정인경이 '천척(天戚)'과의 혼인을 청했다고 되어 있는 것이다.[11] 고려 왕실의 입장에서는 몽골 황실과의 혼인이 고려 왕권을 지킬 수 있는 배경이 될 것이라고 생각했다고 볼 수 있다.

세자였던 충렬왕이 원종의 폐위를 쿠빌라이에게 알리면서 쿠빌라이는 원종의 복위를 압박하는 조치를 취했다. 임연은 이 압박을 견디지 못하고 원종을 복위시켰고, 원종은 1270년에 친조(親朝)하여 쿠빌라이를 만났다. 고려의 왕이 직접 몽골의 조정에 갔을 정도로 원종의 복위는 고려-몽골(元) 관계의 일대 전환점이 되는 사건이었는데, 원종은 여기에 더하여 정식으로 서한을 보내 혼인 요청을 하기에 이른다.[12] 아마 이보다 앞서 정인경을 중심으로 하여 혼인 요청이 이루어졌기 때문에 원종은 이에 동의하고 몽골 황실과의 통혼을 공식적으로 요청했던 것으로 생각된다. 그러나 쿠빌라이는 혼인을 급하게 서두르지 말고, 원종이 고려로 돌아가 백성들을 안무하고 특사(特使)를 보내 청혼하면 허락하겠다는 의사를 밝혔다. 즉,

11   노명호 외, 『韓國古代中世古文書硏究(上)-校勘譯註篇』, 22~27쪽에 실린 정인경의 功臣錄券과 28~31쪽에 실린 정인경의 功臣敎書를 참고. 정인경의 공신녹권에 대해서는 南權熙·呂恩暎, 「忠烈王代 武臣 鄭仁卿의 政案과 功臣錄券 硏究」, 『古文書硏究』7, 1995 등의 연구 성과도 있어 이를 참고할 수 있다.

12   『高麗史』卷26, 元宗 11年 2月 甲戌.

'출륙환도(出陸還都)'까지 완벽하게 시행하는지를 지켜보겠다는 것이었다.

출륙환도를 이행하고 무신정권을 종결시킨 원종은 비록 삼별초라는 저항 세력을 만나기는 했지만, 1271년 정월에 김련(金鍊)을 보내 청혼의 표문을 전달했다.[13] 쿠빌라이의 말을 그대로 따른 것이다. 그런데 얼마 지나지 않아 고려에서 밀성군 사람인 방보(方甫) 등이 삼별초와 호응하기 위해 반란을 일으켰다가 진압되는 사건이 발생했고,[14] 관노 숭겸(崇謙) 등은 다루가치와 고려의 관료들을 죽이고 삼별초에게 투항하는 음모를 꾸몄다가 발각되어 다루가치 토도르(脫朶兒, Todor)에게 심문을 받고 음모를 자백하는 사건이 터졌다.[15] 고려는 이 사건이 삼별초와 연계되어 있었고 또 다루가치가 직접 개입했기 때문에 몽골에 이 사안을 보고했다.[16] 그런데 혼인을 요청하는 표문을 들고 갔던 김련이 돌아왔을 때 내놓은 답은 쿠빌라이가 방보, 숭겸의 반란 음모 이야기를 듣고 요청을 모두 허락하지 않았다는 것이었다.[17] 몽골 황실과의 통혼 문제가 쉽사리 해결되지 않았음이 확인된다.

결국 고려 왕실과 몽골 황실 사이의 통혼이 공식적으로 완벽하게 결론이 나지 못한 상황에서 세자와 김여우 등 20명이 몽골로 들어가게 되었고, 이때 이들을 호송했던 인물이 추밀원부사(樞密院副使) 이창경(李昌慶)이었다. 6월에 길을 떠난 이창경은 호송의 임무를 마치고 10월에 고려로 돌아

---

13   『高麗史』卷27, 元宗 12年 正月 丙子.

14   『高麗史』卷27, 元宗 12年 正月 丙戌.

15   『高麗史』卷27, 元宗 12年 正月 癸巳.

16   『高麗史』卷27, 元宗 12年 2月 己亥.

17   『高麗史』卷27, 元宗 12年 3月 壬午.

오는데, 뜻밖에도 쿠빌라이가 세자의 혼인을 허락했다는 소식을 알려왔다.[18] 이러한 사실들과 김여우 공신교서의 내용을 종합해보면, 김여우는 원종 12년(1271) 6월에 고려에서 출발해 몽골로 들어갔고 늦어도 이창경이 고려로 돌아왔던 10월 이전에 충렬왕의 혼인이 성사되는 데에 큰 역할을 했던 것이라고 볼 수 있다. 세자와 '의관윤주'들을 호송했던 이창경이 직접 혼사를 허락받았음을 알려왔다는 것도 20명 일행이 통혼 관계 확립에 직접적으로 연관되어 있음을 시사하는 것이다. 물론, 실제 혼인은 원종 15년 (1274)에 가서야 이루어지는데[19] 1271년에서 1274년 사이에 세자가 고려로 귀환했던 기간(1272년 2월~12월)이 있었고 삼별초 진압과 일본 원정 준비 등으로 인해 혼인이 미루어졌을 것으로 추정된다.

이렇게 김여우가 세자였던 충렬왕을 호종하여 몽골 황실과의 통혼 성사에 기여함으로써 충렬왕이 즉위한 직후 단권을 받게 된 것이었다. 그런데 충렬왕은 시간이 꽤 지난 지원(至元) 29년(1292)에 김여우의 공적을 회상하면서 김여우에게 공신의 지위에 맞는 추가적인 조치를 시행했다. 이는 김여우보다 통혼을 먼저 몽골 측에 제안했던 정인경에게도 똑같이 적용되었고, 그 내용은 정인경의 공신교서에도 기록되어 있다. 정인경, 김여우의 공신교서에서 충렬왕이 강조하고 있는 것은 '상국(上國)'에서 공신에게 상을 주는 제도였고, 충렬왕 자신은 이 제도를 따르겠다는 것이었다.

충렬왕은 상국, 즉 원 제국에서 공신에게 상을 주는 제도를 언급했는

---

18 『高麗史』卷27, 元宗 12年 10月 辛丑.
19 『高麗史』卷27, 元宗 15年 5月 丙戌.

데 그 핵심은 9번의 범죄를 저질러도 죄를 주지 않고 10번째 범죄에서 부득이하게 논죄하며 그 면죄의 권한을 자손에 이르기까지 적용한다는 사실이었다. 이는 몽골제국에서 보이는 독특한 제도인 '다르칸'(darqan)을 설명한 것으로, 몽골-원 제국에서도 황제 혹은 국가를 위해 굉장히 큰 공적을 세운 사람과 그 후손들만이 받을 수 있었던 칭호였다. 이 제도를 적용하여 충렬왕이 정인경과 김여우를 대우했다는 것은 그만큼 충렬왕에게 있어서 몽골 황실과의 통혼 성사가 매우 중요한 사안이었음을 의미하는 것이라고 할 수 있다.

4. '상국의 제도' 다르칸과 그 적용 양상

그렇다면, 충렬왕이 공신들에게 교서를 내리면서 '상국지제(上國之制)'라고 칭했던 다르칸이 무엇이었는지에 대해서 더 상세하게 살펴볼 필요가 있다. 몽골제국에서 어떤 인물이 다르칸의 칭호를 받았는지를 검토해보면, 그 위상이 어느 정도였는지를 가늠해볼 수 있을 것이기 때문이다. 다르칸에 대해서는 이미 1940년대에 중국 몽원사(蒙元史) 연구의 선구자였던 한루린(韓儒林)이 논고를 발표한 바 있고,[20] 뒤를 이어 일본학계에서는 에타니 토시유키(惠谷俊之)가 투르크어, 몽골어, 한문, 페르시아어 사료에 보이는

---

20   韓儒林,「蒙古答剌罕考」,『中國文化研究所集刊』1-2, 1940.

다르칸의 용례를 분석한 연구를 발표하며 다르칸의 의미를 추적했다.[21] 또한 게렐트 수우한이라는 몽골 학자는 다르칸의 기존 의미에 더해 이것이 샤머니즘과도 긴밀히 연결된다는 논고를 일본어로 발표하기도 했다.[22] 이러한 선행 연구들을 통해 다르칸은 유목민의 고유한 제도로서 몽골-원 제국에서도 그 명맥이 이어졌음이 밝혀졌다. 충렬왕이 언급한 '상국의 제도'는 중국 전통의 방식이 아니라 몽골 고유의 제도였던 셈이다. 그러나 다르칸을 다룬 어떤 연구자도 고려에서 그 제도가 수용되고 있음을 주목하지는 않았다.

다르칸이라는 단어의 어원(語源)에 대해서는 여러 학설들이 존재하고 있어서 그 정의를 단정하기가 쉽지 않다.[23] 또, 시대에 따라 기록에 나타난 다르칸의 용례에도 차이점이 보이고 있어 다르칸의 의미는 시간이 지나면서 변화를 겪었던 것임을 추측할 수 있다. 그렇다면, 몽골제국에서는 다르칸이 주로 어떤 의미로 사용되었을까? 『몽골비사』 219절에는 이를 보여주는 귀중한 기록이 담겨 있다. 칭기스 칸은 제국을 수립한 후, 자신을 위해 공을 세우고 자신의 목숨을 구해준 부하들에 대한 논공행상을 시행하는데, 소르칸 시라에게 "메르키드의 땅 셀렝게를 목영지로 하여 목영지를 자유로 선택할 것, 자손 대대로 전통(箭筒)을 휴대케 하고, 의식의 술을 마시게 하며, 다르칸으로서 살게 하라. 아홉 번까지 죄를 벌하지 말라"는 내용의

---

21   惠谷俊之,「苔剌罕考」,『東洋史研究』 22-2, 1963.

22   Gerelt Suuhan,「チンギス・ハーン時代のダルハンに関する一考察」,『史滴』 24, 2002.

23   다르칸의 의미에 대한 여러 주장들에 대해서는 李曉紅,『蒙元時期的苔剌罕研究』, 內蒙古大學 碩士學位論文, 2013, 9~13쪽의 내용을 참고.

명령을 내렸다.[24] 또한, 다르칸이 된 사람들에 대해서는 "자유를 누리면서 많은 적을 공격하여 전리품을 얻으면 얻는 대로 가져라. 도망 잘 하는 짐승을 사냥하면 죽이는 대로 가져라"는 명령을 내리기도 했다.[25]

『몽골비사』에서 언급된 다르칸의 특권에서 중요한 점은 '자유'라고 할 수 있다.[26] 유목을 하기 위한 땅을 자유롭게 선택하는 권리나 전리품, 사냥감을 자유롭게 소유할 수 있는 권리는 유목제국 내에서 굉장히 큰 권한이었던 것이다.[27] 특히 칭기스 칸은 전리품을 자신이 분배하는 것으로부터 큰 권위를 확보할 수 있었기 때문에 아무나 전리품을 차지하지 못하게 했던 것을 고려하면, 다르칸에 대한 이러한 특권은 이례적이었던 것이라고 할 수 있다. 『몽골비사』의 기록은 몽골제국 초기 다르칸의 모습을 보여주고 있는데, 이후 원 제국 시기의 한문 기록에도 다르칸에 대한 설명이 남아 있다. 가장 대표적인 기록으로는 『남촌철경록(南村輟耕錄)』의 아래 내용을 언급할 수 있다.

다르칸은 한 국가의 장(長)을 번역해 말하는 것으로, 자유(自由)를 얻었

---

24   유원수 역주, 『몽골비사』, 사계절, 2004, 220쪽.

25   같은 책, 같은 곳.

26   페르시아어 사료인 『집사』에도 다음과 같은 기록이 보인다. "칭기스 칸은 바아린 종족 출신의 한 사람을 옹콘으로 자유롭게 해 주었는데, 이는 말이나 다른 짐승이 옹콘이 될 경우 어느 누구도 그것을 차지할 수 없는 자유의 몸, 즉 타르칸이 되는 것과 마찬가지이다." 라시드 앗 딘 지음, 김호동 역주, 『부족지』, 사계절, 2002, 325쪽. 여기에서도 타르칸을 '자유의 몸'이라고 설명했음을 확인할 수 있다.

27   다르칸의 의미를 수렵 문화와 연계해 설명한 僧格의 연구는 이 점에 큰 의미를 부여하고 있다. 이에 대해서는 僧格, 「"答剌罕"與古代蒙古狩獵文化」, 『西北民族研究』 2011-3을 참고.

다는 뜻이니 훈척(勳戚)이 아니면 수여하지 않는다. 태조께서 즉위하는 날에 조정이 처음 만들어져 관제가 간고(簡古)해서 오직 좌우의 만호, 그 다음에는 천호에 이를 뿐이었다. 승상 순덕충헌왕(順德忠獻王) 카라카순[哈剌哈孫]의 증조 키실릭[啓昔禮]은 영재(英材)로서 총애를 받아 발탁되어 천호에 임명되었으며 다르칸 호칭을 하사받았다. 지원 임신년에 세조께서 훈신(勳臣)의 후손들을 등용하면서 왕을 숙위관에 임명했고, 다르칸 호칭을 세습하게 했다.[28]

　　다르칸에 대해 개략적인 설명을 기록한 『남촌철경록』에서도 '자유를 얻었다'라는 의미를 제시하고 있다. 이것이 결국 칭기스 칸이 발언했던 "아홉 번까지 죄를 벌하지 말라"는 조치와도 연결되고 있는 것이다. 몽골 제국 초기에 관료제도가 미비한 상태에 있었을 때부터 다르칸 칭호는 이른바 공신, 훈신들에게 사여하는 특별한 칭호였고 이렇게 특별한 권리를 가진 다르칸 호칭을 아무에게나 사여하지 않았다. 그 실례(實例)를 보여주는 것이 바로 위 기록에서 언급한 키실릭과 그의 증손자 카라카순이다. 키실릭은 칭기스 칸을 위험에서 구해낸 공적으로 다르칸의 칭호를 받았고, 그 칭호는 대대로 세습되어 키실릭의 증손자 카라카순 역시 다르칸을 칭했던 것이다. 심지어 카라카순은 자신의 이름 대신 다르칸이라는 칭호만

28　『南村輟耕錄』卷1(王雪玲 校點, 『南村輟耕錄』, 上海: 上海古籍出版社, 2022, 23쪽). "答剌罕, 譯言一國之長, 得自由之意, 非勳戚不與焉. 太祖龍飛日, 朝廷草創, 官制簡古, 惟左右萬戶, 次及千戶而已. 丞相順德忠獻王哈剌哈孫之曾祖啓昔禮, 以英材見遇, 擢任千戶, 錫號答剌罕. 至元壬申, 世祖錄勳臣後, 拜王宿衛官, 襲號答剌罕."

으로 불리기도 했다.

칭기스 칸 이후에도 몽골-원 제국의 황제들은 중요한 공적을 세운 인물들에게 다르칸 칭호를 주었는데, 이에 대한 흥미로운 일화가 『산거신어(山居新語)』라는 사료에 아래와 같이 기록되어 있다.

지순 연간에 나(『산거신어』의 저자 양우(楊瑀))와 친구가 장례에 참석했는데, 그 명정분서(銘旌粉書)를 보니 이르기를, "다르칸 부인(夫人) 모씨(某氏)"라고 되어 있었다. 마침내 그 가인(家人)에게 물어보기를, "(여기에) 적힌 다르칸은 봉해진 것입니까? 소명(小名)입니까?"라고 했다. (가인이) 답하기를, "부인의 선조께서는 세조 황제께서 강남을 귀부시킬 때, 대군을 이끌고 황하에 이르렀는데 배가 없어 건너지 못해 결국 군대에 주둔했던 적이 있습니다. 밤에 꿈에서 한 노인이 말하기를, '네가 황하를 건너려고 하는데, 배가 없으니 마땅히 나를 따라오라'라고 하며 데리고 가니 이를 따르자 강가에 이르렀는데 손으로 가리키며 말하기를, '이 곳에서 갈 수 있다'고 하여 마침내 물건으로 그 강안(江岸)을 표시해 놓았습니다. 다음날이 되어 그 곳에 가보니 주저하는 사이에 한 사람이 있어 말하기를, '이 곳에서 갈 수 있습니다'고 하니 그 꿈을 떠올리자 결국 그 이야기라고 생각했습니다. 황제께서 말씀하시기를, '네가 가히 먼저 가면, 내가 마땅히 너를 따를 것이다'라고 하니 그 사람이 먼저 갔고 대군이 뒤로 따르니 과연 이 하나의 길이 수심이 특히 얕아 건널 수 있었습니다. (남송을) 평정한 후, 황제께서 그 공을 보답하려고 하자 그 사람이 말하기를, '저는 부귀는 모두 바라지 않고, 단지 자재(自在)를 얻으면 만족하겠습니다'라고 하자

마침내 다르칸에 봉하고, 5품의 인장을 주었으며 300호를 주어 그를 부양하게 했습니다. 지금 그 자손들이 여전히 존재하고 있습니다"라고 했다. 내가 매번 이 일을 사람들에게 물어보았지만, 모두 알지 못했다.[29]

위 일화는 쿠빌라이가 남송을 평정할 때 황하를 건너는 데에 결정적인 기여를 한 인물에게 다르칸을 수여했던 것을 전하는 기록이다. 여기에서 언급된 다르칸 수여가 역사적 사실에 부합하는 것인지는 단언하기 어렵지만, 주목할 부분은 다르칸에 봉해지기 전에 나오는 "단지 자재를 얻으면 만족"한다는 내용이다. 즉, 다르칸에는 '자재(自在)'의 의미가 들어있음을 반영하는 것이고 이는 물질을 통한 사여가 아니라 세금, 처벌 등으로부터 자유로울 수 있는 권리를 부여했음을 보여주는 기록이라고 할 수 있다. 물론, 공적이 있는 자들에게 보상을 할 때에는 그러한 권리에 덧붙여 정치적, 경제적 사여도 함께 진행되는 경우가 많았다.

결국 다르칸의 칭호를 주는 것에는 '자유, 자재'의 권한을 부여하는 것이 핵심적인 내용이었다고 할 수 있고, 이것이 면죄의 권리로까지 확대되는 것이다. 이미 칭기스 칸이 다르칸의 칭호를 주면서 아홉 번까지 죄를

---

29 『山居新語』卷1(元明史料筆記叢刊本, 北京: 中華書局, 2006, 202쪽). "至順間余與友人送殯, 見其銘旌粉書云, 答剌罕夫人某氏. 遂叩其家人云, 所書答剌罕, 是所封耶, 是小名耶. 答曰, 夫人之祖, 世祖皇帝收附江南時, 引大軍至黃河, 無舟可渡, 遂駐軍. 夜夢一老曰, 汝要過河, 無船, 當隨我來. 引之過去, 隨至岸邊, 指視曰, 此處可往. 遂以物記其岸. 及明日至其處, 躊躇間有一人曰, 此處可往. 想其夢, 遂疑其說. 上曰, 你可先往, 我當隨之. 其人乃先行, 大軍自後從之, 果然此一路水特淺可渡. 旣平定, 上欲賞其功, 其人曰, 我富貴皆不願, 但得自在足矣. 遂封之爲答剌罕, 與五品印, 撥三百戶以養之. 今其子孫尙存. 余每以此事叩人, 皆未有知者."

벌하지 말라고 했던 기록이 있음을 『몽골비사』에서 확인했고, 이는 훗날의 한문 기록에서도 비슷하게 등장한다. 칭기스 칸이 타이치우트 부족에게 포로로 잡혔다가 탈출한 이후 절체절명의 순간에서 칭기스 칸을 구해준 소르칸 시라와 그 아들 칠라운이 몽골제국 초기에 연이어 군사적 공적을 세우게 되는데, 이를 언급한 기록에서는 "황상(칭기스 칸)이 그들에게 호칭을 하사하고 대대로 용서[世宥]하게 했는데, 이를 다르칸이라고 했다"라고 적었다.[30] 다르칸의 여러 의미들 중에서 '대대로 죄를 용서받는' 권한이 부각되어 있는 것이다.

이렇게 다르칸은 카안(황제)을 위해 큰 공적을 세운 인물에게 특별하게 주어지는 칭호였는데, 원 제국 후기로 가면 훈척이 아닌 재상들에게도 이 칭호가 하사되는 모습이 확인된다. 원 제국 말기의 대표적인 재상인 엘테무르(燕鐵木兒, El Temür), 바얀(伯顏, Bayan), 톡토(脫脫, Toγto)가 모두 다르칸의 칭호를 지니고 있었는데, 이 셋은 모두 칭기스 칸 시기의 훈신(勳臣) 가문 후손이 아니었다. 이들이 다르칸 칭호를 하사받았다는 것은 몽골-원 제국에서 다르칸의 지위가 상징적으로 높았음을 보여준다. 이 중에서 엘테무르의 공적을 기리기 위해 작성된 기록에는 엘테무르가 다르칸에 봉해졌음을 설명하면서 다르칸이 '세대(世貸)'의 뜻임을 언급하고 있다.[31] 여기에서 대(貸)는 용서한다는 의미이기 때문에, 앞서 언급된 '세유(世宥)'와 같은 뜻이다.

30   『道園類稿』卷39,「孫都思氏世勳碑銘」(王頲 點校, 『虞集全集』, 天津: 天津古籍出版社, 2007, 1028쪽). "上賜之名而世宥之, 曰答剌罕."

31   『石田先生文集』卷14,「太師太平王定策元勳之碑」(李叔毅 點校, 『石田先生文集』, 鄭州: 中州古籍出版社, 1991, 253쪽).

즉, 원대 후기에 이르러서도 다르칸은 '대대로 받는 면죄의 권한'을 가지고 있었음을 확인할 수 있다. 칭기스 칸이 언급했던 '아홉 번까지 죄를 벌하지 말라'는 '성언(聖言)'은 이때까지도 그 영향력을 발휘했던 것이다.

충렬왕이 김여우에게 하사한 공신교서로 다시 시선을 돌리면, 결국 충렬왕은 '상국지제' 다르칸을 활용하여 자신이 쿠빌라이의 딸과 혼인을 할 수 있었던 것에 큰 공을 세운 사람들을 포상했음을 알 수 있다. 이는 고려의 제도에 몽골의 방식이 수용되었음을 보여주는 하나의 사례가 된다. 물론, 김여우에게 다르칸이라는 칭호를 직접적으로 부여한 것은 아니지만 다르칸의 핵심적인 자격인 면죄의 권한을 부각하고 이를 강조했다는 점에서 다르칸 제도가 고려에 수용되는 양상을 살펴볼 수 있다. 한편, 이와 같은 예는 공신교서가 전해지는 정인경, 김여우 외의 인물에서도 확인된다.

『고려사』에서는 다르칸 제도를 활용하여 공신에게 포상을 내린 사례가 등장한다. 우선, 김취려의 아들인 김변(金胼)의 사례를 확인할 수 있다. 김변은 충렬왕이 세자 신분으로 원에 들어갔을 때 이를 수행했고, 충렬왕은 김변의 공적을 치하하며 서권(誓券)을 하사했고 "너의 공이 큰데, 나의 상은 미미하다. 네가 비록 죄가 있어도 열 번 죄를 범하면 아홉 번은 용서할 것이며, 자손에 이르기까지 또한 그와 같이 할 것이다"라고 언급했다.[32] 이때 충렬왕은 쿠빌라이의 딸과 혼인하고 습작(襲爵)하여 고려로 돌아온 후, 김변에게 서권을 하사한 것이다. 여기에서 말하는 서권은 앞서 정인경, 김

---

32   『高麗史』卷103,「金胼傳」. "爾功之大, 予賞之微. 爾雖有罪, 十犯九宥, 至于子孫, 亦如之."

여우에게 하사했던 단권과 같이 공신에게 하사하는 녹권이었을 것이고,[33] 김변도 정인경, 김여우와 같은 이유로 비슷한 시기에 녹권을 하사받았던 것으로 보인다.

『고려사』에는 김부윤(金富允)의 사례도 기록되어 있다. 김부윤 역시 충렬왕이 세자의 신분으로 원에 들어갔을 때에 그를 호종했고, 충렬왕은 그 공으로 철권(鐵券)을 김부윤에게 하사했다. 이때 충렬왕은 임연이 난을 일으켜 원종을 폐위시켰을 때에 충렬왕으로 하여금 원으로 돌아가게 하여 쿠빌라이의 지원을 받아냈던 공적이 김부윤에게 있음을 언급했다. 그리고 "원조(元朝)의 제도를 따라 공신에게 비록 죄가 있더라도 열 번 범한 연후에 한번 논죄하고, 자손에 이르러서도 또한 이와 같이 한다"라며 다르칸 제도를 적용하겠다는 것을 천명했다.[34] 앞서 정인경, 김여우, 김변처럼 충렬왕의 혼인과 관련된 것은 아니지만 김부윤 역시 충렬왕이 세자로 원에 들어가 있을 때 세운 공적으로 인해 공신의 반열에 오른 것이었다. 또한, 충렬왕은 원 제국의 제도를 따른다는 것을 분명히 밝히고 있다.

충렬왕이 몽골-원 제국의 다르칸을 활용하여 공신에게 포상을 내린 것에는 충렬왕이 처한 상황과도 깊은 관계가 있다고 여겨진다. 충렬왕은 고려의 세자로서는 처음으로 원에 들어가 이른바 '입질'의 생활을 하며 숙위(宿衛)의 임무를 수행했고, 또한 최초로 몽골 황실과 혼인을 했던 주체이

---

33   고려의 기록에서는 錄券, 鐵券, 丹券, 書券 등 여러 용어들이 등장하는데 이는 같은 문서의 이칭들이고, 공식적인 정식 명칭은 錄券이었다(노명호, 앞의 논문, 7쪽). 김변에게 하사했다고 기록된 誓券도 錄券을 지칭하는 것으로 보이는데, 錄券의 내용에는 공신의 지위 보장을 맹세하는 부분이 있기 때문에 誓券이라는 표현을 사용했을 것이다.

34   『高麗史』卷107,「金富允傳」"遵元朝之制, 功臣雖有罪, 十犯然後一論, 至子孫亦如之."

기도 했기 때문에 여러 면에서 고려왕의 위상을 바꾸어 놓은 당사자였던 것이다.[35] 무신집권 시기에 추락했던 왕권을 몽골의 힘을 빌려 되살렸고, 이를 위해 낯선 타국에서 생활하다가 고려로 돌아왔기 때문에 자신을 몽골-원 제국에서 수행한 인물들에게 기존과는 다른 방식으로 포상을 내리면서 자신의 권위를 확립했다고 할 수 있다. 그 방식은 바로 칭기스 칸이 공신들에게 '자유'의 권한을 내리면서 시작되었던 다르칸 제도였고, 충렬왕은 몽골-원에서 생활하며 알게 되었던 다르칸 제도의 내용을 적극 활용하며 공신들을 대우했던 것이었다.

충렬왕 이후에도 고려왕들은 여러 이유로 공신들을 책정하는데, 충렬왕처럼 다르칸 제도를 활용했음을 보여주는 기록은 찾기 어렵다. 그런데, 우왕 대의 기록에서 이 다르칸 제도를 적용했음을 암시하는 기록들이 보여 흥미를 끈다. 우왕 3년(1377)에 왜구의 침입으로 인해 수도를 옮기고자 하는 논의가 시작되었으나 최영의 반대로 인해 실현되지 못했는데, 이후 우왕은 당시 수상이었던 이인임과 경복흥의 공을 논하면서 아래와 같이 언급했던 것이다.

어린 나로 하여금 조종의 계통을 잇게 함으로써 다시 사직을 안정시켜 지금에 이르게 하였으니 큰 은혜를 잊을 수 없다. 만약 특별하게 표창하지 않는다면 어찌 후세를 권면할 수 있겠는가? 이제 전지 각 200결, 노비 각 15구를 하사하고 비록 과오가 있더라도 죄를 범한 것이 열 번에 미

---

35   몽골과 고려의 관계가 가진 성격으로 인해 고려왕의 위상 역시 변화할 수밖에 없었다. 이를 상세하게 다룬 대표적인 연구로는 이명미, 앞의 책, 2016을 참고.

치지 않는다면 모두 다 용서할 것이다.[36]

우왕은 공민왕이 시해된 후, 이인임과 경복흥 등의 주도로 왕위에 올랐기 때문에 포상을 내린 것인데 이때에 '비록 죄가 있더라도 죄를 범한 것이 열 번에 미치지 않으면 모두 용서'한다는 표현이 등장하고 있다. 이는 앞서 충렬왕이 공신을 포상할 때 활용했던 '상국지제'였다. 그리고 같은 해 11월에 우왕은 자신의 유모에게 포상을 내리는데, "전지 100결과 노비 10구를 하사하고, 비록 과오가 있더라도 죄를 범한 것이 열 번에 미치지 않는다면 모두 다 용서"한다는 언급이 보인다.[37] 이인임, 경복흥에게 내렸던 면죄의 조치와 똑같은 내용이었다. 칭기스 칸의 말처럼, 죄를 아홉 번 저지를 때까지는 벌을 내리지 않고 열 번째부터는 벌을 주겠다는 것이었다.

물론, 죄를 아홉 번 저지를 때까지도 벌을 주지 않겠다는 것은 일종의 정치적 상징성을 지닌 선언으로서의 성격이 더 강한 것으로 보인다. 다르칸의 칭호는 자손 대대로 세습되는 것이었기 때문에 그 가문은 계속 면죄의 권한을 가지게 되는 것이지만, 정치적 상황에 따라 그 면죄가 적용되지 않을 수도 있었기 때문이다. 특히 훈신이 아닌 이들에게 다르칸의 칭호

---

36   『高麗史』卷126,「李仁任傳」"俾予幼冲, 不墜祖宗之緒, 再安社稷, 以迄于今, 帶礪難忘. 若不旌異, 何以勵後? 今賜田各二百結, 奴婢各十五口, 雖有過愆, 犯不至十, 悉皆原宥." 원문의 '犯不至十'을 '범죄가 십악(十惡)에 이르지 않을 경우'라고 해석하기도 하는데, 다르칸 제도를 통해 공신을 포상하는 사례에 비추어본다면 여기에서는 '죄를 범한 것이 열 번에 이르지 않으면'이라고 해석하는 것이 더 자연스럽다. 한편, 『고려사』의 우왕 열전에는 천도의 논의 및 최영의 반대와 관련된 내용이 우왕 3년 5월조에 기록되어 있다.

37   『高麗史』卷133, 禑王 3年 11月. "賜田百結, 奴婢十口. 雖有過愆犯, 不至十, 悉皆原宥."

가 사여되면, 급변하는 정세에 따라 다르칸의 권한이 적용되지 않을 수도 있었다. 원대 말기에 다르칸의 칭호를 받았던 재상들 중에서 바얀과 톡토는 황제에 의해 폄출된 사례가 보이는데,[38] 이는 황제의 의사에 따라서 다르칸의 특권이 무시될 수도 있음을 보여주는 것이었다. 우왕으로부터 이른바 '다르칸' 조치를 받은 이인임 역시 우왕을 옹립한 인물이었고, 위화도 회군 이후의 급변하는 정세 속에서 유배를 당하게 되는 것을 보면 면죄의 특권은 단지 우왕이 존재할 때에만 적용되는 것이었다.

우왕으로부터 이러한 면죄의 특권을 받은 또 한 사람의 인물이 존재하는데, 바로 최영이다. 『고려사』 최영 열전에는 우왕 6년(1380)에 우왕이 최영에게 철권을 하사하고 내린 교서의 내용이 기록되어 있는데, 교서의 말미에는 "공로는 크나 상이 미미하여 내가 실로 부족하게 여긴다. 경이 혹 죄를 범하여 비록 9번에 이르더라도 끝내 벌하지 않을 것이고, 10번에 이르러도 역시 마땅히 감면할 것이다. 자손들 역시 이와 같을 것이니 후세의 임금과 신하들도 나의 뜻을 받들도록 하라"라는 표현이 보인다.[39] 여기에서도 역시 9번까지 죄를 지어도 처벌하지 않겠다는 내용이 확인된다. 우왕은 후대의 군신들도 이를 지키라고 했지만, 위화도 회군 이후 최영이 결국에는 처형된 것을 보면 최영의 면죄 특권 역시 우왕이 존재할 때에만 적용될 수밖에 없었던 것이었다.

---

38 원대 말기 권신들의 권력 장악과 몰락 등의 과정에 대해서는 권용철, 『원대 중후기 정치사 연구』, 온샘, 2019의 3장과 4장의 내용을 참고.

39 『高麗史』卷113,「崔瑩傳」"功大而賞微, 予實歉焉. 卿或有犯, 雖至於九, 終不之罪, 至於十犯, 亦當末減. 子孫亦如之, 後之君臣, 尙體予意."

충렬왕이 몽골-원의 다르칸에서 가져온 공신 포상 제도는 고려 말기까지도 그 영향력을 발휘하고 있었다. 비록 기록에서는 충렬왕 이후 우왕 이전까지 아홉 번 죄를 지어도 용서해주는 특권을 부여하는 모습이 잘 확인되지 않지만, 우왕 시기까지 그 제도가 나타나고 있는 것을 보면 충렬왕 이후에도 공신 포상에서 다르칸 제도가 고려에서 계속 유지되고 있지 않았나 생각된다. 그리고 다르칸 제도의 영향은 조선시대에도 완전히 사라지지 않고 지속되었던 것으로 보인다. 조선왕조가 성립한 이후, 공신도감(功臣都鑑)에서 상언(上言)한 내용을 통해 이를 확인할 수 있다. 공신도감에서는 1등공신, 2등공신, 3등공신에 임명될 사람들과 그 포상 조치에 대해서 언급했는데 마지막에 모두 '雖有罪犯, 宥及永世'라는 표현이 등장한다.[40] 비록 죄를 범해도 용서하는 것이 영원히 대대로 이어진다는 의미이다. 9번 혹은 10번이라는 횟수 표현은 사라졌지만, 면죄 특권을 대대로 세습하는 제도는 존속하고 있었던 것이다. 이후 '雖有罪犯, 宥及永世' 여덟 글자는 공신들에게 내리는 포상에서 고정적인 문구로 등장하게 되고, 조선시대의 공신교서 등에서도 이 표현을 찾아볼 수 있다. 이렇게 오랜 기간 지속되는 공신에 대한 면죄 특권의 기원은 충렬왕이 원 제국에서 습득한 다르칸 제도의 영향으로부터 비롯된 것이었다.

---

40   『朝鮮太祖實錄』卷2, 太祖 元年 9月 甲午.

5. 맺음말

　지금까지 3장에서는 고려 후기의 신료인 김여우가 받은 공신교서의 내용을 검토하고, 그 내용 중에서 충렬왕이 '상국지제', 즉 원 제국의 다르칸 제도를 수용하여 공신에게 면죄의 특권을 내린 것의 연원을 상세하게 살펴보았다. 김여우의 공신교서는 고려 후기의 얼마 남지 않은 문서 자료 중 하나로 매우 중요한 사료적 가치를 지니고 있는데, 이에 대한 연구는 역사학계와 한문학계에서 별도로 이루어져 있었다. 이에 두 연구 성과에서 제시한 김여우 공신교서의 판독을 비교하면서 분석했고, 그 결과 조금 더 정확한 원문 판독을 제안할 수 있었다.

　김여우가 충렬왕으로부터 공신녹권 및 공신교서를 받게 된 것은 충렬왕이 세자의 신분으로 원에 들어갔을 때, 김여우가 충렬왕을 호종했기 때문이었다. 특히 충렬왕이 쿠빌라이의 딸과 혼인을 하면서 고려왕권을 강화할 수 있었던 것은 충렬왕이 김여우에게 특별한 포상을 내린 배경으로 작용했다. 여러 측면에서 원의 영향을 받을 수밖에 없었던 충렬왕은 공신 포상을 내릴 때에 원조의 제도를 활용하여 김여우에게 면죄의 특권을 부여하는 조치를 시행했음이 공신교서에 명확하게 기록되어 있다. 그 주요 내용은 죄를 9번 범할 때까지는 벌을 주지 않고, 10번 죄를 범할 때부터 처벌을 한다는 것이었다.

　이러한 '구유(九宥)' 제도는 몽골-원 제국 시기의 공신들에게 특별히 부여했던 다르칸이라는 개념과 연결되는 것이었다. 다르칸은 칭기스 칸이 자신을 호종하면서 목숨을 살렸던 공신들에게 내린 호칭이었고, 이때부터 다르칸은 '자유', '자재'의 의미를 지니면서 면죄의 특권을 가진 특수한 지위로서 대접을 받았다. 게다가 다르칸의 지위는 원칙적으로 칭호를 하사받은 사람과 그 후손들에게까지도 세습되는 것이었고, 원 제국의 기록에서는 다르칸 칭호를 받은 인물들의 사례가 종종 확인되고 있다. 충렬왕도 김여우에게 공신교서를 하사하면서 다르칸이 가지고 있던 제도적 성격을 그대로 도입했다.

충렬왕이 원으로부터 도입한 다르칸 제도는 고려 후기 공신 포상에서 지속적인 영향력을 발휘했고, 심지어 조선시대에도 공신의 면죄 특권 조항이 지속되었다. 이는 몽골-원 제국의 독특한 제도가 고려와 조선에 영향을 준 하나의 사례라고도 평가할 수 있고, 이러한 사례가 생길 수 있었던 근본적인 원인은 충렬왕 시기에 형성된 고려-원 관계의 성격 때문이었다고 할 수 있을 것이다.

4장

원 제국 말기의 정국과
고려 충혜왕의 즉위, 복위 그리고 폐위

1. 머리말

고려와 원 제국의 관계는 조공-책봉의 형식을 갖춘 중국-한반도 왕조 사이의 외교관계를 보여주는 하나의 예이지만, 그 내용과 실질의 측면에서는 조공-책봉으로만 설명하기 어려운 독특한 양상이 드러나고 있다는 것은 주지의 사실이다. 그래서 당시의 사람들은 고려와 원의 관계를 한 가지로 정확하게 정의내리기가 어려웠을 것이고, 현재 학계에서도 이와 관련된 논의들이 끊임없이 제기되고 있다.[01] 이렇게 거시적인 담론들이 제시

---

01 원-고려 관계의 성격을 놓고 전개된 학계의 논쟁은 대표적으로 한국의 李益柱와 일본의 모리히라 마사히코(森平雅彦) 사이에서 이루어졌다. 이익주는 世祖 쿠빌라이 시기에 설정된 원-고려 관계를 '世祖舊制'라는 용어로 설명하면서 전통적인 조공-책봉 관계에서 고려국왕으로서의 위상을 강조하는 반면, 모리히라 마사히코는 고려왕이 황실의 駙馬이자 諸王이라는 점을 부각시켜 고려를 원 제국의 投下領으로 바라보는 관점을 기본적으로 자신의 연구에 적용하고 있다. 이익주의 대표적인 연구로는 이익주, 「高麗·元關係의 構造에 대한 硏究: 소위 '世祖舊制'의 분석을 중심으로」, 『韓國史論』 36, 1996; 「고려-몽골 관계사 연구 시각의 검토: 고려-몽골 관계사에 대한 공시적, 통시적 접근」, 『한국중세사연구』 27, 2009; 「세계질서와 고려-몽골관계」, 『동아

되는 바탕 위에서 그렇게 독특한 시대를 살아갔던 사람들에 대해서 주목하는 연구들이 진행되었고, 그러한 성과들을 바탕으로 고려 후기사에 대한 이해의 폭도 넓어지고 있다.

4장에서 다루고자 하는 고려 충혜왕(忠惠王)은 시대 양상으로 인해 다면적인 위상을 가질 수밖에 없었던 14세기 전반 고려왕의 모습을 보여주는 실례(實例)라고 할 수 있다. 14세의 어린 나이에 세자로서 숙위(宿衛)의 임무를 수행하기 위해 원 제국의 수도인 대도에 가서 제국 조정을 직접 경험했던 충혜왕은 고려왕으로 두 번 즉위하고 두 번 폐위당하는, 국왕으로서는 결코 겪기 쉽지 않았던 운명을 맞이했다. 충혜왕의 즉위와 복위 및 폐위는 고려 국내의 정세 변동과 원 제국의 정국 변화가 맞물려 작용하면서 발생한 결과였고, 이는 고려와 원 제국 관계의 특수성을 논하는 데에 있어서

시아 국제질서 속의 한중관계사-제언과 모색』, 동북아역사재단, 2010; 「고려-몽골관계에서 보이는 책봉-조공 관계 요소의 탐색」, 『13~14세기 고려-몽골관계 탐구』, 동북아역사재단, 2011 등이 있다. 한편, 모리히라 마사히코의 대표적인 연구들은 그의 연구서(森平雅彦, 『モンゴル覇權下の高麗·帝國秩序と王國の對應』, 名古屋: 名古屋大學出版會, 2013)에 대부분 재수록되어 있다. 그리고 이 두 시각을 검토하고, 다각적인 측면에 입각한 새로운 분석의 틀을 제시하고자 한 이개석의 연구(이개석, 「大蒙古國-高麗 關係 연구의 재검토」, 『史學硏究』 88, 2007)와 두 관점에 대한 논의 답보상태를 벗어나기 위해 다양한 분야들을 탐구하여 구체적인 단서를 확보할 것을 제안한 이강한의 연구(이강한, 「'친원'과 '반원'을 넘어서-13~14세기사에 대한 새로운 이해」, 『역사와 현실』 78, 2010)는 새로운 단계의 연구를 위한 활력을 불어넣고 있다. 또한, 원-고려 관계에서 고려왕의 위상을 정립하려고 할 때에 고려국왕, 부마, 정동행성승상의 세 가지 요소를 함께 고려할 필요가 있다는 논의가 진행되고 있다. 이에 대해서는 金石煥, 「몽골제국의 對高麗政策의 一面: 高麗國王의 駙馬化 및 行省官 兼職을 중심으로」, 『서울大 東洋史學科論集』 35, 2011; 崔允精, 「駙馬國王과 國王丞相: 13-14세기 麗元관계와 고려왕조 國體 보존 문제 이해를 위한 새로운 모색」, 『大丘史學』 111, 2013; 이명미, 『13~14세기 고려·몽골 관계 연구』, 혜안, 2016 등의 연구를 참고. 그리고 원-고려 관계에서 드러나는 몽골 고유의 특징을 강조한 논문들의 모음으로는 고명수, 『몽골-고려 관계 연구』, 혜안, 2019를 참고.

종종 언급되는 사례이다.

충혜왕은 원 제국과 고려 사이의 특수한 관계를 직접 대변하는 중요한 역사적 인물이라고 할 수 있기 때문에 여러 연구에서 언급되었다. 하지만, 충혜왕에 대한 전론(專論)은 예상 외로 많지 않다. 사료 상에서 충혜왕에 대해서는 워낙 부정적인 측면들이 많이 묘사되어 있기도 하고, 기록의 양도 많지 않으며 게다가 다수 연구자들의 관심이 충렬왕, 충선왕, 충숙왕 그리고 바로 공민왕으로 넘어가고 있는 점도 충혜왕 연구가 다소 소홀해진 현상으로 연결된 것이 아닌가 한다. 그러나 충혜왕의 상업활동과 재정확보책, 그리고 이를 시행한 추진 세력에 초점을 맞추어 충혜왕 시기를 분석한 전병무의 연구[02]를 시작으로 충혜왕에 대한 본격적인 연구가 축적되기 시작했다. 뒤이어 김당택은 충혜왕과 원 제국의 갈등 구조를 강조하면서 충혜왕의 왕권강화가 원의 지향과 충돌하는 측면이 있었다고 주장하였다.[03] 김당택의 연구를 통해 충혜왕과 원 제국의 관계에 대한 조명이 시작되었고, 곧이어 김광철은 원 제국의 정국 추이를 이전보다 더욱 상세하게 분석한 바탕에서 충혜왕의 왕위계승을 다루었다.[04] 더 나아가 김광철은 충혜왕 측근들의 성격과 측근정치의 운영 방식을 분석하여 연구자들이 충혜왕 시기를 더욱 상세하게 이해하는 데에 일조하고 있다.[05] 그리고 김형수는 충

02   전병무, 「고려 충혜왕의 상업활동과 재정정책」, 『역사와 현실』 10, 1993.

03   金塘澤, 「高麗 忠惠王과 元의 갈등」, 『歷史學報』 142, 1994.

04   金光哲, 「고려 충혜왕의 왕위계승」, 『釜山史學』 28, 1995.

05   김광철, 「고려 충혜왕대 측근정치의 운영과 그 성격」, 『國史館論叢』 71, 1996. 충혜왕대의 측근정치에 대해서는 김광철, 『원간섭기 고려의 측근정치와 개혁정치』, 경인문화사, 2018의 4장과 5장을 함께 참고.

숙왕 사후 발표된 감찰사(監察司)의 방(榜)을 분석하면서 여기에 담긴 유자(儒者)들의 현실 인식과 뒤이은 충혜왕의 복위를 다루었고,[06] 충혜왕이 최종적으로 폐위된 이후 유자들의 인식과 그들이 공민왕의 즉위를 지원하게 된 정치적 배경을 언급한 연구도 발표하였다.[07] 한편, 고려-원 교역에 대해 다수의 논고들을 발표한 이강한은 충혜왕대 무역정책의 배경, 특징, 의미 등을 다양하게 고찰하면서 두 번에 걸친 충혜왕의 폐위는 그의 경제정책이 원과 충돌한 결과였다는 흥미로운 분석을 제시하기도 하였다.[08] 그리고 이정신은 기존의 연구들을 바탕으로 충혜왕의 행적을 분석하면서 경화공주와의 관계 및 정책의 특징까지 언급했고, 결국 충혜왕의 죽음이 고려의 종속구조를 상징적으로 보여주고 있다고 결론을 내렸다.[09] 한편, 한국학계의 상세함에는 뒤떨어지지만 중국학계에서도 고려후기의 국왕권에 대해 다루면서 충혜왕의 즉위, 복위, 폐위 배경을 간략하게 언급한 연구가 나오기도 했다.[10]

위에서 언급한 충혜왕에 대한 기왕의 연구들에서 이루어진 충혜왕의 정책, 행적 등의 논의를 염두에 두면서 4장에서는 위의 연구들보다 원 제국 말기의 정국을 중점적으로 살펴보고 보완하면서 이것이 충혜왕의 고려

---

06   金炯秀,「忠肅王 後 8年(1339) 監察司 榜과 忠惠王의 復位」,『한국중세사연구』11, 2001.

07   김형수,「충혜왕의 폐위와 고려 유자들의 공민왕 지원 배경」,『국학연구』19, 2011.

08   이강한,「고려 충혜왕대 무역정책의 내용 및 의미」,『한국중세사연구』27, 2009.

09   이정신,「고려 충혜왕의 행적과 정치적 입장」,『韓國人物史研究』13, 2010.

10   朴延華,『高麗後期王權硏究-以元朝控制干涉期爲中心』, 延邊大學 博士學位論文, 2007, 132~138쪽.

왕 즉위, 복위 그리고 폐위와 어떻게 관련되어 있는지를 고찰해보고자 한다. 원 제국 말기의 복잡한 제위계승분쟁 양상과 그에 따른 권신(權臣)의 등장 및 교체는 제국의 운영을 혼란하게 만들었던 주요한 원인이었다.[11] 여기에 고려인으로 제2황후의 자리에 오른 기황후의 등장은 원 제국과 고려 양국의 정치에 커다란 영향을 끼쳤다. 이로 인해 충혜왕은 제국의 복잡한 정세 변화 속에서 항상 불안한 지위를 유지할 수밖에 없었고, 그렇기 때문에 원 제국 말기의 정국과 충혜왕의 행적을 연계시켜 이해할 필요가 있다.

2. 엘테무르 집권 시기 충혜왕의 즉위와 1차 폐위

충혜왕이 세자의 신분으로 숙위를 위해 원의 대도로 갔던 충숙왕 15년(1328)은 원 제국의 역사에서 커다란 분기점이었다. 칭기스 칸이 몽골제국을 창설한 이후부터 어떠한 형식으로든 꾸준히 진행되어 왔던 제위계승분쟁이 이 시점에 이르러서는 대대적인 내전으로까지 확대되었고, 그 결과 황제를 옹립한 권신들의 권력이 황제에 버금갈 정도로 강해졌던 것이다. 즉, 충혜왕은 14살의 나이에 격변이 일어나고 있던 현장을 직접 목격하고 있었던 것이고, 그 정치적 격변은 충혜왕의 향후 행적에 지대한 영향을 끼치게 되었다.

충혜왕의 부친 충숙왕은 심왕옹립운동, 입성책동(立省策動) 등의 움직

---

11   이에 대해서는 권용철, 『원대 중후기 정치사 연구』, 온샘, 2019의 내용을 참고.

임으로 인해 항상 정치적으로 불안한 입장에 있었고, 심지어 영종(英宗) 황제 재위 시기에는 대도에 구류되어 있다가 태정제(泰定帝)가 즉위하면서 겨우 고려로 되돌아왔다.[12] 그리고 충혜왕이 대도에 머무르고 있었던 치화(致和) 원년(1328) 6월에 원 제국 조정은 '고려 세자' 울제이투(完者禿, Öljeitü)가 세자의 인장을 빼앗겼다고 하소연했다는 이유로 평장정사 말릭(買閭, Maliq)을 고려로 보내 이를 조사하게 하였다.[13] 울제이투는 심왕 왕고(王暠)의 몽골식 이름인데, 영종 황제 재위 시기에 이어 또 다시 고려왕의 자리를 노리고 충숙왕을 참소한 것이었다. 이러한 울제이투의 하소연에 원 제국 조정이 조사단을 고려에 파견했을 정도로 충숙왕의 지위는 여전히 불안했다. 평장정사 말릭은 1개월이 지난 이후에 고려에 도착하여 충숙왕과 접견했고, 울제이투의 말이 거짓이라는 것을 알게 되었다.[14] 결국 고려왕의 지위를 압박하는 이러한 사태는 모두 원 제국 조정에서부터 그 불씨가 생겨나고 있었고, 이 문제는 향후 충혜왕의 지위와도 직결될 수 있는 것이었다. 그렇기 때문에 대도에 있었던 충혜왕도 울제이투의 제소(提訴)가 이루어지는 과정과 그 결과에 관심을 가지고 있었을 것이다.

그러던 중, 같은 해 8월이 되면 원 제국 조정은 커다란 분쟁에 직면하게 된다. 무종(武宗) 황제의 구신(舊臣)이었던 엘테무르(燕鐵木兒, El Temür)가 무

---

12   『金華黃先生文集』卷24,「遼陽等處行中書省左丞亦輦眞公神道碑」(王頲 點校,『黃潛全集』, 天津: 天津古籍出版社, 2008, 649쪽).
13   『元史』卷30,「泰定帝本紀二」, 687쪽.
14   『高麗史』卷35, 忠肅王 15年 7月 己巳.

종의 후손을 황제로 삼겠다는 명분으로 쿠데타를 일으켰던 것이다.[15] 이미 충혜왕이 대도에 도착했을 그 시점부터 태정제의 병환은 심각해져 있었고, 이에 태정제가 사망하면 쿠데타를 일으키자는 논의가 이루어지고 있었다.[16] 태정제가 상도로 가서 사망한 이후에 대도에서 일어났던 엘테무르의 궁정 쿠데타는 결국 성공을 거두었고, 이제 서로 다른 황제 후보를 내세운 대도와 상도 사이에서 내전이 발생하기에 이르렀다. 광범한 지역을 파괴시킬 정도로 치열했던 내전은 무종의 차남 톡테무르(圖帖睦爾, Toq Temür, 문종)를 옹립한 대도 엘테무르 진영의 승리로 막을 내렸다.

그 이듬해인 천력(天曆) 2년(1329)에 엘테무르는 톡테무르의 형 주왕(周王) 코실라(和世瓎, Qosila)를 상대해야 했다. 코실라는 인종(仁宗) 황제 재위 시기인 연우(延祐) 3년(1316)에 제위계승분쟁에 휘말려 서쪽으로 쫓겨나던 도중 반란을 일으켰다가 실패하고, 중앙아시아의 차가타이 울루스로 도망을 간 상태였다. 그러다가 무종의 후손을 황제로 옹립하는 분위기 속에서 무종의 장남 코실라가 13년 만에 황제 즉위를 위해 돌아오고 있었던 것이다. 이러한 와중에 사천(四川)에서는 낭기야다이(囊加台, Nangγiyadai)가 이끄는 군대가 코실라의 황제 즉위를 목적으로 하는 반란을 일으켜 엘테무르와 문종을 위협하고 있었다.[17] 결국 코실라는 상도에 도착하기도 전에 카라코룸에서 황

15　엘테무르가 일으킨 쿠데타의 배경과 그 정치적 명분에 대해서는 권용철, 「大元帝國 末期 權臣 엘테무르의 쿠데타-'케식' 출신으로서의 정치적 명분에 대하여」, 『史叢』 80, 2013을 참조.

16　『元史』 卷32, 「文宗本紀一」, 704쪽.

17　낭기야다이의 반란에 대해서는 진현경, 「元代 중·후기 대칸위 정쟁과 낭기야다이-四 川 일대의 향배를 중심으로」, 『대구사학』 150, 2023을 참고.

제(즉, 명종)로 즉위했고, 엘테무르는 옥새를 코실라에게 바칠 수밖에 없었다. 그러나 천력 2년 8월에 엘테무르와 문종은 명종 코실라를 독살했고, 문종은 상도에서 두 번째로 즉위할 수 있었다. 문종을 두 번이나 옹립하는 데에 성공했던 엘테무르는 이제 최고의 권신 반열에 올랐고, 문종은 조정의 모든 결정권을 엘테무르에게 넘기면서 그의 지위를 뒷받침해 주었다.

태평왕(太平王)이라는 왕호(王號)까지 수여받은 엘테무르는 그야말로 '무소불위'의 권력을 행사할 수 있게 되었고, 충혜왕이 엘테무르와 관계가 친밀했다는 점은 아버지 충숙왕을 밀어내고 고려왕이 될 수 있었던 중요한 배경으로 작용했다. 충숙왕 17년(1330) 2월에 고려왕으로 임명된 충혜왕은 곧바로 고려로 돌아가지 않고 대도에 머무르면서 자신의 정치적 입지를 더욱 단단히 했다. 엘테무르와 함께 유림(柳林)에서 매사냥을 했고,[18] 관서왕(關西王) 초팔(焦八)의 딸인 덕녕공주(德寧公主)와 혼인하여 부마(駙馬)로서의 지위를 획득했으며[19] 엘테무르와 연회 자리에서 함께 술을 마시고 춤을 추면서 친분을 더욱 돈독히 쌓기도 했던 것이다.[20] 충혜왕과 엘테무르가 어떻게 이 정도로 친밀해질 수 있었는지에 대한 상세한 기록은 없지만, 충혜왕이 입조하였을 때에 엘테무르가 보고 크게 기뻐하여 아들처럼 여겼다는 기록이 있는 것을 보면 충혜왕과 엘테무르 사이에 개인적인 친분관계가 있었음을 추측할 수 있다.[21] 또한, 충혜왕이 덕녕공주와 혼인할 때에 선휘

---

18   『高麗史』卷36, 忠惠王 즉위년 2月 己酉.

19   『高麗史』卷36, 忠惠王 즉위년 3月 戊寅.

20   『高麗史』卷36, 忠惠王 즉위년 4月 癸卯.

21   『高麗史』卷109, 「李兆年傳」.

원(宣徽院)이 엘테무르의 집에서 연회를 열었다는 사실도 충혜왕과 엘테무르가 친밀한 관계였음을 보여주고 있다.[22]

그렇다면, 충혜왕에게 자신의 딸을 시집보냈던 관서왕 초팔은 누구이고 이 혼인이 어떠한 의미를 가지고 있는 것인지를 알아볼 필요가 있다. 기존 연구들에서는 충혜왕의 혼인이 충숙왕의 의도에서 나온 것으로 심왕파의 고려왕위 계승 의도를 분쇄하고 새로운 양국관계의 출발을 모색한 것이었다고 보기도 했고,[23] 원 제국이 상징적이나마 제국의 영역을 분명히 하기 위해 제국의 극동과 극서에 위치한 두 세력을 혼인으로 연결시킨 것으로 보기도 하였다.[24] 또한, 이 혼인 배경에는 여러 요소가 복합적으로 작용하고 있으며 그 요소 중에서 원 제국 황실의 현실적인 이해관계를 추가적으로 언급한 의견도 있다.[25] 충숙왕의 전위(傳位) 이후 충숙왕과 충혜왕 사이에 발생한 갈등 양상으로 비추어본다면 충혜왕의 혼인은 충숙왕이 적극 나서서 주선했다기보다는 원 제국 쪽에서 안배했을 가능성이 크다. 그리고 대도에서 생활한 지 겨우 2년이 조금 지난 16세의 충혜왕이 스스로 혼인 상대를 선택했다고 보기는 어려운데, 그렇다면 아마 여기에 엘테무르가 개입하지 않았을까 생각된다.

---

22   烏云高娃,『元朝與高麗關係研究』, 蘭州: 蘭州大學出版社, 2012, 145쪽.

23   金惠苑,「麗元王室通婚의 成立과 特徵-元公主出身王妃의 家系를 중심으로」,『梨大史苑』24·25, 1989, 196쪽.

24   李命美,「高麗·元 王室通婚의 政治的 의미」,『韓國史論』49, 2003, 58쪽.

25   김난옥,「충혜왕비 덕녕공주의 정치적 역할과 위상」,『韓國人物史研究』14, 2010, 158~159쪽.

관서왕은 원 제국의 제왕(諸王) 진서무정왕(鎭西武靖王)이고,[26] 그의 이름은 『원사』에 삭사반(撒思班)으로 기록되어 있다. 그는 세조의 일곱 번째 아들인 서평왕(西平王) 아우룩치(奧魯赤, A'uruɣchi)의 아들 진서무정왕 테무르부카(鐵木兒不花, Temür Buqa)의 아들이다.[27] 이명미는 이전의 연구에서 그의 이름을 '샤스가바'라고 표기했는데,[28] 이는 『集史』에 기록된 테무르부카의 아들 이름 중 하나인 '샤스카바(Shâskaba)'를 따른 것이다. 하지만, 테무르부카에게는 주시박(Jûshbâk)이라는 이름의 아들이 또 있었는데,[29] 삭사반의 음가(音價)는 샤스카바보다는 주시박에 더욱 가깝다. 또한, 초팔을 아랍식 이름인 '자파르'로 읽은 경우도 있다.[30] 그런데, 티베트 사료에는 그의 이름이 '최펠(chos dpal)'로 기록되어 있고[31] 서평왕 가문이 티베트에 출진(出鎭)하여 활약했다는 점을 고려하면 초팔의 실제 발음은 티베트 사료에 기록된 최펠에 가장 가까울 것이라고 생각된다.[32]

그렇다면, 엘테무르와 최펠은 어떠한 친분 관계를 가지고 있었던 것일까? 우선, 진서무정왕의 왕부(王府)는 하주(河州, 현재 감숙성 임하시(臨夏市))에 위

---

26 『高麗史』卷89,「德寧公主傳」.

27 『元史』卷107,「宗室世系表」, 2725쪽.

28 李命美, 앞의 논문, 57쪽.

29 라시드 앗 딘 지음, 김호동 역주, 『칸의 후예들』, 사계절, 2005, 364쪽.

30 박원길·S. 촐몬, 『한국·몽골 교류사 연구』, 이매진, 2013, 36쪽.

31 崔昭暎, 『13세기 후반 티베트와 훌레구 울루스』, 서울대학교 대학원 동양사학과 석사학위논문, 2010, 47~48쪽.

32 모리히라 마사히코는 초팔을 '쵸펠'로 읽고 있다. 森平雅彦,「高麗王家とモンゴル皇族の通婚關係に關する覺書」,『東洋史研究』67-3, 2008, 15쪽.

치해 있으면서[33] 감숙, 섬서, 티베트 일대를 활동 범위로 삼고 있었다. 최펠이 진서무정왕으로 기록된 가장 이른 사례는 대덕(大德) 10년(1306)의 일로, 이때 최펠의 백성들이 굶주림에 허덕여 감숙의 양식을 내어 진휼해 주었다는 기록이 보이고 있다.[34] 그리고 이후 연우 6년(1319)에는 호탄(斡端, 현재 신강위구르자치구의 호탄)에서 반란을 일으킨 세력이 변경을 침범하였을 때에 이를 토벌하였다는 기록,[35] 지치(至治) 3년(1323)에는 서번(西番) 참복랑(參卜郎) 등 부족의 반란을 진압하였다는 기록,[36] 태정 2년(1325)에는 최펠의 군사 400명이 참복랑을 진압한 공로가 있어 각각 초(鈔) 4,000정(錠)을 하사하였다는 기록[37] 등이 있다. 즉, 최펠은 성종 시기부터 무종-인종-영종-태정제로 황제가 바뀌는 동안에 꾸준히 제국의 서변(西邊)에서 군사적 활약을 하고 있었던 것이다.

한편, 최펠에게는 운남왕(雲南王) 로디(老的, Lodi)라는 형이 있었다. 그리고 로디의 아들이 바로 서안왕(西安王) 아라트나시리(阿剌忒納失里, Aratnasiri)였는데, 최펠의 조카이기도 한 아라트나시리는 엘테무르가 대도에서 쿠데타를 일으킬 때 직접적으로 협력한 제왕이었다. 엘테무르가 추밀원을 실제로 장악하고 있으면서 아라트나시리와 은밀히 모의하여 쿠데타에 참여할 병력을 모집했고, 쿠데타에 성공한 이후에는 엘테무르와 아라트나시리가

---

33   張岱玉, 『『元史·諸王表』補證及部分諸王研究』, 內蒙古大學 博士學位論文, 2008, 247쪽.

34   『元史』卷21, 「成宗本紀四」, 468쪽.

35   『元史』卷26, 「仁宗本紀三」, 588쪽.

36   『元史』卷28, 「英宗本紀二」, 629쪽.

37   『元史』卷29, 「泰定帝本紀一」, 655쪽.

함께 내정(內廷)을 지켰던 것이다.[38] 그리고 서로 다른 황제의 계승을 둘러싸고 상도와 대도 사이에 발생한 내전에서도 아라트나시리가 병력을 지원했다.[39] 즉, 엘테무르는 자신의 집권 과정에서 진서무정왕 가문 일원의 결정적인 도움을 받았던 것이다. 쿠데타를 일으켰을 당시 정3품 첨서추밀원사(僉書樞密院事)였던 엘테무르가 조정을 장악할 수 있었던 이유는 제왕인 서안왕이 든든한 버팀목이 되어주었기 때문이었다.[40] 이 공적으로 인해 문종은 서안왕 아라트나시리를 예왕(豫王)으로 진봉(進封)하고, 남강로(南康路. 치소는 현재 강서성 성자현(星子縣))를 식읍으로 내려 주었다.[41]

상도와의 내전에서 승리를 거두고 문종을 성공적으로 옹립한 엘테무르는 이제 안팎에서 터져 나오는 반란에 직면해야 했다. 그 중에서 특히 위협적이었던 것은 천력 원년(1328) 말부터 사천에서 발생한 낭기야다이의 반란이었다. 반란을 일으킨 후, 낭기야다이는 최펠에게까지 군사를 요청하며 자신의 편에 가담할 것을 종용했는데, 최펠은 이에 응하지 않고 중요 길목을 수비했다.[42] 그리고 낭기야다이의 반란 규모가 점점 커지면서 원 조정은 호광행성의 병력 및 차간노르(察罕腦兒, Chaɣan na'ur)선위사[43]가 이

---

38   『元史』卷32, 「文宗本紀一」, 704~705쪽

39   『元史』卷135, 「和尙傳」, 3288쪽.

40   郭曉航, 「元豫王阿剌忒納失里考述」, 『社會科學』2007-9, 177쪽.

41   『元史』卷32, 「文宗本紀一」, 723쪽.

42   『元史』卷33, 「文宗本紀二」, 728쪽.

43   쿠빌라이 시기에 섬서, 사천과 서하가 위치했던 땅을 분지로 받은 安西王 망갈라
      (Mangɣala, 忙哥剌)의 행궁이 백해(白海, 현재 내몽고 烏審旗 남쪽)에 있었는데, 무종
      즉위 이전에 망갈라의 아들 아난다(Ananda, 阿難答)가 황제가 되려고 하다 실패해
      살해되면서 안서왕의 봉지가 폐지되고, 그 자리에 차간노르선위사가 세워졌다. 차간

끄는 몽골군이 최펠과 함께 낭기야다이를 토벌할 것을 지시했다.[44] 당시 대도의 중앙 조정에 있던 엘테무르는 내전의 수습과 명종의 등장으로 인한 계승문제 등으로 인해 사천에까지 신경을 쓸 여유가 없었지만, 최펠이 낭기야다이의 권유에 응하지 않고 맞서면서 사천을 굳게 지켜주고 있었던 것이다.

이렇게 엘테무르 정권에 대한 도전의 움직임을 굳게 방어하고 있었던 최펠의 딸이 충혜왕과 혼인한 것에는 엘테무르의 의사가 적극 반영되었다고 여겨진다. 제국의 극동과 극서에 위치한 두 세력을 연결시켰다는 것은 물론이고, 엘테무르 자신과 관계가 친밀한 제왕 네트워크를 형성했던 것이다. 충숙왕과 심왕이 태정제 정권과 연계되어 있었던 점을 고려한다면, 태정제 정권을 몰락시키고 새로운 권신으로 부상한 엘테무르는 자신이 직접 통할할 수 있는 세력을 새롭게 고려에 만들어놓아야 한다고 생각했을 것이다. 이에 개인적인 친분관계가 있었던 충혜왕을 우선 고려왕으로 즉위시키고, 자신과 긴밀한 관계에 있는 제왕 가문과 혼인시켜 부마의 지위에까지 오르게 했다고 볼 수 있다. 즉, 엘테무르의 권세로 인해 충혜왕의 지위는 상당히 빠른 속도로 상승했던 것이다. 실제로, 충혜왕은 부마의 반열로 원 제국 조정의 예식에 참석할 수 있었고,[45] 고려에 행성을 설치한다는 논의가 있었을 때에 충혜왕은 엘테무르에게 직접 한 통의 서한을 보내

노르 宣慰使는 이를 관장하는 종2품의 장관이었다(邱樹森 主編, 『元史辭典』, 濟南: 山東教育出版社, 2000, 1013쪽).

44   『元史』卷33, 「文宗本紀二」, 730쪽.

45   『高麗史』卷36, 忠惠王 즉위년 5月 乙丑.

면서 행성 설치 계획을 어렵지 않게 중지시킬 수도 있었다.[46]

그런데 이렇게 호의적인 분위기에서 고려왕이 되었던 충혜왕은 즉위한지 2년 만인 충혜왕 2년(1332) 2월에 폐위되었고, 충숙왕이 복위하였다. 왕과 좌우 신료들이 모두 놀랐다고 할 정도로 갑작스럽게 진행된 충혜왕의 폐위에는 어떠한 정치적 배경이 존재하고 있는 것일까? 『원사』에는 충숙왕에게 병이 있어서 충혜왕에게 전위하였는데, 이제 병이 나았기 때문에 충숙왕을 복위시킨 것이라고만 기록되어 있다.[47] 하지만, 충혜왕을 즉위시키는 데에 큰 역할을 담당했던 엘테무르가 이 시기에 어떠한 상황에 놓여 있었는지를 검토할 필요가 있다.

충혜왕의 행적을 설명한 일부 연구들은 『고려사』의 충혜왕세가에 기록된 "及忠肅復位, 燕帖木兒已死, 伯顔待王益薄"이라는 구절을 근거로 엘테무르가 죽고, 충혜왕을 싫어한 바얀(伯顔, Bayan)이 등장하면서 충혜왕이 폐위된 것으로 보고 있다.[48] 이 구절은 충숙왕이 복위할 때에 엘테무르가 이미 사망했다고 해석되고 있지만, 실제로 충숙왕이 복위했을 때의 원 제국 조정은 여전히 엘테무르가 장악하고 있었다.[49] 그리고 『고려사』 충숙왕

---

46 『高麗史』卷36, 忠惠王 즉위년 閏7月 庚寅.

47 『元史』卷36, 「文宗本紀五」, 799쪽.

48 충혜왕의 폐위를 엘테무르의 사망에 이은 바얀의 집권 때문이라고 설명하고 있는 연구들로는 金塘澤, 앞의 논문, 7쪽; 張東翼, 『高麗後期外交史研究』, 一潮閣, 1994, 116쪽; 沈載錫, 『高麗國王 册封 研究』, 혜안, 2002, 216쪽; 이정신, 앞의 논문, 201쪽; 烏云高娃, 앞의 책, 159~160쪽; 이명미, 앞의 책, 231쪽 등이 있다.

49 1332년 충혜왕의 폐위가 원 제국 내부의 권력 변동에 따른 것으로 보기 어렵다는 점은 이미 김광철이 지적한 바 있다(金光哲, 앞의 논문, 103쪽). 그럼에도 불구하고, 일부 연구들에서는 여전히 충혜왕의 폐위 원인을 엘테무르와 바얀 사이의 권력 분쟁에서 찾고 있는데 이 점은 수정되어야 한다. 한편, 이강한은 충혜왕이 1332년에 폐위된

세가에는 충숙왕 후2년(1333) 3월에 엘테무르가 충숙왕을 고려로 돌려보내라고 주청했다는 기록이 나오고 있기 때문에[50] 엘테무르는 충숙왕이 복위한 이듬해에도 사망하지 않았음이 확인되고 있다.

그렇다면, 왜 충혜왕이 폐위되고 원 제국으로 소환되었던 것일까? 그 이유는 바로 원 제국의 황제 혜종의 행적과 연관되어 있다. 충혜왕이 고려왕이 되어 고려로 돌아오고 있을 무렵, 문종의 형으로서 잠시 동안 황제 자리에 있다가 갑자기 사망했던 명종의 아들인 토곤테무르(妥懽帖睦爾, Toɣon Temür)가 11세의 어린 나이에 고려의 대청도로 귀양을 왔다.[51] 명종을 죽음에 이르게 한 장본인은 바로 명종에게 독주를 올린 엘테무르였고,[52] 엘테무르는 권력을 장악한 이후에 명종과 관련된 사안에는 항상 신경을 곤두세우고 있었다. 그런데, 지순(至順) 원년(1330) 6월에 지추밀원사(知樞密院事) 쿤첵벡(闊徹伯, Köncheg Beg), 통정사(通政使) 지르갈랑(只兒哈郞, Jirɣalang) 등이 반역을 모의했다가 적발되어 모두 사형에 처해지는 일이 발생했다.[53] 반역을 모의한 이들은 명종의 태자를 즉위시킨다는 명분을 가지고 있었고, 엘테무르는 당연히 이 사건을 엄정하게 처리할 수밖에 없었다. 결국 이들이

원인을 그의 경제 정책이 원 제국의 문종 정권과 충돌하는 측면이 있었을 가능성에서 찾고 있다(이강한, 앞의 논문, 76~84쪽).

50 『高麗史』卷35, 忠肅王 後二年 3月.
51 『高麗史』卷36, 忠惠王 즉위년 7月 丁巳.
52 『牧隱文藁』卷17, 「海平君諡忠簡尹公墓誌銘」(金龍善 編, 『高麗墓誌銘集成』, 翰林大學校 아시아文化研究所, 1993, 610~611쪽).
53 『元史』卷34, 「文宗本紀三」, 759쪽. 쿤첵벡 등의 반역 모의에 대해서는 권용철, 「大元제국 시기 至順 원년(1330)의 정변 謀議와 그 정치적 영향」, 『중앙아시아연구』 23-1, 2018을 참고.

모두 사형에 처해지고 난 이후에 이에 연루된 토곤테무르까지 외방(外邦, 고려를 의미한다)으로 보내는 조치를 취했던 것이다.[54] 아마 엘테무르는 고려로 쫓아낸 토곤테무르를 충혜왕이 잘 감시해 주기를 바랐을 것이다.

그런데, 토곤테무르를 쫓아내고 1년 반이 지난 지순 2년(1331) 12월에 원 조정은 대청도에 있던 토곤테무르를 소환하였다.[55] 원 조정에서는 명종이 삭막(朔漠)에 있을 당시에 토곤테무르는 자신의 아들이 아니라고 평소 말했다는 점을 언급하며 토곤테무르를 광서(廣西)의 정강(靜江, 현재 광서성 계림시)으로 이배(移配)하였던 것이다.[56] 즉, 토곤테무르는 명종의 아들이 아니므로 몽골 황실의 인물들을 포함하여 고귀한 신분에 해당되는 자만이 귀양을 가는 대청도에 머무를 자격이 없다는 것이었다.[57] 하지만, 이는 표면적인 이유에 불과하고 실제로는 다른 내막이 존재하고 있었다. 바로 주테무르[朱帖木兒]와 조고이(趙高伊)라는 인물이 문종에게 요양(遼陽)과 고려가 토곤테무르를 받들어 반란을 일으키려 한다고 무고했던 일이 있었던 것이다.[58] 명종의 태자를 보위에 올리려는 계획이 누설되는 바람에 토곤테무르를 대청도로 보내어 누구와도 접촉하지 못하게 한 것인데, 그럼에도 불구하고

---

54   『元史』卷38, 「順帝本紀一」, 816쪽.
55   『高麗史』卷36, 忠惠王 元年 12月 甲寅.
56   『元史』卷38, 「順帝本紀一」, 815쪽.
57   고려의 대청도로 온 元의 유배인에 대해서는 權五重, 「大青島에 온 元年의 流配人」, 『人文研究』20-1, 1998과 이를 증보하여 중국어로 번역한 權五重, 「大青島與元朝之流配人」, 『歷史研究』2009-4를 참고. 한편, 고려로 온 원의 유배인에 대해서는 김난옥, 「원나라 사람의 고려 유배와 조정의 대응」, 『한국학보』118, 2005를 참고. 그리고 고려로 유배를 왔던 원의 諸王에 대한 분석은 이 책의 10장을 참고.
58   『高麗史』卷36, 忠惠王 2年 正月 庚辰.

고려에서도 반란의 움직임이 있었다는 무고는 엘테무르에게 상당한 충격을 주었을 가능성이 높고, 이로 인해 엘테무르는 충혜왕에 대해 의구심을 품게 되었을 것으로 보인다. 그 결과는 토곤테무르를 소환한 다음 달인 지순 3년(1332) 정월에 충혜왕을 갑작스럽게 폐위시키는 것으로 이어졌다.

토곤테무르가 반란을 일으키려 한다는 무고로 인한 후폭풍은 충혜왕의 폐위로만 끝난 것이 아니었다. 최안도(崔安道)와 호군(護軍) 손원(孫遠)이 이에 연루되어 잡혀갔고, 원 제국의 중서성에서는 고려에 관리를 보내 군기(軍器)까지 수검(搜檢)했던 것이다.[59] 특히, 최안도는 토곤테무르가 해상(海上, 대청도를 의미한다)에 있었을 때에 쓸 물건들을 개인적으로 가져다 준 것이 많아서 훗날에 토곤테무르가 즉위하고 난 이후에 하사한 것들이 상당했고, 토곤테무르는 새서(璽書)를 내려 최안도의 토지와 산업을 그 누구도 침탈하지 못하게 했으며 그가 원 제국의 관료가 된 것도 이에 기반한 것이라고 했을 정도였다.[60] 대청도에 머무르는 토곤테무르와 접촉하는 것은 엄격히 제한되었는데, 최안도는 사적으로 물건을 가져다주었고 이로 인해 무고에

---

59 『高麗史』卷35,「忠肅王世家二」, 忠肅王 後元年 3月 癸酉.

60 『拙藁千百』卷2,「崔太監墓誌」(『高麗墓誌銘集成』, 511쪽). 해당 부분의 원문은 다음과 같다. "又至順間, 今上在海上, 供御所需, 出私力爲多, 後正宸極, 錫賚甚厚, 蒙降璽書, 凡土田産業, 人勿得侵奪. 其官于朝, 實基於此."『졸고천백』의 역주본에서는 이 부분의 금상(今上)을 충숙왕으로 보고, 해상을 연경(원 제국의 수도)으로 해석했다(채상식 편,『최해와 역주『졸고천백』』, 혜안, 2013, 429쪽). 그러나 해상이라는 단어는 바닷가나 섬을 일컫는 용어이기 때문에 연경으로 해석하기는 어렵지 않을까 생각된다. 그래서 필자는 이 부분을 토곤테무르가 지순 연간에 대청도로 귀양을 왔던 사실을 서술한 것으로 보았다. 또 다른『졸고천백』역주본에서는 필자의 의견을 반영하여 금상을 혜종으로 해석하였다. 이에 대해서는 이진한 편,『拙藁千百 역주』, 경인문화사, 2015, 576~577쪽을 참고.

연루되었을 가능성이 높다고 볼 수 있다. 즉, 엘테무르는 충혜왕 폐위, 사적으로 토곤테무르와 접촉한 최안도의 소환, 고려의 군기 수검이라는 조치를 취하면서까지 토곤테무르의 동향과 관련된 사안에 극도로 예민하게 반응하고 있었음을 알 수 있다.

　고려와 토곤테무르를 둘러싼 정치적 소용돌이에 휘말리면서 폐위된 충혜왕은 다시 원 제국에서 숙위의 임무를 수행하게 되었다. 아직 엘테무르가 건재하고, 폐위된 충혜왕을 지켜주었기 때문에 가능했던 일이었다. 그러나 얼마 있지 않아서 원 제국의 조정에는 커다란 변화가 일어났다. 문종은 지순 3년 8월에 사망하면서 명종의 아들을 다음 황제로 즉위시키라는 유언을 남겼고, 이에 엘테무르는 명종의 차남을 즉위시켰지만 53일 만에 사망하고 말았다. 결국 엘테무르는 정강으로 쫓겨나 있었던 토곤테무르를 불러들여 황제로 즉위시킬 수밖에 없는 상황에 놓였다. 하지만, 엘테무르는 토곤테무르를 대도로 소환시켰음에도 불구하고 그를 즉위시키지 않았다. 그리고 모든 정무를 자신이 처결하고 황태후(문종의 황후)의 재가를 받아 실행하면서 토곤테무르의 정치 개입을 완벽하게 차단했다.

　그러나 얼마 지나지 않아 엘테무르가 갑작스럽게 사망했다. 『원사』에는 토곤테무르가 즉위하게 되면 명종의 독살에 대한 일을 추궁할까봐 염려하여 엘테무르가 몇 개월을 숙류(宿留)하며 심지(心志)가 나날이 어지러워졌고, 나중에는 황음(荒淫)이 갈수록 심해져서 결국 몸이 약해져 피를 흘리며 죽었다고 기록되어 있다.[61] 이렇게 엘테무르가 사망하고 나서야 비로소

61　『元史』卷138, 「燕鐵木兒傳」, 3333쪽.

토곤테무르는 황제가 될 수 있었다. 그런데, 엘테무르의 사망 시기를 혼란스럽게 만드는 일부 기록이 있어 주의할 필요가 있다.『경신외사』에는 혜종의 즉위 이후에 "승상 엘테무르에게 태사(太師), 좌승상의 직함을 더해주었다"[62]는 내용이 있고,『초목자』에는 "경신제(혜종을 지칭)가 즉위한 이래 태평왕 엘테무르가 상(相)이 되었다"[63]는 등의 기록이 있어 마치 엘테무르가 혜종 즉위 이후에도 살아있으면서 승상이 되었던 것으로 오해를 불러일으키고 있는 것이다. 심지어『경신외사』의 기록은 엘테무르를 좌승상으로 적었는데, 실제로 엘테무르는 한번도 좌승상의 직함을 받았던 적이 없었다.

어쨌든, 엘테무르가 사망한 이후에야 혜종이 즉위할 수 있었다는 것은 분명한 사실이다.[64] 앞서 언급했던『고려사』충숙왕세가를 통해서 엘테무르가 원통(元統) 원년(1333) 3월에 생존해 있었음이 확인되고 있고,『지정조격』에는 엘테무르가 사망한 시기의 하한(下限)을 추측할 수 있게 하는 기록이 있다. 원통 원년 5월 5일에 어사대가 산동선위사(山東宣慰使) 칠십(七十)의 죄상과 이에 대한 처벌을 요구하는 감찰어사의 문서를 인용하여 처결 여부를 묻는 계문(啓文)에 "그렇게 하라(那般者)"는 영지(令旨)가 내려지고 있는 것이다.[65] 영지는 황태자 혹은 제왕이 내리는 명령 문서를 의미하기 때문에[66]

---

62   『庚申外史』卷上(任崇岳,『庚申外史箋證』, 鄭州: 中州古籍出版社, 1991, 11쪽).

63   『草木子』卷3下,「雜制篇」(元明史料筆記叢刊本, 北京: 中華書局, 1959, 62쪽).

64   『續栝蒼金石志』卷3,「圓明普覺大師捨田記」(國家圖書館善本金石組 編,『歷代石刻史料彙編』12, 北京: 北京圖書館出版社, 2000, 1067쪽).

65   『至正條格』斷例 卷2,「職制」, 沮壞風憲(韓國學中央研究院 編,『至正條格 校註本』, 휴머니스트, 2007, 174쪽).

66   몽골제국 명령문서의 명칭에 대해서는 沈永煥,「몽골시대 高麗의 王命」『泰東古典研究』29, 2012, 206쪽의 표2 참고.

원통 원년 5월 5일의 시점에서 어사대의 주청에 영지를 내릴 수 있는 사람은 바로 황태자 토곤테무르였을 것이다. 어사대의 주청에 황태후가 내리는 명령 문서인 의지(懿旨)가 아닌 영지가 내려졌다는 것은 황태자에게 국정이 직접 보고되고 있었음을 드러내는 것이라고 할 수 있다. 이는 토곤테무르의 정치 개입을 차단했던 엘테무르가 사망했기 때문에 가능한 일이었다고 보아야 할 것이다. 엘테무르는 늦어도 원통 원년 5월 5일 이전에 사망했다고 추정할 수 있다.

즉, 충혜왕 2년에 일어난 고려 충혜왕의 퇴위와 충숙왕의 복위는 엘테무르의 사망 이후 권력구도의 변화로 인해 발생한 사건이 아니었다. 엘테무르는 자신이 독살한 명종의 아들 토곤테무르가 대도까지 와 있고 자신에 대한 정치적 견제 분위기가 형성되고 있었던 시기에 갑작스럽게 사망했고, 그 시점은 충숙왕 후2년(1333) 3월 이후, 5월 5일 이전이었다. 이렇게 엘테무르가 사망하고 나서야 토곤테무르가 6월에 즉위할 수 있었고, 엘테무르의 경쟁자였던 바얀이 중서우승상의 직함을 차지했다. 엘테무르와 가까운 관계에 있는 충혜왕을 싫어했던 바얀이 권력자로 부상하게 되면서 이후 원 제국의 정국은 물론이고, 충혜왕의 거취에도 변화가 발생하게 되었다.

3. 바얀의 몰락과 충혜왕의 복위

엘테무르가 죽고, 혜종 토곤테무르가 즉위하면서 바얀이 새로운 권신으로 등장하였다. 그러나 엘테무르의 동생 사둔(撒敦, Sadun)과 엘테무르의 아들 텡기스(唐其勢, Tenggis)가 각각 중서좌승상, 어사대부가 되어 바얀이 홀로 국정을 장악하도록 내버려 두지 않았고, 엘테무르의 딸이 황후로 책봉되면서 엘테무르가 죽었어도 그 가문의 위세는 여전히 유지되고 있었다. 이러한 상황에서 충혜왕은 엘테무르의 자제들과 매우 친밀한 관계를 지속해 나갔고, 그럴수록 바얀은 충혜왕을 달갑지 않게 여겼다. 그러던 중 후지원 원년(1335, 충숙왕 후4년)에 바얀은 텡기스를 포함한 엘테무르 가문의 일원들을 모조리 숙청하고, 단독으로 조정을 장악하게 되었다.[67] 충혜왕과 친밀한 관계를 유지했던 원 제국의 권력자 가문이 완전히 몰락해버린 것이었다. 이제 바얀은 자신의 뜻대로 고려와 관련된 사안을 처리할 수 있는 위치에 오르게 되었다. 이에 바얀은 엘테무르, 텡기스 등이 침탈했던 고려의 전택을 모두 충숙왕에게 돌려주면서[68] 엘테무르 가문과 고려 사이에 존재했던 경제적 고리를 끊어버렸다.[69] 그리고 후지원 2년(1336, 충숙왕 후5년)에 바얀은 충혜왕을 결국 고려로 돌려보냈다.[70] 충혜왕이 고려로 돌아왔다는 것은 원 제국에서 숙위의 임무를 맡지 못하게 되었음을 의미하고, 이는 다음 고려왕이 될 수 있는 자격을 상실한 것으로 볼 수도 있었다. 그리고 바

---

67 바얀이 엘테무르 가문을 제압하고 정권을 홀로 장악하게 되는 과정에 대해서는 권용철, 앞의 책, 2019, 278~288쪽의 내용을 참고.

68 『元史』卷38, 「順帝本紀一」, 829쪽.

69 지순 2년(1331, 충혜왕 원년)에 궁중의 고려 여성을 엘테무르에게 하사하였을 때, 충혜왕은 고려의 토지 일부를 떼어내어 재원으로 할 것을 청하였고, 이에 원 제국 조정에서는 사신을 파견하여 토지를 받아왔다는 기록이 있다(『元史』卷35, 「文宗本紀四」, 782쪽). 즉, 충혜왕이 엘테무르를 위해서 고려의 토지를 일부 내어준 것으로 보이고, 이후로 엘테무르 가문이 고려의 토지를 일부 소유하게 된 것이라고 생각된다.

70 『高麗史』卷35, 忠肅王 後五年 12月 辛卯.

얀은 충혜왕을 미워하여 그를 발피(撥皮)라고 불렀다고 하는데, 『고려사절요』에서 호협자(豪俠者)를 지칭하는 것이라고 설명하고 있는 발피는 몽골어 bobi의 음역(音譯)이고, 이는 '바보', '멍청이'를 뜻하는 말이다.[71] 이렇게 충혜왕을 드러내놓고 무시하고 있던 바얀이 계속 원 제국의 최고 권력자로 존재하고 있는 상황은 후견인을 상실한 충혜왕에게 전혀 유리하지 않은 것이었다.

단독으로 집권하게 된 이후 바얀의 권세는 날이 갈수록 커져갔고, 그 권세는 몽골 제왕들까지 위협하고 있었다. 특히 담왕(郯王) 체첵투(徹徹篤, Chechegtü)의 처형과 선양왕(宣讓王) 테무르부카(帖木兒不花, Temür Buqa), 위순왕(威順王) 쿤첵부카(寬徹普化, Köncheg Buqa)의 폄출(貶黜)은 혜종의 의사를 따르지 않고 바얀이 무단으로 처결했다.[72] 제왕에 대한 처벌을 마음대로 행할 정도로 바얀의 권력이 커져 황제의 존재를 무시할 정도였음을 보여주는 사례이다.

또한, 몽골제국 고유의 '국왕(國王)'을 임명하는 것에도 바얀이 간여하고 있다는 사실을 찾아볼 수 있다. 몽골제국에서 '국왕'은 칭기스 칸을 수행하며 각종 활약을 펼쳤던 4걸(傑) 중 한 사람이었던 무칼리(木華黎, Muqali)가 금 정벌 이후인 1217년에 받았던 왕호였고,[73] 이 호칭은 대대로 세습되었다. 쿠빌라이가 즉위하기 이전 시기의 몽골에는 왕으로 책봉하는 제도기

---

71 단국대학교 몽골연구소 편, 『몽한대사전』, 단국대학교출판부, 2023, 274쪽.

72 『元史』卷138, 「伯顏傳」, 3338~3339쪽.

73 『元史』卷1, 「太祖本紀」, 19쪽; 『元史』卷119, 「木華黎傳」, 2932쪽. 한편, 『몽골비사』에는 무칼리에게 국왕 칭호를 하사한 것이 1206년의 일로 기록되어 있고(유원수 역주, 『몽골비사-몽골의 비밀스러운 역사』, 사계절, 2004, 197쪽), 『집사』에는 1218년의 일로 기록되어 있다(라시드 앗 딘 지음, 김호동 역주, 『칭기스 칸 기』, 사계절, 2003, 295쪽). 여기에서는 『원사』의 기록을 따른다.

없었는데, 오직 무칼리가 '국왕'의 칭호를 받았다는 것은 그의 지위가 상당히 높았음을 보여주는 것이다.[74] 게다가 무칼리는 황제를 호위하는 제3케식(怯薛, keshig)의 케식장을 맡았고, 그 이후로도 제3케식은 무칼리의 후손들이 관장하였다.[75] 그만큼 '국왕' 무칼리 가문이 몽골제국에서 매우 중요한 위상을 가지고 있었음을 확인할 수 있다. 그런데, 바얀은 이러한 '국왕'의 임명에도 영향력을 행사했다. 원래 문종 재위 시기인 천력 2년(1329)에 국왕에 임명된 사람은 무칼리의 6세손인 도르지(朶兒只, Dorji)였는데, 바얀이 집권하고 있었던 후지원 3년(1337)에 무칼리의 5세손인 나이만타이(乃蠻台, Naimantai)가 새로 국왕에 봉해졌던 것이다.[76]

새로운 국왕이 임명된 내막은 『元史』의 도르지 열전에 기록되어 있다. 나이만타이는 바얀의 권세에 의지하여 자신이 국왕을 마땅히 습봉해야 한다고 조정에 호소했다. 이때 바얀의 부인은 도르지가 가지고 있던 1만 6천 정 가치의 대주환(大珠環)을 탐냈고, 도르지는 "국왕의 위는 조종(祖宗)에서 전해지는 것이고, 누군가가 구매하는 것이 아니다"라고 하면서 뇌물을 바치기를 거부했다. 그런데 이때 나이만타이가 뇌물을 바치면서 새로운 국왕

---

74   蕭啓慶,「元代四大蒙古家族」,『元代史新探』, 臺北: 新文豊出版公司, 1983, 166쪽.

75   『元史』卷99,「兵志二」, 2524쪽.

76   무칼리 후손들의 상세한 世系는 蕭啓慶, 앞의 논문, 1983, 146쪽과 謝咏梅,『蒙元時期札剌亦兒部硏究』, 瀋陽: 遼寧民族出版社, 2012, 114쪽 참고. 한편, 『원사』 나이만타이 열전에는 나이만타이가 국왕을 襲封한 것이 후지원 3년(1337)으로 기록되어 있고(『元史』卷139,「乃蠻台傳」, 3352쪽), 도르지 열전에는 후지원 4년(1338)으로 기록되어 있다(『元史』卷139,「朶兒只傳」, 3353쪽). 여기에서는 나이만타이 열전에 기록된 연도를 따른다.

이 되었다는 것이다.[77] 즉, 나이만타이는 바얀에게 뇌물을 주어 국왕을 습봉할 수 있었던 것이고 바얀은 지극히 사사로운 감정으로 국왕의 임명을 좌지우지했던 것이었다. 그리고 진왕(秦王, 바얀이 수여받았던 왕호) 바얀이 집권한 이후로부터 대헌관(臺憲官)은 모두 값을 치르고 얻었다고 한 기록도 바얀이 뇌물을 받고 사사로이 관직을 임명하였음을 보여주고 있다.[78] 이렇게 지위가 상당히 높은 '국왕', 제왕, 관인 등을 바얀이 마음대로 임명하고 교체하는 분위기 속에서 충혜왕의 복위 여부에도 바얀의 의사가 전적으로 반영되었다.

이렇게 바얀의 권세가 절정에 달하고 있었던 충숙왕 후8년(1339) 3월에 충숙왕이 사망하였다. 충숙왕은 사망하면서 다음 고려국왕으로 충혜왕을 지목하였지만, 이는 바얀의 의사와는 배치되는 것이었다. 바얀은 심왕 왕고를 염두에 두고 있었던 것이다. 그래서 바얀은 충혜왕을 복위시켜달라는 고려 측의 요청을 모두 묵살하고 이를 황제에게 상주하지 않았다. 심지어 충혜왕은 금, 은과 대정아(大頂兒, 이는 인종이 충선왕에게 하사했던 것이었다)를 원제국의 집사자(執事者)에게 뇌물로 바치면서까지 복위를 요청하기도 하였다.[79] 그러나 바얀의 뜻을 바꾸기에는 역부족이었다.

한편, 바얀으로 인해 충혜왕의 복위가 미루어지고 있는 틈을 타서 심왕 왕고는 원 제국으로 향하던 도중 평양에 머물며 정승(政丞) 조적(曹頔)과

77　『元史』卷139,「朶兒只傳」, 3353쪽.
78　『草木子』卷4下,「雜俎篇」, 82쪽.
79　『高麗史』卷36, 忠肅王 後8年 5月 丙子.

은밀히 모의를 진행하였다.[80] 이 모의는 충혜왕의 복위를 막기 위한 것이었음이 분명하다. 원 제국의 최고 권력자 바얀의 지원을 받고 있는 상황에서 이에 의지한다면, 원 제국의 '국왕'이 바뀌었던 것처럼 고려국왕의 자리도 교체될 가능성이 충분히 존재했던 것이다. 이러한 상황에서 충혜왕이 충숙왕의 계비(繼妃) 경화공주를 간음하는 사건이 발생했다.[81] 경화공주는 이를 조적에게 알렸고,[82] 이 간음사건이 빌미가 되어 조적은 군사들을 이끌고 충혜왕을 습격하였다.[83] 심왕을 고려왕으로 옹립하기 위한 시도는 이전에 여러 차례 있었지만, 군사를 직접 동원하여 사태를 폭력적으로 해결하려한 사람은 조적이 처음이었다.[84] 그러나 조적의 군사 행동은 충혜왕

---

80 『高麗史節要』卷25, 忠肅王 後8年 6月.

81 『高麗史』卷36, 忠肅王 後8年 8月 甲午. 충혜왕의 경화공주 간음사건에 대해서 김당택은 원에 대한 충혜왕의 반감을 간접적으로 드러낸 것이라 보았지만(金塘澤, 앞의 논문, 17쪽), 김광철은 원에 대한 반감을 이렇게 무모한 방식으로 드러낼 수 있었을지 의문을 제기하였다(金光哲, 앞의 논문, 1995, 115쪽의 註114). 그리고 충혜왕의 이러한 행위가 몽골적 관습인 受繼婚과 연관되어 있다는 주장이 제기되기도 하였다(정용숙, 『고려시대의 后妃』, 민음사, 1992, 244쪽; 이정신, 앞의 논문, 215쪽; 김도영, 『고려 충혜왕의 '淫行'과 그 정치적 함의』, 전남대학교 대학원 사학과 석사학위논문, 2012, 15~17쪽).

82 『高麗史』卷131, 「曹頔傳」

83 『高麗史』卷36, 忠肅王 後8年 8月 庚戌. 조적은 심왕의 편에 서서 충혜왕을 폐출시킬 목적으로 난을 일으켰음이 분명하다(『牧隱文藁』卷19, 「唐城府院君洪康敬公墓誌銘」; 『高麗墓誌銘集成』, 551쪽). 반면, 조적의 난이 심왕을 옹립하기 위한 활동이었다고 단정하기는 곤란하다고 파악한 연구가 있고(金炯秀, 앞의 논문, 119쪽), 조적의 난은 심왕파와 경화공주파가 연합하여 일으킨 것이기 때문에 단순한 심왕옹립운동으로 볼 수는 없다는 주장도 있다(安在敏, 『忠惠王의 復位와 曹頔의 亂』, 서강대학교 대학원 사학과 석사학위논문, 2002를 참고). 그러나 심왕과 조적이 은밀히 모의를 진행하고 충혜왕을 직접적인 목표로 삼은 군사적인 행동을 전개했다는 점에서 결국은 심왕옹립을 위한 과정이 아니었을까 생각된다.

84 金惠苑, 『高麗後期 藩王 研究』, 이화여자대학교 대학원 사학과 박사학위논문, 1999, 87쪽.

세력에 의해 진압되었고, 조적은 화살에 맞아 목숨을 잃었다. 충혜왕은 가까스로 위기를 넘겼지만, 바얀이 존재하는 이상 복위를 기대하기는 어려운 상황이었다.

그런데 조적의 난이 실패로 끝난 이후에 원 제국에서는 충혜왕에게 전국인(傳國印)을 전달하면서 그를 복위시켜주는 것처럼 보였다.[85] 그러나 10일 후에 충혜왕은 원 제국으로 압송되었는데, 이는 조적 무리의 참소로 인한 것이었다.[86] 조적의 난으로도 충혜왕을 제압하지 못하면서 결국에는 바얀이 직접 행동에 나선 것이라고 할 수 있다. 조적을 따랐던 사람들이 원 제국 조정에 참소를 했던 것이 바얀을 직접 움직이게 하는 요인이 되었던 것으로 보인다. 바얀은 전후 사정을 살펴보지도 않고, 충혜왕을 대도로 오게 할 것을 황제에게 상주하였다.[87] 결국 바얀은 전국인을 전달하며 충혜왕을 안심시켜 놓은 이후에 갑작스럽게 체포하는 방법을 사용했다. 압송된 충혜왕은 형부에 수감되었고, 그를 따라온 신료들과 함께 중서성, 추밀원, 어사대, 한림원, 종정부 등의 심문을 받게 되었다.[88] 원 제국의 중추를 구성했던 다섯 개의 기관이 모두 나서서 심문을 하게 된 것은 바얀이 황제에게 직접 주청하여 이루어진 사안이었다.[89] 이렇듯 바얀이 직접 행동에 나서면서 충혜왕은 가장 심각한 위기를 맞이하게 되었다.

85   『高麗史』卷36, 忠肅王 後8年 11月 丙辰.

86   『高麗史』卷36, 忠肅王 後8年 11月 丙寅.

87   『東文選』卷125,「漢陽府院君韓公墓誌銘」(『高麗墓誌銘集成』, 554~555쪽).

88   『高麗史』卷36, 忠惠王 後元年 正月 辛未.

89   『益齋亂藁』卷7,「有元高麗國輸誠守義協贊輔理功臣壁上三韓三重大匡彦陽府院君贈諡貞烈公金公墓誌銘」(『高麗墓誌銘集成』, 534쪽).

충혜왕 후원년(1340) 정월에 충혜왕이 수감되고, 심문이 진행되면서 심왕을 지원하고 있는 바얀의 뜻이 이루어지는 듯했다. 그러나 그 다음 달인 2월에 정세가 갑작스럽게 변했다. 바얀은 태자 엘테구스(燕帖古思, El Tegüs)[90]와 함께 유림으로 사냥을 나갔는데,[91] 이를 기회로 삼아 바얀의 전횡에 불만을 가지고 있었던 바얀의 조카인 어사대부 톡토(脫脫, Toγto)가 혜종과 모의하여 바얀을 축출시켰던 것이다. 바얀이 성의 남쪽으로 사냥을 나올 때 목숨을 걸고 충혜왕을 변호하고자 했던 충혜왕의 신료 이조년(李兆年)은 모든 준비를 마치고 있었는데, 때마침 바얀이 이날 패배하였다는 기록에서도 바얀 축출 당시의 상황을 짐작할 수 있다.[92] 사냥을 나가 있는 동안에 갑작스럽게 자신이 축출되었다는 황제의 조서를 받은 바얀은 별다른 저항도 하지 못하고 남쪽으로 내려가다가 용흥로(龍興路, 치소는 현재 강서성 남창시)의 어느 역사(驛舍)에서 병사(病死)하였다.

결과적으로 원 제국 최고의 권력자였던 바얀은 고려국왕을 교체하는 데에 실패했다. 원 제국의 내부에 있던 제왕 세력에 대한 처분을 황제의

---

90 엘테구스는 문종 황제의 아들로, 혜종을 즉위시키는 데에 크게 기여한 문종의 황후가 혜종 즉위 시에 엘테구스를 황태자로 삼을 것을 지시하였다.

91 원 제국에는 황제들이 계절별로 대도와 상도를 순행하는 관습이 있었고, 상도로 출발하기 전인 2월에 유림에서 사냥을 하곤 했다. 바얀이 유림으로 사냥을 나간 것이 2월이었고, 이전에 엘테무르가 충혜왕과 함께 유림에서 매사냥을 했던 때도 2월이었다. 이에 대해서는 Tomoko Masuya, "Seasonal Capitals with Permanent Buildings in the Mongol Empire", David Durand-Guédy ed., *Turko-Mongol Rulers, Cities and City Life*, Leiden·Boston: Brill, 2013, p. 243 참고.

92 『益齋亂藁』卷7, 「有元高麗國誠勤翊贊勁節功臣重大匡星山君贈諡文烈公李公墓誌銘」(『高麗墓誌銘集成』, 519~520쪽). 여기에서 '성의 남쪽'은 유림을 가리키는 것으로 생각된다. 유림은 대도에서부터 동남쪽으로 100리 떨어진 곳에 위치하고 있었다(陳高華, 『元大都』, 北京: 北京出版社, 1982, 69쪽).

성지를 위조하면서까지 강행했던 바얀이 고려국왕에 대한 처결은 그렇게 하지 못했던 것이다. 바얀이 심왕을 염두에 두고 있었다면, 엘테무르가 그러했던 것처럼 충숙왕을 폐위시킬 수도 있었고 충숙왕이 사망하고 난 이후가 되면 충혜왕에게 전위하라는 충숙왕의 유언을 무시하고 곧바로 심왕을 옹립시킬 수도 있었을 것이다. 바얀은 충분히 그러한 권력을 가지고 있었기 때문이다. 그러나 조적의 난이 실패로 끝나면서 바얀은 충혜왕을 대도로 압송하여 심왕 세력과의 대질 심문에 응하게 하는 조치를 취했다. 이는 바얀조차도 자신의 권력을 통해 충혜왕의 고려국왕 계승 자격을 단번에 박탈하고 심왕을 내세우지는 못했음을 보여주는 것이라고 생각된다. 어쩌면 비록 절차에 불과하기는 하겠지만, 혜종의 허락을 받는 절차로써 심문을 진행하던 도중에 정변이 발생해 바얀이 쫓겨난 것일 수도 있다. 이렇게 대도에서 충혜왕 세력과 심왕 세력 사이의 갈등이 진행되고 있던 와중에 바얀이 축출되어 사망하면서 분위기는 급전환되었다.

충혜왕은 이렇게 급전환된 정국으로 인해 고려로 돌아올 수 있었다. 바얀을 몰아낸 1등공신인 톡토가 황제에게 상주하여 충혜왕을 석방하고 고려왕에 복위시켰던 것이다.[93] 충혜왕의 복위 소식을 알려준 채하중(蔡河中)의 언급에는 톡토가 대부(大夫)라고 되어 있는데, 바얀을 축출한다는 조서를 반포한 날에 톡토가 지추밀원사가 되었다는 점을 고려한다면, 톡토를 대부라고 칭한 것은 충혜왕을 복위시키자고 상주한 시점이 바얀 축출과 거의 동시(즉, 톡토가 어사대부에서 지추밀원사로 직함이 변경되기 전)였음을 암시하

---

93   『高麗史』卷36, 忠惠王 後元年 3月 甲子.

는 것이라고 생각된다. 바얀을 축출한 톡토의 입장에서 충혜왕의 복위 문제는 시간을 끌 이유가 없었던 것이다.

원 제국 말기의 정국 변화는 이렇게 충혜왕의 거취에 직접적으로 영향을 끼치고 있었다. 바얀이 축출되는 우여곡절을 거친 끝에 충혜왕은 고려왕으로 겨우 복위할 수 있었지만, 3년 뒤인 충혜왕 후4년(1343)에 또 다시 폐위되고 말았다. 이제 충혜왕이 두 번째로 폐위되었을 때 원 제국의 정국은 어떠했고, 그것이 충혜왕의 폐위와 어떻게 연관되어 있는지를 살펴보도록 하자.

4. 기황후의 등장과 충혜왕의 2차 폐위

바얀이 축출되면서 본격적으로 원 제국의 정치 무대에 등장한 인물이 바로 기황후이다. 고려인 궁녀로 들어와 혜종의 총애를 받았던 기씨를 황후로 책봉하고자 하는 것을 극력 반대했던 사람이 바로 바얀이었는데, 바얀이 사라지면서 결국 제2황후에 책봉될 수 있었던 것이다.[94] 바얀이 축출되고 2개월 만에 기씨의 책봉이 이루어진 것을 보면,[95] 바얀이 사라지자마자 황후 책봉의 절차를 밟아나갔다고 생각할 수 있다. 기황후의 등장은 원 제국 말기의 궁정 정치에 막대한 영향을 끼쳤고, 충혜왕의 두 번째 폐위도

---

94 궁녀 기씨의 책립과 바얀의 문제에 대해서는 李龍範, 「奇皇后의 冊立과 元代의 資政院」, 『歷史學報』17·18, 1962, 470~475쪽 참고.

95 『高麗史』卷36, 忠惠王 後元年 4月.

이 영향력과 관련하여 벌어진 사건이었다.

기씨의 황후 책봉을 건의했던 사람은 샤라발(沙剌班, Sharabal)이었다.[96] 샤라발은 위구르인으로, 그 부친 알린테무르(阿鄰帖木兒, Alin Temür)는 국서(國書)에 능하고 지식이 많아 한림학사승지를 지냈던 사람이었다.[97] 샤라발은 이러한 부친의 영향을 받아 학문의 길을 걸었고, 문종 시기에 설립된 규장각에서 공봉학사(供奉學士, 정4품), 승제학사(承制學士, 정3품), 시서학사(侍書學士, 종2품)를 차례로 역임하였다.[98] 바얀이 집권했던 후지원 연간에는 알린테무르가 대사도(大司徒), 지경연사(知经筵事)를 맡았고 아들인 샤라발은 규장각시서학사, 경연관을 맡았다는 기록이 있는 것을 보면, 부자가 모두 학문 분야에서 제국의 중추를 담당하고 있었음을 알 수 있다.[99] 또한, 샤라발은 혜종의 스승이기도 했기 때문에[100] 그의 황후 책봉 건의에는 상당한 무게감이 실려 있었을 것이라고 생각된다. 샤라발이 기씨의 황후 책봉을 건의한 이유는 바얀이 축출된 이후 혜종의 의중을 헤아리고 있었기 때문이었겠지만, 샤라발이 기씨와 혼인 관계로 맺어져 있었던 점도 작용했던 것으로 보

---

96 『元史』卷114, 「后妃傳一」, 2880쪽. 위구르인 샤라발에 대해서는 尙衍斌, 「說沙剌班 -兼論《山居新語》的史料價值」, 『中國邊疆民族研究』 5, 北京: 中央民族大學出版社, 2011, 22~42쪽 참고. 또한, 샤라발 가문의 활약에 대한 내용은 Michael C. Brose, *Subjects and Masters: Uyghurs in the Mongol Empire*, Bellingham: Center for East Asian Studies, Western Washington University, 2007, pp. 116~122를 참고.

97 『元史』卷124, 「哈剌亦哈赤北魯傳」, 3047쪽.

98 姜一涵, 『元代奎章閣及奎章人物』, 臺北: 聯經出版事業公司, 1981, 91쪽.

99 『山居新語』卷2(元明史料筆記叢刊本, 北京: 中華書局, 2006, 210쪽). 한편, 후지원 2 년(1336)에 샤라발이 이미 규장각대학사였음을 알려주는 기록도 있다. 『圭齋文集』 卷9, 「元封秘書少監累贈中奉大夫河南江北等處行省參知政事護軍追封齊郡公張公先 世碑」(湯銳 校點, 『歐陽玄全集』, 成都: 四川大學出版社, 2010, 248쪽).

100 『山居新語』卷3, 222쪽.

인다. 샤라발의 부인 기씨는 선경옹주(善敬翁主) 소생으로, 기황후의 오빠 기철의 친족이었던 것이다.[101] 또한, 후지원 5년(1339)에 기씨가 낳은 아유시리다라(愛猷識理達臘, Ayusiridara)의 존재도 그녀의 황후 책봉에 중요한 명분으로 작용했을 것이다.[102]

이렇게 기씨가 제2황후로 책봉되면서 고려 기씨 가문의 세력이 점점 커지기 시작했다. 기황후의 부친인 기자오(奇子敖)는 그의 행장(行狀)에 그 가문의 음덕을 보지 못하고 낮은 지위로 생을 마쳤다고 기록되어 있기 때문에[103] 기씨 가문의 위상이 올라갈 수 있었던 직접적인 배경은 결국 기씨의 황후 책봉이었다. 게다가 기씨가 제2황후로 책봉된 이후인 후지원 6년(1340) 12월에는 기황후를 위한 기구인 자정원(資政院)이 설치되었고,[104] 이는 기황후의 정치·경제적 역량으로 작용하였다. 이 자정원은 원래 황태후(문종 황제의 황후)가 관할하던 휘정원(徽政院)을 고쳐 설치한 것이었다.[105] 즉, 기황후는 바얀이 축출된 후 4개월이 지난 후지원 6년 6월에 궁정에서 쫓겨나 동안주(東安州, 현재 하북성 낭방시廊坊市 서쪽)에 안치되었다가 곧 사망한 황태후의 정치·경제적 기반을 거의 그대로 물려받았던 것이다.[106] 아유시리다라의

---

101   『稼亭集』卷2,「金剛山普賢菴法會記」.

102   아유시리다라의 출생 연도에 대해서는 李龍範, 앞의 논문, 1962, 495~496쪽과 喜蕾, 「北元昭宗愛猷識理達臘生年考辨」,『內蒙古大學學報(人文社會科學版)』32-4, 2000을 참고.

103   『稼亭集』卷12,「高麗國承奉郎摠部散郎賜緋魚袋贈三重大匡僉議政丞判典理司事上護軍奇公行狀」.

104   『元史』卷92,「百官志八」, 2331쪽.

105   『元史』卷114,「后妃傳一」, 2880쪽.

106   황태후의 축출은 문종 廟主의 철폐, 태자 엘테구스의 고려 추방 조치와 함께 시행되

존재, 황제의 총애, 자정원의 설치 등은 기황후가 제2황후였음에도 불구하고 제국의 궁정을 장악할 수 있었던 요인이었고, 이를 바탕으로 고려에 있던 기씨 가문도 위세를 떨칠 수 있게 된 것이라고 볼 수 있다.

기황후의 궁정 장악 및 자정원의 설치로 인해 부각되는 또 한 사람의 인물이 있는데, 그는 바로 환관 고룡보이다.[107] 고룡보는 바얀이 집권하고 있을 때에는 남쪽으로 쫓겨나 있었지만, 바얀이 축출된 이후에는 궁정으로 돌아와서 자정원사가 되어 기황후의 최측근으로 활동하였다. 자정원의 품계는 정2품이었고, 그렇기 때문에 자정원사의 관품은 상당히 높은 것이었다. 또한 고룡보는 정2품 문산관(文散官)인 자덕대부(資德大夫)라는 칭호까지 받았음이 확인되고 있다.[108] 고룡보 역시 기씨의 황후 책봉 이후 그 위

었다. 이에 대한 조서는 『원사』의 후지원 6년 6월 丙申에 축약되어 있고(『元史』 卷40, 「順帝本紀三」, 856~857쪽), 『고려사』에는 충혜왕 후원년 4월 辛亥에 『원사』보다 상세하게 기록되어 있다(『高麗史』 卷36, 忠惠王 後元年 4月 辛亥). 여기에서는 『원사』에 기록된 날짜를 따랐다.

107 고룡보의 이름은 자료에 따라 龍普, 龍鳳, 龍卜 등으로 다르게 표기되어 있다. 한편, 喜蕾는 기황후가 공녀였을 때 그녀를 추천했던 환관 휘정원사 투멘데르(禿滿迭兒, Tümender)를 고룡보와 동일 인물이라고 파악하고 있다(喜蕾, 『元代高麗貢女制度研究』, 北京: 民族出版社, 2003, 72쪽). 이정란과 김가현 및 이개석도 고룡보와 투멘데르를 동일 인물이라고 보고 있다(이정란, 「整治都監 활동에서 드러난 家 속의 개인과 그의 행동방식」, 『韓國史學報』 21, 2005, 303쪽; 金佳賢, 『元末, 奇皇后의 政治的 位置와 그 影響』, 수원대학교 교육대학원 석사학위논문, 2008, 22쪽; 이개석, 「元 宮廷의 高麗 출신 宦官과 麗元關係」, 『東洋史學研究』 113, 2010, 163쪽). 하지만, 신은제는 그렇게 보기 어렵다는 주장을 펴고 있다(신은제, 「14세기 전반 원의 정국동향과 고려의 정치도감」, 『한국중세사연구』 26, 2009, 204쪽). 필자도 고룡보의 몽골식 이름이 투멘데르라는 확실한 근거가 존재하지 않기 때문에 두 사람을 동일한 인물이라고 단정하기는 어렵다고 생각한다. 이 문제에 대한 필자의 구체적인 논의는 이 책의 5장을 참고.

108 『光緒順天府志』 卷113, 「人物志二十三」(北京古籍丛书本, 北京: 北京古籍出版社, 1987, 5448쪽).

상이 상당히 높아졌던 것인데, 이에 고려에서도 그에게 삼중대광(三重大匡) 완산군(完山君)의 칭호를 내려주기까지 했을 정도였다.[109]

우여곡절을 거쳐 복위한 충혜왕은 이제 원 제국의 제2황후라는 새로운 정치 세력으로 등장한 기황후와 이를 배경으로 성장한 기씨 가문 그리고 고룡보를 상대해야 했다. 게다가 원 제국 조정은 충혜왕의 동생인 강릉대군(江陵大君) 왕기(王祺)를 소환하여 숙위로 삼았다.[110] 강릉대군 왕기가 원 제국에 들어간 이후 '대원자(大元子)'라고 불렸다는 점은 왕기도 왕위승계권자로 인정되었음을 의미했다.[111] 이는 원 제국 조정이 고려의 국왕권을 놓고 충혜왕과 경쟁을 할 수 있는 인물을 만들어 놓기 위한 수순을 밟은 것이었다고 볼 수 있다. 그렇기 때문에 복위를 했다고 해서 충혜왕의 지위가 확고하게 안정된 것은 결코 아니었다. 원 제국의 부마로서 황제를 상대하면서 동시에 황후 가문의 동향에도 신경을 써야했던 것이다.

앞에서 언급했듯이 충혜왕은 원 제국의 권신 엘테무르 가문과 상당히 친밀한 관계를 형성했었다. 그래서 엘테무르 가문이 바얀에 의해 철저하게 몰락한 이후, 쫓겨나듯이 고려로 돌아와야만 했던 것이다. 그런데, 제2황후가 된 기황후는 엘테무르 가문에 대해 좋지 않은 기억을 가지고 있었다. 자신이 궁녀이던 시절, 혜종의 총애를 막 받기 시작했을 때 당시의 황

---

109 『高麗史』 卷36, 忠惠王 後2年 2月 甲午.

110 『高麗史』 卷36, 忠惠王 後2年 5月 癸酉.

111 홍영의, 「개혁군주 공민왕: 공민왕의 즉위와 초기 국왕권 강화노력」, 『韓國人物史硏究』 18, 2012, 158쪽. 이명미도 大元子라는 호칭은 숙위를 하게 되면서 차기 계승권자로서의 위상을 가지게 되었음을 고려 신료들이 인식했기 때문에 나온 것으로 보고 있다(이명미, 「恭愍王代 후반 親明정책의 한 배경: 몽골 복속기 권력구조에 대한 트라우마」, 『사학연구』 113, 2014, 98쪽).

후였던 타나시리(答納失里, Tanasiri)로부터 엄청난 핍박을 받았던 것이다.[112] 타나시리는 엘테무르의 딸이었기 때문에 기황후가 엘테무르 가문을 좋게 생각할 리가 없었고, 어쩌면 엘테무르의 자제들과 주로 어울려 지냈던 충혜왕에 대해서도 그리 호감을 가지지 않았을 수도 있다. 이러한 상황에서 복위한 이후 충혜왕은 기씨 가문과 갈등을 빚게 되는 사건을 일으켰다. 충혜왕 후2년(1341) 11월에 충혜왕은 내시 전자유(田子由)의 부인 이씨(李氏)를 강제로 간음하였는데, 그녀가 기륜(奇輪)의 친족이었던 것이다.[113] 그리고 충혜왕이 총애하는 신하였던 임신(林信)이 기륜을 때렸을 때에는 임신의 편을 들어 기륜의 집을 헐어버리는 일까지 저질렀다.[114] 물론, 원 제국 조정에서 이를 빌미로 충혜왕에 대한 어떠한 조치를 취하지는 않았지만 기황후의 충혜왕에 대한 인식이 더욱 악화되었을 것임을 추측할 수 있다.

이렇게 충혜왕과 기륜 사이의 갈등이 발생한 이후, 원 제국 조정은 고룡보와 테무르부카(帖木兒不花, Temür Buqa)를 보내 기황후의 모친 이씨를 데리러 왔고 충혜왕은 이들을 맞이하기 위해 교외까지 나갔다.[115] 기황후의 모친과 관련된 일에 기황후의 최측근인 고룡보가 직접 고려에 왔고, 충혜왕은 이들을 극진하게 대해야 했던 것이다. 기황후의 모친 이씨는 국자좨

---

112 『元史』卷114,「后妃傳一」, 2880쪽;『庚申外史』卷上, 10쪽.

113 『高麗史節要』卷25, 忠惠王 後2年 11月.

114 『高麗史節要』卷25, 忠惠王 後2年 12月.

115 『高麗史』卷36,「忠惠王世家」, 忠惠王 後3年 6月 己未. 여기에서 등장하는 테무르부카는 훗날 등장하는 태감 박첩목아불화(朴帖木兒不花)와 같은 사람일 가능성이 높다. 그리고 그가 기황후를 도왔던 고려인 환관 박불화(朴不花)와 동일한 인물일 수도 있다.

주(國學祭酒) 이행검(李行儉)의 딸이었는데,[116] 이는 기황후의 외가까지 미천하지는 않았음을 보여준다. 어쨌든, 원 제국 제2황후의 모친을 영접하는 것은 대단히 중요한 일이 되었고 충혜왕은 이를 위해 파견된 고룡보와 테무르부카 각각을 위해 따로 연회를 열었을 정도였다.[117] 그리고 기황후의 모친 이씨가 원 제국으로 들어가기 전에 그녀의 집에 충혜왕이 친히 가서 전연(餞宴)을 베풀었다.[118] 그리고 이씨가 원 제국으로 갔다가 돌아왔을 때에도 충혜왕은 직접 이씨의 집에 가서 주연(酒宴)을 열었다.[119] 그만큼 충혜왕은 기황후 세력의 눈치를 볼 수밖에 없었던 상황이었던 것이다. 하지만, 기황후의 모친 이씨가 원 제국에 직접 갔을 때, 기씨 가문과 갈등이 있었던 충혜왕에 대해서 긍정적인 언급을 했을 것으로는 생각되지 않는다.

그런데 충혜왕 후4년(1343) 8월에 이운(李芸), 조익청(曺益淸), 기철 등은 충혜왕의 '탐음부도(貪淫不道)'를 언급하면서 원 제국 조정에 입성(立省)을 제안했다.[120] 이는 원 제국 중서성에 직접 상서하는 형식으로 이루어졌기 때문에 충혜왕의 고려왕으로서의 위상은 물론이고, 고려의 존립 자체까지도 위협하는 심각한 사안이었다. 충혜왕은 이운의 형 이엄(李儼)과 갈등을 일

---

116 『稼亭集』卷12,「高麗國承奉郞摠部散郞賜緋魚袋贈三重大匡僉議政丞判典理司事上護軍奇公行狀」. 이행검에 대해서는 『高麗史』卷106,「李湊傳」을 참고.

117 『高麗史』卷36, 忠惠王 後3年 6月 戊辰; 忠惠王 後3年 7月 甲午.

118 『高麗史』卷36, 忠惠王 後3年 8月 辛丑.

119 『高麗史節要』卷25, 忠惠王 後4年 4月.

120 『高麗史』卷36, 忠惠王 後4年 8月. 이때의 입성은 충혜왕과 기씨 가문 사이 갈등의 해결방식이 개인적인 차원을 넘어 정치 행위로 연결되고 있다는 점에 의미가 있고, 결국 이것이 충혜왕 폐위라는 결과를 가져오게 된다. 이에 대해서는 이명미,「공민왕대 초반 군주권 재구축 시도와 奇氏一家: 1356년(공민왕 5) 개혁을 중심으로」, 『한국문화』 53, 2011, 8쪽 참고.

으킨 적이 있었는데, 실제로는 이운을 싫어했기 때문이었다.[121] 또한, 조익청은 충혜왕의 측근들을 몰아내려다가 도리어 참소를 당하여 좌천된 적이 있었다.[122] 즉, 이운과 조익청 모두 충혜왕과 예전부터 갈등 관계에 놓여 있었던 것이다. 여기에 기철이 끼어 있는 것을 보면, 결국 충혜왕과 기씨 가문 사이의 갈등도 더욱 커졌음을 확인할 수 있다.

이렇게 입성의 논의가 있고 난 2개월 후인 10월에 또 다시 고룡보와 테무르부카가 고려에 왔다. 이들은 충혜왕에게 옷과 술을 하사했고, 동시에 기황후의 부친을 영안장헌왕(榮安莊獻王)으로 추증하고 모친 이씨에게는 영안왕대부인(榮安王大夫人)의 칭호를 내리는 조치를 취했다.[123] 그리고 얼마 안 있어 원 제국에서는 나이주(乃主, Naiju) 등 8명을 파견하였고, 또 뒤이어 대경(大卿) 도치(朵赤, Dochi) 등 6명이 고려에 당도했다.[124] 짧은 시간에 여러 번의 다른 사신이 파견되어 온 것은 분명 의심스러운 일이었는데, 결국 이들은 충혜왕이 정동성(征東省)에서 조서를 듣고 있을 때에 충혜왕을 발로 차면서 포박하였다. 충혜왕의 체포에는 고룡보도 가담하였고, 그와 함께 고려에 왔던 첨의평리(僉議評理) 신예(辛裔)는 병사들을 매복시켜 이를 도왔다. 고룡보는 신예의 매서(妹壻)였고, 그 역시 충혜왕과 갈등을 빚은 적이 있었던 것이다.[125] 이렇게 갑작스럽게 충혜왕을 체포하고 난 이후의 처리는 고

---

121   『高麗史』卷36, 忠惠王 後4年 8月.

122   『高麗史』卷108,「曹益淸傳」.

123   『高麗史節要』卷25, 忠惠王 後4年 10月.

124   『高麗史』卷36, 忠惠王 後4年 11月 壬午; 忠惠王 後4年 11月 甲申.

125   『高麗史』卷125,「辛裔傳」.

룡보가 맡았고, 기철도 이에 합세했다.

　충혜왕의 체포와 압송 과정을 보면, 황제의 공식적인 폐위 조서는 언급되지 않고 있다. 그리고 무력적인 충돌까지 발생한 점을 통해 보면, 충혜왕의 두 번째 폐위는 충혜왕 후4년 11월에 일어난 정변을 통해 이루어진 것이라고 할 수 있다.[126] 고려 측의 사료 중에서 등장하는 '고씨지란(高氏之亂)'[127]이라는 표현 역시 고룡보의 행위가 분명 정당한 절차를 거치지 않은 비정상적인 것이었음을 암시하고 있다. 황제 혹은 기황후의 지시가 있었는지에 대해서는 확인할 길이 없지만, 이 정변을 주도한 자가 고룡보였다는 점은 충혜왕의 두 번째 폐위에 기황후 세력이 개입해 있었음을 강하게 시사하고 있다. 그렇게 충혜왕을 체포한 지 5일이 지나고 고룡보는 원제국으로 돌아갔다.[128] 속전속결로 충혜왕 폐위와 관련된 사안을 처리했던 것이다. 즉, 충혜왕의 폐위와 그 사후 처리에 대한 계획이 미리 수립되어 있었음을 암시하는 대목이라고도 할 수 있다. 그리고 고룡보가 다소 급하게 돌아간 것은 다음 고려국왕을 결정하기 위한 것이기도 하였다.

126　중국학계의 연구자인 喜蕾와 陳偉慶은 모두 충혜왕의 두 번째 폐위를 政變이라는 용어로 설명하고 있다. 喜蕾, 앞의 책, 2003, 128쪽과 陳偉慶, 「試析元朝宦官的幾個問題」, 『元史及民族與邊疆研究集刊』 21, 上海: 上海古籍出版社, 2009, 131쪽 참고.

127　『牧隱文藁』 卷15, 「高麗國大匡完山君諡文眞崔公墓誌銘」(『高麗墓誌銘集成』, 596쪽). '고씨지란'이 언급된 부분의 원문은 다음과 같다. "玄陵卽位, 迺襫其職. 及高氏之亂作, 凡王所設置, 悉皆更革, 立都監." 이 부분의 앞에는 충숙왕이 나오고, 뒤에는 명릉(즉, 충목왕)이 즉위했다고 되어 있으므로 시기적으로 충혜왕대의 내용이 나와야 된다. 그러므로 원문의 현릉(즉, 공민왕)은 永陵의 오기로 보아야 할 것이다. 고씨의 난이 일어나 (충혜)왕이 설치했던 모든 것을 개혁하고자 도감을 세웠다는 것은 결국 고룡보가 충혜왕을 체포한 이후 충혜왕의 폐정을 개혁하기 위한 기구를 세웠음을 의미한다. 즉, 충혜왕의 폐위를 '고룡보의 난'으로 표현한 것이다.

128　『高麗史』 卷36, 忠惠王 後4年 11月 己丑.

복위하기 이전의 충혜왕이 조적의 난을 겪은 이후 원 제국으로 송환되어 심문까지 받았던 전례와 비교해 본다면, 그의 두 번째 폐위에서는 그러한 절차조차도 진행되지 않았다. 충혜왕은 체포되고 1개월이 지난 후에 바로 게양현(揭陽縣, 현재 광동성 계양시)으로 귀양을 떠나게 되었던 것이다.[129] 물론, 이전에 충선왕도 유배를 갔던 적이 있었다. 하지만, 이는 충선왕이 고려왕위에서 스스로 물러난 이후 대도에 머무르고 있던 시기에 발생한 것이었다. 고려왕으로 재위하면서 고려에 있다가 갑작스럽게 유배를 가게 된 것은 충혜왕이 처음이었다. 원 제국에서는 고려 출신의 유배 죄수를 호광으로 보내는 것을 원칙으로 삼고 있었는데,[130] 충혜왕이 유배를 가게 된 게양현은 호광행성에 속하지는 않았지만, 바로 옆 강서행성의 관할지였다. 『고려사』에 의하면 대도에서부터 2만 리나 떨어진 곳(실제 현재의 북경에서 계양까지의 직선거리는 대략 1,850㎞이다)으로 수레에 실려 유배를 떠난다는 것은 원 제국으로부터 중죄인 취급을 받았다는 것이나 마찬가지였다. 아무리 원 제국이 고려국왕에 대한 실질적 임면권을 가지고 있었다고 하더라도 충혜왕의 체포와 유배는 분명 고려의 입장에서는 좌시할 수 없는 나쁜 선례였다. 그러나 충혜왕의 '탐음부도'가 워낙 부각되었던 탓에 충혜왕의 복귀에 대한 중론이 형성되지 못했다.[131] 그 사이에 갖은 고초를 겪었던 충혜왕은 결국 충혜왕 후5년(1344) 정월에 귀양지에 도착하지도 못하고 도중에

129　『高麗史』卷36, 忠惠王 後4年 12月 癸丑.

130　『元史』卷103, 「刑法志二」, 2634쪽.

131　『高麗史』卷36, 忠惠王 後5年 正月 戊辰.

악양현(岳陽縣, 현재 산서성 안택현의 서북)에서 사망하고 말았던 것이다. [132]

충혜왕이 고려에서 체포되어 사망하는 기간을 전후하여 원 제국 조정에도 변화의 조짐이 보이기 시작했다. 우선, 지정 3년(1343) 12월에 베르케부카(別兒怯不花, Berke Buqa)가 중서좌승상에 임명되었다. [133] 베르케부카는 톡토의 부친이었던 마자르타이(馬札兒台, Majartai)에 대해 오랜 원한을 가지고 있었기 때문에 훗날 황제에게 참소하여 마자르타이를 제거했고, [134] 그 전에 톡토도 해하려고 시도했다는 기록이 있다. [135] 비록 결과론적인 해석이기는 하지만, 베르케부카의 좌승상 임명은 향후 원 제국 정국의 혼돈을 예고하는 것이었다. 앞으로 정계를 요동치게 할 새로운 인물인 베르케부카가 다시 대도로 돌아온 직후에 충혜왕은 유배를 가다가 사망했고, 고룡보는 충혜왕의 8살 된 장남 왕흔(王昕)을 직접 안고 들어가 혜종을 알현하였으며 그 이후 왕흔이 고려왕으로 즉위하게 되었다.

지정 4년(1344) 3월에 원 제국은 공식적으로 충목왕을 고려국왕으로 임

---

132 『高麗史』卷36, 忠惠王 後5年 正月 丙子.

133 『元史』卷41, 「順帝本紀四」, 869쪽.

134 『元史』卷138, 「脫脫傳」, 3344쪽.

135 『元史』卷139, 「阿魯圖傳」, 3362쪽. 베르케부카가 왜 마자르타이-톡토 父子와 사이가 좋지 않았는지에 대한 명확한 이유는 파악되어 있지 않다. Dardess는 바얀이 집권하고 있었던 후지원 5년(1339)에 한인은 廉訪使가 되어서는 안 된다는 바얀의 의견을 어사대부였던 베르케부카가 우물쭈물하며 처리하지 못하고 있던 사이에 톡토가 나서서 바얀의 건의에 반대하는 의견을 황제에게 주청했고(『元史』卷138, 脫脫傳, 3342쪽), 이로 인해 베르케부카의 입장이 난처해지면서 톡토와 틈이 생겼다고 서술했다 (John W. Dardess, *Conquerors and Confucians-Aspects of Political Change in Late Yüan China*, New York & London: Columbia University Press, 1973, p.91). 그리고 추가로 필자는 바얀 집권 시기에 어사대부, 중서평장정사까지 역임했던 베르케부카가 톡토 집권 시기인 지정 2년(1342)에 강절행성좌승상이 되면서 대도에서부터 멀어지게 되었던 것도 베르케부카와 톡토의 관계가 악화된 원인이 아니었을까 추정한다.

명했다.[136] 물론, 충목왕이 몽골 공주인 덕녕공주 소생이기는 하였으나 나이가 어려 부마는 될 수 없었다. 호시탐탐 고려왕위를 노리고 있었던 심왕의 존재도 무시할 수 없었다. 그럼에도 불구하고 별다른 잡음 없이 충목왕이 고려국왕이 될 수 있었던 것은 고룡보의 노력 때문이었다. 그래서 충목왕 즉위 후, 고룡보는 고려로부터 12자 공신호까지 받을 수 있었던 것이다.[137] 그런데, 충목왕이 즉위하고 얼마 있지 않아서 우승상 톡토가 사직을 청했고, 혜종은 결국 이를 받아들였다. 톡토의 후임으로는 아룩투(阿魯圖, Aruɣtu)가 임명되었지만, 실권은 좌승상 베르케부카가 쥐고 있었다.[138] 황제와 기황후의 측근에서 강력한 힘을 발휘하고 있던 고룡보와 이제 막 좌승상이 된 베르케부카가 권력의 중심에 서게 되었던 것이다.[139] 충혜왕을 복위시켰던 톡토는 충혜왕이 사망한 지 얼마 되지 않아서 중앙 권력에서부터 밀려나 버렸다. 충혜왕이 폐위되어 사망한 이후 고려와 원 제국의 정치적 구도가 우연히도 거의 동시에 바뀌었던 것이다. 이렇게 기황후의 등장과 고룡보의 성장은 고려 충혜왕의 두 번째 폐위를 야기했고, 더 나아가 원 제국의 정치적 흐름에서도 중요한 변수로 작용하고 있었다.

---

136 『元史』卷41, 「順帝本紀四」, 870쪽.

137 『高麗史』卷122, 「高龍普傳」; 『高麗史節要』卷25, 忠惠王 後5年 5月.

138 김호동, 「《지정조격(至正條格)》의 편찬과 원(元) 말의 정치」, 『至正條格 校註本』, 휴머니스트, 2007, 380쪽.

139 훗날 베르케부카가 탄핵을 당했을 때에 고룡보가 황제의 옆에서 이를 변호해주었다는 기록(『元史』卷140, 「別兒怯不花傳」, 3367쪽)을 통해서 베르케부카와 고룡보가 서로 협력하였음은 이미 기존 연구들에 의해서 밝혀진 바 있다.

5. 맺음말

4장에서는 원 제국 말기의 복잡한 정국 속에서 이루어진 고려 충혜왕의 두 번의 즉위와 두 번의 폐위 과정에 대해서 살펴보았다. 고려국왕에 대한 실질적 임면권을 행사하고 있었던 원 제국의 내부에서 권력 구조의 변동이 발생하면 이것이 고려국왕의 지위에도 영향을 주었던 것은 충혜왕 시기 이전부터 나타나던 현상이었다. 그런데 원 제국 말기에 이르게 되면, 복잡해진 제위계승분쟁과 그로 인한 권신의 출현 및 교체로 인해 내부 정치의 혼란이 이전보다 더욱 격렬해졌고, 이것이 충혜왕의 고려국왕위에도 영향을 끼치고 있었다.

14세의 어린 나이에 원 제국에 숙위로 들어간 충혜왕은 쿠데타를 통해 대도 궁정을 장악하고 내전에서 승리했던 권신 엘테무르의 총애를 받는 행운을 누렸다. 결국 엘테무르의 지원 아래에서 충혜왕은 고려국왕이 될 수 있었다. 그러나 원 제국의 제위계승분쟁에 연루되어 대청도로 유배를 왔던 토곤테무르와 연루된 무고로 인해 충혜왕은 갑작스럽게 폐위를 당하고 원 제국으로 소환되었다. 하지만, 엘테무르 가문과 친밀한 관계를 유지했던 충혜왕은 소환된 이후에도 숙위의 임무를 수행할 수 있었다. 그러나 엘테무르가 사망하고 그 2년 후에 바얀이 엘테무르 가문을 모조리 숙청하면서 충혜왕은 원 제국에서의 후견인을 잃게 되었다. 바얀은 충혜왕을 고려로 돌려보냈고, 충혜왕의 거취는 불투명해졌다.

충숙왕이 사망하면서 충혜왕을 다음 고려국왕으로 지목했음에도 불구하고, 바얀은 자신의 권위를 통해 충혜왕의 복위를 끝까지 막았다. 심지어 충혜왕을 압송하여 형부에 가두어 심문을 하고자 했다. 때마침 바얀이 조카 톡토에 의해 축출되면서 충혜왕은 겨우 고려국왕으로 복위할 수 있었다. 엘테무르-바얀-톡토로 이어지는 원 제국 말기 권신의 교체는 충혜왕의 즉위와 복위를 결정하는 주된 요소로 작용했던 것이다. 하지만, 바얀의 축출 이후에 새롭게 부상한 제2황후 기황후의 세력은 원 제국과 고려 정치에 또 다른 변수로 등장했고 이는 충혜왕 복위 시기의 동향을 결정하는 것이었다.

충혜왕은 복위한 이후 4년 만에 두 번째로 원 제국에 의해 폐위되는 운명을 맞이했다. 첫 번째 폐위는 갑작스럽기는 했어도 황제의 공식적인 조서가 있었음에 반해서 두 번째 폐위에서는 고룡보를 중심으로 하는 정변이 발생하여 충혜왕을 중죄인 취급하며 원 제국으로 압송했다. 이 과정에서 기황후를 중심으로 하는 세력의 입김이 강하게 작용하고 있었다. 충혜왕이 나름대로 기황후의 모친을 극진히 대우했음에도 불구하고, 충혜왕과 기씨 가문 사이에서 발생했던 갈등은 해소되지 못했던 것이다. 결국 충혜왕은 모진 고초를 겪은 끝에 유배를 가던 도중 30세의 젊은 나이로 사망하고 말았다.

충혜왕의 두 번째 폐위와 유배, 사망은 원 제국과 고려 관계에서 가장 좋지 않은 사례를 남겼다. 고려에 있던 고려국왕을 원 제국에서 임의로 폐위시키고 부마의 위상은 전혀 염두에 두지 않은 상태에서 죽게 했던 것이기 때문이다. 그리고 충혜왕이 너무 이른 나이에 사망한 탓에 그의 후손들은 나이가 너무 어렸고, 그래서 부마가 될 수 없었다. 그리고 기황후 세력의 지속적인 성장은 원 제국 황실 가문, 고려 왕실 가문이 아닌 제3의 세력이 정치에 깊숙이 개입하는 여건을 조성했다. 이로 인해 충혜왕의 아들들보다 먼저 부마가 되고 기황후 세력의 지원을 받은 공민왕이 결국 고려국왕으로 즉위하는 배경이 마련되었던 것이다. 어쩌면 공민왕이 가지고 있었던 이른바 '반원'의 불씨는 충혜왕의 폐위와 사망에서 비롯된 것이었을지도 모르겠다.[140] 그만큼 충혜왕의 행적은 1320년대 후반부터 1340년대 전반까지의 원 제국과 고려 사이의 뒤틀어진 모습을 그대로 반영하고 있었다. 그리고 원 제국의 권력 구도 변화와 고려왕위의 교체가 상당히 밀접하게 연결된다는 점은 고려-원 관계의 특수성을 잘 보여주는 한 가지 현상이라고 할 수 있다.

---

140 이른바 공민왕의 '반원개혁'을 충혜왕의 폐위 및 사망이 그 발단이 되었던 것이라고 상세하게 분석한 연구로는 최윤정, 「1356년 공민왕의 '反元改革' 재론」, 『대구사학』 130, 2018을 참고.

5장

고려인 환관 투멘데르는 누구인가?

1. 머리말

원 제국과 고려의 관계는 기존의 한중관계와 그 성격이 크게 달랐고, 이에 따라 양국의 정치적 연계도 이전보다 더욱 긴밀해졌다는 점은 주지의 사실이다. 쿠르기스(闊里吉思, Körgis)의 경우처럼, 원 제국의 관원이 고려에 와서 고려의 내정에 간섭하고 제도를 개혁하려는 시도를 하기도 했고,[01] 비록 몽골의 혈통이 섞이기는 하였어도 충선왕은 원 제국의 정치에서 커다란 영향력을 발휘하면서 이로 인해 갖은 고초를 겪기도 했다.[02] 즉, 원 제국과 고려 양국 사이의 긴밀한 관계는 인물들의 왕래와 교류로 인해

---

01   이에 대해서는 李康漢, 「征東行省官 闊里吉思의 고려제도 개변 시도」, 『韓國史研究』 139, 2007을 참조.

02   충선왕과 관련된 연구들은 상당히 많지만, 대표적인 연구들만을 언급하면 다음과 같다. 高柄翊, 「高麗 忠宣王의 元 武宗擁立」, 『歷史學報』 17·18, 1962; 李昇漢, 「高麗 忠宣王의 瀋陽王 被封과 在元 政治活動」, 『歷史學研究』 2, 1988; 김광철, 「14세기초 元의 政局동향과 忠宣王의 吐蕃 유배」, 『한국중세사연구』 3, 1996; 金昌賢, 「충선왕의 탄생과 결혼, 그리고 정치」, 『韓國人物史研究』 14, 2010.

더욱 심화되었던 것이다.

그 중에서도 고려 출신의 환관들이 원 제국에서 활약했던 점은 이미 여러 연구들에서 다루어진 바 있다.[03] 대부분 환관들의 정치 개입과 관련된 언급은 주로 부정적인 측면을 부각하기 마련인데, 5장에서 다루고자 하는 고룡보의 경우도 마찬가지이다. 사실, 원 제국은 유목민이 건설한 왕조였기 때문에 초기에는 환관 제도가 그렇게 발전하지 않았다.[04] 그러나 원 제국 중·후기에 들어서면서 차츰 영향력을 행사하는 환관들이 등장하기 시작했고,[05] 특히 고려에서 온 환관들이 두각을 드러냈다. 고룡보와 함께 언급되는 대표적인 고려인 환관인 박불화(朴不花)가 『원사』에 그 열전이 따로 수록될 정도였다는 사실을 보면 그만큼 고려인 환관들의 정치적 파급력이 컸다는 점을 짐작할 수 있다.

하지만, 고룡보의 경우에는 『고려사』에는 열전이 따로 수록되어 있지

---

03 張東翼, 『高麗後期外交史研究』, 一潮閣, 1994, 182~184쪽; 喜蕾, 「元代高麗貢宦制度與高麗宦官勢力」, 『內蒙古社會科學(漢文版)』 2002-3; 이개석, 「元 宮廷의 高麗 출신 宦官과 麗元關係」, 『東洋史學研究』 113, 2010; 이정신, 「원 간섭기 환관의 행적」, 『韓國史學報』 57, 2014.

04 원 제국에는 케식(怯薛, keshig)이라는 제도가 있어 황제를 호위하는 역할은 물론이고, 내정의 사소한 일까지 도맡아 했기 때문에 환관의 역할이 크게 줄어들었던 측면이 있다(『元史』 卷204, 「宦者傳」, 4549쪽). 그리고 원 인종은 잠저에 있던 시절에 환관의 폐해를 직접 물어보았던 사례도 있다(『元史』 卷24, 「仁宗本紀 一」, 537쪽). 한편, 일본의 야나이 와타리(箭内亘)는 세조 시기부터 환관이 조금씩 생겨나다가 원 제국 말기에는 그 수가 늘어났음을 인정하면서도 환관으로 인한 화는 거의 보이지 않는다고 서술했다(箭内亘, 『蒙古史研究』, 東京: 刀江書院, 1930, 256쪽). 하지만, 이에 대해 傅樂淑은 환관의 정치 개입으로 인한 혼란이 원 제국에서 아예 없었던 것은 결코 아니라고 비판하면서 다른 왕조보다 원 제국에서의 환관으로 인한 폐해가 적어보이는 것은 케식 제도의 출중함이 그 원인이 아니라 단지 왕조의 수명이 짧았기 때문이라고 서술했다(傅樂淑, 「元代宦禍考」, 『元史論叢』 2, 北京: 中華書局, 1983, 157쪽).

05 丁楊梅, 鈕希强, 「元代的宦官」, 『齊齊哈爾師範高等專科學校學報』 2009-5, 92쪽.

만, 『원사』에는 열전이 없다. 게다가 『고려사』의 열전에는 고룡보가 자정원사에 임명되어 높은 위치에 오르게 되었을 때부터 서술되어 충혜왕의 폐위, 금강산으로 유배를 왔다가 소환되었던 일, 공민왕 시기에 사로잡혀 처형되었던 일 정도만이 서술되어 있어 그의 더욱 상세한 행적을 알기 위해서는 다른 부분들을 함께 검토해야 한다. 이에 대한 연구들은 이미 산발적으로 이루어져 왔기 때문에 고룡보의 행적에 대해서는 그나마 많은 부분들이 밝혀져 있다.

그런데 이 대목에서 한 가지 의문을 제기하고자 하는 점이 있다. 바로 고룡보와 원 제국의 휘정원사(徽政院使) 투멘데르(禿滿迭兒, Tümender)의 관계에 대한 문제이다. 투멘데르는 공녀 기씨를 원 혜종에게 추천하여 결국 기황후라는 인물이 탄생하게 되는 단초를 제공하는 중요한 인물이기 때문에 그와 고룡보와의 관계에 대해서도 여러 연구들이 지적한 바 있다. 일부 연구들에서는 고룡보와 투멘데르를 같은 인물로 파악하여 고룡보의 몽골 이름이 투멘데르라고 보고 있고,[06] 또 다른 연구들에서는 이에 동의하지 않고 둘을 별개의 인물로 파악하였다.[07] 사실, 고룡보와 관련된 어떠한 기록

---

06 喜蕾, 『元代高麗貢女制度研究』, 北京: 民族出版社, 2003, 72쪽 및 126쪽; 이정란, 「整治都監 활동에서 드러난 家 속의 개인과 그의 행동방식」, 『韓國史學報』 21, 2005, 303쪽; 陳偉慶, 「試析元朝宦官的幾個問題」, 『元史及民族與邊疆研究集刊』 21, 上海: 上海古籍出版社, 2009, 131쪽; 이개석, 앞의 논문, 2010, 163쪽; 이개석, 『고려-대원 관계 연구』, 지식산업사, 2013, 268쪽. 위 연구들 중에서 이정란은 고룡보와 투멘데르가 별개의 인물이라고 주장하는 연구도 있음을 소개하면서 어느 주장이 옳은지는 판단하기 어렵다는 주석을 달았다.

07 토니노 푸지오니, 「元代 奇皇后의 佛敎後援과 그 政治的인 意義」, 『보조사상』 17, 2002, 107쪽; 신은제, 「14세기 전반 원의 정국동향과 고려의 정치도감」, 『한국중세사연구』 26, 2009, 204쪽. 토니노 푸지오니는 투멘데르에 대한 또 다른 근거를 찾지 못

에서도 그의 몽골 이름이 투멘데르였다고 하는 직접적인 언급이 보이지 않기 때문에 고룡보와 투멘데르의 관계에 대해서는 그리 많지 않은 자료의 한계 속에서 단편적인 기록들에 나타난 정황을 바탕으로 추측을 할 수밖에 없다.

이에 5장에서는 기존 연구 성과들이 밝혀낸 내용들을 기반으로 하여 고룡보의 행적을 추적하고, 과연 고룡보와 투멘데르가 동일한 인물인가에 대한 의문에 또 다른 해석을 시도하고자 한다. 이를 통해 원 제국과 고려-원 관계의 일면을 드러내면서 고룡보와 투멘데르가 별개의 두 인물임을 밝히고자 한다.

2. 환관 고룡보의 행적

우선, 기록에 나타나고 있는 고룡보의 행적을 살펴보도록 하자. 『고려사』 고룡보 열전은 그가 원으로 들어가 총애를 받아 자정원사가 되었고 충혜왕은 그를 완산군(完山君)으로 봉했다는 내용으로 시작되고 있다. 이는 그의 행적이 기록에 본격적으로 드러나는 것이 자정원사가 된 이후부터라는 점을 보여준다. 자정원은 공녀 기씨가 후지원 6년(1340)에 제2황후로 책립

했다고 서술하면서 고룡보와는 별개로 그를 다루었고, 신은제는 고룡보와 투멘데르가 각각 다른 시기에 처형을 당하고 있다는 점을 근거로 두 사람이 다른 인물이라고 설명하고 있다.

(冊立)된 이후 같은 해 12월에 설치된 기구로서,[08] 기황후의 든든한 정치적·경제적 기반으로서의 역할을 하였다.[09] 이 기구를 주관하는 원사(院使)는 6명이었고, 이들은 기황후의 이익을 충실히 대변하면서 원 제국 궁정을 장악하게 된다. 고룡보도 그 중 한 사람이었던 것이다.

그런데, 이렇게 1340년 말에 자정원사가 되기 이전 고룡보의 행적을 추측할 수 있게 하는 기록이 『가정집』에 있다. 전주(全州)의 남쪽 만덕산(萬德山)에 있는 보광사(普光寺)의 비구(比丘) 중향(中向)이라는 인물이 사찰의 중흥을 도모하다가 전주 출신 고룡보가 황제의 총애를 받고 있고, 그 성품이 선(善)을 즐긴다는 것을 듣고서는 원통 갑술년(1334)에 서쪽으로 바다를 건너 도하(都下)에서 고룡보를 만났다는 것이다.[10] 이를 통해 고룡보는 원 제국의 혜종이 즉위한 초기부터 궁정에서 활약하며 고려에까지 그 이름이 전해졌음을 알 수 있다. 그러던 중 고룡보는 재신(宰臣)의 시기를 받아 남쪽으로 쫓겨났다가 지정으로 연호를 바꾸기 전 해(1340)의 2월에 권간(權姦)이 출척(黜陟)되면서 돌아오게 되었다.[11] 여기에서 언급된 재신과 권간은 모두 원 제국 말기의 권신이었던 바얀(伯顔, Bayan)을 가리키는 것이다. 바얀은 중향이 고룡보를 만난 이듬해(1335)에 단독으로 집권하고 1340년에 축출될 때까지 황제인 혜종까지도 넘어서는 것으로 보일 정도의 권위를 가지고 권력을 행사

---

08   『元史』卷92, 「百官志八」, 2331쪽.

09   이에 대해서는 이미 이용범의 선구적인 상세한 연구가 있다. 李龍範, 「奇皇后의 冊立과 元代의 資政院」, 『歷史學報』 17·18, 1962를 참조(李龍範, 『中世 滿洲·蒙古史의 硏究』, 同和出版公社, 1988, 321~368쪽에 재수록).

10   『稼亭集』卷3, 「重興大華嚴普光寺記」.

11   『稼亭集』卷3, 「重興大華嚴普光寺記」.

했고, 특히 공녀 기씨를 황후로 삼자는 의견에 끝까지 반대했던 것을 보면 고려 출신 환관인 고룡보에 대해서도 좋지 않은 감정을 가졌을 가능성이 높다.[12] 즉, 바얀이 집권한 시기에 고룡보는 원 제국의 궁정에서 활약할 수가 없는 상태였지만 바얀이 축출된 이후에 다시 돌아올 수 있었고, 제2황후가 된 기황후의 후광까지 보태지면서 상당히 높은 지위에 오르게 되었음을 알 수 있다.

이제 『고려사』세가와 『고려사절요』를 참조하면서 그의 행적을 확인해보도록 하겠다. 고룡보의 이름이 처음으로 언급되는 것은 충혜왕 후2년(1341) 2월에 충혜왕이 그를 삼중대광완산군으로 봉했을 때이다.[13] 그 이후 고룡보는 충혜왕 후3년(1342) 6월에 기황후의 모친을 모시기 위해 고려에 왔던 것이 기록되어 있다.[14] 그리고 그 다음에 또 고려에 온 것은 충혜왕 후4년(1343) 10월이다.[15] 이때 고룡보는 충혜왕에게 황제가 내린 술을 하사하고 충혜왕과 함께 격구 등을 관람하는 등 호의적인 모습을 보였으나 11월 갑신일에 다른 몽골 사신들과 함께 충혜왕을 체포하는 데에 일조했다.[16] 속전속결로 일을 마무리한 고룡보는 충혜왕을 체포하고 5일이 지

---

12 권신 바얀의 행적에 대해서는 권용철, 『원대 중후기 정치사 연구』, 온샘, 2019, 268~299쪽의 내용을 참고.

13 『高麗史』卷36, 忠惠王 後2年 2月 甲午; 『高麗史節要』卷25, 忠惠王 後2年 2月. 한편, 『光緒順天府志』卷113, 「人物志二十三」(北京古籍叢書本, 北京: 北京古籍出版社, 1987, 5448~5449쪽)을 보면, 지정으로 개원한 해(1341)의 5월 8일에 완성한 小西天 華嚴堂의 華嚴經을 돌로 새기는 작업에 시주를 한 인물로 고룡보가 등장하는데 이때에 이미 정2품 문산관 資德大夫의 칭호를 받았음을 알 수 있다.

14 『高麗史』卷36, 忠惠王 後3年 6月 己未; 『高麗史節要』卷25, 忠惠王 後3年 6月.

15 『高麗史』卷36, 忠惠王 後4年 10月 壬戌; 『高麗史節要』卷25, 忠惠王 後4年 10月.

16 『高麗史』卷36, 忠惠王 後4年 11月 甲申; 『高麗史節要』卷25, 忠惠王 後4年 11月.

난 후에 원 제국으로 돌아갔다.[17] 원 제국으로 돌아간 그는 아마도 충혜왕의 후계자를 선정하기 위한 일을 진행시켰던 것으로 보이고, 결국 이듬해 (1344) 2월에 충혜왕의 8세 아들인 왕흔(王昕)을 직접 안고 들어가 황제를 알현했다.[18] 고룡보는 기황후의 측근으로서 충혜왕 폐위와 충목왕 즉위에 가담하여 커다란 영향력을 행사했던 것이었다. 그야말로 거칠 것이 없었다.

충목왕은 즉위하여 고려로 돌아온 직후에 고룡보에게 12자의 공신호를 하사했다.[19] 그만큼 충목왕의 즉위에는 고룡보의 역할이 지대했음을 암시하는 것이다. 당시 원 제국에는 충혜왕의 동생인 강릉대군 왕기가 충혜왕 후2년(1341)부터 대도에서 체류하면서 고려왕위 승계의 후보자 중 한 사람으로 자리매김하고 있었던 점을 감안한다면, 고룡보의 빠른 움직임이 있었기 때문에 충목왕이 큰 소동 없이 즉위한 것이라고 파악할 수 있다. 그렇지 않았다면, 충혜왕의 갑작스러운 폐위 이후 왕기의 지지파와 왕흔의 지지파가 갈려 또 다른 분쟁이 발생했을 수도 있었을 것이다.[20] 어쨌든,

17 『高麗史』卷36, 忠惠王 後4年 11月 己丑; 『高麗史節要』卷25, 忠惠王 後4年 11月.

18 『高麗史』卷37, 忠惠王 後5年(忠穆王 卽位年) 2月 丁未; 『高麗史節要』卷25, 忠惠王 後5年 2月.

19 『高麗史節要』卷25, 忠惠王 後5年 5月에 공신호를 하사했다는 기록이 있고, 『高麗史』卷122, 「高龍普傳」에는 그 공신호가 12자였다고 기록되어 있다. 충목왕이 나이가 어리고, 원 제국에서 숙위를 한 기간도 짧았기 때문에 시종신료들이 중심이 된 국왕 측근세력이 충목왕에게는 없었을 것이고(李益柱, 『高麗·元關係의 構造와 高麗後期 政治體制』, 서울대학교 대학원 국사학과 박사학위논문, 1996, 185쪽) 그래서 자신을 왕위에 즉위시키는 것에 결정적인 역할을 했던 고룡보에게 공신호를 즉각 하사했던 것으로 볼 수 있다.

20 물론, 충목왕은 몽골 공주 소생이기 때문에 고려 왕위를 계승할 혈통적인 자격을 충분히 가지고 있었다. 그러나 『高麗史』卷108에 수록된 洪彬의 열전을 보면, 許政이라는 사람이 홍빈을 무고할 때에 황제가 8세 아이에게 나라를 다스리게 했으니 국가의 안위를 알 만하다고 하면서 나가버렸다고 말하는 내용이 있는데, 이를 통해 추측하

충혜왕의 폐위와 충목왕의 즉위에 특히 원 제국이 주도적인 입장을 취하면서 고려의 정국에 대한 적극적인 관심을 드러내고 있는 것에는 여러 가지 정치적 배경이 존재하고 있겠지만,[21] 그 모든 배경에서 고룡보의 존재를 빠뜨릴 수는 없을 것이다.

한편, 충목왕 즉위 이후에 고룡보의 자세한 행적에 대해서는 드러나는 것이 없다가 충목왕 3년(1347) 6월에 고룡보가 금강산으로 유배를 왔다는 기록이 등장한다.[22] 이는 원 제국 어사대의 탄핵으로 인해 발생한 사건이었다. 『고려사』의 고룡보 열전과 『고려사절요』에는 고룡보에 대한 탄핵 내용이 아래와 같이 기록되어 있다.

> 고룡보는 고려의 매장인(媒場人)인데 황제의 총애를 받아 그 위세를 믿고 자기 마음대로 일을 행하니 친왕, 승상이 그가 멀리서 나타나면 달려가 절을 합니다. 뇌물을 받아서 금과 비단이 산처럼 쌓여 있으며 권세는 천하를 뒤집을 지경입니다. 한의 조절(曹節)과 후람(侯覽), 당의 구사량(仇士良), 양복공(楊復恭)이 지금 다시 나타날까 두렵습니다. 청컨대, 그를 처형하여 천하 사람들의 마음을 통쾌하게 만드십시오.[23]

면 어린 왕이 즉위하는 것에 대한 불안감이 고려 조정에 조성되었을 가능성은 충분하다.

21   이에 대해서는 閔賢九, 「整治都監의 設置經緯」, 『國民大學校 論文集』 11, 1976, 83쪽을 참조.
22   『高麗史』 卷37, 忠穆王 3年 6月 丁亥; 『高麗史節要』 卷25, 忠穆王 3年 6月.
23   『高麗史』 卷122, 「高龍普傳」; 『高麗史節要』 卷25, 忠穆王 3年 6月.

위에 언급된 한, 당의 인물들은 모두 환관의 폐해가 가장 극심했을 때에 권력으로 전횡을 부렸던 대표적인 사례에 해당된다. 즉, 원 제국의 어사대는 왕조의 멸망과 직결된 환관들을 언급하면서 고룡보가 아주 위험한 인물이라고 호소한 것이다. 이는 고룡보 그 자신에 대한 탄핵이었음은 물론이고, 고룡보의 든든한 정치적 배경이라고도 할 수 있는 기황후에 대한 불만의 표출이기도 했을 것이라고 여겨진다. 한편, 『원사』에도 이보다는 간략한 내용이지만 감찰어사 이직(李稷)이 고룡보에 대해 탄핵 상소를 올린 내용이 다음과 같이 기록되어 있어 참고할 만하다.

환관 고룡복(高龍卜)이 은총에 기대어 조정을 교란시키고 상벌(賞罰)을 마음대로 정하면서 정권을 맡은 재상과 어울리며 드러내놓고 청탁을 행하여 국가의 화근이 되고 있으니 그를 추방하여 국가의 형법을 바르게 하자고 청하는 탄핵 상소를 올렸다. 상소가 올라가자 고룡복을 정동(征東)으로 유배 보냈다.[24]

『고려사절요』에는 충목왕 3년 6월에 고룡보의 금강산 유배를 기록한 뒤에 그 탄핵 내용을 서술하고 있어서 분명히 6월 이전에 탄핵이 있었던 것으로 볼 수 있는데, 사실 충목왕 3년은 원 제국의 정국이 고려의 정치도감(整治都監)에서 발생한 사건으로 인해 요동을 치고 있던 시기였다. 충목왕 3년 2월에 원 제국 혜종의 명으로 인해 고려의 폐정(弊政)을 개혁하기 위해

24   『元史』卷185,「李稷傳」, 4257쪽.

설치된 정치도감은 황제의 지원을 배경으로 적극적인 활동을 전개해나갔다.[25] 그 적극성은 기황후의 족제(族弟) 기삼만(奇三萬)에게 곤장을 때려 결국 사망하게 만들고,[26] 역시 기황후의 친족인 기주(奇柱)도 곤장을 치고 순군옥에 가두는 사태로까지 나아갔다.[27] 혜종의 명을 친히 받드는 것을 명분으로 하여 정치도감은 기황후 세력을 공격하고 있었던 것이다. 그런데, 기삼만의 죽음을 기황후 세력이 그대로 보고만 있지는 않았다. 정동행성 이문소에서 정치도감의 관원인 좌랑(佐郞) 서호(徐浩)와 교감(校勘) 전록생(田祿生)을 옥에 가두었던 것이다.[28] 이렇게 정치도감의 기씨 세력에 대한 공격이 시행되고, 그에 대한 반격이 이루어지는 복잡한 상황이 고룡보의 유배를 야기한 하나의 배경이 되지 않았을까 추측을 해 본다. 물론, 충목왕 즉위 이후 기황후와 고룡보의 관계가 점점 멀어졌다는 새로운 주장을 제기한 연

25 　정치도감에 대해서는 여러 연구들이 있으므로 여기에서는 정치도감의 설치, 개혁 내용, 整治官의 구성 등에 대한 내용을 상세하게 다루지 않고, 기존 연구들을 소개하는 것으로 그치고자 한다. 閔賢九, 앞의 논문, 1976; 閔賢九,「整治都監의 性格」,『東方學志』23·24, 1980; 변은숙,「고려 忠穆王代 整治都監과 정치세력」,『明知史論』14·15, 2004; 변은숙,「고려 충목왕대 정치세력의 성격-整治都監의 整治官을 중심으로」,『중앙사론』19, 2004; 이정란, 앞의 논문, 2005; 이강한,「정치도감(整治都監) 운영의 제 양상에 대한 재검토」,『역사와 현실』67, 2008; 신은제, 앞의 논문, 2009 등을 참조. 한편, 최근 중국학계에서도 정치도감과 관련된 연구(朴延華,「高麗忠穆王代整治都監改革與元廷關係」,『朝鮮·韓國歷史硏究』13, 延吉: 延邊大學出版社, 2013)가 나오기도 했다.

26 　『高麗史』卷37, 忠穆王 3年 3月 戊辰;『高麗史節要』卷25, 忠穆王 3年 3月.

27 　『高麗史節要』卷25, 忠穆王 3年 4月.

28 　『高麗史節要』卷25, 忠穆王 3年 4月. 한편『高麗史』卷112,「田祿生傳」에는 전록생이 정치관으로 있을 때 권세가 집안을 조사하다가 그의 뜻을 상하게 하여 과거를 보지 못했다는 기록이 보인다. 여기에서 권세가는 기씨 집안을 의미하는 것임이 분명하고, 기삼만의 옥사에 대한 복수를 이런 식으로 행했음을 알 수 있다.

구가 있지만,[29] 그럼에도 불구하고 고룡보는 여전히 자정원사였고 어쩌면 혜종 혹은 기황후가 고룡보에 대한 탄핵을 진정시키면서 동시에 고려의 상황을 직접 살펴보려는 목적으로 그를 유배라는 '명목'을 통해 고려에 보냈을 가능성도 존재한다고 여겨진다.

그래서 기록상에서는 고룡보가 유배를 왔다고 되어 있지만 실제로는 그렇지도 않아 보인다. 우선, 고룡보가 금강산으로 추방되어 온 바로 다음날에 충목왕은 고룡보와 원의 여러 사신들을 위해 내전(內殿)에서 연회를 개최했다.[30] 이는 사신을 위한 대접이었지, 죄를 짓고 유배를 온 사람에 대한 처우는 분명 아니었다. 물론, 예전에도 원 제국에서 고려로 유배를 보내는 경우가 있었고 이에 대해 고려 측에서는 유배를 온 사람에게 각별한 대우를 했던 사례가 있지만, 이는 유배를 온 당사자가 원 제국의 제왕이었기에 가능했다.[31] 제왕도 아닌 고룡보가 고려로부터 극진한 대접을 받았다는 점 자체가 그의 위세를 보여주는 것이었다. 또한, 원 제국에서 고려로 유배를 올 때에는 대부분 외딴 섬으로 보내지는데, 고룡보가 금강산으로 유배되었다는 사실도 특이한 점이다. 기황후가 황제와 태자를 위해 시주(施主)했던 곳이 금강산에 있던 장안사(長安寺)였고, 장안사의 법회와 낙성식을 거행했던 과정을 비석에 새겨 기록에 남기기 위해 고룡보를 보낸 저이

---

29   충목왕 즉위 이후 기황후와 고룡보 사이의 불편해진 관계에 대해서는 신은제, 앞의 논문, 2009, 203~214쪽에서 자세히 언급된 바 있다.

30   『高麗史』卷37, 忠穆王 3年 6月 戊子.

31   이에 대해서는 김난옥, 「원나라 사람의 고려 유배와 조정의 대응」, 『韓國學報』118, 2005, 10~15쪽을 참조.

있다는 기록32은 고룡보가 금강산을 종종 왕래했을 가능성을 보여주는 것이다. 그러므로 고룡보는 익숙한 곳에 온 것이었으며 기록에 있는 그대로 실제로 유배를 왔다고 보기는 어려울 것 같다. 또한, 충혜왕의 측근세력이었던 강윤충(康允忠)을 몰아내기 위해 인당(印璫), 권겸(權謙), 이수산(李壽山)이 고룡보에게 강윤충의 악행을 이야기해서 이로 인해 강윤충이 겁을 먹고 나오지 않다가 강윤충이 고룡보의 모친에게 뇌물을 가지고 간 이후로는 고룡보가 강윤충을 다시 조정에 나오게 했다는 일화33는 고룡보가 유배를 온 사람으로서의 행동을 한 것은 아니었다고 생각하게 만드는 대목이기도 하다. 결국 고룡보는 고려에 '유배'를 온 지 4개월 만에 소환되어 원 제국으로 돌아갔다.34 그 이후 정치도감 관료들에 대한 대대적인 처벌이 이루어졌지만, 혜종은 또 다시 정치도감을 두게 하여 개혁에 대한 의지를 놓지 않고 있었다. 혜종과 기황후 세력 사이의 미묘한 기류가 고려의 정치에 영향을 끼치고 있음을 보여주는 것이다.

고룡보가 원 제국으로 소환된 이후의 행적은 더욱 묘연하다. 그런데, 『원사』에는 지정 8년(1348)에 우승상 베르케부카(別兒怯不花, Berke Buqa)가 탄핵을 받았을 때에 고룡보가 황제의 옆에서 이를 해명해주어 황제가 탄핵을 받아들이지 않았다는 기록이 보인다.35 여전히 고룡보는 원 제국 궁정의 핵심에서 정치적 역할을 수행하고 있었던 것을 알 수 있다. 그러나 이후의

---

32   『稼亭集』卷6,「金剛山長安寺重興碑」

33   『高麗史節要』卷25, 忠穆王 3年 7月.

34   『高麗史』卷37, 忠穆王 3年 10月 乙酉;『高麗史節要』卷25, 忠穆王 3年 10月.

35   『元史』卷140,「別兒怯不花傳」 3367쪽.

행적은 기록에 잘 보이지 않는데 공민왕 즉위 이후 1352년 9월에 조일신의 난이 발생했을 때 조일신이 고룡보를 죽이려 했으나 도망을 갔다는 기록으로 추측해보면,[36] 고룡보가 1348년 이후 그리고 1352년 9월 이전에 고려로 다시 돌아왔다고 볼 수 있다.[37] 아마 자신이 비호해주었던 베르케부카가 결국 권력 분쟁에서 견디지 못하고 쫓겨나고 새로운 권력자인 톡토(脫脫, Toγto)가 등장하면서 입지가 좁아졌던 것으로 생각된다. 그리고 자정원 내에서도 박불화가 기황후의 총애 대상으로 변경되어 고룡보의 위상에도 변화가 생긴 것이 아니었을까 추측된다. 어쨌든, 조일신의 난을 피하여 도망간 이후 고룡보는 중이 되어 해인사에 거처하다가 충혜왕이 잡혀갈 때 내응(內應)했다는 이유로 공민왕 11년(1362)에 처형되었다.[38] 이제 지금까지 살펴본 고룡보의 행적을 바탕으로 하여 원 제국의 휘정원사 투멘데르가 일부 연구들에서 주장하는 것처럼 고룡보와 동일한 인물인지의 여부에 대해서 검토해보기로 하자.

---

36   『高麗史節要』卷26, 恭愍王 元年 9月 己亥;『高麗史』卷122,「高龍普傳」.

37   1348년에서 1352년 9월 사이의 기간에 고룡보에 대한 기록은 금석문 사료에서 찾아볼 수 있다. 우선, 지정 8년(1348) 3월에 지어진 敬天寺石塔에 大施主로서 院使 高龍鳳이 기록되어 있다(許興植 編著,『韓國金石全文 中世下』, 亞細亞文化社, 1984, 1180쪽). 또, 지정 12년(1352) 윤3월에는 龍藏禪寺 無量壽殿大香垸의 大功德主로 '崇祿大夫資政院使高龍寶'의 이름이 보인다(許興植 編著, 같은 책, 1188쪽). 그러나 원 제국의 문산관에는 崇祿大夫가 없다. 숭록대부는 원래 光祿大夫인데, 요 태종의 이름인 德光을 피휘하기 위해 光을 崇으로 변경한 것이었다(邱樹森 主編,『遼金史辭典』, 濟南: 山東敎育出版社, 2010, 623쪽). 고룡보의 문산관이 왜 요대 초기에만 썼던 숭록대부로 되어 있는지는 알 수가 없다. 이것이 광록대부의 오기라면, 고룡보는 종1품의 문산관 직함을 받았다고 볼 수 있다.

38   『高麗史』卷40, 恭愍王 11年 2月 庚辰;『高麗史節要』卷27, 恭愍王 11年 2月;『高麗史』卷122,「高龍普傳」.

3. 고룡보와 투멘데르의 관계에 대한 재검토

그렇다면, 원 제국의 휘정원사 투멘데르는 누구인가? 이에 대해서는 워낙 자료가 부족하기 때문에 확언을 하기는 어렵지만 정황상 추측은 가능하다고 생각된다. 『원사』의 기황후 열전을 보면, 그녀를 궁녀로 들인 사람이 바로 휘정원사 투멘데르였다. 기황후는 휘정원사 투멘데르의 추천으로 궁녀가 되면서부터 원 제국 궁정에 들어왔고, 그 이후 혜종의 총애를 받을 수 있게 되었던 것이다. 그렇다면, 투멘데르가 속해 있었던 휘정원이라는 기구에 대해서 잠시 언급을 할 필요가 있겠다. 휘정원은 황태자를 보좌하는 기구였던 첨사원(詹事院)이 지원 31년(1294)에 태후를 위한 기관으로 바뀌면서 탄생했다.[39] 이후에 설치와 폐지가 반복되다가 혜종이 즉위한 이후 원통 원년(1333) 12월에 황태후를 위한 기관으로 다시 설치되었다.[40] 즉, 투멘데르는 당시의 황태후(문종 황제의 황후)를 모시는 휘정원에 있으면서 궁녀 기씨를 추천했던 것이다. 『원사』의 이러한 단순한 기록에 그나마 설명을 덧붙일 수 있게 하는 기록이 『경신외사』에 있는데, 여기에는 투멘데르가 표기가 약간 다르게 독만알아(禿滿歹兒, 迭과 歹은 주로 몽골어의 de, te 발음을 기록하기 위해 쓰인 글자)로 기록되어 있고 환자(宦者) 고려인이라는 추가 내용이 보인다.[41] 앞서 언급했듯이 고룡보가 혜종 즉위 초기부터 원 제국의 궁정에서 활약했고, 이후 기황후의 총애를 받았기 때문에 기황후를 추천했던 고려

---

39   『元史』 卷89, 「百官志五」, 2243쪽.
40   『元史』 卷92, 「百官志八」, 2330쪽.
41   『庚申外史』 卷上(任崇岳, 『庚申外史箋證』, 鄭州: 中州古籍出版社, 1991, 11쪽).

인 투멘데르가 고룡보일 가능성은 분명히 존재한다. 게다가 지정 8년(1348)에 고룡보가 베르케부카를 변호하는 기록[42]에서 그의 관직이 자정원사가 아니라 휘정원사로 적혀 있어서, 고룡보가 이전에 휘정원사를 역임한 적이 있기 때문에 『원사』에서 시기를 착각하여 잘못 적었다고 볼 수도 있다. 하지만 휘정원은 1340년에 기황후가 제2황후가 되고, 태황태후가 축출된 이후 폐지되면서 기황후 휘하의 자정원으로 개편된 것이기 때문에 『원사』의 휘정원사는 결국 자정원사의 오기(誤記)로 보아야 한다.

그렇다면, 『원사』에는 혜종 시기의 투멘데르라는 인물과 관련된 또 다른 내용이 존재하고 있지는 않을까? 그나마 발견할 수 있는 투멘데르는 『원사』 카마(哈麻, Qama) 열전에 기록되어 있다. 톡토를 몰아내고 지정 7년(1347)에 우승상의 지위에까지 올랐던 베르케부카가 형제의 맹약을 맺고 그 관계가 긴밀했다는 사람 중에 투멘데르라는 이름이 보이고 있다. 이 투멘데르는 베르케부카가 권력 투쟁에서 밀려나고 톡토가 다시 우승상이 되면서 중서우승에서 사천우승으로 쫓겨났고, 가는 도중에 살해되었다.[43] 고룡보가 베르케부카를 변호했다는 기록을 통해 이들을 같은 일파라고 보고, 때마침 투멘데르라는 이름을 가진 사람이 베르케부카와 상당히 친밀했다는 기록이 있다는 것을 들어 투멘데르가 고룡보라고 추측할 수도 있다. 하지만, 이미 신은제의 연구에서 지적되었던 것처럼 투멘데르와 고룡보의 사망 시기가 확연히 다르기 때문에 두 사람은 절대로 같은 인물이 아

---

42   『元史』卷140, 「別兒怯不花傳」, 3367쪽.

43   『元史』卷205, 「哈麻傳」, 4582쪽.

니다. 그리고 카마 열전에 나온 투멘데르가 앞에서 언급한 휘정원사 투멘데르와 동일한 인물일 가능성은 거의 없다.[44]

휘정원사 투멘데르가 『원사』 카마 열전에 나오는 투멘데르와는 다른 인물이라고 한다면 오히려 고룡보와 휘정원사 투멘데르를 같은 인물이라고 볼 수도 있다. 하지만, 더 이상의 확실한 근거를 발견할 수 없기 때문에 다른 방향으로 접근해 볼 필요가 있다. 그래서 필자가 주목한 기록은 바로 이곡(李穀)의 『가정집』이다. 『가정집』의 저자 고려인 이곡은 원 제국의 과거에 합격하면서 원 제국과 고려의 사정을 모두 잘 알고 있었던 관료 중의 한 사람이기 때문에 그의 문집에는 귀중한 가치를 지닌 내용이 상당히 수록되어 있다.[45] 휘정원사 투멘데르와 관련해서는 『가정집』 권4의 「한국공정공사당기(韓國公鄭公祠堂記)」를 상세하게 살펴볼 필요가 있다.

「한국공정공사당기」는 지정 5년(1345) 3월에 기록된 것으로, 이전에 휘정사였던 정공(鄭公)이 자신의 부모를 위하여 사당을 세우려고 할 때 그 기문(記文)의 작성을 이곡에게 부탁하면서 지어진 것이다.[46] 휘정사는 휘정원사를 뜻하는 것이고, 이를 지칭하는 또 다른 표현으로 휘정공(徽政公)도 사

---

44 『宋學士文集』 卷59, 「故翰林侍講學士中順大夫知制誥同修國史危公新墓碑銘」(羅月霞 主編, 『宋濂全集』, 杭州: 浙江古籍出版社, 1999, 1464~1465쪽)에는 황제의 칙령을 받아 휘정원사 禿滿達兒의 神道碑가 작성되었다는 내용이 보이는데, 이는 『원사』의 카마 열전에 기록된 투멘데르와 휘정원사 투멘데르가 별개의 인물일 가능성을 더욱 높여주는 것이다. 권력 투쟁에서 밀려나 살해된 사람의 신도비 작성을 황제가 직접 명할 리가 없기 때문이다.

45 『가정집』에 수록된 원 제국 관련 기록에 대해서는 이 책의 1장을 참고.

46 이후 鄭公에 관한 모든 내용은 『稼亭集』 卷4, 「韓國公鄭公祠堂記」의 기록을 바탕으로 서술하였다.

용되고 있다. 원 제국의 정치 기구 이름 뒤에 공(公)을 붙인 표현은 특히 『가정집』에서 종종 등장하는데, 이는 그 기구의 최고 책임자를 일컫는 말로 사용된다. 예를 들면, 이곡은 자신의 또 다른 기문에서 규장공(奎章公)이라는 명칭도 사용하고 있다.[47] 후지원 4년(1338)에 지어진 이 기록에 등장하는 규장공의 이름은 샤라발(沙剌班, Sharabal)로 당시 규장각대학사 겸 한림학사 승지를 역임하고 있었던 인물이다. 원 제국의 문종 시기에 설치된 규장각은 유학자들의 정치적·학문적 활동 무대의 역할을 했던 기구였고,[48] 샤라발이 맡았던 정2품 규장각대학사는 규장각을 담당하는 최고 책임자였다. 이곡은 규장각의 최고위 관료를 규장공이라고 불렀던 것이다. 또 하나의 예로 중정공(中政公)도 보인다. 중정원사(中政院使) 이신(李信)을 중정공으로 지칭한 기록이 있는 것이다.[49] 중정원은 황후 궁중의 재부(財賦) 및 궁전의 건설과 재화 공급을 담당하며 숙위를 맡을 병사를 보내는 역할을 수행하기도 하였으며, 황후의 봉읍(封邑)을 관리하기도 했던 기관이다.[50] 중정원사는 중정원의 최고 책임자였고, 이곡은 이를 중정공이라고 표현했던 것이다. 이와 같은 용례로 보았을 때, 휘정공은 휘정원의 최고 관료인 휘정원사를 지칭하는 표현이다. 즉, 「한국공정공사당기」에 나오는 정공은 원 제국의 휘정원사였다. 그리고 그의 이름은 독만달(禿滿達)이었다.

---

47 『稼亭集』卷2, 「金剛山普賢菴法會記」.

48 원 제국의 규장각에 대해서는 여러 연구들이 있지만, 규장각의 설치 배경과 그 성격 및 변천에 대한 상세한 연구로는 邱江寧, 『元代奎章閣學士院與元代文壇』, 北京: 中國社會科學出版社, 2013, 1~54쪽을 참고.

49 『稼亭集』卷6, 「大都大興縣重興龍泉寺碑」.

50 『元史』卷88, 「百官志四」, 2230쪽.

휘정공 정독만달은 11세가 되었던 대덕 경자년(1300)에 내시의 신분으로 충렬왕을 따라 원 제국으로 들어왔다. 충렬왕은 이 해 4월에 휘인유성황후(徽仁裕聖皇后)의 조상(弔喪)을 위해 원 제국으로 갔다는 기록이 보이는데,[51] 휘정공은 아마 이때 충렬왕을 수행했던 것으로 보인다. 정독만달은 이때 원 성종을 알현하고, 성종의 눈에 들어 고려에 돌아가지 않고 그대로 남게 되었으며 심지어 성종은 그에게 서와 예를 배우게 할 정도로 그 총명함을 아꼈다고 기록에 남아 있다. 그 이후 정독만달은 인종이 황태자였을 때에 그를 섬겼고 관직은 전서사[52]에 이르렀다. 이에 인종의 총애를 받아 내신(內臣)으로서 그 지위가 그보다 높은 사람은 없었다고 한다. 이를 통해서 정독만달은 환관이었음을 추정해볼 수 있다. 사실, 내시라는 말은 고려시대 공민왕대에 내시부(內侍府)가 환관의 기구로 성립되기 이전에는 환관을 뜻하는 말이 아니어서[53] 내시라는 단어만을 가지고 그가 환관이었음을 단정하기는 어렵지만, '내신'이라는 용어에는 황제나 황후의 최측근에 있는 환관의 의미를 내포하고 있다고 보이기 때문이다. 그렇다면, 충렬왕이 1300년에 원 제국에 왔을 때 황제에게 동녀(童女) 2명과 엄수(閹竪, 환관) 3명을 바쳤다는 기록[54]이 있는 것으로 보아서 황제에게 선보인 3명의 환관 중에

51　『高麗史』卷31, 忠烈王 26年 4月 戊午;『高麗史節要』卷22, 忠烈王 26年 4月 戊午.

52　원 제국에는 寶璽와 금, 은의 符牌를 담당했던 典瑞院이라는 기구가 있었다. 대덕 11년(1307)에 최종적으로 정2품의 전서원으로 승격되어 4명의 전서원사가 두어졌다(『元史』卷88,「百官志四」, 2218쪽).

53　고려시대의 내시에 대한 총체적인 연구로는 金甫桄,『高麗 內侍 研究』, 고려대학교 대학원 한국사학과 박사학위논문, 2011을 참조.

54　『高麗史』卷31, 忠烈王 26年 7月 乙亥;『高麗史節要』卷22, 忠烈王 26年 7月.

정독만달이 있었던 것으로 여겨진다.

정독만달은 이렇게 충렬왕을 따라 원 제국에 온 이후로 승진을 거듭하여 천력 초(1328)에는 장패경(章佩卿)으로 잠깐 옮겼다가 다시 전서(원)사가 되기도 하였다. 장패경은 전서사보다는 낮은 정3품이지만, 장패경이 관장하는 장패감(章佩監)은 환관, 수쿠르치(速古兒赤)[55]가 보관하는 어복(御服)과 보대(寶帶)를 관리하는 기구였다.[56] 환관과 관련된 기구를 맡았다는 점은 정독만달이 환관이었을 가능성을 더욱 높이는 것이라고 할 수 있다. 그렇게 여러 업무를 맡은 가운데 담당했던 관직 중에 휘정원사도 포함되어 있었던 것이다. 특히 정독만달이 휘정원사에 있을 때 현능(賢能)한 사람을 추천하는 것을 자기의 임무로 삼았다는 기록은 기씨를 궁녀로 추천했다는 투멘데르를 연상시키는 대목이기도 하다.

그렇다면, 정독만달의 이름인 독만달과 투멘데르의 관계는 어떻게 해석해야 할까? 필자는 앞에서 언급했던 휘정원사 투멘데르가 바로 정독만달을 가리키는 것이라고 생각한다. 즉, 독만달은 투멘데르의 독만질아(禿滿迭兒)와 같은 발음을 표기하기 위한 또 다른 음역 형태였던 것이다. 앞의 '독만'은 투멘의 음을 표기하기 위한 것이고, 게다가 같은 한자를 사용하고 있기 때문에 별다른 문제가 없다. 단, '달(達)'과 '질아(迭兒)'가 과연 같은 음을 표기하기 위한 것인지의 여부가 문제가 된다. 이 문제를 해결하기 위해 고려

---

55   속고아적(速古兒赤)은 몽골어 sükürchi의 音譯으로 원래는 傘을 관리하는 사람의 의미이지만, 뜻이 확대되어 케식이 맡는 여러 가지 업무 중에서 의복 등을 관장하는 사람을 가리키는 말이 되었다.

56   『元史』卷90, 「百官志六」, 2294쪽.

시대 자료 중에 몽골의 인명을 표기할 때 '달'을 사용한 인물의 용례를 검토하고, 이를 중국 자료의 표기와 비교해볼 수가 있을 것이다.

우선, 중국 자료에서는 달(達)이라는 글자는 주로 da, ta의 발음을 표기할 때 사용된다. 현재 달의 중국어 발음을 그대로 사용하는 것이다. 예를 들면, 혜종과 기황후 사이에 태어난 아유시리다라(Ayusiridara)는 『원사』에서 주로 애유식리달랍(愛猷識理達臘)으로 표기되는데, 여기에서 달은 '다'의 발음을 표기하기 위한 글자이다. 물론, 애유식리달랍은 『고려사』에서도 사용되는 표기이다. 또 『원사』에 나오는 또 다른 예로는 달식첩목이(達識帖睦邇)라는 인물이 있다. 이는 타스테무르(Tas Temür)의 한자 표기로 '타'의 발음을 표기하기 위해 달을 사용하고 있다. 그리고 달례마식리(達禮麻識理)라는 인물은 다르마시리(Darmasiri)에 해당된다. 여기에서는 '다' 발음의 표기를 위해 달을 썼고, 'r'에 해당하는 '르'를 표기하기 위한 목적으로 례(禮)를 쓴 것이다. 그러나 『원사』에서는 달 이외에도 답(答), 탑(塔) 등을 써서 da, ta 발음을 나타내는 경우가 훨씬 빈번하게 보인다.

중국 자료에서는 달이라는 글자 하나만으로 '다르'나 '데르' 혹은 '타르'나 '테르'를 표기하지 못한다. 반드시 뒤에 아(兒), 례(禮) 등 우리말의 'ㄹ' 발음을 표기할 수 있는 글자가 붙어야 한다. 그런데, 『고려사』 등의 고려 자료에 나타나는 인명에는 달 한 글자만 가지고도 '다르'나 '데르' 혹은 '타르'나 '테르'를 지칭하는 경우가 보인다. 예를 들면, 김심(金深)의 딸로 인종의 편비(偏妃)였다가 충숙왕 15년(1328)에 황후가 된 달마실리(達麻實里)를 언급할 수 있다.[57]

---

57 『高麗史』 卷35, 忠肅王 15年 4月 戊戌.

이 여성의 정확한 실체가 아직까지는 제대로 파악되지 않아서[58] 『원사』에서는 바로 찾아내기가 쉽지는 않지만, 인종의 황후였다고 기록되어 있는 답리마실리(答里麻失里)[59]가 동일한 인물이라고 생각된다. 이 답리마실리는 인종이 사망하고 난 이후에도 황후라고 기록된 내용이 보이고 있다.[60] 어쨌든, 고려의 자료에 기록된 달마실리와 중국 측의 자료에 기록된 답리마실리는 모두 다르마시리라는 인명을 표기하는 것이다. 앞에서 언급된 달례마식리와는 또 다른 표기 방식을 취하고 있음을 알 수 있다. 산스크리트어로 '법(法)이 길상(吉祥)하다'는 의미를 가진 다르마시리에서 '다르' 부분을 표기하기 위해 중국 자료는 '답리(答里)'를 사용하여 답(答)이 '다'를, 리(里)가 '르'를 표현하도록 하고 있다. 그런데, 고려 측 자료에는 '달'이라는 글자 하나 만으로 '다르'를 표시하고 있다. 중국에서는 달이 da 혹은 ta 발음 밖에 나타낼 수 없지만, 우리말의 달은 'ㄷ'과 'ㄹ'의 음가를 모두 표기할 수 있었던 것이다.

또 다른 예로는 『익재난고』에 보이는 '달한(達罕)'이라는 단어를 언급할 수 있다. 원 제국에서 세조가 사망하고 성종이 즉위한 이후, 충렬왕에 대한 예우가 높아져서 대신승상(大臣丞相) 백안(伯顔), 완택(完澤), 달한홀고손(達罕忽古孫)과 대사(大師) 월지절(月知節)도 감히 균례(鈞禮)할 수 없었다는 내용과 충선왕이 원 제국의 무종을 옹립할 때에 태자태사(太子太師) 달한 등과 정책(定策)했

---

58   이에 대해서는 박원길, 「원 제국의 고려출신 황후 다마시리-카톤(Damashiri-Khatun)」, 『몽골학』 24, 2008을 참조.

59   『元史』 卷106, 「后妃表」, 2698쪽.

60   『元史』 卷28, 「英宗本紀二」, 621쪽.

다는 기록이 보이고 있는 것이다.[61] 바얀(伯顏, Bayan)은 원 제국 말기의 권신과 동명이인으로서, 남송 정벌과 성종의 옹립에 커다란 역할을 한 인물이고 울제이(完澤, Öljei)는 세조 지원 28년(1291)부터 대덕 7년(1303)까지 우승상을 지냈던 신료였다. 그리고 대사 월지절은 대덕 4년(1300)부터 7년(1303)까지 태사(太師)의 직함을 가지고 있었던 우치차르(月赤察兒, Uchichar)를 일컫는 것이다.[62] 그렇다면, 남은 한 사람인 달한훌고손은 누구일까? 결론부터 얘기하자면, 달한은 인명이 아니라 특수한 호칭이고, 훌고손은 『원사』의 카라카순(哈剌哈孫, Qaraqasun)을 지칭하는 것이다. 카라카순은 울제이가 사망한 이후부터 우승상을 지냈고, 안서왕을 옹립하려는 계획을 차단하면서 무종의 옹립에 결정적인 역할을 담당한 사람이기도 하다.[63] 그렇다면, 달한이 어떠한 유래로 생긴 호칭인지가 문제인데, 이에 관한 내용은 『원사』「합랄합손전」에 기록이 남아 있다. 카라카순의 증조부였던 키실릭(啓昔禮, Kisilig)은 칭기스 칸을 음해하려는 옹칸의 계획을 미리 알아채고 이를 칭기스 칸에게 보고하여 위기를 모면할 수 있게 하였고, 이에 칭기스 칸은 그의 공로를 치하하는 의미로 다르칸(答剌汗, Darqan)이라는 칭호를 하사하였던 것이다.[64] 대대로 물려받을 수 있었던 칭호인 다르칸을 카라카순은 지원 9년

61 　『益齋亂藁』卷9上,「有元贈敦信明義保節貞亮濟美翊順功臣太師開府儀同三司尙書右丞相上柱國忠憲王世家」

62 　여기에 언급된 바얀, 울제이, 우치차르는 모두 원 제국에서 정치적으로 큰 역할을 담당했던 신료로 각각『元史』卷127, 卷130, 卷119에 그 열전이 수록되어 있다.

63 　『元史』卷136,「哈剌哈孫傳」, 3294쪽.

64 　다르칸은 면죄, 면세 등의 여러 가지 특권을 받은 사람에 대한 호칭으로서 대대로 전수되었다. 다르칸에 대한 더욱 상세한 연구로는 惠谷俊之,「荅剌罕考」,『東洋史研究』22-2, 1963과 韓儒林,『穹廬集』, 上海: 上海人民出版社, 1982, 18~50쪽을 참조. 또한,

(1272)부터 사용하였고, 사람들은 카라카순이라는 이름 대신에 그를 다르칸이라고 불렀다.[65] 그러므로 『익재난고』에 나온 달한은 중국 측 자료에 기록된 다르칸을 지칭하는 것이며 '다르'라는 발음을 표기하기 위해 중국 측 기록에서는 답(答)과 랄(剌) 두 글자를 사용하였으나 고려 측 기록에는 달이라는 한 글자만 활용하였음을 알 수 있다.

이러한 달의 용례를 통해 보면, 독만달과 독만질아가 같은 이름에 대한 서로 다른 표기임을 유추해볼 수 있다. '데르'라는 발음을 표기하기 위해 중국 자료에서는 질아를 썼지만, 고려의 기록에서는 달 한 글자로도 충분했던 것이다. 그러므로 고룡보보다는 휘정공 정독만달이 기씨를 궁녀로 추천한 원 제국의 휘정원사 투멘데르였을 가능성이 더욱 높다고 판단된다. 이름에서도 그렇고, 여러 관직을 거쳤던 독만달을 휘정공으로 불렀다는 점도 그의 대표 관직이 휘정원사였음을 나타내는 것으로 본다면 고려인 환관 휘정원사 투멘데르는 『가정집』 권4의 「한국공정공사당기」에 나오는 정독만달을 가리키는 것이라고 보아야 한다.

키실릭이 다르칸 칭호를 받게 된 배경에 관한 이야기는 『몽골비사』 169절, 187절(유원수 역주, 『몽골비사』, 사계절, 2004, 133~135쪽, 163~165쪽)과 페르시아어 사료인 『집사』(라시드 앗 딘 지음, 김호동 역주, 『칭기스 칸 기』, 사계절, 2003, 204~206쪽)에도 기록되어 있어 이들 자료도 참조할 수 있다. 그리고 이 책의 3장에서 서술한 내용도 함께 참고하기를 바란다.

65   『元史』卷136, 「哈剌哈孫傳」, 3291쪽.

4. 맺음말

5장에서는 원 제국 및 고려 말기에 두드러지게 활동했던 고려인 환관 고룡보와 원 제국 휘정원사 투멘데르의 관계에 대해 살펴보았다. 기존의 연구들에서는 환관 고룡보가 곧 휘정원사 투멘데르와 동일한 인물이라는 것에 대해 별다른 의문을 제기하지 않다가 최근의 일부 연구들은 고룡보와 투멘데르가 별개의 인물이라는 주장을 내놓기도 하였다. 고룡보와 투멘데르가 동일한 인물이고, 그래서 고룡보의 몽골식 이름이 투멘데르였다고 하는 설명은 어떠한 뚜렷한 근거가 뒷받침되지 않은 상태에서 단지 추정을 하는 것에 지나지 않는다. 물론,『원사』에는 휘정원사 고룡복이라 기록된 곳이 한 군데 있지만 이는 자정원사를 잘못 쓴 것일 가능성이 높다. 그리고 휘정원사가 오류가 아니라고 하더라도 고룡보와 투멘데르가 동일한 인물이라고 단정할 근거는 어디에도 없다.

그래서 고룡보와 투멘데르의 관계를 재검토하기 위해 우선 고룡보의 행적을 살펴보았다. 사실, 원 제국과 고려 양국에서 뚜렷한 활약을 한 것 치고는 고룡보에 대한 기록은 그리 많지 않다. 또 다른 고려인 환관이자 자정원사였던 박불화가『원사』의 열전에까지 실려 있는 것에 비교하면 고룡보는 중국 자료에서 그다지 등장하지도 않는다. 다행히『고려사』에는 고룡보의 열전이 있지만, 그마저도 고룡보의 출생이나 그가 원 제국으로 들어가게 된 배경 등에 대한 설명은 없고 자정원사가 되어 본격적으로 궁정에서 활약하게 된 이후부터 서술되어 있어 아쉬움이 남는다.『고려사』이외의 자료들에서 용보, 용복, 용봉 등의 다양한 이름으로 산견되기는 하지만, 그의 행적을 상세하게 복원하는 데에 있어서는 많은 어려움이 존재한다. 게다가 이러한 자료들 중에서 고룡보의 몽골식 이름이 투멘데르였다는 기록은 찾아볼 수 없고, 고룡보가 훗날에 기황후가 되는 여성을 궁녀로 추천했던 휘정원사 투멘데르와 동일한 인물이라고 단정하게 만드는 기록은 더더욱 보이지 않는다.

이에 필자는 아예 고룡보와는 다른 인물에 주목하였다. 『가정집』 권4의 「한국공정공사당기」에 나오는 휘정공 독만달이 투멘데르와 동일한 인물일 가능성이 높다고 본 것이다. 『가정집』의 저자 이곡의 이 기문은 독만달이 1300년에 원 제국에 들어온 이후 이 기문이 작성된 지정 5년(1345)까지 내신으로 은총을 받아 선조 삼대가 추증(追贈)되기까지하는 혜택을 누렸고, 이에 돌아가신 부모님을 위한 사당을 짓기 위해 이곡에게 부탁하여 지어진 것이다. 독만달은 원 제국에서 여러 관직을 거쳤는데, 이곡은 굳이 그를 휘정공이라고 불렀다. 휘정공은 휘정원사를 의미하는 것이고, 이는 독만달의 대표 관직이 휘정원사였음을 뜻한다. 또한, 독만달이 환관이었을 가능성이 높음을 보여주는 기록들도 있어서 투멘데르가 고려인 환관이라고 서술했던 『경신외사』의 내용과도 맞아떨어진다. 그리고 독만달이 휘정원사에 있을 때 현능한 자를 추천하는 것을 자기의 임무로 삼았다는 내용은 기씨를 궁녀로 추천한 투멘데르를 연상시키는 대목이라고도 할 수 있다.

한편, 고려의 자료에 기록된 독만달과 『원사』의 독만질아가 과연 같은 인명에 대한 다른 표기인지가 문제가 될 수 있는데, 이는 고려의 자료에서 몽골인 인명을 쓰는데 활용한 달의 또 다른 용례를 살펴보면서 우리말의 달이 중국어와는 달리 'ㄷ'과 'ㄹ' 발음을 한꺼번에 표현하고 있음을 확인하여 독만달과 독만질아는 같은 인명에 대한 다른 표기임을 주장하였다. 아마 고려 측의 자료와 중국 측의 자료에 대한 비교 작업을 계속 수행하게 되면 이와 비슷한 사례들이 또 발견될 가능성이 높다. 앞으로 고려-원 관계의 구체적인 역사를 들여다보기 위해서는 두 국가의 사료에서 발견되는 같은 인물에 대한 다른 표기 방식을 추적하고 이를 비교 분석하는 과정이 반드시 필요할 것이라 생각된다. 특히 원 제국 시기의 자료에는 같은 인물을 다른 한자로 표기한 사례나 동명이인이 많이 발견된다. 심지어『원사』에서는 독만질아를 적어도 별개의 3명으로 가려낼 수 있다. 그래서 원 제국과 고려의 관계에 관여한 사람들의 이름을 분별하는 작업이 결코 쉬운 것은 아니다. 이에 5장에서는 앞으로 이루어질 상세한 연구들을 위한 시론(試論)으로서 우선 투멘데르가 누구인지를 밝혀내어 고룡보와는 전혀 다른 사람이었음을 드러내고자 한 것이다.

6장

원 제국의 고려인 관료 한영(韓永)

1. 머리말

고려-원 관계의 성격에 대한 학계의 논의는 일찍부터 이루어졌고, 오랫동안 활발한 연구가 이루어지면서 축적된 성과가 상당하다. 고려 후기의 역사를 검토하는 데에 있어서 고려-원 관계에 대한 분석은 반드시 필요한 작업이고, 여러 연구자들의 다양한 관점에 따라 풍부한 연구들이 발표되고 있는 것이다. 고려-몽골 관계는 겉으로는 기존 한중관계에 적용되는 책봉-조공관계의 형식을 따르고 있지만, 실질적인 내용의 측면에서는 이른바 '전형적' 책봉-조공관계와 많은 차이점을 보이고 있어 이를 다각도에서 분석하는 것은 앞으로도 지속적으로 이루어져야 할 과제이다.

이렇게 고려-원 관계에 대한 '거시적' 연구들의 바탕 위에서 이를 잘 대변하고 있는 인물들에 대한 검토 역시 꾸준히 진행되어 왔다. 대표적으로 장동익은 원 제국에 진출한 고려인들을 유형별로 분석하면서 다양한 계층의 고려인들이 제국 질서에서 활약했음을 체계적으로 검토했다.[01] 이러한 튼실한 연구의 기반 위에서 환관,[02] 공녀(貢女)[03] 및 겁령구(怯怜口)[04] 등의 구체적인 교류 혹은 왕래의 사례를 다룬 성과가 나올 수 있었다. 그러나 여전히 상세하게 분석이 이루어지지 않은 인물들이 남아 있고, 이들에 대한 연구가 더 진행되면 차후 고려-원 관계의 다채로운 측면을 보여주는 사례들을 추가적으로 발굴할 수 있게 될 것이다.[05]

고려-원 관계 탐구를 위한 사례 연구의 차원에서 6장에서는 고려인 한영(韓永)이라고 하는 인물에 주목해보려고 한다. 한영은 고려후기부터 고려의 중앙 정계에 본격적으로 출현하기 시작하는 청주 한씨 가문의 일원으로, 그는 부친 한사기(韓謝奇)가 숙위에 선발되어 원에 머무르고 있을 때에 태어났다. 한영은 이렇게 어렸을 때부터 이미 고려가 아닌 원 제국에서 성장했다는 특이한 이력을 지니고 있었고, 이로 인해 고려보다는 주로 원 제

---

01 張東翼, 『高麗後期外交史研究』, 일조각, 1994, 149~234쪽. 金渭顯, 「麗元間의 人的 交流考」, 『關東史學』 5·6, 1994도 참고할 만한 연구 성과이다.

02 대표적인 연구로는 이개석, 「元 宮廷의 高麗 출신 宦官과 麗元關係」, 『동양사학연구』 113, 2010이 있다.

03 柳洪烈, 「高麗의 元에 對한 貢女」, 『진단학보』 18, 1957; 박경자, 「貢女 출신 高麗女人들의 삶」, 『역사와 담론』 55, 2010; 喜蕾, 『元代高麗貢女制度研究』, 北京: 民族出版社, 2003 등을 참고.

04 고명수, 「충렬왕대 怯憐口(怯怜口) 출신 관원-몽골-고려 통혼관계의 한 단면」, 『사학연구』 118, 2015; 舒健, 「怯怜口與高麗政局關係初探-以蒙古人印侯爲例」, 『元史及民族與邊疆研究集刊』 23, 上海: 上海古籍出版社, 2011.

05 이와 관련해서는 최근에 간행된 단행본(한국역사연구회, 인천문화재단, 경기도박물관 편, 『우리 역사 속의 디아스포라와 경계인』, 경기도박물관, 2020)에 수록된 두 논문을 주목해 볼 수 있다. 오기승은 「13세기 여몽 경계지대에서의 삼별초 세력에 대한 고찰」에서 삼별초를 고려-몽골 관계에서의 '경계인'으로 새롭게 파악하는 시도를 했고, 김진곤은 「고려인 이백우의 몽골(원)에서의 활동과 그의 가문에 대한 고찰」에서 몽골로 넘어가서 활약했던 고려인 이백우의 행적을 새롭게 조명하고 경계인으로서 이백우 및 그의 가문이 지닌 위상을 새롭게 파악했다.

국에서 활약했다. 그래서『고려사』에는 한영과 관련된 기록이 많이 보이지 않는다. 청주 한씨의 여러 인물들이 주목을 받고 있음에도 불구하고, 유독 한영이 잘 알려지지 않은 이유도 이러한 배경이 존재하고 있기 때문이다.

고려 후기와 조선 초기의 청주 한씨 가문의 활동을 다룬 연구들은 한영보다는 그의 형제인 한악(韓渥)의 행적에 더욱 관심을 두고 있다.[06] 한악은 충선왕, 충숙왕, 충혜왕 재위시기에 벌어졌던 여러 정치적 갈등의 중심에 위치하고 있었던 인물 중 하나였고, 죽은 후에는 충혜왕의 묘정(廟廷)에 배향될 정도로 지위가 높았던 탓에 당연히 주목을 받을 수밖에 없었던 것이다. 또한 한악 이후의 계보를 따라가게 되면 한공의-한수-한상질-한기-한명회로까지 이어지며 한악의 또 다른 아들을 살펴보면 한방신-한녕-한영정-한확으로 연결되는 계보도 확인할 수 있다. 이렇듯 조선 초기에 정계에서 큰 역할을 담당하는 인물들이 한악의 후손들이고, 한영과 그의 후손들은 원 제국에서 관료를 역임했기 때문에 고려나 조선 역사 연구에서는 그리 주목을 받지 못했던 것이다. 최근에 중국학계의 상옌빈(尙衍斌)이 고려 후기에 활약한 한씨 가문 인물들의 행적을 분석한 연구를 발표하며 한영 등에 주목한 바 있지만, 일부 과도한 추정과 오류들이 보이고 있어 재검토가 필요하다.[07]

국내 학계에서는 한영을 중점적으로 다룬 연구 성과가 없지만,『한국

---

06   대표적인 연구로는 韓忠熙,「朝鮮初期 淸州韓氏 永矴(~1417이전, 知郡事贈領議政)系
      家系硏究: 歷官傾向과 通婚圈을 중심으로」,『啓明史學』6, 1995; 강혜진,「高麗後期 淸
      州韓氏家 人物의 政治活動」,『靑藍史學』18, 2010을 참고할 수 있다.

07   尙衍斌,「元及明初高麗韓氏家族事輯」,『元史及民族與邊疆硏究集刊』34, 上海: 上海古
      籍出版社, 2017.

민족문화대백과사전』에는 한영에 대한 서술이 다음과 같이 적혀 있다.

> 韓永. 생몰년 미상. 고려 말기의 문신. 본관은 청주(淸州). 충렬왕 때 찬성사를 지낸 강(康)의 손자이며, 간의대부(諫議大夫)를 지낸 사기(謝奇)의 아들이다. 아버지 사기가 뚤루게(禿魯花)로서 가족을 거느리고 원나라에서 살았으므로 어려서부터 원나라 서울에서 자라 일찍부터 원나라의 인종(仁宗)을 섬겼다. 벼슬은 하남부총관(河南府摠管)에 이르렀다. 일찍이 충숙왕이 원나라에 있을 때 성심으로 그를 시종하여 왕위를 폐하려는 음모를 저지하였다. 이에 왕이 귀국하자 그 공을 잊지 못하여 2등공신에 책록하고 검교판서(檢校判書)에 배(拜)하였고 아버지에게는 한림직학사 고양현후(翰林直學士高陽縣侯), 할아버지에게는 첨태상예의원사 고양현백(僉太常禮儀院事高陽縣伯)을 추증하였다. 시호는 정혜(正惠)이다.[08]

한영에 대한『한국민족문화대백과사전』의 최초의 서술 내용은 그 생몰년이 1285~1336년으로 보완된 것 이외에는 현재 인터넷에 게시된 한국민족문화대백과사전의 내용에서도 변경된 것은 없다.[09] 하지만 그 내용 가운데에서는 조금 더 세부적으로 살펴보아야 할 측면이 있다. 먼저 '뚤루게'라는 용어가 문제인데, 이는『고려사』에 기록된 몽골어를 분석한 시라토리 쿠라키치(白鳥庫吉)의 논문에서 tülüge로 비정한 것을 그대로 따른 결과이지

08 한국민족문화대백과사전 편찬부,『한국민족문화대백과사전 24』, 한국정신문화연구원, 1991, 261쪽.
09 https://encykorea.aks.ac.kr/Article/E0061834; 2023년 8월 15일 접속.

만,[10] 시라토리 쿠라키치의 주장은 곧바로 뻴리오에 의해 비판을 받은 바 있다.[11] 뻴리오는 독로화(禿魯花)를 투르크어의 투르각(칵)으로 보았고, 이 비정이 현재까지도 그대로 유지되고 있는 것이다. 따라서 매우 사소한 문제일 수 있지만, 뚤루게라는 단어는 투르칵으로 수정되어야 마땅하다. 또한, "일찍이 충숙왕이 원나라에 있을 때 성심으로 그를 시종하여 왕위를 폐하려는 음모를 저지하였다. 이에 왕이 귀국하자 그 공을 잊지 못하여 2등공신에 책록하고 검교판서(檢校判書)에 배(拜)하였고"에 해당되는 서술은 동명이인 한영의 행적을 붙여놓은 굉장히 치명적인 오류에 해당된다.

한편, 『청주한씨대동족보』도 청주 한씨 인물들의 사적을 확인할 수 있는 또 다른 자료인데 여기에서는 정혜공파의 시조인 한영에 대해 아래와 같이 기록했다.

泳. 또는 영(永)이라고도 한다. 자는 정보(貞甫)이다. 元나라에 들어가서 아중대부 행대어사(亞中大夫行臺御史)와 하남로총관(河南路摠管) 등의 벼슬을 했다. 집현전직학사(集賢殿直學士)와 고양후(高陽侯)를 증직했다. 시호는 정혜(正惠)이다. 묘소는 도안면 도당리 산75번지에 설단(設壇)이 있다. 배(配)위는 고양군부인 최씨(高陽君夫人崔氏)니 가정 이곡(可亭李穀)이 행장을 지었다.[12]

---

10   白鳥庫吉, 「高麗史に見えたる蒙古語の解釋」, 『東洋學報』 18-2, 1929.

11   Paul Pelliot, 閔賢九 譯, 「高麗史에 실려 있는 蒙古語」, 『白山學報』 4, 1968, 242~243 쪽; 李基文, 「高麗史의 蒙古語 單語들에 대한 再檢討」, 『學術院論文集(人文·社會科學篇)』, 32, 1993, 63쪽. 또한 임형수, 「고려 케시크(怯薛)의 기능과 개혁 방향」, 『민족문화연구』 60, 2013, 226쪽의 각주 34도 참고.

12   청주한씨의 대동족보의 '第七校'판은 2017년에 편찬되었고, 뿌리정보미디어의 인터넷 사이트를 통해서도 열람이 가능하다(http://www.yesjokbo7.com). 다만 족보를

『청주한씨대동족보』에는 한영의 관직을 주로 언급하는 것에 그치고 있다. 즉, 한영의 행적에 대한 현재까지의 검토는 굉장히 초보적인 수준에 머물러 있는 것이다.

한영은 비록 고려인의 혈통을 가지고 태어났지만, 정작 원 제국에서 계속 활동했던 인물이었기 때문에 '고려인'으로 볼 수 없다고 주장하는 경우가 있을지도 모르겠다. 그렇기 때문에 굳이 한영의 행적을 자세하게 검토할 필요가 없을 것이라고 느껴질 수도 있으나, 한영이 청주 한씨 가문 출신으로 원 제국에서 과거 시험을 거치지 않고 숙위를 거쳐 관료 생활을 시작했다는 점은 훗날 이곡이나 이색처럼 과거에 합격하여 관직을 받았던 인물들과는 성격이 다른 사례에 해당되므로 주목할 가치가 분명히 존재한다. 그리고 고려로 돌아오지 않고 사망하는 그 순간에도 원 제국에서 관료로서의 임무를 수행하며 지위가 높아졌고, 이로 인해 한영의 조부인 한강(韓康)과 부친 한사기 역시 원 제국으로부터 각각 첨태상예의원사(僉太常禮儀院事) 고양현백(高陽縣伯) 및 한림직학사(翰林直學士) 고양현후(高陽縣侯)로 추증되었다는 사실을 고려해보면 한영과 고려의 관계가 완전히 단절되었다고 단정할 수도 없는 것이다.

『고려사』에는 한영에 대한 기록이 매우 소략하지만, 다행히 이곡의 『가정집』에는 한영의 행장이 기록되어 있다.[13] 그리고 원 제국의 자료 중에

사료로 적극적으로 활용하는 것에 대해서는 여러 이견들이 존재하기 때문에 여기에서는 논거를 뒷받침할 자료로서 족보를 적극적으로 활용하지는 않는다. 『淸州韓氏第七校大同族譜』 35권, 2017, 1쪽도 참고.

13   『稼亭集』 卷12, 「有元故亞中大夫河南府路摠管兼本路諸軍奧魯摠管管內勸農事知河防事贈集賢直學士輕車都尉高陽候謚正惠韓公行狀」 『가정집』의 한영 행장은 이후 〈행장〉

서는 원대 문인 소천작(蘇天爵)의 문집『자계문고』(滋溪文稿)에 한영의 신도비명이 남아 있다.[14] 이 두 기록의 내용은 대체로 비슷하지만, 세부적으로는 차이가 나는 부분도 있다. 그래서 6장에서는 두 문집 내용의 비교 검토를 시도하면서 한영의 행적을 상세하게 추적해보려고 한다. 이 작업을 통해 14세기 원 제국에서 활약한 한영의 활약상을 검토하고, 한영의 존재가 고려-원 관계의 특수성을 보여주는 또 하나의 사례로서 주목을 받을 수 있게 되기를 기대한다.

2.『가정집』에 기록된 한영의 행적

한영의 행적은 이곡의 문집인『가정집』과 원 제국의 문인 소천작의 문집인『자계문고』를 통해서 확인할 수 있다. 먼저 이곡의『가정집』에 기록된 한영의 행장 내용을 중심으로 그의 행적을 추적해보고자 한다. 한영은 충렬왕 11년(1285, 원 지원 22년)에 한사기의 아들로 태어났다.『가정집』에서는 한영이 지원 병자년(즉, 1336년) 3월 26일에 52세의 나이로 세상을 떠났다고 되어 있다. 그리고『고려사』에서는 한사기의 아들을 한영, 한악의 순서

으로 약칭한다.

로 기록했기 때문에[15] 이에 그대로 따른다면 한영은 한사기의 장남이 된다.

한영의 부친 한사기는 충렬왕 5년(1279. 원 지원 16년)에 '의관자제'를 원 제국에 투르칵으로 보낼 때에 25명 중에 한 사람으로 선발되어 원으로 들어갔다.[16] 원에 들어가 케식(keshig)에 소속된 투르칵으로서 임무를 수행하게 된 한사기는 원 제국의 중앙 조정에서 활약하게 되었다.[17] 한사기는 가족들을 이끌고 원에 들어왔고, 그래서 한영은 한사기 가족이 원에 체재하고 있을 때 출생했다.

한영은 대도에서 기본적인 교육을 받고, 한사기의 뒤를 이어 숙위에 들어갔다. 케식은 대대로 세습되는 것이 원 제국의 관행이었다는 점을 고려해보면 숙위였던 부친의 뒤를 따라 그 역할을 그대로 수행하는 것은 전혀 낯설지 않다. 한영이 숙위에 들어간 시기는 대덕(大德) 7년(1303)으로 기록되어 있고, 이에 따르면 한영은 19세가 되었을 때 궁정의 숙위로 자신의 본격적인 경력을 시작하게 되었던 것임을 알 수 있다. 이때는 성종(成宗) 황제의 호위를 담당하는 역할을 맡아 활약했을 것이다.

대덕 11년(1307)에 성종이 사망하고 무종이 즉위하자 한영은 황태자 아유르바르와다(愛育黎拔力八達, Ayurbarwada)를 측근에서 보좌하게 되었다. '인묘(仁廟)의 잠저(潛邸)'에 들어갔다는 『가정집』의 기록은 인종이 황제에 즉위하기 전 황태자였을 시기에 한영이 황태자의 숙위로 들어갔음을 의미한다. 원

---

15   『高麗史』卷107,「韓康傳」

16   『高麗史』卷29, 忠烈王 5年 3月 丁巳.

17   몽골제국의 케식은 카안의 친위대를 말하고, 이들은 카안의 신변 보호 이외에도 여러 가지 임무를 수행하면서 카안을 보좌했다. 그 중에서 투르칵은 質子로서 낮에 카안의 호위를 맡은 사람들을 의미한다.

제국에서는 황태자도 본인의 케식을 거느릴 수 있었으므로[18] 한영은 황태자 케식에 소속되었던 것이다. 이후에 한영은 지대(至大) 초년(1308)에 승무랑(承務郎)의 관함을 받고 자무고제점(資武庫提點)에 임명되었으며, 수무고사(壽武庫使) 및 이기고사(利器庫使)를 연이어 맡게 되었다. 『가정집』에는 수무고사가 된 것이 황경(皇慶) 원년(1312)이고 이기고사로 전직한 것은 연우(延祐) 원년(1314)의 일이라고 하면서 그 시기를 구체적으로 적고 있다.[19] 여기에서 한영이 처음으로 받은 승무랑은 종6품의 산관(散官)이고, 자무고제점의 품계에 대해서는 기록이 없다. 그러나 수무고사와 이기고사가 모두 정6품에 해당되는 관직이기 때문에 자무고제점 역시 6품관이었을 것이라고 추정된다.

자무고, 수무고, 이기고는 모두 무기 출납을 관장하는 기구이다. 한영이 무기 관리를 맡게 된 것은 케식 시절부터 황제가 사용하는 여러 장비들을 관리했던 임무의 연장선이었다고 보아야 할 것이다. 원 제국에서는 케식에 복무할 때 맡았던 임무와 연계하여 관직에 진출하는 경우가 많았기 때문에 한영 역시 그러한 범주에 포함되었을 것이라고 볼 수 있다. 자무고는 황태자 보좌를 위해 설치된 첨사원(詹事院)에 소속된 기구로,[20] 한영이 여기에서 제점이 되었다는 사실은 황태자 아유르바르와다를 시종하는 역할을 계속 수행했다는 의미로 받아들일 수 있다. 아유르바르와다가 지대 4년(1311)에 즉위한 이후부터는 중앙의 무비시(武備寺) 관할 기구인 수무고와

18   劉曉, 「元代非皇帝怯薛輪值的日次問題-兼談《元典章》與《至正條格》的一則怯薛輪值史料」, 『隋唐遼宋金元史論叢』1, 北京: 紫禁城出版社, 2011.
19   〈행장〉. "至大初, 制授承務郎資武庫提點. 皇慶元年, 除壽武庫使. 延祐元年, 移使利器庫."
20   『元史』卷89, 「百官志五」, 2244쪽.

이기고를 차례대로 관리하게 된다.[21] 즉, 황태자 소속 기구에서부터 중앙 조정 직속 기구로 이동하게 되었던 것인데, 이는 무종의 사망 이후 인종이 황제가 된 사실과 직접적으로 연관되어 있다.

『가정집』은 이기고사에 부임하고 있던 시기의 한영과 관련된 중요한 일화를 기록하고 있다. 당시 무비경(武備卿) 다니쉬만드(答失蠻, Danishmand)가 무기고를 상징하는 중요한 갑옷을 가져가려 했는데, 한영은 자신의 상관인 무비경의 지시를 거부하면서 갑옷을 내어주지 않았다. 이에 무비경은 갑옷을 가지고 달아났고, 한영은 끝까지 쫓아가 투구만을 되찾았다. 그리고 인종이 이 갑옷을 찾자 다니쉬만드의 탈취 사건이 황제에게 보고되었고, 인종은 다니쉬만드를 처형했다. 이 일화는 인종 재위 시기에 무종의 장남인 주왕(周王)을 지방으로 쫓아내려는 계획이 진행되던 시기에 주왕 측의 신료였던 다니쉬만드가 황제의 지위를 상징하는 갑옷을 무기고에서 탈취해가려는 것을 한영이 차단했음을 알려주는 것이다. 이는 한영 자신이 케식으로서 보좌했던 인종 황제의 권위를 수호하려는 의지이기도 했다. 중국 측의 기록에서는 전혀 찾아볼 수 없는 한영의 이 일화는 『가정집』의

---

21 尙衍斌은 자무고, 수무고, 이기고가 모두 무비시의 관할 아래에 있다고 서술했지만 (尙衍斌, 앞의 논문, 5쪽), 이는 사실과 다르다. 『元史』의 「百官志」에는 자무고가 첨사원 항목에 기록되어 있고, 수무고와 이기고가 무비시 관할이라고 명확하게 구분되어 있기 때문이다. 인종이 아직 황태자였을 때에 한영이 관할한 자무고는 황태자의 무기를 관리하는 기구였고, 그 이후 한영이 수무고와 이기고를 맡게 된 것은 인종 재위 기간이었다는 점도 고려할 필요가 있다. 또한 尙衍斌은 케식이었던 한영이 무기를 관할하는 직임을 맡은 것을 정치 중심에서 멀어진 것으로 보고 그 이유는 당시 막대한 위상을 보유하고 있었던 충선왕의 시기 혹은 불신임 때문이었을 가능성을 언급했는데, 인종의 신임을 받았던 한영이 충선왕의 시기 때문에 정치 중심에서 멀어졌을 정도로 충선왕이 원 제국의 관료 임명에 영향력을 행사했을 가능성은 거의 없다.

사료적 가치를 더욱 높이는 것이고, 한영의 행적 중에서 가장 극적인 부분 이기도 하다.

이렇게 성종 재위 시기부터 케식에 들어와 무기 관할의 임무를 수행할 때까지 한영은 제국의 중앙 조정에서 활약했다. 그러다가 연우 7년(1320)이 되면, 지방 관료로 전출되는 모습을 확인할 수 있다. 이는 인종이 그 해에 사망한 사실과 연관이 있는 것으로 보인다. 인종의 뒤를 이어 즉위한 영종 은 구신(舊臣) 세력들보다는 자신의 측근들을 등용하면서 새로운 정권의 색 깔을 만들고자 했기 때문이다.[22] 정치적 구도가 개편되는 과정에서 한영 역시 영향을 받아 중앙 조정에 더 이상 머물지 못하고 지방관으로 역할이 바뀌게 된 것으로 생각된다. 이때부터 한영은 한 지방을 다스리는 관료로 서 자신의 능력을 시험받게 된다.

한영이 처음으로 부임한 지방은 금주(錦州, 현재 요녕성 금주시)였고, 2년 후 인 지치(至治) 2년(1322)에는 고주(高州, 현재 내몽고자치구 적봉시의 동북쪽)로 다시 전 출되었다.[23] 원 제국이 남송을 정복한 이후 호수에 따라 주의 등급을 설정 한 기준에 따르면, 3만 호 이하의 주는 하주(下州)라고 했고 여기에는 종5품 의 지주가 부임했다.[24] 금주와 고주는 모두 요양행성 대녕로(大寧路)의 하주 에 속했다.[25] 『가정집』에서는 한영이 고주자사(高州刺史)였다고 기록하고 있

---

22   이에 대해서는 권용철, 「원 제국 中期 영종의 위상 강화를 위한 노력-바이주의 중서 좌승상 등용과 그의 활약을 중심으로」 『동방학지』 175, 2016을 참고.

23   『자계문고』에는 한영이 高州로 전출된 시기가 명확히 기록되어 있지 않지만, 『가정집』 에는 정확히 至治 壬戌年이라고 되어 있다.

24   『元史』 卷91, 「百官志七」, 2317~2318쪽.

25   李治安·薛磊, 『中國行政區劃通史-元代卷(第2版)』, 上海: 復旦大學出版社, 2017, 81~82쪽.

는데, 이는 고주를 통치하는 지주(知州)를 의미하는 것으로 보아야 할 것이다. 그러므로 한영은 이때 종5품의 관직을 받은 것을 확인할 수 있다. 또한, 『가정집』의 기록에 따르면 이 지역은 여러 차례 전쟁의 피해를 입었고 여러 민족들이 모여 살며 농경, 양잠도 하지 않았으나 한영의 통치로 인해 안정을 이룩했다.[26] 이를 통해서 한영은 지방관으로서도 탁월한 능력을 발휘했음을 확인할 수 있다.

금주와 고주의 지주로서 한영은 충실히 자신의 역할을 수행하였고, 이때의 한영에 대한 기록도 매우 긍정적인 내용으로 구성되어 있다.[27] 그렇게 고주에서 6년 동안 통치를 이행하고 난 이후인 천력(天曆) 원년(1328)에 한영은 의주(懿州, 현재 요녕성 부신몽고족자치현 동북쪽)의 지주로 임명되었다.[28] 아마도 한영은 부임지를 옮기려는 준비를 하는 중이었을 것인데, 때마침 원 제국의 어사대에서 한영이 감찰을 맡을 만한 인재라고 추천하면서 첨하서

---

26 〈행장〉. "高古奚契丹地, 屢經兵戰, 民物蕩然. 邊夷雜種所聚, 無耕蠶産, 常以剽窃爲事." 公知其然, 克自檢束, 務以德化而誠感之, 苟爲姦宄不悛者, 痛繩以法而不少貸, 一境稱治.

27 尙衍斌은 한영이 忠肅王 14년(1327) 11월 24일에 고려의 羅州牧使로 가게 되었다는 설명을 제시하며 그가 고려에서 관직을 맡게 되었다고 서술했는데(尙衍斌, 앞의 논문, 6쪽), 이는 『高麗史』 卷35, 忠肅王 14年 11月 戊子의 기록을 근거로 하는 것이다. 충숙왕은 이때 자신을 시종했던 신료들을 공신으로 책봉하는데, 이 중에서 檢校判書 韓永이 보이고 있다. 『高麗史』에는 한영 다음에 羅州牧使 張抗을 공신 중 한 사람으로 열거하고 있는데, 이를 잘못 끊어 읽는 바람에 尙衍斌은 한영이 나주목사가 되었다고 본 것이다. 게다가 검교판서 한영은 6장에서 다루는 한영과 동명이인이다.

28 懿州는 한영이 부임한 1328년 당시에는 遼陽行省의 治所가 위치한 곳이었기 때문에 원 제국의 동북 지역 통치에서 굉장히 중요한 위상을 차지하는 지역이었다. 그래서 한영이 이곳의 知州로 임명되었다는 것은 그의 지위가 상당히 높아졌음을 시사한다. 遼陽行省의 治所 변화에 대해서는 최윤정, 「元代 동북지배와 遼陽行省-行省 建置 과정과 治所 문제를 중심으로」, 『동양사학연구』 110, 2010, 216~227쪽을 참고.

농우도숙정염방사사(僉河西隴右道肅政廉訪司事)29로 발탁하기에 이르렀다. 도숙정염방사의 첨사는 정5품의 관직이었기 때문에 이전의 종5품에서 한 단계 품계가 상승했음이 확인된다.

이 당시 원 제국에서는 대도와 상도 양쪽에서 서로 다른 제위계승 후보를 앞세우면서 벌어진 '양도내전'으로 인해 큰 정치적 혼란을 겪게 되고, 이 내전은 대도와 상도를 넘어 화북 일대의 광범한 지역을 황폐화시키는 결과를 낳았다.30 『가정집』에는 한영이 황폐해진 지역의 통치를 다시 일으킨 모습들이 다방면으로 서술되어 있다. 풍기(風紀)의 진작, 수로 정비, 장례를 치르지 못한 시신 안치, 유민들을 수용할 가옥 건설, 옥사의 공정한 판결 등 지역 복구에 힘을 기울였음을 확인할 수 있다.

첨하서농우도숙정염방사사가 되면서 한영은 오랫동안 복무했던 요양행성 관할 지역의 행정 관료로부터 벗어나 지방 감찰관이 되었다. 원 제국의 숙정염방사는 어사대 혹은 행어사대에 소속되어 감찰을 위한 독자적인 관리 구역의 설정 아래에서 운영되었고, 이에 전국이 22개의 도로 분할되어 숙정염방사가 배치되었다.31 이 중에서 한영이 부임한 하서농우(북)도는 감주로(甘州路, 치소는 현재 감숙성 장액시)에 설치되어 있었고, 이에 한영은 감숙행성 지역의 실상을 목도하게 되었다. 전쟁으로 인해 통치 질서가 와해되

---

29 〈신도비명〉에는 한영의 관직이 僉河西隴右道肅政廉訪司事로 기록되어 있고, 〈행장〉에는 河西隴北道僉廉訪司事로 약간 다르게 기록되어 있지만 모두 같은 직함이다. 『元史』에서도 河西隴右道와 河西隴北道가 모두 사용되고 있다.

30 張金銑, 「元兩都之戰及其社會影響」, 『安徽大學學報(哲學社會科學版)』 30-5, 2006; 鈕希强, 「論兩都之戰的社會影響」, 『邢臺學院學報』 2009-3.

31 李治安, 『元代政治制度研究』, 北京: 人民出版社, 2003, 282~354쪽의 내용을 참고.

었고, 수도로부터도 멀리 떨어져 있어 통제가 완벽하지 못한 지역을 맡은 한영은 법을 엄격하게 집행하면서도 기근 구휼에 있어서는 자신의 봉록도 아끼지 않았을 정도로 통치에 정성을 다했다.

이렇게 한영의 통치력이 인정을 받게 되자 지순(至順) 2년(1331)에 원 제국은 한영을 섬서행성의 원외랑으로 임명하였다. 드디어 행성에 직접 소속된 관료로서 복무하게 된 것이다. 그런데 행성의 원외랑은 종6품의 관직이기 때문에 오히려 한영의 품급은 정5품에서부터 상당히 떨어졌음을 확인할 수 있다. 여기에 더 의문스러운 점은 한영이 종3품의 산관 직함인 아중대부(亞中大夫)를 동시에 받았다는 사실이다. 실직과 명예직의 직함 사이에 너무 큰 차이가 나고 있는 것은 특이한 사례라고 볼 수 있는데,[32] 왜 이러한 조치가 취해졌는지에 대한 명확한 기록은 보이지 않는다. 다만『가정집』에서 "섬서의 분성(分省)과 막료의 직책에 임명되는 경우에는 어사대가 그곳에 함께 세워져서 매번 소환과 호출에 응대하는 것을 꺼려 명을 받고도 취임을 내켜하지 않는 사람이 있었다"[33]라고 하는 기록에 주목해 볼 수 있을 듯하다. 이는 섬서에 행성과 행어사대가 모두 설치되어 있어 관료들이 번잡한 복무에 시달렸음을 단적으로 보여주고 있다. 즉, 한영의 품계를 낮추면서까지 관료가 부족한 지역에 긴급하게 한영을 투입하고 그 대신에

---

32 이와 비교할 사례로 가정 李穀을 언급할 수 있다. 이곡은 원 제국의 과거에 급제한 후, 後至元 3년(1337)에 정동행중서성 좌우사원외랑에 제수되는데 이때 儒林郎이라는 산관 직함을 보유하고 있었다. 儒林郎은 從6品의 직함이기 때문에 행성의 좌우사원외랑이 가진 품계와도 맞아떨어진다. 이것이 정상적이라고 볼 수 있는데, 한영은 이와는 대조적인 모습을 보이고 있는 것이다.

33 〈행장〉. "凡分省陝西及爲幕職者, 以御史臺同建于彼, 每憚召呼應對, 有受命而不屑就者."

산관의 품급을 대폭 높여주었던 것이 아닐까 생각된다. 한영은 이에 대한 별다른 의견을 제기하지 않고, 우직하게 자신의 임무를 수행했다. 심지어 행성의 관료와 소속 관리들이 부정부패에 연루되어 모두 파직되었으나 한영 홀로 남아 근무하며 유능하다는 평가를 받았다[34]고 할 정도로 섬서행성의 열악한 환경 속에서도 한영은 그야말로 '독야청청'의 길을 걷고 있었다.

섬서행성의 좌우사원외랑으로 근무한 지 2년이 지난 원통(元統) 원년 (1333)에 원 제국은 수령을 선발하면서 한영을 하남부로총관(河南府路摠管)에 임명했다. 로의 총관은 10만 호 이상을 통제하는 상로(上路)의 경우에는 정3품이었고, 10만 호 이하를 관할하는 하로(下路)에는 종3품의 총관이 부임했다.[35] 한영이 맡은 하남부로는 10만 호에 훨씬 밑도는 호구를 관할하고 있었기 때문에[36] 하로에 속한다고 볼 수 있고, 이는 한영이 종3품의 품계를 받았다는 것을 의미한다. 그렇다면, 한영은 이전의 종6품 행성원외랑에서 종3품의 로총관으로 그 위상이 급격하게 상승했다고 할 수 있다. 하지만 앞에서 언급했듯이 행성원외랑으로의 임명은 한영의 품급을 떨어뜨리면서까지 긴급하게 이루어지면서 동시에 종3품의 산관 직함을 부여했음을 고려한다면, 한영은 이때에 비로소 아중대부의 품급과도 맞아떨어지는 실제 직위를 '찾았다고' 볼 수 있을 것이다.

한영이 관할하게 된 하남부로는 하남강북행성 관할 지역으로 그 치소

---

34   〈행장〉. "時行省官僚皆以貪墨劾罷, 公子然獨居二年, 竟以能聞."; 〈신도비명〉, 280쪽. "未幾, 省官曹緣因坐他事皆免, 惟公獨無所汙."

35   『元史』 卷91, 「百官志七」, 2316쪽.

36   『元史』 卷59, 「地理志二」, 1403쪽.

는 현재의 낙양에 위치했다. 한영은 지방관으로 근무하면서 감숙-섬서-하남강북행성 순서로 화북의 다양한 지역의 모습을 목도하고 각 지역의 사정에 맞는 통치를 경험한 것이다. 게다가 하남부로는 중서성, 하남강북행성, 섬서성이 맞닿은 교계(交界) 지역으로 교통의 요지였기 때문에 처리해야 할 사안들이 많았다. 이런 곳에 한영을 임명했다는 것은 그만큼 그의 행정 능력을 원 제국 조정이 신뢰했음을 보여준다. 한영은 부임하자마자 곧바로 역참 정비, 학교 수리, 백성 구휼, 각종 재판 사안 해결, 관료들을 대상으로 한 강학에 이르기까지 다양한 방면으로 활약하며 그 지역 관리와 백성들의 신망을 얻었다. 이렇게 하남부로에서 각종 사안에 골몰하면서 지내다가 후지원 2년(1336)에 관사(官舍)에서 병으로 세상을 떠나고 말았는데, 자택이 아닌 관사에서 사망했다는 것도 한영이 죽기 직전까지 자신의 임무 수행에 열중했음을 보여주는 단적인 증거라고 할 수 있다. 또한 사망하는 날에 집에 남은 재물이 없었을 정도로 청렴하였고,[37] 이에 당시 사람들은 청렴하고 유능하며 순량(循良)한 것에서 한영에 비할 자는 보지 못했다고 탄식하기까지 했다.[38] 그야말로 지방 관료의 모범을 보여주었던 것이다. 이러한 공으로 인해 원 제국 조정은 지정(至正) 3년(1343)에 집현직학사, 아중대부, 경거도위(輕車都尉)를 추증하고 고양군후로 추봉하였으며 정혜(正惠)라는 시호를 내려주었다.

이곡은 한영 가문과 같은 청주 출신으로 원 제국의 과거에 합격하여

---

37   〈신도비명〉, 282쪽. "捐館之日, 室無餘財, 聞者益重其操."
38   〈행장〉. "士庶聞者莫不哀泣思慕, 至於獄訟之人, 亦皆呼哭失聲. 且謂自有府路以來, 未見廉能循良若公比者."

원 제국의 관직을 역임하기 전부터 한영에 관해 알고 있었을 것이다. 『가정집』에 기록된 한영의 행장 마지막에 이곡이 한영과 동향 사람이어서 일찍이 어울린 적이 있고, 이에 한영에 대해 자세히 알 수 있었다는 기록이 이를 뒷받침한다. 또한, 이곡이 원 제국에서 관직 생활을 하면서는 더더욱 한영의 동향에 관심을 가졌기 때문에 한영의 행적을 체계적으로 서술할 수 있었을 것이라 생각된다. 즉, 『가정집』에 기록된 한영의 행장은 원의 과거에 합격하여 원의 관직을 역임한 고려인 이곡과 고려인 출신으로 원의 숙위에서부터 활동하며 경력을 쌓은 한영이라는 두 인물의 독특한 이력으로 인해 탄생할 수 있었던 기록이고, 고려-원 관계의 일면을 잘 드러내는 자료라고 할 수 있다.

3. 『자계문고』에 기록된 한영의 행적

『자계문고』는 원대 중기, 후기에 활약했던 문인 소천작의 문집이다. 이 문집에 한영의 신도비명이 기록되어 있고, 이는 『가정집』에 기록된 한영 행장과 함께 한영의 행적을 살펴볼 수 있는 중요한 자료의 역할을 담당하고 있다. 이 신도비명은 한영이 사망하고 11년이 지난 1347년에 한영의 아들들이 태상박사(太常博士) 호조(胡助)가 쓴 행장을 가지고 소천작에게 신도비명을 써주기를 부탁하면서 작성되었던 것이다.[39] 원 제국에서 숙위를 거

---

39   〈신도비명〉, 279쪽. "又十有一年, 諸孤以太常博士金華胡助之狀請銘公神道之碑."

처 관직을 역임했던 한영이 동료 관원들과 맺었던 교분 관계를 바탕으로 원 제국 내에서 그의 행장과 신도비명이 기록되었음을 확인할 수 있다.

소천작은 한영의 신도비명을 그의 생애 시간 순서대로 기록하지는 않았고, 먼저 천력(天曆) 2년(1329)에 추천을 받아 숙정염방사의 첨사로 발탁되었을 때의 이야기를 서술했다. 여기에서 소천작은 한영의 발탁 배경을 『가정집』보다는 조금 더 자세하게 설명하고 있다. 즉, 관중(關中), 농서(隴西), 섬서(陝西), 낙양(洛陽) 일대는 비옥한 땅이어서 백성들이 풍족하게 살아왔으나 양도내전으로 인해 온 지역이 황폐화되어 유망한 백성이 늘어나게 되었고 이에 조정에서는 관료를 여러 차례 파견하여 구휼의 노력을 다해서 상황이 약간 나아졌을 때 한영이 추천을 받게 되었다고 기록한 것이다. 백성들의 구휼을 위한 조치에서 성과를 올린 한영은 섬서행성의 원외랑이 되었고, 곧 하남부로총관이 되는 것 역시 기록되어 있는데 『가정집』에는 한영이 관직을 맡은 시기가 상세하게 나와 있으나 『자계문고』는 정확한 연도까지는 기록하지 않고 있다.

한영이 지방관을 역임하며 이룩한 업적들을 서술한 후, 소천작은 그의 초기 경력을 언급했다. 여기에는 한영이 원 제국으로 들어오게 된 배경이 설명되어 있다. 즉, "세조 황제께서 이미 천위(天位)에 올라 만방에서 내조했는데, 오직 고려의 왕이 여전히 군주였고 그 나라로 돌아가도록 허락했으며 이에 세가의 자제 20여 명을 선발하여 조정에 입질(入質)하라고 했고, 공의 부친이 또한 그 선발 명단에 있었다"[40]고 서술한 것이다. 한영의 부친

40　〈신도비명〉, 281쪽. "世祖旣奠天位, 萬邦來庭, 維高麗王尙主, 聽還其國, 乃選世家子

한사기가 숙위로 원 제국에 들어오게 된 연유를 원 제국 관료의 시선에서 설명한 것으로, 고려의 국가 체제를 유지하게 하면서도 세가의 자제를 선발하여 원 제국 조정에 들여보내는 의무는 시행하게 하였음을 알 수 있다.

이후 한사기는 고려로 돌아가고, 한영이 숙위에 선발된 것을 시작으로 숙정염방사의 첨사로 임명될 때까지의 행적은『가정집』의 내용과 크게 다르지 않다. 그러나 세부적으로 사료를 들여다보면,『가정집』에서 확인할 수 없는 내용을 보충할 수 있다.『자계문고』에는 한영이 숙위에 들어오고 얼마 지나지 않아 성종 황제가 복어(服御, 의복과 거마)를 관장하는 근시로 한영을 임명했다는 기록이 추가로 보인다.[41] 원 제국의 케식 중에서 복어를 담당했던 직책을 수구르치(速古兒赤, sügürchi)라고 부르는데, 한영은 바로 이 수구르치에 임명되어 성종 황제의 케식으로서 본격적으로 궁정 생활을 시작한 것이다. 성종 황제의 사망 이후 한영이 황태자의 케식으로 들어갔을 때, 황태자(훗날의 인종)는 문학을 좋아하여 한영이 시시때때로 황태자에게 고사(故事)를 이야기했다는 기록도 확인된다.[42]

한영이 무기고의 관리를 맡게 되었을 때의 기록은『가정집』보다는 자세하지 않다.『가정집』에 기록된 극적인 일화도『자계문고』에서는 확인되지 않는다. 단지 수무고사가 될 때 정5품의 봉의대부(奉議大夫)를 받았던 사실이『자계문고』에는 추가로 기록되어 있어 한영의 지위가 조금씩 높아지고 있음은 엿볼 수 있다. 그리고 한영이 10여 년 동안 무기를 관리하니 염

　　　第二十餘人爲質于朝, 公考亦在選中."
41　　〈신도비명〉, 281쪽. "公以大德七年入備宿衛, 未幾成宗皇帝命掌服御爲近侍."
42　　〈신도비명〉, 281쪽. "仁宗愛尙文學, 公時時進說故事."

려할 것이 없었다는 간략한 표현으로 한영의 활약을 서술하고 있다.[43] 또한, 인종 황제가 사망한 이후 한영은 지방관으로 전출되어 금주의 지주(知州)가 되고 이후 고주로 옮겨갔다고 기록되어 있으며 한영은 이곳의 풍속을 익히 알고 있어 자신의 행정 능력을 탁월하게 발휘했다는 내용도 보인다.[44] 특히 한영이 금주와 고주의 풍속에 익숙했다는 『자계문고』의 기록은 한영이 원 제국 내에서 다양한 문화를 습득한 '국제인'이기도 했다는 점을 암시하고 있는 대목이기도 하다.

하남부로총관에 역임된 한영이 1336년 3월 26일에 낙양의 관사에서 사망했다는 것은 『가정집』과 『자계문고』에서 공통적으로 기록하고 있다. 그리고 『자계문고』에서는 5월 무신일에 그 상여가 귀향했고, 7월 기유일에 완평현(宛平縣) 고려장(高麗莊)의 평원에 매장되었다는 것까지 기록하고 있다.[45] 즉, 한영은 완평현에서 출생했던 것인데 완평현은 원 제국 수도인 대도 내에 위치했던 지명이었다. 한영의 부친 한사기가 대도의 궁정에서 숙위 생활을 할 때 한영이 태어났다는 것을 또 다시 확인시켜주는 대목이다. 그리고 고려장은 대도에서 생활했던 고려인들이 집단적으로 거주했던 구역이었기 때문에 한영은 대도에서 성장하면서도 고려의 문화 및 풍습을 일상적으로 접했을 것임을 추정할 수 있다.

『가정집』과 『자계문고』에 기록된 한영의 행적은 크게 세 단계로 구분

---

43 〈신도비명〉, 281쪽. "國家初以武定天下, 故於甲兵所藏不輕授人, 公居其職凡十餘年, 出納無虞."

44 〈신도비명〉, 281쪽. "公習熟二州之俗, 故其爲治也本之以寬仁, 守之以廉靜, 民被其惠, 吏服其能."

45 〈신도비명〉, 279쪽. "是歲五月戊申, 載其喪歸. 七月己酉, 葬宛平縣高麗莊之原."

해볼 수 있다. 첫 번째는 중앙 조정에서 활동했던 시기이다. 이때 한영은 황제, 황태자의 숙위를 맡아 총애를 받았고 인종 황제가 즉위한 후에는 오랫동안 무기고를 관리하는 임무를 맡았다. 『자계문고』에서는 "나라가 처음에 천하를 무력으로 평정하였기 때문에 갑병(甲兵)이 소장하는 것을 남에게 가벼이 주지 않았는데, 공(한영)이 그 직무에 무릇 10여 년을 머무르면서 출납(出納)에 염려가 없었다"고 표현했을 정도로 한영은 아무에게나 가볍게 맡기지 않는 임무를 잘 수행했다고 평가하고 있다.

두 번째는 지주(知州)로서 활동했던 시기이다. 한영은 금주, 고주에서 지방관을 역임하면서 원 제국 중앙과는 다른 풍속을 가지고 있고 다양한 민족들이 활동했던 지역의 통치를 원활하게 수행했다는 평가를 받았다. 이는 '국제인' 한영의 능력이 지방 행정에서 여실히 발휘되었음을 잘 보여주는 기록이다. 세 번째는 숙정염방사, 섬서행성, 하남부로에서 관직을 지냈던 시기이다. 특히 한영의 행장과 신도비명 모두 이 세 번째 시기를 서술하는 데에 많은 분량을 할애하고 있는 것을 보면, 한영의 관직 경력에서 이 시기가 가장 중요했다고 판단할 수 있을 것이다. 그 이유는 원 제국이 양도내전을 거친 이후 전쟁의 무대였던 지역이 극도로 피폐해져 백성들이 유망을 하는 경우가 많았고, 관직의 기강이 무너져 기본적인 통치조차 이루어지지 못했는데 한영이 그러한 지역들을 다방면으로 되살리는 데에 큰 공적을 세웠기 때문이다. 이 모든 행적을 『가정집』과 『자계문고』에서 각각 확인할 수 있고, 특히 『자계문고』는 오로지 원 제국 문인의 관점에서 한영의 활약을 서술한 기록이므로 고려인 한영이 원 제국 관료들 사이에서도 높은 평가를 받고 있었음을 알 수 있다.

4. 한영의 후예들

『가정집』과『자계문고』에는 한영의 행적을 기록한 이후, 한영의 자식들에 대한 내용도 짧게나마 서술하고 있다. 『가정집』에서는 한영의 자식 3남 1녀를 간단하게 소개하고 있다. 장남은 한효선(韓孝先)이고, 몽골 이름은 테무르부카(帖木兒不花, Temür Buqa)였다. 한효선은 여러 관직을 거치게 되는데『가정집』에는 그 순서가 근시(近侍)에서부터 대부감좌장고부사(大府監左藏庫副使), 정동행중서성원외랑(征東行中書省員外郎), 자정원도사(資政院都事), 강남제도행어사대감찰어사(江南諸道行御史臺監察御史), 대사농사도사(大司農司都事), 첨산남강북도숙정염방사사(僉山南江北道肅政廉訪司事), 감찰어사로 기록되어 있다. 대부감좌장고부사는 원 제국의 태부감(太府監)이 관할하는 좌장고의 관리로 황실이나 제왕이 사용하는 직물 등 물건의 출납을 담당하는 정7품의 관료였다. 이후 맡은 정동행중서성원외랑은 종6품이었고,『고려사』에는 한효선(한테무르부카)이 정동행성원외랑에 재직하고 있을 때 일어났던 사건이 기록되어 있다. 충숙왕이 사망하고 난 이후 고려왕이 임명되지 않자 한효선은 충혜왕의 계위를 요청하기 위해 원으로 갔다는 것이다.[46] 하지만 당시 원 제국의 실권자였던 바얀(伯顔, Bayan)은 충혜왕을 고려왕으로 즉위시킬 생각이 없었고,[47] 결국 한효선은 참소를 받아 충혜왕과 함께 원 제국으로 압송되었다.[48]

---

46   『高麗史』卷36, 忠肅王 後8年 9月 丁卯.

47   이에 대해서는 이 책의 4장을 참고.

48   『高麗史』卷36, 忠肅王 後8年 11月 丙寅.

정동행중서성원외랑을 맡으면서 고려의 정치와도 연결된 한효선은 이후 자정원도사에 임명된다. 자정원은 기황후의 세력 기반으로 설치된 기구로 여기에 고려 출신 사람들이 많이 포진되어 있었음은 잘 알려진 바 있다. 한효선 역시 자신이 고려인의 후예라는 점과 연결되어 자정원의 관료가 되었던 것으로 보이지만, 이후에는 강남행대의 감찰어사로 옮겼다가 다시 대사농사의 도사로 재직하고 있다. 대사농사의 도사는 종7품이었기 때문에 정동행중서성원외랑을 맡았을 때 이후로 한효선의 관직 품계는 하락했음을 알 수 있다. 이후 숙정염방사의 첨사가 되어 정5품으로 승진했고, 마지막 감찰어사는 중앙의 어사대에 소속된 감찰어사를 의미하는 것으로 보인다. 여러 관직을 거치고 있지만, 부친 한영이 정3품의 지위에까지 오른 것을 생각한다면 부친의 지위 정도에는 미치지 못했음이 확인된다. 『자계문고』에는 한효선의 관직이 강남행어사대감찰어사까지만 기록되어 있는데, 『자계문고』의 신도비명이 한영이 사망하고 11년 후인 1347년에 작성된 점을 고려하면 한효선이 대사농사도사, 첨산남강북도숙정염방사사, 감찰어사에 차례로 임명된 것은 1347년 이후 그리고 이곡이 사망하는 1351년 이전의 일이었다고 추정할 수 있다. 이외에 한효선의 구체적인 행적은 확인하기 어렵다.[49]

---

49 장동익은 至正 23년(1363) 정월에 廣西 貴州(현재 廣西藏族自治區 貴港市)에서 불이 났을 때 사망한 同知州事 韓帖木不花라는 인물이 『元史』에 보이는 것을 발견하고 이 인물이 한효선이라고 추정했다(張東翼, 『高麗後期外交史硏究』, 일조각, 1994, 170쪽). 중국학계의 尙衍斌은 한효선의 관직 중에 江南諸道行御史臺監察御史가 있음에 주목하고 『至正金陵新志』에서 南臺 감찰어사들의 이름이 기록된 부분을 검토하여 崔帖木兒普化라는 고려인을 발견했는데, 그는 한효선과 몽골식 이름이 같고 崔는 한효선의 모친의 성씨를 붙인 것이라고 보며 崔帖木兒普化가 한효선과 동일인일 것이라

한영의 차남은 한중보(韓仲輔)이고, 또 다른 이름은 관음노(觀音奴)였다. 『가정
집』에는 한중보가 시의사통사사인(侍儀司通事舍人)을 거쳐 중흥무공고부사(中
興武功庫副使)가 된 것까지 기록되어 있고, 『자계문고』에는 시의사통사사인만
기록되어 있다. 원대의 시의사는 예부에 소속되어 조회, 즉위, 외국의 조
근 등과 관련된 예를 담당하는 관청이고 그 통사사인은 종7품에 해당되었
다. 그리고 중흥무공고는 『원사』에서는 확인되지 않아 한영이 했던 것처럼
무기를 관할하는 임무를 맡았던 것으로 추정되지만, 구체적인 직무가 무
엇이었는지는 알 수 없다.[50] 한중보는 소천작에게 부친의 신도비명을 작성
해줄 것을 부탁하면서 "우리 동국(東國)의 풍속에는 무릇 입사(入仕) 혹은 결
혼을 할 때 반드시 각각 그 가족의 세대를 알아보는데, 외가가 훈귀의 후
손이 아니면 관직에 보임될 수 없고 의관의 세족이 아니면 배필로 정하는
것을 허락하지 않으니 대개 옛 사람들이 벼슬을 하는 사람은 대대로 녹을
받아 씨족을 숭상한다는 뜻을 남긴 바가 있는 것입니다. 청컨대 아울러 서
술해주십시오"[51]라고 말했다는 기록이 있는데, 이는 한영과 그 후손들이
원 제국에 있으면서도 '동국의 풍속'을 여전히 유지하려고 노력했음을 보
여준다.

고 주장했다(尚衍斌, 앞의 논문, 12쪽). 하지만 이러한 주장들은 모두 '추정'에 지나지
않으며 결정적인 증거는 확인되지 않는다.

50 필자의 管見으로는 中興武功庫가 원대의 문헌에 등장하는 것은 『道園類稿』에서이다.
『道園類稿』권40에 실린 「徽政院使張忠獻公神道碑銘」을 보면 이 신도비의 주인공인
張九思의 막내아들 金界奴가 여러 관직을 겸하면서 中興武功庫의 일을 관할했다는
기록이 보인다. 이외에는 中興武功庫의 존재를 확인하기 어렵다.

51 〈신도비명〉, 282~283쪽. "吾東國之俗, 凡筮仕結婚, 必各徵其族世, 外家非勳貴之冑不
得補官, 非衣冠之世不許作配, 蓋有古人仕者世祿、崇尚氏族之遺意. 請並著之."

한영의 셋째 아들 한문헌(韓文獻)은 『가정집』에는 '급사동궁(給事東宮)'이라고 되어 있고 『자계문고』에는 '급사저궁(給事儲宮)'이라고 기록되어 있다. 이는 원대 후기의 황태자였던 아유시리다라(愛猷識理達臘, Ayusiridara)를 보좌하는 위치에서 한문헌이 활약했음을 보여주는 것으로 생각된다. 그리고 『자계문고』에는 기록이 없지만, 『가정집』에는 한영의 딸에 대한 서술도 보인다. 한영의 딸은 섬서제도행어사대감찰어사(陝西諸道行御史臺監察御史) 체첵부카(徹徹不花, Checheg Buqa)와 혼인하고 완평현군(宛平縣君)에 봉해졌다는 기록이 그것이다. 한영의 딸이 받은 완평현군이라는 봉호는 남편 체첵부카가 받았던 봉호에 따라서 결정되는 것이었으므로, 체첵부카가 완평현과 연계되어 있었던 인물이었음을 추정할 수 있다. 아마 한씨 가문이 완평현에 거주하면서 알게 된 체첵부카가 이후 섬서행대의 감찰어사로 재임하게 된 것이 아니었을까 생각된다.

5. 맺음말

6장에서는 고려 측의 기록인 『가정집』과 원 제국 측의 기록인 『자계문고』에 각각 행장과 신도비명이 서술되어 있는 한영의 행적에 대해서 구체적으로 검토해 보았다. 숙위의 임무를 수행하기 위해 원 제국에 들어온 한사기의 아들로 태어나 이후 황제의 측근 관료로 출세한 독특한 이력을 가진 한영은 고려와 원 제국 사이의 관계를 잘 보여주는 사례라고 할 수 있을 것이다. 또한 원 제국의 과거에 합격하여 관직 생활을 했던 이곡 등보다도 품급이 높은 관직을 받으며 활동했다는 점에도 주목할 필요가 있다. 고려와 원의 관계에서 숙위의 역할을 담당했던 인물들에 대한 검토가 지금까지 대부분 고려의 왕족을 중심으로 이루어진 경향이 있음을 고려하면, 한영은 분명 상세한 분석이 필요한 인물이라고 할 수 있다.

하지만 한영에 대한 기존의 인식에는 아직 부족한 부분이 존재하고 있다. 한영과 관련된 연구는 거의 이루어지지 않았고, 그나마 『한국민족문화대백과사전』 등에 서술된 한영 관련 내용에는 심각한 오류들까지 존재하고 있다. 이러한 오류들을 바로잡고 한영의 행적을 당시의 시대적 배경을 고려하며 상세하게 이해하기 위해서는 정사 자료를 토대로 문집의 기록을 면밀하게 비교 검토할 필요가 있다.

한영이 고려에 돌아오지 않고 원 제국에서 평생 관직을 역임했고, 고려와 원 제국의 관계에서 직접적인 역할을 했다는 흔적은 보이지 않지만 원 제국의 고려인 출신 고위 관료가 존재했다는 그 자체가 고려-원 관계의 특수성을 보여주는 것이라고 할 수 있다. 차후 연구들에서도 고려-원 관계사에서 다룰 인물들을 더욱 넓은 시각에서 검토할 필요가 있을 것이다. 6장에서는 한영을 대표적인 사례로 삼아 고려와 원 제국의 관계로 인해 탄생할 수 있었던 인물을 살펴보았는데, 이와는 또 다른 성격을 가진 역사적 사례가 존재할 가능성은 매우 높다. 이러한 사례들을 발굴하기 위해서는 고려와 원 제국의 문집, 필기 자료들을 충분히 살펴볼 필요가 있고, 특히 분석이 많이 진행되어 있는 고려의 자료 이외에 원 제국의 기록들을 주의 깊게 검토해 보아야만 한다. 이미 국내 학계에서는 장동익에 의해 중국 및 일본의 자료까지 정리되어 있는 상황이기 때문에[52] 이를 효율적으로 활용하여 높은 사료적 가치를 지닌 내용들을 적극적으로 분석해야 할 것이다. 이 글은 차후 연구 작업의 밑바탕을 어떻게 그려야 할 것인가를 모색한 것으로, 이를 기반으로 고려와 원 제국의 관계로 인해 나타난 여러 역사적 현상들을 더욱 심도있게 고찰하는 연구들이 지속적으로 이루어지기를 기대한다.

---

52 張東翼, 『元代麗史資料集錄』, 서울대학교출판부, 1997; 張東翼, 『宋代麗史資料集錄』, 서울대학교출판부, 2000; 張東翼, 『日本古中世 高麗資料研究』, 서울대학교출판부, 2004.

7장

고려 후기의 문인 이공수와
원대 말기의 정국

1. 머리말

1351년에 공민왕이 고려국왕으로 즉위하면서 고려와 원의 관계가 큰 변화를 겪었다는 사실은 많은 연구들을 통해 다양한 측면에서 분석되었다. 특히 1356년의 이른바 '반원개혁'이라고 불리고 있는 공민왕의 과감한 조치는 고려-원 관계의 성격이 급속하게 바뀌는 분기점의 역할을 했다. 그래서 학계에서는 공민왕의 반원개혁을 총체적으로 검토하고, 그 역사적 의미에 대해 밝히면서 원의 간섭 혹은 복속으로부터 벗어나게 되는 중요한 계기를 마련했다고 설명했다.[01]

최근에 학계에서는 공민왕의 반원개혁이 가지는 의미를 재검토하는 과정에서 공민왕 시기 고려와 원의 관계를 꼼꼼하게 재구성하는 작업들이

---

01   민현구, 「高麗 恭愍王의 反元的 改革政治에 대한 一考察-背景과 發端」, 『진단학보』 68, 1989.

이루어지고 있다.[02] 또한 공민왕의 반원개혁이 시행되었던 배경을 당시 원 정국의 변동을 면밀히 분석하는 방법을 통해 검토하는 연구가 이루어지기도 했다.[03] 이를 통해 공민왕이 시종일관 '반원(反元)'에만 해당하는 정책을 펼친 것은 아니었고, 특히 홍건적이 고려를 침략해 왔을 때에는 원의 도움을 받아야 했던 사정으로 인해 반원의 기조가 약화되었던 시기가 있었다는 점도 확인되었다. 즉, 반원개혁이 이루어지는 시기였다고 하더라도 공민왕은 여전히 원의 정국 변화에 큰 영향을 받을 수밖에 없었던 것이다.

결국 공민왕 시기에도 고려와 원의 관계는 결코 단절될 수 없었고, 오히려 원대 말기의 정국 변화로 인해 더욱 긴박한 상황이 전개되었다. 공민왕은 이에 대처하기 위해 원 제국 조정은 물론이고, 홍건적의 반란 이후에 등장한 여러 군벌 세력들과도 교류를 진행했던 것을 보면 명 제국이 등장하여 세력을 확대하기 이전에는 여전히 동아시아 세계의 중심이었던 원제국의 동향을 무시할 수 없었음은 분명하다. 이에 공민왕 재위 시기에 원의 동향을 파악하기 위해 파견된 여러 인물들이 존재하고 있는데, 그 중에

02 김경록, 「공민왕대 국제정세와 대외관계의 전개양상」, 『역사와 현실』 64, 2007; 이강한, 「공민왕 5년(1356) '反元改革'의 재검토」, 『대동문화연구』 65, 2009; 최종석, 「1356(공민왕 5)~1369년(공민왕 18) 고려 몽골(원) 관세의 성격-'원간섭기'와의 연속성을 중심으로」, 『역사교육』 116, 2010; 이명미, 「奇皇后세력의 恭愍王 폐위시도와 高麗國王權-奇三寶奴 元子책봉의 의미」, 『역사학보』 206, 2010; 이명미, 「공민왕대 초반 군주권 재구축 시도와 奇氏一家 : 1356년(공민왕 5) 개혁을 중심으로」, 『한국문화』 53, 2011; 홍영의, 「개혁군주 공민왕: 공민왕의 즉위와 초기 국왕권 강화노력」, 『한국인물사연구』 18, 2012; 이명미, 「恭愍王代 후반 親明정책의 한 배경: 몽골 복속기 권력구조에 대한 트라우마」, 『사학연구』 113, 2014; 이익주, 「1356년 공민왕 反元政治 再論」, 『역사학보』 225, 2015; 이익주, 「14세기 후반 고려-원 관계의 연구」, 『동북아역사논총』 53, 2016.

03 최윤정, 「1356년 공민왕의 '反元改革' 재론」, 『대구사학』 130, 2018.

7장에서 다룰 인물은 바로 이공수(李公遂)이다.

이공수는 기황후가 공민왕을 폐위시키고 덕흥군(德興君)을 옹립하려는 계획을 세워 이를 본격적으로 추진하던 시기에 고려에서 원으로 파견되었다. 공민왕으로서는 1356년의 '반원개혁'으로 원과의 종속 관계가 더 심화되는 것을 막을 수 있었지만, 이후 홍건적의 침입과 내부의 반란 등 여러 차례의 위기를 겪으면서 왕권의 재정비가 필요했던 상황이었다. 그런데 이때에 기황후를 중심으로 공민왕의 왕권 자체를 없애려는 시도가 진행되면서 공민왕은 더욱 큰 위기에 빠지게 되었던 것이다. 아무리 원의 힘이 약해졌다고 해도 이때까지 고려왕의 왕권에서 차지하는 원 제국의 영향력은 여전히 큰 것이었기 때문에 공민왕은 적극적인 방어 조치를 취해야만 했다. 공민왕이 원으로 이공수를 파견한 것 역시 그러한 방어 조치의 일환이었다. 그러므로 이공수라는 인물의 행적 및 그가 원으로 파견된 시기 전후 원과 고려 양국의 정국을 함께 고찰하게 되면 고려와 원의 관계 막바지에 일어났던 정황들을 상세하게 밝혀내는 데 일조할 수 있을 것이라 생각된다.

2. 이공수의 초기 행적
-공민왕 4년(1355)에 사퇴할 때까지의 활동

이공수의 행적을 살펴보기 위해서는 『고려사』, 『고려사절요』에 나온 기록들을 검토해야 하는 것은 기본적인 작업이겠지만, 그보다 더 세밀하게 살펴보아야 할 것은 바로 이공수의 묘지명이다. 이색(李穡)이 지은 이공수의 묘지명은 『목은문고』에 기록되어 있고, 7장에서는 이를 중점적으로 이용하여 이공수의 활약을 검토하려고 한다.[04] 우선 그의 선조들을 살펴보면, 묘지명에는 이주연(李周衍)-이렬(李洌)-이영재(李英梓)-이양진(李陽眞)-이주(李湊)-이행검(李行儉)-이애(李崖)-이공수의 순으로 가계가 이어지고 있음을 확인할 수 있다. 이공수의 선조들 중에서 조금 더 구체적으로 살펴볼 필요가 있는 인물은 바로 이행검이다.

이행검이 『고려사』 세가에서 처음으로 등장하는 시기는 원종 13년(1272)이다. 원종 13년 9월에 선박을 만드는 역할을 맡았던 홍주부사(洪州副使) 이행검이 삼별초에 사로잡혔다는 소식이 보고되었던 것이다.[05] 삼별초 세력은 사로잡은 이행검에게 선법(選法)을 관장하게 하였지만,[06] 원종 14년(1273)에 삼별초가 고려-원 연합군에 의해 격파되면서 조정으로 돌아올 수 있었다. 이후 청주(淸州), 곡주(谷州), 풍주(豐州)의 수령이 되었다가 충렬왕 초기에는 사간(司諫)의 직에 올랐다. 그러나 이행검의 관직 생활은 그리 순탄하지는 못했던 것으로 보인다. 충렬왕 5년(1279) 5월에 이행검은 감찰시사(監察侍史) 김홍미(金弘美)와 함께 해도(海島)로 유배를 가게 되었던 것이다.[07] 이행검이 유배를 가게 된 이유는 충렬왕의 폐행(嬖幸)이었던 임정기(林貞杞)와 고밀(高密)의 고신(告身)에 서명하는 것을 기부했기 때문이었다.[08] 물론 얼마 지나

---

04   이공수의 묘지명은 『牧隱文藁』 卷18, 「有元資善大夫大常禮儀院使高麗國推忠守義同德贊化功臣壁上三韓三重大匡益山府院君諡文忠李公墓誌銘」의 내용을 참고.

05   『高麗史』 卷27, 元宗 13年 9月 戊辰.

06   『高麗史』 卷106, 「李行儉傳」.

07   『高麗史』 卷29, 忠烈王 5年 5月 丙寅.

08   『高麗史』 卷106, 「李行儉傳」과 『高麗史』 卷123, 「林貞杞傳」.

지 않아 이행검은 유배에서 풀려났지만,[09] 이후 이행검의 정치적 활약상은 그리 눈에 띄지 않고,[10] 충선왕 2년(1310)에 사망했다.[11]

이행검의 아들이자 이공수의 부친인 이애는 감찰규정(監察糾正)을 지냈고, 그 이외의 자세한 기록은 확인되지 않는다. 그러나 이애보다 더 주목해야 할 인물은 이행검의 딸이다. 이행검의 딸은 총부산랑(摠部散郞)인 기자오(奇子敖)와 혼인을 하여 5남 3녀를 낳았는데, 그 막내딸이 바로 기황후였던 것이다.[12] 즉, 기황후의 어머니 이씨는 이공수의 고모였고 이공수와 기황후는 고종사촌 관계였다. 후술하겠지만, 이공수가 공민왕 12년(1363) 원 제국에 사신으로 갔을 때 융숭한 대접을 받았던 것도 기황후와 그의 관계로 인한 것이었다고 할 수 있다.

이공수의 묘지명에 따르면, 그는 지대(至大) 무신년 12월 24일에 태어났다고 기록되어 있다. 지대는 원 무종 재위 시기(1308~1311)에 사용되었던 연호로, 무종은 대덕(大德) 11년 12월 경신일에 대덕 12년을 지대 원년으로 바꾼다는 조서를 선포했다.[13] 이공수는 무신년, 즉 지대 원년(1308)에 태어난 것이다. 이후 이공수의 행적은 그가 과거에 합격하면서부터 기록에 등장

---

09 『高麗史』卷106에 실린 이행검의 열전을 보면, 이행검의 친족 李尊庇가 상장군 廉承益에게 이행검의 老母가 병에 걸렸다는 안타까운 사정을 언급했고, 이를 염승익이 충렬왕에게 고하자 충렬왕은 이행검을 유배에서 풀어주었다는 기록이 있다.

10 『高麗史』卷29, 忠烈王 8年 4月 戊申條에 이행검이 원에 가서 黃漆을 진헌했다는 기록 정도가 확인된다.

11 『高麗史』卷33, 忠宣王 2年 正月 戊子.

12 『稼亭集』卷12, 「高麗國承奉郞摠部散郞賜緋魚袋贈三重大匡僉議政丞判典理司事上護軍奇公行狀」

13 『元史』卷22, 「武宗本紀一」, 492~493쪽.

하기 시작한다. 그는 후지원 경진년(1340)에 김영돈(金永旽)이 지공거를 맡고 안축(安軸)이 동지공거를 담당했던 과거시험에서 급제했다.[14] 묘지명에는 이때 이공수가 장원으로 급제했다고 되어 있다. 같은 해에 원 제국에서는 기씨가 혜종의 총애를 받아 제2황후에 책립되었다.

과거에 급제한 이공수는 공민왕 초기까지 거의 매년 관직을 옮기고 있음이 기록을 통해서 확인된다. 이공수는 급제하기 이전에도 낭장 겸 감찰규정의 직함을 가지고 있었는데 특히 감찰규정은 그의 부친 이애도 역임한 바가 있다. 1350년대 전기까지 이공수가 받았던 직함을 이공수의 묘지명에 근거하여 표로 만들어보면 아래 〈표1〉과 같다.

〈표1〉 이공수가 받았던 직함

(1341~1353, 표의 내용은 이공수 묘지명에 근거한 것이고 관직의 품계는 『고려사』 백관지의 기록을 참조하여 서술)

연도	직함
至正 辛巳年(1341)	典儀注簿(正6品), 成均直講(從5品)
至正 壬午年(1342)	奉善大夫(從4品 文散階) 成均司藝(從4品) 藝文應敎(正5品) 知製敎
至正 癸未年(1343)	奉常大夫(正4品 文散階) 典校副令(從4品) 春秋館修撰官(3品 以下)
至正 甲申年(1344)	中顯大夫(從3品下 文散階) 典校令(從3品) 密直司右副代言(正3品) 藝文館直提學(正4品) 知製敎
至正 乙酉年(1345)	知申事(正3品), 典理判書(正3品)
至正 丙戌年(1346)	監察大夫(正3品)
至正 丁亥年(1347) 7월	密直副使(正3品)
至正 戊子年(1348) 정월	匡靖大夫(正2品 文散階) 判密直司事(從2品)[15] 兼 監察大夫
至正 庚寅年(1350)	政堂文學(從2品)
至正 壬辰年(1352)	僉議平理(從2品) 兼 監察大夫 → 三司右使(正3品~正2品)[16]
至正 癸巳年(1353)	贊成事(正2品)

14   『高麗史』卷73,「選擧志一」.

위의 표에 정리된 직함을 『고려사』의 세가와 비교하면서 확인을 해보면, 『고려사』에는 충목왕 즉위년(1344) 6월에 서연(書筵)을 설치하고 여러 관료들로 하여금 시독(侍讀)하게 했다는 기록에서 이공수가 우부대언(右副代言)으로 등장하고 있다.[17] 그리고 묘지명에서는 보이지 않는 내용이 『고려사』에 있는데, 충목왕 원년(1345) 정월에 정방(政房)을 다시 설치하면서 지신사(知申事) 이공수 등을 제조관(提調官)으로 임명했다는 기록이 보인다.[18] 충목왕 2년(1346)에는 이공수가 감찰대부(監察大夫)로 기록된 것이 확인되고,[19] 충목왕 4년(1348)에는 판밀직사사로 등장하고 있다.[20] 이를 통해 이공수가 충목왕 재위 시기에 고려 조정의 핵심에서 활약하고 있었음을 알수 있다.

---

15   밀직사의 전신인 中樞院의 判院事는 문종 시기에 종2품으로 품계가 정해졌고, 공민왕 5년(1356)에 추밀원으로 개편되었다가 공민왕 11년(1362)에 다시 밀직사가 되었을 때 判司事는 종2품이었다고 되어 있으므로 이공수가 충목왕 4년(1348)에 판밀직사사가 되었을 때에도 종2품이었을 것이라 생각된다.

16   고려의 三司는 중앙과 지방의 錢穀 출납을 관장하는 기구로 초기에 설치된 삼사사는 정3품이었고, 충렬왕 때에 삼사좌사와 삼사우사가 별도로 두어졌다. 공민왕 5년(1356)에 폐지되었다가 공민왕 11년(1362)에 다시 삼사가 설치되었을 때에 삼사좌사와 삼사우사는 정2품의 관직으로 정해졌다. 따라서 이공수가 삼사우사에 임명되었던 시기에 삼사우사의 정확한 품계는 확인하기 어렵지만, 그 위상이 2품관에 도달해 가고 있었음은 분명하다. 이에 대해서는 朴龍雲, 『『高麗史』百官志 譯註』, 신서원, 2009, 126~127쪽의 서술도 참고.

17   『高麗史』卷37, 忠穆王 卽位年 6月 乙卯. 이는 이공수가 과거에 급제한 이후 『고려사』에서 모습을 드러내는 대목으로, 묘지명에 기록된 1341년부터 1343년까지의 직함은 『고려사』나 『고려사절요』에서 발견되지 않는다.

18   『高麗史』卷37, 忠穆王 元年 正月 丁未.

19   『高麗史節要』卷25, 忠穆王 2年 10月; 11月.

20   『高麗史節要』卷25, 忠穆王 4年 7月.

이공수의 묘지명에 따르면, 판밀직사사에 부임하고 얼마 지나지 않은 충목왕 4년 4월에 이공수는 천수성절(天壽聖節)을 하례하기 위해 원 제국으로 파견되었다. 천수성절 혹은 천수절은 원 혜종의 생일을 지칭하는 것으로, 혜종은 연우(延祐) 7년(1320) 4월 병인일에 태어났기 때문에[21] 이공수가 4월에 천수절을 하례하러 갔다는 것은 시기적으로도 사실과 부합한다. 『고려사』에는 이때 혜종의 생일을 하례하기 위해 영천부원군(寧川府院君) 이능간(李凌幹)을 보냈다는 기록이 있는데,[22] 이공수는 이능간과 함께 원으로 갔던 것이다. 이 사실은 가정 이곡과 목은 이색 부자의 기록을 통해서도 증명된다. 이색은 아버지 이곡이 원의 관직을 받았던 배경으로 인해 국자감에 입학할 자격을 가졌는데, 이공수가 원으로 들어갈 때 이곡은 이공수에게 이색을 함께 원으로 데리고 가기를 청하는 시를 전달하고 있고,[23] 이색이 이능간과 이공수를 수행하여 원으로 갔던 일을 회상하며 시를 지은 것이 기록에 남아 있다.[24] 또한 이공수의 묘지명을 서술한 이색은 묘지명에 자신이 이공수를 따라 성절 하례에 갔음을 언급하면서 이공수의 도움을 받았기 때문에 묘지명을 적는 것을 사양하지 않았다고 한다.

이색이 남긴 시를 조금 더 살펴보면, 흥미로운 대목을 확인할 수 있

---

21 『元史』卷38,「順帝本紀一」, 815쪽.

22 『高麗史』卷37, 忠穆王 4年 3月 壬寅. 즉, 이공수 일행은 3월에 고려에서 출발하여 4월에 원 제국 조정에 도착한 것이다.

23 『稼亭集』卷19,「寄李密直」

24 『牧隱詩藁』卷2,「歲戊子 陪李政丞凌幹 李密直公秀 進賀天壽聖節 今以會試之故 得爲書狀 奉謝恩表 馳駆赴都 東八站路上 因懷二公 吟成短章」 여기에서 公秀는 公遂의 誤記라고 보아야 할 것이다. 이색은 會試를 치르기 위해 원으로 가면서 이전에 이능간과 이공수를 수행하여 원으로 갔던 무자년(즉, 1348년)을 회상하고 있었던 것이다.

다. 바로 "天子曰我奇中宮, 世顯東方多鉅公, 可來京師一會晤, 兄弟之情難不通"[25] 이라는 구절이 주목되는데, 이색은 혜종이 기중궁(奇中宮, 기황후를 가리킨다)을 지칭하며 고려에 걸출한 인물이 많다고 했고 경사(京師)에 오게 되어 한번 만날 수 있게 되었으니 형제의 정을 통하지 않기가 어렵다고 이야기한 것이다. 이를 통해 추정해보면, 혜종의 생일을 축하하기 위해 원에 들어갔던 이공수 일행은 기황후도 함께 만났을 것으로 생각된다. 특히 이공수는 기황후와 고종 사촌 관계였기 때문에 이색의 시에서 언급된 '형제지정(兄弟之情)'을 분명히 주고받았을 것이다.

이공수가 원에 다녀온 그 해에 충목왕이 사망했고, 이듬해(1349)에 충정왕이 즉위했다. 충정왕이 즉위하면서 인사 개편이 이루어지는데, 이때 이공수가 판밀직사사에 임명되었다는 기록이 확인된다.[26] 이미 충목왕 4년에 판밀직사사에 오른 이공수가 충정왕 즉위 후에도 계속 지위를 유지했던 것이다. 그리고 얼마 지나지 않아 인사 임명이 또 이루어지는데, 이때 이공수는 정당문학(政堂文學)의 직함을 받았다.[27] 이공수의 묘지명에서는 경인년(1350)에 정당문학에 임명되었다고 기록되어 있지만, 『고려사』에서는 묘지명의 기록보다 약간 앞서 이공수가 정당문학이 되었음을 보여주고 있다.

충혜왕-충목왕-충정왕 시기의 다사다난했던 고려의 정세 속에서도 이공수는 꾸준히 승진을 거듭하며 조정의 중신(重臣)으로 자리를 잡고 있었

---

25   『牧隱詩藁』卷2,「歲戊子 陪李政丞凌幹 李密直公秀 進賀天壽聖節 今以會試之故 得爲書狀 奉謝恩表 馳馹赴都 東八站路上 因懷二公 吟成短章」

26   『高麗史』卷37, 忠定王 元年 閏7月 己巳.

27   『高麗史』卷37, 忠定王 元年 10月 戊子.

다. 이는 이공수가 고려 말기에 지속적으로 등장하는 '폐행'들과 같이 정국 변동으로 인해 급격하게 위상이 변화하는 인물이 아니었음을 보여준다. 충정왕에서 공민왕으로 갑작스럽게 고려왕이 교체되었을 때에도 이공수는 지위를 유지했다. 원이 공민왕의 즉위를 허락하고, 공민왕이 원에서 고려로 돌아오기 이전에 단행되었던 인사 개편에서 이공수는 정당문학으로 임명되고 있었던 것이다.[28] 이후 공민왕 원년(1352) 10월에는 삼사우사로 임명되고 있고,[29] 공민왕 2년(1353) 정월에는 홍언박(洪彦博), 유탁(柳濯)과 함께 찬성사(贊成事)에 임명되었다.[30] 공민왕 2년 정월에 우정승(右政丞)에 배수된 홍빈(洪彬)의 열전에는 홍빈이 홍언박, 이공수와 함께 정방을 제조(提調)했다는 기록이 추가로 보이고 있어 이공수는 정방의 관할도 동시에 맡고 있었음이 확인된다.[31] 이공수는 이미 충목왕 재위 시기에 정방의 제조관을 맡은 경력이 있었기 때문에 이를 계속 이어받았던 것으로 생각된다.

그런데 이공수의 관직 경력은 잠시 단절되기에 이른다. 찬성사의 지위에 오르고 정방의 제조까지 맡으면서 당시 정계의 핵심 기구에 가담했던 이공수가 공민왕 4년(1355)에 지공거가 되어 그 시험에서 33명을 급제시켰다는 기록[32] 이후 등장하지 않는 시기가 존재하는 것이다. 이는 이공수

---

28   『高麗史』卷38, 恭愍王 卽位年 11月 乙亥.

29   『高麗史』卷38, 恭愍王 元年 10月 丙午. 이공수의 묘지명에 따르면, 이공수는 삼사우사에 임명되기 전인 같은 해 윤3월에 僉議平理로 옮기면서 감찰대부를 겸했다고 되어 있다.

30   『高麗史』卷38, 恭愍王 2年 正月 戊子.

31   『高麗史』卷108,「洪彬傳」.

32   『高麗史』卷73,「選擧志一」.

의 묘지명을 통해서 구체적으로 확인할 수 있는데, 공민왕이 이공수를 동성도사(東省都事)로 삼자 그 칙첩(勅帖)을 받고 사은(謝恩)까지 했으면서도 곧 사퇴하고 관직에 나가지 않았다는 기록이 보인다. 이후 이공수는 정1품 문산계인 삼중대광(三重大匡)을 받고 익산부원군(益山府院君)에 봉해졌다. 여기에서 보이는 동성도사는 정동행성의 도사를 지칭하는데, 공민왕은 정동행성의 승상으로서 정동행성 관료로 이공수를 임명했음을 알 수 있다. 그리고 이공수가 실직을 맡지는 않았지만, 가장 높은 문산계를 받았던 것은 그의 정치적 위상이 컸음을 알려주는 것이기도 하다. 그러나 이공수의 임직과 퇴직에 관련된 더욱 자세한 기록이 전하지 않기 때문에 상세한 내막을 확인하기는 어렵다. 단지 필자는 공민왕 4년이라는 시점에 주목하면서 이공수의 행적을 분석할 필요가 있다고 생각한다.

고려에서 공민왕이 즉위했을 때에 원 제국 궁정에서는 기황후의 권력이 더욱 강해지기 시작하는 모습을 보였다. 후지원 6년(1340, 고려 충혜왕 후원년)에 제2황후로 책봉된 기황후는 권력 구도의 변동이 수시로 이루어졌던 제국 궁정 내에서 꾸준히 위상을 높여나갔고, 1350년대에 접어들면서 더욱 적극적인 행동에 나서기 시작했다. 이는 자신의 아들인 아유시리다라(愛猷識理達臘, Ayusiridara)가 어느 정도 장성했기 때문에 가능했던 일이었다. 그 결과 지정 13년(1353, 고려 공민왕 2년)에 아유시리다라는 황태자에 책립될 수 있었다.[33] 하지만 당시 원 제국의 정권을 장악하고 있었던 중서우승

---

33   지정 9년(1349)에 톡토가 중서우승상으로 복귀하고 난 이후 아유시리다라가 황태자로 책립되기까지 원 제국의 정국에 대해서는 권용철, 『원대 중후기 정치사 연구』, 온샘, 2019, 328~351쪽의 내용을 참고.

상 톡토(脫脫, Toɣto)는 기황후가 고려 출신 제2황후이고 제1황후의 아들이 있다는 점을 언급하면서 아유시리다라의 책보례(冊寶禮)를 미루었다. 이를 둘러싸고 원 제국 조정에서는 정치적 분란이 발생했고,[34] 결국 지정 14년(1354, 고려 공민왕 3년)에 톡토가 장사성을 정벌하기 위해 고우(高郵)로 출정을 나가있던 때에 톡토를 파직시키는 것에 성공하면서 기황후는 더욱 강고한 세력을 형성할 수 있었다.

이공수가 실직을 맡지 않기 시작한 공민왕 4년(1355, 원 지정 15년)은 기황후가 아들을 황태자로 만드는 것에 성공하고 이에 장애가 되었던 톡토를 제거하면서 권위의 정점에 도달했던 시기였다. 심지어 여기에서 더 나아가 혜종을 몰아내고 황태자를 즉위시키려고 했던 '내선(內禪)' 시도가 진행되기도 했을 정도로 궁중 내에서 기황후의 권력은 이전보다도 더 막강해져 있었다.[35] 그 여파는 고려에도 직접적인 영향을 끼쳤다. 기황후의 모친인 영안왕대부인(榮安王大夫人)에게 고려왕이 직접 연회를 베풀어 융숭히 대접했던 사례가 종종 확인되는 것이 대표적이고, 아유시리다라가 황태자로 책립된 그 해부터 고려에서 기황후의 생일을 축하하기 위한 사절을 파견하기 시작했다는 점[36]도 주목할 부분이다. 특히 공민왕 4년 8월에는 아유시리다라가 직접 관원을 보내 영안왕대부인을 위한 연회를 베풀게 했고,[37]

---

34 아유시리다라의 冊寶禮를 둘러싸고 벌어진 정치적 갈등에 대해서는 권용철, 같은 책, 354~356쪽의 내용을 참고. 이에 대해 더욱 상세하게 다룬 연구로는 윤은숙, 「아유시리다라의 冊寶禮를 둘러싼 大元帝國 말기의 권력쟁탈」, 『史叢』98, 2019를 참고.

35 이에 대해서는 윤은숙, 「大元帝國 말기 奇皇后의 內禪시도」, 『몽골학』47, 2016을 참고.

36 『高麗史』卷38, 恭愍王 2年 5月 乙酉.

37 『高麗史』卷38, 恭愍王 4年 8月 癸亥.

뒤이어 공민왕은 영안왕대부인과 원 사신의 청탁을 받아 관리를 임명해야 했을 정도였다.[38] 이렇게 기황후의 위세가 커져가는 상황 속에서 기황후와 고종 사촌 관계에 있던 이공수의 권위 역시 커졌을 것으로 생각되지만, 정작 이공수 자신은 관직에 나아가지 않고 있었다.

왜 공민왕 4년에 이공수는 관직에서 물러났던 것일까? 그 이유를 정확히 알려주는 기록을 찾을 수 없기 때문에 추정을 할 수밖에 없다. 이는 이공수가 기황후의 가족임에도 불구하고, 원 제국에 기대어 자신의 권위를 찾으려고 하지 않았던 훗날 그의 행적과도 연관이 되지 않을까 생각된다. 기황후가 아들을 황태자로 만드는 데 성공하고, 뒤이어 정권을 좌지우지했던 중서우승상 톡토가 반란 세력을 진압하기 위한 중대한 원정에 나가 있었음에도 불구하고 완벽한 황태자 책립을 위해 톡토까지 제거하는 급박한 정국을 확인한 이공수가 원 제국과의 긴밀한 관계에 있는 정동행성의 관직까지 마다하면서 미리 정계에서 물러났던 것이 아닐까 싶다. 이미 기철의 권위는 고려에서 매우 커지고 있었는데, 정작 이공수 자신은 기황후를 정치적 배경으로 삼아 출세하려는 의욕을 가지고 있지 않았던 것으로 보인다.

이듬해인 공민왕 5년(1356)에 공민왕은 기철 등 이른바 부원배 세력을 숙청하고, 대대적인 개혁을 시행했다. '반원개혁(反元改革)'으로 일컬어지는 여러 조치들이 이루어지는 정국 속에서도 이공수의 이름은 전혀 등장하지 않고 있다. 공민왕은 굳이 이공수를 부르지 않았고, 이공수 역시 자신이 적극적으로 나설 상황이 아니라고 파악을 하고 있었던 것으로 생각

---

38   『高麗史』卷38, 恭愍王 4年 9月 甲申.

된다. 비록 기철 등의 숙청, 공민왕의 쌍성총관부 공격, 인당(印璫)의 압록강 이서 팔참(八站) 공격 등 일련의 사건으로 인해 고려와 원 제국 사이에 긴장 관계가 조성되었지만 공민왕은 표문을 원에 전달하면서 이해를 구하고 있었다. 고려와 원의 관계는 단절되지 않았고, 기황후의 생일을 축하하는 사신의 파견도 공민왕 6년(1357),[39] 공민왕 7년(1358)[40]에 이루어졌음이 확인된다. 심지어 공민왕 8년(1359)에는 황태자의 생일을 축하하기 위해 연회를 마련했는데, 이것이 원과는 서로 소통하지 않지만 갑자기 관계를 단절하려고 하지는 않았기 때문이라는 기록도 보인다.[41] 이렇게 고려와 원의 관계는 살얼음을 밟는 것과 같은 관계를 유지하고 있었는데, 이공수는 공민왕 9년(1360)에 다시 모습을 드러내고 있다. 그 원인은 홍건적의 고려 침입이었다.

3. 1360년대 이공수의 외교적 활약과 원 제국 말기의 정국

이공수가 다시 모습을 드러내는 것은 홍건적의 고려 침입과 직접적으로 연관되어 있다. 지정 11년(1351, 고려 공민왕 즉위년)부터 본격적으로 출현하는 홍건적 세력은 원 제국의 전국으로 퍼져나가면서 제국 조정을 괴롭혔다. 초반에는 하남(河南)을 분기점으로 그 이남 지역에 주로 분포되어 있었

---

39   『高麗史』卷39, 恭愍王 6年 閏9月 丁巳.

40   『高麗史』卷39, 恭愍王 7年 5月 辛酉.

41   『高麗史』卷39, 恭愍王 8年 11月 癸丑.

지만, 1350년대 후반이 되면 산동, 요동 일대 등 하남 이북 방면으로도 홍건적의 세력 범위가 확대되어 나갔다. 이 중에서 고려에 침입을 하게 되는 세력은 관선생(關先生)과 파두반(破頭潘) 등이 이끄는 홍건적 부대였다. 이들은 지정 18년(1358) 6월에 요주(遼州, 현재 산서성 좌권현左權縣)를 함락했다가 정부 군대의 공격을 받고 도망가 기녕로(冀寧路, 치소는 현재 산서성 태원시)를 점령했다.[42] 그리고 9월에는 완주(完州, 현재 하북성 순평현順平縣)를 함락하고 대동(현재 산서성 대동시), 홍화(興和, 현재 하북성 장북현張北縣)의 새외제군(塞外諸郡)을 약탈했다.[43] 이어서 12월에는 상도까지 함락시켜 궁궐을 불태우면서 1주일 동안 머물다가 이동하여 요양으로 왔고, 마침내 그 세력이 고려에 이르게 되는 것이다.[44]

공민왕 8년(1359) 2월에 홍건적 진영은 고려에 글을 보내 자신들의 세력이 전국에 걸쳐 있다는 점을 언급하면서 귀화하는 사람은 안무(按撫)하겠지만 저항을 하면 처벌을 할 것이라고 엄포를 놓았다.[45] 고려를 침입하겠다는 의사를 표시하지는 않았지만, 그 기세가 상당했음은 확인할 수 있다. 하지만 이 해 8월에 차간테무르(察罕帖木兒, Chaɣan Temür)가 이끌었던 군대에 의해 변량(汴梁, 현재 하남성 개봉시)을 점거하고 있던 유복통(劉福通)이 안풍(安豊, 현재 안휘성 수현壽縣의 남쪽)으로 퇴각하면서 홍건적의 기세는 주춤하는 기색을 보였다.[46] 중원에서 반격을 당한 홍건적 세력 중 일부는 고려로 진출하기 시

42　『元史』卷45, 「順帝本紀八」, 943~944쪽.

43　『元史』卷45, 「順帝本紀八」, 945쪽.

44　『元史』卷45, 「順帝本紀八」, 945쪽.

45　『高麗史』卷39, 恭愍王 8年 2月 乙酉.

46　『元史』卷45, 「順帝本紀八」, 948쪽. 이러한 정황에 대해서는 권용철, 「묘지명을 통해 본 대원제국 말기의 정국-'賽因赤答忽 묘지명'의 분석을 중심으로」, 『大丘史學』137,

작했고, 공민왕 8년 11월에 홍건적 3,000명이 압록강을 건너 약탈을 하고 떠난 것[47]을 시점으로 홍건적의 고려 침입이 본격화되었다. 12월에는 홍건 적의 '위(僞)'평장(平章) 모거경(毛居敬)이 압록강을 건너와 의주(義州)를 함락했고,[48] 이어서 정주(靜州)와 인주(麟州)를 점령했으며[49] 서경까지 차지했다.[50]

사태가 심각한 지경에 이르자 공민왕은 호부상서 주사충(朱思忠)을 홍건 적 측에 보내 실상을 탐지하게 했고,[51] 이듬해인 공민왕 9년(1360)부터는 본 격적인 전투가 시작되었다. 공민왕은 홍건적과의 전투 결과를 원에 보고 하기 위해 주사충을 파견했지만, 주사충은 요양까지 갔다가 길이 막혀 돌 아올 수밖에 없었다.[52] 이미 요동 지역은 홍건적 세력이 점거하고 있었고, 제국 조정은 손을 쓰지 못하고 있었던 것이다. 공민왕 4년 이후로 기록에 서 자취를 감춘 이공수는 긴박했던 이 시기에 『고려사』에서 다시 등장하 기 시작한다. 공민왕은 이공수와 주사충을 원으로 보내 정세를 살피게 했 던 것이다.[53] 주사충은 이미 홍건적의 일로 인해 고려와 요동을 왕복했었 는데, 여기에 이공수를 같이 보내서 원 제국과 홍건적의 동향을 점검하는 중책을 맡겼다. 이때 이공수는 '익산군(益山君)'으로서 아무런 관직도 지니고

2019, 219~223쪽의 내용을 참고.

47 『高麗史』卷39, 恭愍王 8年 11月 戊午.

48 『高麗史』卷39, 恭愍王 8年 12月 丁卯.

49 『高麗史』卷39, 恭愍王 8年 12月 戊辰.

50 『高麗史』卷39, 恭愍王 8年 12月 丁亥.

51 『高麗史』卷39, 恭愍王 8年 12月 戊子.

52 『高麗史』卷39, 恭愍王 9年 3月 乙卯.

53 『高麗史』卷39, 恭愍王 9年 7月 辛未.

있지 않은 상태였다. 관직을 고사하며 물러났던 이공수가 위기에 처한 공민왕과 고려 조정을 위해 다시 나서야만 했던 것이다. 하지만 이공수도 요동을 넘어서지 못하고 심양에 머물러 있다가 고려로 되돌아와야만 했다.

이공수의 묘지명에 따르면, 이공수는 공민왕 10년(1361)에 사적(沙賊)이 북쪽 변경을 침략하자 죽전(竹田)에서 이를 막았다고 하는 기록으로 관직에서 물러난 이후 다시 등장하는 모습을 설명하고 있다. 즉, 묘지명에는 공민왕 9년에 요동으로 가서 원 제국의 정황을 살폈던 내용은 기록되어 있지 않은 것이다. 그렇다면, 공민왕 10년에 있었던 '사적'의 침략은 무엇을 의미하는 것일까? 공민왕 10년 9월에만 해도 공민왕은 원 제국에 홍건적과 관련된 소식을 알리기 위해 여러 차례 파견했던 주사충을 원 제국 조정에 파견하여 길이 다시 통하게 된 것을 하례하는 표문을 올렸다.[54] 모거경 등의 침입을 고려에서 막아냈고, 원 제국 측에서도 차간테무르 등의 활약으로 홍건적 세력을 어느 정도 제압한 결과였다. 그러나 이 평화는 그리 오래 가지 못했고, 이공수는 다시 홍건적을 상대해야 했다.

공민왕 10년 10월에 반성(潘誠)[55], 사유(沙劉), 관선생 등이 10여 만의 무리를 이끌고 압록강을 건너 다시 고려를 침입했다.[56] 원과의 교통이 재개되자 정동행성 관리를 다시 설치하면서 원과의 관계에 신경을 썼던 공민왕

---

54 『高麗史』卷39, 恭愍王 10年 9月 庚申.
55 반성이라는 이름은 중국 측의 자료에서는 보이지 않는데, 이 인물이 관선생과 함께 자주 등장하는 파두반과 동일한 인물이 아닐까 생각된다. 파두반에서 破頭가 몽골어에서 영웅을 뜻하는 '바아투르'를 표기한 것일 가능성이 있다고 한다면, 파두는 일종의 별명인 것이고 그 뒤에 성씨 반을 붙인 것으로 보인다. 물론, 이는 필자의 추측이다.
56 『高麗史』卷39, 恭愍王 10年 10月 丁酉.

이 보낸 하정사(賀正使)는 또 다시 길이 막혀 원으로 가지 못했다. 공민왕은 홍건적 진압을 위해 각 지역에 장수들을 배치했는데, 이때 이공수는 '평장사(平章事)'로서 죽전에 주둔하게 된 것이다.[57] 즉, 이공수의 묘지명에서 언급하고 있는 사적은 바로 공민왕 10년에 고려로 침입한 홍건적 세력을 가리키는 것으로 사유가 선봉이었기 때문에 사적이라고 칭한 것이다. 또 주목할 것은 이공수가 죽전에 주둔할 때에 이미 평장사의 직함을 띠고 있었다는 것이다. 평장사는 공민왕 5년에 개혁이 실시되었을 때에 찬성사를 개칭한 것으로, 이는 고려 문종 시기의 옛 제도를 회복한다는 의미를 가지고 있었다. 이공수는 공민왕 2년에 받았던 찬성사의 직함을 공민왕 10년에 명칭이 바뀐 평장사로 다시 받았던 것이다.

홍건적의 2차 고려 침입으로 공민왕은 복주(福州, 경북 안동)까지 피난을 가야 했고, 그 사이 홍건적 세력은 개경을 점령했다. 하지만 이듬해인 공민왕 11년(1362) 정월에 고려군은 개경을 포위하여 사유와 관선생을 죽이는 등 승리를 거두었고, 파두반 등의 잔여 세력은 압록강을 건너 도망쳤다.[58] 비록 고려가 승리를 거두기는 했지만, 공민왕이 바로 환도할 여건이 조성되지 못했고 공민왕은 이공수 등을 먼저 개경에 보내 홍건적 침입으로 인해 피폐해진 개경의 관리를 맡겼다. 이공수의 묘지명에 따르면, 공민왕 11년 6월에 이공수가 찬성사에 임명되었다는 내용이 보이는데 앞에서 언급했듯이 공민왕 10년에 이공수는 이미 평장사였고, 이때 찬성사가 되

---

57   『高麗史』卷39, 恭愍王 10年 11月 庚申.
58   『高麗史』卷40, 恭愍王 11年 正月 甲子.

었다는 것은 공민왕 11년에 공민왕이 관제 개혁을 실시하여 평장사가 다시 찬성사로 명칭이 바뀌었음을 의미하는 것으로 생각된다.[59] 이렇게 이공수가 공민왕보다 먼저 개경으로 돌아와서 홍건적이 파괴한 여러 기반들을 다시 조성하는 것에 큰 역할을 하게 되었다.

압록강을 건너 도망쳤던 홍건적 세력은 요양행성의 군대에 의해 격파되었고, 원과의 소통도 다시 이루어질 수 있었다. 공민왕은 두 번의 홍건적 침입을 받은 이후, 공민왕 5년 당시에 수행했던 '반원' 성향의 개혁으로부터 물러섰고 공민왕 11년의 관제 변경은 이를 반영하는 것이기도 했다. 혜종은 공민왕에게 홍건적 진압의 공을 치하하는 사신을 보냈고,[60] 공민왕역시 이에 답례하는 사절을 원에 보냈다. 이렇게 고려와 원의 관계가 안정적인 단계로 접어들려고 했을 때, 고려의 입장에서는 다소 의외의 상황이 발생했다. 공민왕은 원에서 덕흥군(德興君) 타스테무르(塔思帖木兒, Tas Temür)를 고려국왕으로 세웠다는 말을 듣고, 그 진위를 살피게 하는 사건이 벌어진 것이다.[61] 분명 홍건적 진압 이후 원과의 관계는 원만히 흘러가고 있었는데, 아직 환도도 하지 못한 상황에서 갑자기 원에서 새로운 고려국왕을 세

---

59 공민왕 11년 관제 개편의 배경에 대해서는 李康漢, 「공민왕대 관제개편의 내용 및 의미」, 『역사학보』 201, 2009, 40~57쪽의 내용을 참고. 이강한은 이때의 관제개편이 충선왕 시기 관제로의 복귀 성격을 가지고 있다고 보았는데, 이정란은 공민왕이 충선왕 시기 관제를 모델로 삼았다기보다는 공민왕 5년의 개혁을 부정하는 모양의 관제 개편이 이루어지면서 충선왕 시기 관제의 모습과 가까워지게 된 것이라고 주장했다(이정란, 「1361년 홍건적의 침입과 공민왕의 충청지역 피난정치」, 『지방사와 지방문화』 21-1, 2018, 56~58쪽).

60 『高麗史』卷40, 恭愍王 11年 8月 乙未.

61 『高麗史』卷40, 恭愍王 11年 12月 癸酉.

웠다는 소식이 들려오자 공민왕은 또 다른 고민을 안게 되었다.

공민왕 12년(1363) 2월에 공민왕은 개경 남쪽의 홍왕사(興王寺)에 들어와 환도를 준비했고, 3월에는 이공수와 밀직제학(密直提學) 허강(許綱)을 원에 보내 표문을 바쳤다. 이공수의 묘지명과 『고려사절요』에는 덕흥군 문제로 인해 이공수가 파견된 것으로 기록되어 있는데, 정작 『고려사』에 기록되어 있는 표문에서는 이 문제를 직접적으로 언급하지 않았다. 표문에서는 주로 홍건적을 진압하면서 고려와 원 사이의 안정이 이룩되었다는 내용만을 서술한 것이다.[62] 이를 통해 추정해보면, 이공수가 처음 원으로 출발할 때에는 덕흥군 문제 해결을 목표로 하지는 않았던 것이다. 그러나 이공수가 떠난 지 얼마 지나지 않은 윤3월에 홍왕사의 변란이 발생하면서 덕흥군은 고려의 밖에서 공민왕을 압박하고, 고려 안에서는 김용(金鏞)이 이에 응해 공민왕을 암살하려 했다는 것으로 인식되면서 덕흥군 문제가 가장 시급한 현안으로 떠올랐다.

이에 고려에서는 4월에 어사대, 중서성, 첨사원에 정문(呈文)을 보냈다. 공민왕은 홍건적을 진압하면서 원 조정을 위해 공적을 세웠는데, 일부 참소의 말을 들어 공민왕을 폐위시켜서는 안 된다는 내용의 문서였다.[63] 앞서 3월에 보낸 표문보다 훨씬 더 직접적으로 덕흥군 문제를 언급한 것이다. 특히 황태자를 보필하는 첨사원에 보낸 문서에서는 공민왕이 원 제국에서 숙위를 할 때에 단본당(端本堂)[64]에서 황태자와 함께 공부를 했다는 점

---

62   표문의 내용은 『高麗史』 卷40, 恭愍王 12年 3月 壬寅의 기사 참고.

63   呈文 세 건의 내용은 『高麗史』 卷40, 恭愍王 12年 4月 甲寅의 기사 참고.

64   단본당은 혜종이 황태자 교육을 위해 설치한 기구였다. 단본당의 설치 목적과 관련

까지 언급하면서 갑자기 자신이 폐위된 것에 대한 억울함을 호소했다. 즉, 표문에 이어 원 제국 조정의 주요 기관에 각각 문서를 보냈을 정도로 공민왕에게 있어서 덕흥군 문제는 더 이상 해결을 미루어서는 안 되는 것이었다. 표문을 전달하기 위해 원으로 간 이공수 역시 공민왕과 같은 입장이었다.

고려에서 4월에 세 통의 정문을 보내기 전에 이공수는 원에 도착했고, 그를 맞이하기 위해 기황후와 황태자가 교외까지 나왔다는 사실이 이공수의 묘지명에 기록되어 있다. 그리고 4월 3일에 이공수와 고려의 사신들을 위한 연회가 베풀어졌는데, 이때 기황후는 이공수에게 '친형'을 대하는 예로 대접한다는 것을 언급하면서 이공수와의 관계를 강조했다. 그러나 이공수는 이에 개의치 않고 자신의 의견을 기황후에게 개진했다. 그 핵심적인 부분은 아래와 같다.

지금 왕은 충성을 다하여 적을 물리치고 나라를 위하여 공훈을 세웠으니, 마땅히 상을 내려 사방에 밝힘으로써 장수들의 사기를 진작시켜야 하는데, 어찌 사사로운 감정으로 공의(公義)를 폐할 수 있습니까. 병신년(丙申年)의 화(禍)는 실제로 우리 집안[我家]이 성만(盛滿)하여 만족에 그쳐야 하는 것을 알지 못한 까닭에 일어난 것일 뿐이고, 왕의 죄는 아닙니다. 스스로의 허물은 알지 못하고 공훈이 있는 군주를 폐위하려 하시니, 조정에 사람이 없습니까. 뒷날 반드시 천하의 웃음거리가 될 것입니다. 원하건

된 내용을 기록한 것으로는 『王忠文集』 卷15, 「端本堂頌」을 참고.

대 전하께서는 황제께 잘 말씀드려 우리 왕을 복위하게 하고, 간신을 쫓아내면 매우 다행하고 다행한 일이겠습니다.[65]

즉, 이공수는 공민왕의 폐위가 부당함을 강조한 것이다. 특히 공민왕이 기철 등을 죽인 일을 '병신지화(丙申之禍)'라는 용어로 언급하면서 기황후 앞에서 기철의 죄를 부각시켰는데, 이공수 역시 기씨 가문과 인척 관계로 연결되어 있었기 때문에 이러한 말을 과감하게 할 수 있었던 것으로 보인다. 특히 "우리 집안이 성만하여 만족을 알지 못했다"는 말과 "스스로의 허물은 알지 못한다"는 발언은 기황후를 직접적으로 겨냥했다고도 볼 수 있어 이공수의 강직함을 잘 드러내고 있다. 하지만 이공수도 결국 기황후를 설득시키지는 못했다.

이공수를 원에 보낸 공민왕은 내심 이공수에게 기대를 걸었던 것 같다. 그가 원으로 출발하고 난 이후, 4월에 공민왕은 이공수를 좌정승에 임명했다.[66] 이공수가 고려에 없는 상태에서 그의 관직을 한 단계 올려준 것이다. 아직 이공수가 기황후를 설득하는 것에 성공을 거두지도 않은 상황에서 공민왕은 승진을 통해 이공수에 대한 신임을 확실하게 보여주었다고 할 수 있다. 그런데, 1개월이 지난 공민왕 12년 5월에 공민왕은 이공수를 파직시켰다.[67] 이러한 갑작스러운 공민왕의 조치는 이공수의 행적과 관련

---

65 『牧隱文藁』卷18, 「有元資善大夫大常禮儀院使高麗國推忠守義同德贊化功臣壁上三韓三重大匡益山府院君諡文忠李公墓誌銘」(金龍善 編著, 『第五版 高麗墓誌銘集成』, 한림대학교 출판부, 2012, 572쪽).

66 『高麗史』卷40, 恭愍王 12年 4月 丁巳.

67 『高麗史』卷40, 恭愍王 12年 5月 癸巳.

되어 있었다.

이공수의 강력한 발언에도 불구하고, 공민왕을 폐위하려는 원 제국 측의 시도는 중단되지 않았고 이공수로 하여금 덕흥군과 함께 고려로 돌아가라는 명령을 내렸다. 이공수는 이 명령에 따르지 않고, 성과를 거둔 것 없이 고려로 귀환하려하지 않았다. 이에 원 제국은 이공수에게 태상예의원사(太常禮儀院使) 관직을 내렸다. 원의 태상예의원은 제국의 예악(禮樂), 종묘 사직에 대한 제향(祭享), 시호(諡號) 봉증(封贈) 등의 사무를 담당하는 기구였고, 이를 이끌어가는 태상예의원사는 정2품의 고관에 해당되었다.[68] 이공수는 언어가 통하지 않고, 중국의 예법을 익히지 않았다는 이유로 관직을 맡지 않겠다고 했지만, 원은 그대로 임명을 밀어붙였고 기황후는 이를 축하하는 성대한 연회를 베풀었다. 제국에 사신으로 파견된 고려의 관료가 갑자기 정2품의 제국 관료가 된 것은 굉장히 이례적인 일이었고, 이는 기황후의 높은 권위가 없었다면 시행되지 못했을 것이다. 아마 기황후는 이공수를 제국의 고위 관료로 임명하여 그를 붙잡아 놓고 공민왕 폐위에 관해 그를 설득하려 했을 수도 있다. 이공수는 기황후와의 인척 관계라는 배경 때문에 공민왕 폐위에 관한 직설적인 발언을 할 수 있었으면서도 처벌을 당하거나 쫓겨나지 않았고, 오히려 고위 관직에 배치되었다.

고려에는 이공수의 관직 임명과 관련된 소식이 왜곡되어 전해졌던 것 같다. 이공수의 행적을 고려에 알린 인물은 역어(譯語) 이득춘(李得春)이라는 인물이었는데, 통역에 종사했던 그는 황제가 덕흥군을 왕으로 삼으려는

68   『元史』卷88,「百官志四」, 2217쪽.

계획을 진행시키면서 이공수를 우정승에 임명했다고 알려온 것이다.[69] 앞에서 이공수의 행적을 살펴본 것에 따르면, 이득춘이 가져온 이공수에 대한 소식은 사실이 아니었다. 이공수는 덕흥군 일파에 귀속된 적이 없었고, 우정승이 아닌 원의 의례를 주관하는 태상예의원사에 임명되었기 때문이다. 하지만 공민왕은 이득춘의 말에 충격을 받고 이공수를 파면했던 것이다. 이후 공민왕은 덕흥군 일파와 군사적으로 상대할 본격적인 대비에 착수했다.

원에서 정2품의 관직을 역임하게 된 이공수에게는 이에 상응하는 조치가 취해졌다. 이공수의 조부와 부친이 원의 직함을 추증받았고, 이공수 자신은 황태자와의 연회에서 원 제국의 상징적 권위자였던 옹기야누(王家奴, Ongɣiyanu) 태사(太師)[70]와 벡살릭(伯撒里, Beg Saliq) 소보(少保)의 다음 자리에 앉는 등 지위에 맞는 대접을 받았다. 심지어 혜종은 황태자의 외가 사람들 중에서 오직 이공수만을 꼽을 수 있다고 하면서 그에 대한 신임을 보였다. 혜종의 이 말은 당시 혜종이 기황후조차도 신뢰하고 있지 않았음을 간접적으로 드러내는 것이다. 이렇게 이공수의 지위가 올라간 후, 기황후는 다시 기철 등이 살해된 일에 대해 언급했다. 하지만 이공수는 공민왕의 죄가 아니라는 입장을 고수했고, 결국 기황후는 이후 이공수를 부르지 않았다. 이공수를 설득하기 어렵다는 것을 파악한 것이다.

덕흥군을 내세운 군대는 12월에 요동과 압록강 일대까지 도달했는

---

69   『高麗史節要』卷27, 恭愍王 12年 5月.

70   옹기야누의 행적에 대해서는 권용철, 「元代 말기 쿠르기스-옹기야누-셍게시리 三代의 행적-제국 조정의 정국 변화에 대한 검토를 중심으로」『中國學報』90, 2019를 참고.

데,[71] 이 계획을 주도적으로 시행한 최유(崔濡)는 이공수를 반드시 데려와야 한다면서 박불화(朴不花)와 투르테무르(禿魯帖木兒, Tur Temür)에게 뇌물을 전달했다. 이공수가 원의 수도에서 높은 지위에 있으면서 어떤 일이 벌어질지 예측을 할 수 없었던 것도 있었고, 공민왕이 파견한 사신이자 기황후의 친척이기도 했던 이공수를 끌어들일 수 있다면 덕흥군 세력에게는 굉장히 큰 힘으로 작용할 수 있을 것이라는 점도 고려했을 것이다. 박불화는 기황후의 측근 환관으로, 공민왕이 원에 보내는 문서들이 황제에게 들어가는 것을 차단하는 역할을 하고 있었고, 이공수의 묘지명에 따르면 투르테무르[72]는 '첨사(詹事)'의 직함을 띠고 있었다. 즉, 투르테무르는 황태자 아유시리다라의 측근이었던 것이다. 최유는 각각 기황후와 황태자의 측근인 두 사람에게 이공수를 요동으로 보내라는 의사를 전달한 것이었다.

이공수는 결코 덕흥군 세력에 합류하지 않겠다는 의사를 서장관 임박(林樸)에게 다시 언급했고, 박불화와 투르테무르는 혜종에게 이공수를 요동으로 보내자는 요청을 했지만 승인을 받아내지 못했다. 즉, 혜종은 이공수에 대한 신임을 거두지 않았음을 알 수 있는데 또 중요한 것은 박불화와 투르테무르가 각각 기황후와 황태자의 대변인이라고 본다면 기황후와 황태자가 이공수의 신변을 임의로 처리할 수 없었음을 나타낸다. 아무리 기

---

71 『高麗史』卷40, 恭愍王 12年 12月.

72 원대 말기에 등장하는 투르테무르는 지정 14년(1354)에 톡토(脫脫)를 몰아내고 권력을 차지했던 카마(哈麻)와 함께 혜종을 물러나게 하는 내선(內禪)을 시도했던 인물인데, 이 시도가 좌절되어 카마는 죽임을 당했지만 투르테무르는 절로 들어가 몸을 숨겼다. 그 이후 투르테무르의 행적은 기록에 전해지는 바가 없고, 1360년대 원 조정에 등장하는 투르테무르가 1350년대의 투르테무르와 같은 인물인지도 확언할 수 없다.

황후와 황태자의 위세가 올라갔다고 하더라도, 황제의 의사까지 무시할
수는 없었던 것이다. 이러한 측면에서 생각해보면, 원 제국에서 공민왕을
폐위하고 덕흥군을 내세우며 군대까지 동원한 것은 기황후와 황태자 측의
계획이었겠지만 황제의 동의 혹은 암묵적 승인이 없었다면 실행하기 어
려운 일이었다. 이공수를 불러오는데 실패한 덕흥군 세력은 공민왕 13년
(1364) 정월에 압록강을 건너 침입을 개시했지만, 최영 등이 이끄는 고려 군
대에 의해 격파되면서 결과적으로 덕흥군 옹립 계획은 실패로 끝났다.

　　덕흥군 옹립이 실패로 마무리된 뒤 얼마 지나지 않아 원 제국 조정의
판도가 뒤바뀌는 사건이 잇달아 발생했다. 지정 24년(1364) 4월에 군벌 보
로테무르(孛羅帖木兒, Boro Temür)가 대도에 대한 군사적 공격을 감행한 것이
다. 이는 제국 궁정 내에서 황제와 황태자 파벌 사이에 발생한 대립이 수
도 외부로 확대되면서 발생한 결과였다.[73] 보로테무르는 중앙 조정 및 다
른 경쟁 군벌인 쿠쿠테무르(擴廓帖木兒, Kökö Temür)의 압박을 극복하려는 목
적으로 강경책을 시행했고, 이것이 효력을 발휘하면서 혜종은 중서우승상
초스감(搠思監, Chosgam)과 박불화를 각각 영북(嶺北)과 감숙(甘肅)으로 귀양을
보내라는 명령을 내렸다가 실제로는 이들을 잡아서 보로테무르 진영에 넘
겼다. 보로테무르는 초스감과 박불화를 주살했다. 『고려사』에는 이 사선
이 공민왕 13년 5월에 사신을 통해 알려졌다고 기록되어 있다.[74]

73　이에 대해서는 권용철, 앞의 책, 370~374쪽의 내용을 참고.

74　『高麗史』卷40, 恭愍王 13年 5月 戊寅. 이 기록에는 초스감과 박불화가 귀양을 가고
　　보로테무르가 다시 태위(太尉)가 되었다고 전하고 있다. 여기에서 태위는 오류이고,
　　보로테무르는 태보(太保)의 직함을 받았다.

보로테무르에 일격을 맞은 황태자 아유시리다라는 쿠쿠테무르에게 보로테무르를 공격할 것을 명령했고, 이에 보로테무르는 다시 대도로 진격했다. 결국 7월에 대도에 입성한 보로테무르 세력은 혜종을 알현했고, 황태자는 성을 빠져나와 쿠쿠테무르의 진영으로 도망쳤다. 원 제국의 이러한 급변은 공민왕에게 있어서는 불리하지 않은 상황이었다. 공민왕이 자신의 공적을 언급하며 폐위의 이유를 묻는 서한을 중서성에 여러 차례 보냈으나 박불화 등이 이를 막으면서 황제에게까지 보고가 들어가지 못했지만, 이제는 그럴 일이 없어졌기 때문이다. 압록강 일대에서 덕흥군 세력을 물리치기는 했지만 여전히 재위에 불안정을 느꼈을 공민왕으로서는 원 제국의 정국으로 인해 급격한 전환점을 맞이했던 것이다.

8월에 보로테무르는 중서우승상이 되어 원 조정의 최고위 관원이 되었고, 그가 취한 조치 중 '압신(押臣)' 투르테무르를 죽일 것을 청했다는 내용이 보인다.[75] 황태자가 이미 도망을 쳤고 기황후는 초스감과 박불화가 보로테무르에 의해 살해되면서 고립된 상황에 처하게 되었으며 보로테무르는 기황후와 황태자가 장악했던 조정을 일신(一新)하려고 했던 것이다. 이공수의 묘지명에 의하면, 보로테무르는 공민왕이 죄가 없는데도 소인들에게 어려움을 당하고 있으니 이를 먼저 다스려야 한다고 주장하고 있다. 혜종 역시 보로테무르의 의견에 따르면서 공민왕은 왕위를 지킬 수 있었고, 이공수는 고려로 돌아가겠다는 의사를 밝혔다.

공민왕의 '복위' 소식은 9월에 고려에 전해졌다. 황제가 공민왕을 복위

---

75 『元史』卷46, 「順帝本紀九」, 968쪽.

시키고, 덕흥군 옹립 계획을 주도했던 최유를 고려로 압송할 것을 명했다는 소식이 전해진 것이다.[76] 그리고 10월에는 공민왕의 복위를 명하는 황제의 조서가 전달되었다. 이 조서에는 덕흥군 옹립의 배경이 간명하게 서술되어 있다. "뜻하지 않게 최유가 은밀히 음험하고 간사한 일을 꾸며, 망령되게 등용될 것을 바라고 권신 초스감에게 의지하여 인척이 되었으며, 환관 박불화와 관계를 맺고 재앙을 만들어냈다. 어리석게도 아무 잘못이 없는 왕위를 교체하자는 조서를 내릴 것을 주청하여, 이에 전쟁까지로 이어지는 소란이 한번 발생하였으니, 짐은 그것에 대해 깊이 탄식하는 바이다"라고 한 것이다.[77] 조서를 내린 것이 잘못된 일이었고, 이는 최유와 초스감, 박불화의 간계(奸計)였다는 점을 강조한 내용이었다.

이렇게 기황후의 덕흥군 옹립 계획은 완전히 무산되었다. 이공수가 이에 직접적으로 기여한 바는 없지만, 1년 넘게 원에 머무르는 동안 자신의 의지를 굽히지 않으면서 원에서 고위 관료로 생활했던 것 자체에도 분명한 의미가 담겨 있다고 볼 수 있다. 게다가 공민왕의 오해에서 비롯되었기는 했지만 이공수가 고려에서의 관직을 박탈당하면서도 공민왕을 배신하지 않았고, 덕흥군 세력의 고려 침입에도 끝까지 가담하지 않았던 것도 그가 할 수 있는 최선의 행동이었다고 생각된다. 그리고 보로테무르에 의해 대도가 점거되기 1개월 전인 공민왕 13년 6월에 이공수는 원에 있던 다른 고려인 관료들과 함께 덕흥군이 아직 살아 있고 최유가 여전히 군사를

---

76   『高麗史』卷40, 恭愍王 13年 9月 己巳.
77   『高麗史』卷40, 恭愍王 13年 10月 辛丑.

일으킬 계획을 가지고 있기 때문에 방어를 더욱 신중히 하라는 내용의 서신을 고려에 보내기도 했다.[78]

공민왕은 이공수가 개경으로 돌아오기 전에 그를 영도첨의(領都僉議, 종1품)에 임명했다.[79] 이는 공민왕이 이공수에게 고위 직함을 주면서 그가 1년 동안 원에서 나름대로의 역할을 수행했음을 인정했던 것이라고 할 수 있다. 비록 영도첨의가 국정의 긴요한 실무들에 직접 개입하는 직위는 아니었지만, 항상 정치적 불안 상태에 놓여 있었던 공민왕이 이공수를 이전보다 더욱 신뢰하고 있었다는 점은 분명하게 나타난다고 할 수 있다. 이렇게 원에서 고위 관직을 경험했고, 기황후와 친척 관계이기도 하면서 공민왕으로부터 인정까지 받은 이공수는 고려에서 크게 활약을 하게 될 것으로 보였지만, 실제로는 그렇지 않았다. 공민왕 14년(1365)부터 신돈이 공민왕의 총애를 받아 정권을 장악했고, 신돈은 이공수를 견제했기 때문이다. 이러한 상황에서 이공수도 단호하게 정치에 간여하지 않았다. 결국 공민왕 14년 6월에 이공수는 다시 익산부원군에 봉해졌는데,[80] 이는 사실상의 은퇴를 의미하는 것이었다. 이듬해인 공민왕 15년(1366) 5월에 이공수는 세상을 떠났고,[81] 공민왕은 그에게 문충(文忠)이라는 시호를 내려주었으며 슬하에 자식이 없었던 이공수를 위해 장례를 국가에서 돕게 했다.

1360년대는 이공수의 인생 말년에 해당하는 시기라고 볼 수 있는데,

---

78   『高麗史節要』卷28, 恭愍王 13年 6月.
79   『高麗史』卷40, 恭愍王 13年 10月 丁未. 이공수는 영도첨의에 임명되고 8일이 지나 개경으로 돌아왔다.
80   『高麗史』卷41, 恭愍王 14年 6月 庚寅.
81   『高麗史』卷41, 恭愍王 15年 5月 壬午.

그의 활약은 이때에 가장 두드러지게 나타났다. 홍건적의 침입으로 인해 기반이 크게 파괴된 고려를 재건하는 과정에서 적극적으로 활약했고, 공민왕 폐립과 덕흥군 옹립 문제를 해결하기 위한 막중한 임무를 수행하기 위해 원 제국에 파견된 것은 그의 인생에서 가장 결정적인 순간이었다. 기황후의 친척으로서 융숭한 대접을 받으면서도 기황후에게 공민왕 폐립의 문제점을 직설적으로 언급했고, 혜종으로부터 인정을 받으면서 원의 고위 관직에 임명되었으며 이는 덕흥군 세력이 그를 함께 데려가려고 했을 때 황제가 이를 저지하는 결과로 이어졌다. 그의 외교 활동이 공민왕의 복위를 직접 이끌어내지는 못했지만, 그럼에도 불구하고 그는 혜종과 공민왕 모두로부터 인정을 받았다. 또한 원 제국 말기, 고려 말기의 정치적 격랑 속에서 공민왕의 왕위를 지키려고 했던 것 이외에는 정국에 휩쓸리지 않으려고 노력하면서 목숨을 위협받는 상황에는 놓이지 않았다. 이러한 그의 행적은 당시 격변의 준비를 하고 있던 동아시아의 정세 속에서 묵묵히 자신의 임무를 수행했던 한 관료의 표상을 보여주는 것이었다.

4. 맺음말

7장에서는 고려 말기의 문인 관료인 이공수의 행적을 구체적으로 검토해 보았다. 그는 원 제국 말기의 정국을 장악했던 기황후의 고종 사촌이었기 때문에 그가 의도하지는 않았을지라도 고려와 원 양국에서 독특한 위상을 가지고 있었을 것이다. 하지만 이공수 자신은 그러한 위상을 정치적으로 활용하려는 생각을 전혀 하지 않았고, 공민왕 즉위 이전에는 충목왕 4년(1348)에 혜종의 생일을 축하하기 위해 사절로 원에 갔다 온 것이 그와 원 제국과의 인연의 전부였다. 그리고 공민왕이 기철 등을 숙청하며 왕권을 강화하는 강력한 조치를 취하기 1년 전에 이공수는 이미 관직에서 물러났던 상태였고, 공민왕의 숙청에 아무런 영향을 받지 않았던 것을 보면 이공수는 기황후와의 관계를 전혀 이용하지 않았음을 짐작할 수 있다.

이공수는 공민왕이 위기에 처했을 때에 다시 등장했다. 홍건적의 고려 침입으로 국가가 혼란해진 상황을 수습하기 위해 나섰고, 이후 기황후를 중심으로 공민왕을 폐위하려는 움직임이 일어나면서 이공수의 활약이 전면에 부각되었다. 공민왕은 홍건적 진압의 공을 내세우면서 원 제국의 폐위 움직임을 막고자 했고, 이를 위해 여러 사신들을 파견했는데 그 중에 이공수도 포함되어 있었다. 이공수는 원에 도착한 이후, 기황후를 상대로 상당히 과감한 발언을 하는 등 공민왕의 폐위를 막으려 온갖 노력을 기울였다. 비록 이공수의 시도는 성공을 거두지 못했지만, 그는 제국의 고위 관료로 임명되어 활약하면서 공민왕 폐위 움직임을 막기 위해 최대한의 힘을 기울였을 것이다.

원 제국의 정국 변화로 인해 공민왕이 복위되고 이공수는 고려로 돌아오게 되는데, 그는 이후에도 고려에서 정치적으로 돋보이려는 생각을 가지고 있지 않았다. 게다가 신돈의 견제로 인해 활약의 기회조차 주어지지 않았고, 이공수는 미련을 두지 않고 정계를 떠났다. 고려 말기의 '측근정치'[82]

---

82   김광철, 『원간섭기 고려의 측근정치와 개혁정치』, 경인문화사, 2018. 김광철은 이 연

로 인해 격렬한 파벌 정쟁이 일어나는 와중에서도 이공수는 결코 어느 왕의 폐행이라고 불린 적이 없었던 인물로, 묵묵히 자신의 역할을 수행했다. 또한 원 제국에 사신으로 갔을 때에도 친척인 기황후에게까지 직언을 할 정도로 강직함을 보여주면서 자신의 임무에 최선을 다했다. 이공수가 활약했던 고려 말기와 원 제국 말기 모두 극도의 파벌 정치가 일어났다는 상황을 고려하면, 이공수는 이에 휩쓸리지 않았던 문인 관료였다고 할 수 있다. 이러한 이공수의 행적을 더욱 세부적으로 이해하기 위해서는 파벌 갈등 분석과는 별개로 고려 말기는 물론이고 특히 원 제국 말기의 정국을 종합적으로 고찰하는 과정이 필요하다는 점을 확인할 수 있다.

구서에서 고려 후기의 역사에서 측근정치와 개혁정치가 혼재되어 나타나고 있음을 보여주었다.

고려사 속의 원 제국

3 ─ 고려의 기록에 보이는 원 제국의 역사상

8장

『고려사』에 등장하는
원 제국 관료 볼라드 칭상

1. 머리말

몽골제국은 당시 유라시아의 대부분을 석권하면서 거대한 영역을 구축했고, 이로 인해 단일한 정치적 체제 아래 동서교류가 활발하게 이루어질 수 있었다. 이러한 동서교류를 통해 특히 중국의 원 제국과 이란의 훌레구 울루스(일 칸국) 사이에 이루어진 여러 접촉들이 주목을 받아 왔고, 선행 연구들을 통해 접촉의 규모 및 범주가 상세하게 밝혀진 바 있다.[01] 그리고 동서교류 성과를 토대로 만들어진 라시드 앗 딘의『집사』는 몽골제국 연구에 있어서 가장 중요한 사료들 가운데 하나가 되었고, 특히 페르시아 어권에서 중국 역사와 지리에 대한 지식을 비교적 정확하게 담고 있다는

---

01   Thomas T. Allsen, *Culture and Conquest in Mongol Eurasia*, Cambridge: Cambridge University Press, 2001. 특히 지리 지식과 시도 제작의 측면에서 이루어진 동서교류에 대해서는 박현희의 연구가 상세하다. 이에 대해서는 Hyunhee Park, *Mapping the Chinese and Islamic Worlds*, Cambridge: Cambridge University Press, 2012를 참고.

점에서 연구자들의 주목을 받았다.[02] 그 결과 『집사』에 풍부하게 담긴 동아
시아 관련 정보를 전달해 준 사람이 '볼라드 칭상'이었다는 점 역시 학계에
서 널리 알려지게 되었다.

일찍이 중국학계의 위다쥔(余大鈞)은 페르시아어 사료에 나오는 볼라
드 칭상이 중국 기록의 '패라(孛羅)'와 동일한 인물임을 입증하고, 한문 자료
와 페르시아어 자료에 등장하는 볼라드 칭상 관련 기록을 정리한 연구 성
과를 발표했다.[03] 구미학계에서는 몽골제국 시대 동서교류에서 볼라드 칭
상이 수행한 역할을 다룬 토마스 올슨(Thomas T. Allsen)의 연구 성과를 대표
적으로 언급할 수 있다.[04] 또한, 최근에는 중국학계의 왕이단(王一丹)이 여러
페르시아어 자료에 등장하는 볼라드 칭상 관련 기록을 발견하여 1313년에
볼라드 칭상이 사망할 때까지의 행적을 기존 연구보다 더욱 자세하게 추
적했다.[05]

이러한 연구 성과들을 통해 우리는 볼라드 칭상이라는 인물이 당시
'문화 중개자'로서의 역할을 수행했고, 라시드 앗 딘이 『집사』를 저술할 때
필요로 했던 고급 정보를 상세하게 알려준 당사자였음을 확인할 수 있었

---

02   라시드 앗 딘과 관련된 연구 성과의 모음으로 대표적인 것은 Anna Akasoy, Charles
       Burnett, Ronit Yoeli-Tlalim eds., *Rashīd al-Dīn. Agent and Mediator of Cultural
       Exchanges in Ilkhanid Iran*, London- Turin: The Warburg Institute-Nino Aragno
       Editore, 2013을 참고.

03   余大鈞, 「蒙古朵兒邊氏孛羅事輯」, 『元史論叢』1, 北京: 中華書局, 1982.

04   Thomas T. Allsen, "Biography of a Cultural Broker. Bolad *Ch'eng-Hsiang* in China
       and Iran", Julian Raby & Teresa Fitzherbert eds., *The Court of the Il-khans 1290-
       1340*, Oxford: Oxford University Press, 1996.

05   王一丹, 「孛羅丞相伊利汗國事跡探賾-基於波斯語文獻的再考察」, 『民族研究』2015-4.

다. 이미 핵심적인 관련 연구가 다 이루어져 있는 상황인데 8장에서 굳이 볼라드 칭상, 한문 자료의 패라를 다시 언급하는 이유는 중국 측의 자료를 넘어 고려의 자료에서 볼라드 칭상의 흔적을 발견할 수 있다는 점을 밝혀내기 위함이다. 즉, 중국의 여러 자료들에 나오는 패라와 동일한 사람이라고 추정되는 인물이 고려의 문헌에서도 등장하고 있다는 것이다.

볼라드 칭상이 고려의 기록 속에 나타나고 있음을 밝히기 위해 8장에서는 기존 연구 성과를 토대로 한문 자료의 패라라는 인물의 행적을 언급하고, 이를 고려 측의 자료와 비교해 볼 생각이다. 이를 위해 볼라드 칭상이 서아시아의 훌레구 울루스로 파견되기 이전 시기에 여러 자료에서 나타나는 그의 행적을 추적해보고자 한다. 기존 연구에서 검토가 이루어졌던 자료를 다시 분석하는 이유는 고려 측의 자료에 나오는 '패랄(孛剌)'이 볼라드 칭상과 동일한 인물인지의 여부를 정확히 확인하기 위함이다. 그리고 고려 측의 자료에서는 볼라드 칭상의 행적 중 어떠한 내용을 기록하고 있는지를 구체적으로 살펴볼 것이다. 이를 통해서 몽골제국 시기 지식의 동서교류를 이룩한 상징으로 여겨지는 볼라드 칭상의 행적이 중국 측의 자료 및 페르시아어 자료 이외에 고려의 사료에서도 나타나고 있다는 점을 새롭게 부각하고, 기존 연구에서 전혀 다루지 않아 발생한 공백을 메우고자 한다.

2. 훌레구 울루스 파견 이전 볼라드 칭상의 행적

라시드 앗 딘이 지은 『집사』의 서문에서 라시드 앗 딘은 "각종의 기예와 투르크 종족들의 계보와 그들의 역사에 관해서, 특히 몽골에 관한 지식에서, 이 세상 어디에서도 그를 능가할 사람은 없다"라고 볼라드 칭상에게 경의를 표했다.[06] 여기에서 칭상은 승상(丞相)을 페르시아어로 표기한 것인데, 정작 볼라드는 중국에서 승상의 지위에 오른 적은 없었다. 하지만 여러 직위를 역임하며 쿠빌라이 카안의 신임을 받았기 때문에 그를 '칭상'이라고 칭했을 것이다. 볼라드 칭상에 대한 구체적인 행적은 『집사』에서는 두르벤 종족에 대한 서술을 하면서 등장한다.

> 그들의 아미르 가운데 유명하고 존경받는 사람은 볼라드 아카인데, 그는 쿠빌라이 카안의 어전에서 칭상이었고 바우르치이기도 했다. 사신의 임무를 띠고 이 나라에 왔었는데, 대아미르이고 중요하며 유명한 인물이다.[07]

위의 기록에서 볼라드 칭상의 행적이 상세하게 나타난 것은 아니지만,

---

06 라시드 앗 딘 지음, 김호동 역주, 『부족지』, 사계절, 2002, 84쪽. 볼라드 칭상은 때에 따라 '볼라드 아카'로도 기록되어 있는데, 여기에서는 기존 연구들에서 자주 사용했던 볼라드 칭상으로 통일하여 표기하고자 한다. 아카의 의미에 대해서는 서윤아, 「몽골제국 시기(1206~1259)의 '아카(aqa)'와 그 역할-바투의 정치 활동을 중심으로」, 『중앙아시아연구』22-1, 2017 등의 연구를 참고.

07 김호동, 같은 책, 321쪽.

그가 '바우르치'였다는 중요한 단서가 확인된다. 이 기록 뒤에 이어지는 내용에서는 볼라드 칭상의 부친이 칭기스 칸의 바우르치였다는 내용이 보이는데, 이는 케식의 관례대로 부친의 바우르치 지위를 아들 볼라드 칭상이 물려받았음을 의미하는 것이다. 바우르치는 케식 소속 구성원으로, 요리사를 뜻한다. 즉, 볼라드 칭상은 쿠빌라이의 케식에 소속되어 카안의 최측근으로서 신임을 받아 관료로서도 활약했다는 점을 알 수 있다.[08] 이제 볼라드 칭상이 1283년에 훌레구 울루스로 파견되기 이전까지의 행적을 문헌 기록을 통해 추적해보도록 하겠다.

『집사』의 쿠빌라이 카안 기에서 볼라드 칭상이 등장하는 부분은 아릭 부케의 부하들을 처벌할 때이다. 이때 "아미르들 중에서는 한툰 노얀, 두르베이, 볼라드 아카에게 [법정에] 앉아서 아릭 부케의 아미르들을 심문하여 보고하라고 명령"했다는 기록이 보인다.[09] 한툰 노얀은 한문 자료의 안동(安童)을 일컫는 것이고, 안동이 당시 몽골제국에서 훈신(勳臣)의 후예로서 케식장과 우승상이었다는 점을 생각하면 그와 나란히 심문을 맡은 두르베이와 볼라드 칭상의 지위 역시 상당하다고 보아야 할 것이다. 이 기록은 아릭 부케가 쿠빌라이에게 항복한 1264년의 일에 대한 것이므로, 볼라드 칭상은 쿠빌라이 카안 초기부터 중앙 조정의 핵심 인물로 활약했음을 엿볼 수 있다.

<hr>

08   Michal Biran은 바우르치가 몽골 세계에서 위상이 높은 사람이었고, 지배자와 긴밀한 관계에 있는 동료였다는 점을 언급하고 있다. 미할 비란 등 편저, 이재황 옮김, 『몽골제국, 실크로드의 개척자들-장군, 상인, 지식인』, 책과함께, 2021, 115쪽.

09   라시드 앗 딘 지음, 김호동 역주, 『칸의 후예들』, 사계절, 2005, 391쪽.

볼라드 칭상은 제국 초기 조정의 의례를 제정하는 절차에도 참여했다. 『원사』의 「예악지(禮樂志)」에는 아래와 같은 기록이 보인다.

세조 지원(至元) 8년(1271) 가을 8월 기미일, 처음으로 조의(朝儀)를 거행했다. 이에 앞서 지원 6년(1269) 봄 정월 갑인일에 태보(太保) 유병충(劉秉忠), 대사농(大司農) 패라(孛羅)가 지(旨)를 받들어 조병온(趙秉溫)과 사강(史杠)에게 명하여 전대(前代)의 예의(禮儀)를 알고 있는 사람을 찾아서 조의를 익히게 하였다. …… 유병충과 한림(翰林), 태상(太常)에서 상주하기를, "지금 조의가 이미 정해졌으니 예를 담당할 인원을 갖추시기를 청합니다"라고 하자 지를 내려 승상 안동(安童)과 대사농 패라에게 명해 몽골 숙위 병사 중에서 배워서 거행할 수 있는 사람 200여 명을 선발하고 기월(期月) 동안 배우게 하였다.[10]

제국 초기 조정의 각종 의례 제정을 담당했던 인물은 유병충이었는데, 그와 나란히 볼라드(즉, 패라)의 이름도 기록되어 있음이 보인다. 그의 직함은 대사농이었고, 이는 농경의 일을 관할하는 대사농사(大司農司)를 관장하는 직위였다.[11] 농경의 중요성을 쿠빌라이 카안에게 보고했던 인물도 바로 볼라드 칭상이었고,[12] 그에 따라 대사농의 지위에 오르게 된 것이었다. 볼

---

10   『元史』卷67, 「禮樂志一」, 1665쪽.

11   처음에 설치된 기구는 司農司였는데, 至元 7년(1270) 12월에 大司農司로 명칭이 바뀌었다.

12   『元史』卷153, 「高宣傳」, 3614쪽. 이 기록에서 '丞相孛羅'가 보이지만, 앞에서 언급한 것처럼 볼라드 칭상은 실제 승상 직함을 보유했던 적이 없었다. 그럼에도 '丞相'이 붙

라드 칭상이 대사농에 임명된 것은 대사농사가 설립된 지원 7년(1270) 12월 이었는데, 이때 볼라드 칭상은 어사중승의 직함을 보유하고 있었다. 승상 이었던 안동은 어사대의 신료가 겸직을 하는 사례는 없다면서 이의를 제기했지만, 쿠빌라이 카안은 대사농사의 일은 가벼운 것이 아니기 때문에 깊이 생각해서 볼라드 칭상을 임명한 것이라고 언급했다.[13] 즉, 볼라드 칭상은 어사중승으로서는 감찰의 일을 맡으면서 동시에 농경을 관장하는 대사농의 직무도 수행하게 된 것이었다. 쿠빌라이 카안의 그에 대한 깊은 신임을 확인할 수 있는 대목이다. 게다가 조의의 제정에까지 관여했으니 볼라드 칭상은 그야말로 '팔방미인'이었다.

볼라드 칭상의 임무 수행 사례를 보여주는 기록이 『통제조격』과 『원전장』에서도 확인된다. 그 기록들을 제시하면 아래와 같다.

지원 8년(1271) 11월 15일에 대사농 겸 어사중승 겸 영시의사사(領侍儀司事)가 상주하기를, "매번 성절(聖節)과 원일(元日) 및 사면의 조서가 내려질 때와 각 관료가 선칙(宣勅)을 받을 때에는 연변(沿邊)을 지키는 군관(軍官)은 다시 논의를 정하여 시행하는 이외에, 여러 로의 관원들은 마땅히 각 관료의 품계에 따라 공복(公服)을 스스로 만들고 영배(迎拜)하며 예를 행해야 합니다"라고 했다. 성지(聖旨)를 받들기를, "연변을 지키는 군관 이외에는 그렇게 시행하라"라고 하였다. 흠차(欽此).[14]

은 것은 결국 敬稱으로 보아야 하지 않을까 한다.

13   『元史』卷7, 「世祖本紀四」, 132쪽.

14   『通制條格』卷8, 「儀制」(方齡貴 校注, 「通制條格校注」, 北京: 中華書局, 2001, 341쪽).

지원 10년(1273) 2월, 중서성 이예부(吏禮部)가 중서성이 판송(判送)한 문서를 받았는데, 그 안에 대사농 겸 어사중승 겸 영시의사(事)의 정문(呈文)이 있었다. "지성(至聖) 문선왕(文宣王)에게는 왕자(王者)의 예악을 사용하고 왕자의 의관을 입으며 남면(南面)하여 앉고, 천자께서 제사를 지내시니 만세(萬歲)의 절대 지존이면서 천재(千載)에서 함께 제사를 지내는 경우는 우리 부자(夫子)와 같은 사람이 없습니다. 삼가 외로(外路)의 관원과 제학(提學), 교수(敎授)를 보니 매번 봄과 가을 두 번에 걸쳐 평상복을 바꿔서 입지 않고 집사(執事)를 거행하니 예에 마땅하지 않습니다. 살펴보니 한, 당 이래로 문묘에 제사를 지내고 사직에 배향할 때 공복을 갖추고 수판(手板)을 들고 제향(祭享)의 예를 행하지 않았던 적이 없습니다. 또한 향인(鄕人)들도 공손히 하며 공자께서도 조복(朝服)을 입고 계단에 서 있는데, 하물며 예전 성인과 예전 스승들이 어찌 예의를 갖추지 않았겠습니까? 불교와 도교 둘은 유가와 일체이지만, 모두 노란 관과 검은 옷을 입어 그 무리들을 구분하는데, 오직 그 공자의 문하들만 의복이 혼란스러우니 보통 사람과 다를 것이 없습니다. 지금부터는 논의하여 마땅히 일을 맡은 관원들로 하여금 각자의 품계 서열에 따라 공복을 입게 해야 합니다. 밖에 순서대로 배열해 서 있는 여러 유자(儒者)들 역시 마땅히 난대(襴帶)를 입고 당건(唐巾)을 착용하여 석채(釋菜)의 예를 행하는 것이 마땅한 것입니다."[15]

'欽此'는 황제의 명령인 성지를 받았음을 표현하는 문구이다.

[15] 『元典章』卷29, 「禮部二·禮制二·服色」(洪金富 校定, 『元典章』, 臺北: 中央研究院歷史語言研究所, 2016, 961쪽).

비록 위의 기록에서 볼라드 칭상의 이름이 직접 나와 있지는 않지만, 대사농과 어사중승을 겸하면서 영시의사사까지 맡고 있었던 인물은 정황상 볼라드 칭상 이외에는 찾기 힘들다. 그렇다면, 볼라드 칭상은 앞서 언급한 대사농과 어사중승 이외에 영시의사사까지 맡고 있었다고 할 수 있다. 여기에서 시의사(侍儀司)는 예부(禮部)에 소속된 기관으로, 조회와 즉위 및 황후 책립과 황태자 책립, 존호를 올릴 때, 외국의 조근(朝覲)을 받을 때의 의례를 관장하는 기구로 지원 8년에 처음 설치되었다.[16] 즉, 지원 8년에 본격적으로 조의를 시행하면서 이를 담당할 관청을 설치한 것이고 조의 제정에 참여했던 볼라드 칭상에게 시의사 관할의 임무도 맡긴 것이었다. 그렇기 때문에 볼라드 칭상은 관료들의 공복 문제, 공자에 대한 제사를 지낼 때 입어야 하는 의관(衣冠)의 문제를 제기할 자격을 가지고 있었다.

아울러 볼라드 칭상은 비서감(秘書監)의 설치와 운영에도 관여하고 있다. 『비서감지(秘書監志)』에 그 내용이 잘 기록되어 있는데, 지원 9년(1272) 11월에 유병충과 볼라드 칭상이 쿠빌라이 카안의 지를 받들어 비서감을 설립했음을 확인할 수 있다.[17] 그리고 이듬해 지원 10년(1273) 2월 7일에는 볼라드 칭상이 단독으로 상주해서 "음양(陰陽)의 금서(禁書)는 모두 비서감에게 나누어 주어라"라는 성지를 받았다.[18] 이를 통해서 볼라드 칭상이 비서감의 설치에 유병충과 함께 역할을 했고, 아무나 열람할 수 없는 책들을 비서감에 보관하는 것도 볼라드 칭상의 상주에서부터 이루어진 것임을 알

---

16   『元史』卷85, 「百官志一」, 2137쪽.
17   『秘書監志』卷1, 「職制」(高榮盛 點校, 『秘書監志』, 杭州: 浙江古籍出版社, 1992, 19쪽).
18   『秘書監志』卷1, 「職制」(같은 책, 21쪽).

수 있다. 이외에도 볼라드 칭상이 등장하는 기록이 아래와 같이 확인된다.

> 지원 10년 11월 7일, 태보와 대사농이 아뢰었던 사안 중의 1건: "문
> 자가 들어가 있고 관장하는 사람의 서명이 있으며 조판으로 인쇄된 문서
> 는 비서감에 소속시키도록 하면 어떻겠습니까?"라고 했다. 성지를 받들
> 기를, "그렇게 하라"라고 하였다. 흠차.[19]

> 지원 11년(1274) 10월 7일, 태보와 대사농이 아뢰었던 사안 중의 1
> 건: "삼가 아룁니다. 회회(回回)와 한아(漢兒)의 사천대(司天臺)를 합병하여 하
> 나의 사천대로 만드시는 것이 어떻겠습니까?"라고 했다. 성지를 받들기
> 를, "그렇게 하라"라고 하였다. 흠차.[20]

위 기록에서 태보는 유병충, 대사농은 볼라드 칭상을 가리키는 것이
다. 즉, 비서감과 관련된 일에도 볼라드 칭상은 유병충과 함께 쿠빌라이
카안에게 주문(奏文)을 올리고 있다. 비서감이 여러 문서들을 소장하는 것
에 대한 허락을 받았고, 심지어 이슬람과 한인 관할로 분리되어 있던 사천
대를 하나로 통합하는 것에도 볼라드 칭상의 활약이 존재했다. 볼라드 칭
상은 궁정의 각종 의례는 물론이고, 문서를 포함한 실질적인 행정 업무에
서도 역할을 발휘했다. 게다가 비서감에 소장된 문헌, 문서들은 일반 사

---

19   『秘書監志』卷7, 「司屬」(같은 책, 131쪽).
20   『秘書監志』卷7, 「司屬」(같은 책, 116쪽).

람들이 쉽게 볼 수 있는 종류의 것들이 아니었기 때문에 볼라드 칭상이 이 때 다루었던 정보들은 몽골-원 제국 내에서 굉장히 조심스럽게 취급되었던 것이라고 할 수 있다. 기존의 성과들은 몽골-원 제국 초기의 제도 정비에서 한인 유병충의 역할을 강조하는 측면이 있지만,[21] 그에 못지않게 볼라드 칭상의 위상도 중요하다는 것을 파악할 수 있다. 오히려 볼라드 칭상이 어사대, 대사농사, 시의사의 관료를 겸했다는 점을 고려한다면 유병충보다 실제 몽골-원 제국에서 더욱 핵심적인 위치에 있었다고 해야 할 것이다. 게다가 한인인 유병충보다 몽골인 볼라드 칭상이 제국 통치에 필요한 긴밀한 사안들에도 접근할 수 있었을 것이다.

볼라드 칭상의 활약은 여기에서 멈추지 않는다. 지원 12년(1275) 4월에 볼라드 칭상은 어사대부에 임명되기에 이르렀다.[22] 그리고 지원 14년(1277) 2월의 기록에는 "대사농, 어사대부, 선휘사(宣徽使) 겸 영시의사사 볼라드를 추밀부사(樞密副使) 겸 선휘사, 영시의사사로 삼았다"는 내용이 보인다.[23] 이를 보면 1277년의 인사에서 볼라드 칭상은 어사대부에서 물러났고, 대신 추밀원의 부사가 되었음을 확인할 수 있다. 그리고 앞선 기록에서는 보이지 않았던 '선휘사'의 직함이 보인다. 기록을 통해 추정하면, 볼라드 칭상이 어사대부에 임명된 이후 어느 시점에 선휘사도 겸하게 되었다고 할 수 있다.

---

21   유병충에 관한 대표적인 연구들로는 Hok-lam Chan, "Liu Ping-chung(1216-74): A Buddhist-Taoist Statesman at the Court of Khubilai Khan", *Toung Pao* Vol. 53, Livr. 1/3, 1967; 葛仁考, 『元朝重臣劉秉忠硏究』, 北京: 人民出版社, 2014 등을 참고.

22   『元史』卷8, 「世祖本紀五」, 166쪽.

23   『元史』卷9, 「世祖本紀六」, 188~189쪽.

그가 어사대부에서 물러난 배경은 무엇이었을까? 관련 내용은『원사』의 요천복(姚天福) 열전에서 확인할 수 있다.

이때 어사대에는 2명의 대부(大夫)를 두어서 강기(綱紀)가 통일되어 있지 않았고, 요천복이 세조에게 말하기를, "옛말에 뱀 한 마리에 아홉 개의 꼬리가 있으면 머리가 움직이는 것에 꼬리가 따르지만, 뱀 한 마리에 머리가 두 개 있으면, 조금도 나아갈 수 없다고 했습니다. 지금 어사대의 기강이 세워지지 않는 것에는 뱀 한 마리에 머리가 두 개 있는 우환이 있는 것입니다. 폐하께서는 시급히 이를 해결하지 않고 계신데, 오래 지나면 그 문란함을 다스릴 수 없을 것입니다"라고 했다. 황제가 조서를 내려 우스테무르(玉速帖木兒, Üs Temür)와 볼라드에게 효유하니 볼라드는 나이가 어리다는 이유로 스스로를 탄핵했다.[24]

즉, 볼라드 칭상은 어사대부가 여러 명이라는 지적과 이를 받아들인 쿠빌라이 카안의 지시로 인해 스스로 어사대부에서 물러났다고 보아야 할 것이다. 또 다른 어사대부였던 우스테무르는 이른바 4걸(傑) 중의 한 사람이었던 보오르추의 후손이었기 때문에 제국 내에서 가지는 지위가 남달랐고, 그렇기 때문에 볼라드 칭상이 물러나야만 했을 것이다. 하지만 어사대부에서 면직되었다고 해서 볼라드 칭상의 권위 자체가 몰락한 것은 아니었다. 쿠빌라이 카안은 그를 추밀원부사에 임명했고, 이제 볼라드 칭상은

---

24   『元史』卷168,「姚天福傳」, 3960쪽.

추밀원의 관할 영역인 군사(軍事)에 관여할 수 있게 되었다.

실제로 볼라드 칭상은 추밀부사에 임명되고 얼마 지나지 않아 반란군 진압에 투입되었다. 지원 14년(1277)에 지르고다이(只里瓦帶, Jirɣodai)가 북변(北邊)에 침입하며 반란을 일으켰는데 이때 토곤(脫歡, Toɣon)이라는 인물이 반란 진압에서 크게 활약했다. 지원 15년(1278) 봄에는 친왕(親王) 올쿠타이(斡魯忽台, Olqutai)와 볼라드 칭상을 따라 서쪽을 정벌하는 데에 공을 세웠다.[25] 지르고다이가 일으킨 반란은 몽골-원 제국의 서북쪽에서 발생한 시리기(昔里吉, Sirigi)의 반란으로 인해 생긴 사건이었고, 이는 카이두와의 대립을 위해 서북변에 군사를 파견했던 쿠빌라이의 입장에서는 치명적인 피해를 안긴 사태였다.[26] 시리기의 반란을 진압하기 위해 쿠빌라이 카안은 상당한 군사를 파견했고, 이때 볼라드 칭상도 참여한 것으로 보인다. 친왕으로 등장하는 올쿠타이는 원래 시리기와 함께 파견되었던,『집사』에는 오르쿠닥[27]이라고 기록되어 있는 인물로 보이는데 이 올쿠타이는 시리기의 반란에 따르지 않고 쿠빌라이 카안의 명령에 따라 진압에 참여했다. 볼라드 칭상으로서는 추밀부사가 되고 본격적으로 군사에 관여하게 된 것이다. 이 경험을 통해 볼라드 칭상은 서북변에서 카이두와의 대립, 그리고 시리기의 반란을 둘러싼 정황에 대해서 자세하게 파악할 수 있었을 것으로 여겨진다.

25　『元史』卷133,「脫歡傳」, 3232~3233쪽.

26　시리기의 반란에 대한 구체적인 정황은 村岡倫,「シリギの亂-元初モンゴリアの爭亂」,『東洋史苑』24·25, 1985의 내용을 참고.

27　라시드 앗 딘 지음, 김호동 역주, 앞의 책, 2005, 397쪽에 그 이름이 보인다.

시리기의 난이 진압된 이후, 볼라드 칭상은 제국의 국내 정치 문제에 관여하게 된다. 1270년대 후반은 아흐마드(阿合馬, Ahmad)가 쿠빌라이 카안의 신임을 받아 정국을 장악하고 있었는데, 기존의 관료들과 정치적인 갈등이 노출되고 있었다. 이는 당시 몽골-원 제국 궁정의 핵심에서 일어난 일인데, 여기에 볼라드 칭상이 연루되고 있다. 아래 기록들을 살펴보자.

(지원) 15년(1278), (최빈(崔斌)이) 소환되어 입근(入覲)하였다. 이때 아흐마드가 권력을 마음대로 하는 것이 날로 심해졌지만, 조정의 신료들이 감히 누구도 어찌할 수 없었다. …… (최빈은) 아흐마드의 간사함과 해로움을 극언(極言)하였다. 황제는 이에 어사대부 상위(相威, Sang'ui)와 추밀부사 볼라드에게 안문(按問)하게 했다.[28]

(지원) 16년(1279), (상위가) 입근했는데 마침 좌승 최빈 등이 평장 아흐마드의 불법 사안을 언급했고, 상위와 지추밀원 박라(博羅, 볼라드)에게 명하여 개평(開平)에서부터 역마를 통해 대도로 가서 함께 국문하라는 지가 내려졌다. 아흐마드는 병을 칭하며 나오지 않았고, 볼라드는 돌아가려고 하였으나 상위가 성색(聲色)을 엄중하게 하며 말하기를, "지를 받들어 안문하면서 감히 돌아왔다고 아뢸 것입니까!"라고 했다.[29]

---

28   『元史』卷173,「崔斌傳」, 4038쪽.
29   『元史』卷128,「相威傳」, 3130쪽.

쿠빌라이 카안은 아흐마드의 권력 농단에 대한 관료들의 상소가 올라오자 이를 조사하기 위해 상위와 볼라드 칭상을 보냈다. 상위는 어사대부였기 때문에 당연히 관료 감찰을 시행해야 했는데, 추밀원의 관료였던 볼라드 칭상을 같이 보낸 것은 약간 의외였다. 볼라드 칭상은 이미 어사대부 직위에서 스스로 물러났기 때문이다. 하지만 쿠빌라이 카안은 직위에 상관없이 볼라드 칭상이 심문에 적당한 인물이라고 생각했던 것으로 보인다. 볼라드 칭상은 조사에 약간 소극적인 태도를 보이기는 했지만, 그럼에도 아흐마드에 대한 심문 과정에서 조정 내의 갈등 상황 및 권력 구조에 대해 소상하게 알게 되었을 것이다.

아흐마드를 둘러싼 조정 내의 갈등은 결국 지원 19년(1282)에 아흐마드가 암살되는 비극을 초래하였다.[30] 쿠빌라이 카안이 차간노르(察罕腦兒, Chaɣan Na'ur)에 머무르는 동안에 대도에서 벌어진 암살 사건이 보고되었고, 격노한 쿠빌라이 카안은 상도로 가서 추밀부사 볼라드 칭상 등에게 명령을 내려 난을 일으킨 자들을 토벌하게 했다. 볼라드 칭상은 대도로 와서 암살 주모자들을 주살하였다.[31] 라시드 앗 딘의 『집사』에는 아흐마드 암살 사건이 소상하게 기록되어 있는데, 아흐마드가 암살된 것을 알게 된 쿠빌라이 카안은 볼라드 칭상과 한툰(즉, 안동)을 보내어 분란을 일으킨 병사들을 모두 죽이라는 명령을 내렸다고 한다.[32] 그만큼 쿠빌라이 카안은 이 사안을

30　아흐마드 암살 사건의 구체적인 정황에 대해서는 片山共夫, 「アーマッドの暗殺事件をめぐって: 元朝フビライ期の政治史」 『九州大学東洋史論集』 11, 1983을 참고.

31　『元史』 卷205, 「阿合馬傳」, 4563쪽.

32　라시드 앗 딘 지음, 김호동 역주, 앞의 책, 2005, 435쪽. 페르시아어 사료 『집사』에 아흐마드 암살 사건이 비교적 소상하게 기록될 수 있었던 것은 볼라드 칭상이 겪었던

매우 심각하게 받아들이고 있었던 것이다.

서북변의 반란 진압이나 아흐마드 암살 사건과 같은 경우에는 『원사』를 중심으로 정사(正史)의 기록들을 위주로 그의 행적을 살펴볼 수밖에 없는데, 『경세대전』과 같은 정서(政書)에서도 볼라드 칭상의 흔적을 발견할 수 있다. 아래 두 기록을 검토해보자.

(지원) 16년 5월 20일, 임조부(臨洮府) 토트카순(脫脫禾孫, Totqasun) 타아차르(塔察兒, Ta'achar)가 말하기를, "임조(臨洮), 공창(鞏昌), 통안(通安) 등 10개의 역참에서 부유한 자들은 출적(出籍)하고 가난한 자들이 역에 충원됩니다. 근년에 재해로 인해 식량이 비어 역마가 죽은 것이 수가 많았는데 관료의 정치는 핍박하니 처자를 팔 지경을 면하지 못해 도망가기에 이르렀습니다. ……"라고 하였다. 이날에 중서평장정사 카바이(合伯, Qabai), 어사대부 우스테무르, 추밀원 관료 두르두아(朵兒朵呵, Durdu'a)와 볼라드, 통정원 관료 우량카다이(兀良哈歹, Uriyangqadai) 등이 모여 15가지 사안을 논의해 정했다.[33]

(지원 19년 5월) 22일, 추밀부사 볼라드와 준서우승 자산(簡散, Jasan)이 아뢰기를, "최근에 석선위(石宣慰)가 말하기를, '남방에서 전량(田糧)을 조사하여 70석에 이르렀고, 이는 참마(站馬) 1필에 해당합니다. 부유한 사람들

심문, 암살자 처벌 등의 경험이라는 확실한 출처가 있었기 때문이었을 것이다.

33   周少川·魏訓田·謝輝 輯校, 『經世大典輯校』, 北京: 中華書局, 2020, 477쪽.

중에 양식의 수치를 은닉하는 경우가 많아서 가난한 하층민을 취하여 이를 대신해 마역(馬役)을 맡게 하니 청컨대 다시 조사해주십시오'라고 했습니다. 이미 일찍이 지를 받들었지만, 만약 마올패온(馬兀孝溫) 공의 일이 끝날 때에 함께 논의해서 (은닉한 재산을) 몰수하겠습니다. 지금 석선위가 포마(鋪馬) 다섯 필을 돌려줄 것을 청하니 마올패온이 오는 날을 기다렸다가 논의해서 행하겠습니다"라고 하였다. 지를 받들기를, "돌려보내게 하라"라고 하였다.[34]

위 두 기록은 『경세대전』에 남아 있던 역참과 관련된 문서 기록인데, 여기에 모두 볼라드 칭상의 이름이 보인다. 지원 16년(1279)의 기록은 임조부의 토트카순(역참을 통제하는 관리)이었던 타아차르가 역참 유지의 어려움을 호소하자 여러 관원들이 모여 논의를 했다는 내용인데, 그 관원들 중에 볼라드 칭상이 포함되어 있다. 이때 추밀원 관료로 두르두아와 볼라드 칭상이 언급되고 있는데, 아마 두르두아가 지추밀원사이고 볼라드 칭상이 추밀부사였기 때문에 기록을 두르두아, 볼라드 칭상 순서로 적지 않았나 생각된다. 지원 19년(1282)의 기록은 볼라드 칭상이 주도적으로 쿠빌라이 카안에게 상주하는 사례라고 볼 수 있다. 볼라드 칭상은 추밀부사로서도 관련 업무를 파악하며 몽골-원 제국의 군사 제도에 대해서 파악을 하게 되었을 것이다.

34　같은 책, 489쪽.

이렇게 여러 임무를 수행하던 볼라드 칭상은 지원 20년(1283)에 훌레구 울루스로 파견되기에 이르렀다. 통역관(즉, 켈레메치)으로서 활약했던 이사(愛薛, Isa)의 신도비 기록을 보면 그가 훌레구 울루스로 파견되었던 계미년(즉, 1283년)에 볼라드 칭상도 함께 훌레구 울루스로 가게 되었음을 알 수 있다.[35] 이들은 1285년에 훌레구 훌루스에 도착했는데,[36] 『집사』의 아르군 칸 기를 보면 쿠빌라이 카안의 궁정에서부터 볼라드 칭상 및 이사 켈레메치 및 다른 사절들이 도착했다는 기록이 확인된다.[37] 이제 볼라드 칭상은 1313년에 사망할 때까지 훌레구 울루스에서 생활하게 되고, 그러면서 자신이 알고 있었던 몽골-원 제국의 여러 제도와 정치적 사건들을 라시드 앗 딘에게 알려주게 되었던 것이다.

---

35   『雪樓集』卷5,「拂林忠獻王神道碑」(張文澍 校點, 『程鉅夫集』, 長春: 吉林文史出版社,
      2009, 57~58쪽). 이사는 훌레구 울루스에 갔다가 돌아온 후, 아르군 칸으로부터 받
      은 물건들을 바치고 상황을 이야기했는데 이때 쿠빌라이 카안은 "볼라드는 내 땅에
      서 태어나 나의 녹을 받았는데 저기에서 편안히 지낸다. 이사는 저기에서 태어났고,
      집이 저기인데 나에게 충성하고 있으니 서로 떨어진 것이 무엇이 멀단 말인기!"라고
      김단했나고 한다. 볼라드 칭상이 몽골-원 제국 시기 동서교류에서 가지는 위상을 단
      적으로 보여주는 발언이라고 할 수 있다. 이사에 대한 더욱 상세한 연구로는 김호동,
      「蒙元帝國期 한 色目人 官吏의 肖像-이사 켈레메치('Isa Kelemechi, 1227-1308)의 생
      애와 활동」, 『중앙아시아연구』11, 2006; 殷小平, 「元代崇福使愛薛史事補說」, 『西域研
      究』2014-3 등을 참고.

36   Thomas T. Allsen, "Biography of a Cultural Broker. Bolad Ch'eng-Hsiang in China
      and Iran", Julian Raby & Teresa Fitzherbert eds., *The Court of the Il-khans 1290-
      1340*, Oxford: Oxford University Press, 1996, p. 10.

37   라시드 앗 딘 지음, 김호동 역주, 『일 칸들의 역사』, 사계절, 2018, 286쪽.

3. 고려의 기록에 보이는 추밀부사(樞密副使) 패랄(孛剌)

몽골-원 제국의 동서교류에서 중요한 역할을 담당했던 볼라드 칭상이 중국 측 자료와 페르시아어 자료에 어떤 모습으로 등장하고 있는지에 대한 연구는 어느 정도 이루어져 있고, 그 성과를 바탕으로 연대 순서대로 훌레구 울루스에 가기 전까지 볼라드 칭상의 행적을 검토했다. 그러나 고려 측의 자료에서도 볼라드 칭상의 행적을 찾아볼 수 있다는 것을 주목하고 이를 조금이라도 언급한 연구는 찾아볼 수 없다. 이에 고려 측의 기록에 볼라드 칭상이 등장하는 모습을 추가로 살펴보면서 기존 연구에서 다루지 않았던 부분을 채워보고자 한다.

우선, 볼라드 칭상이 『고려사』에서 처음으로 등장하는 기록을 아래에서 검토해보도록 하자.

> (충렬왕 4년 7월 병신일) 왕이 황제를 알현하니 황제가 추밀부사 패랄(孛剌)로 하여금 관군이 소란을 일으킨 사안에 대해 물었는데 힌두(忻都, Hindu)가 옆에 있으면서 말하기를, "우리 군사가 고려 백성을 어지럽게 하였다는 것을 왕께서 아는 것이 있으면 지금 말씀하십시오"라고 했다. 왕이 말하기를, "너희 부하들이 김방경(金方慶)의 일 때문에 내 아들의 집을 침범하기에 붙잡아서 너에게 맡겼더니 네가 곧바로 곤장을 쳤다. 내 아들의 집도 오히려 면하지 못했는데 하물며 백성들은 어떠하겠는가? 너희들은 내가 백성들을 안정시키지 못한다고 참소하였지만 너희들의 소란이 이와 같은데 내가 어찌 안정시킬 수 있겠는가?"라고 하였다. 패

랄에게 말하기를, "내가 차마 이 무리들과 함께 있을 수 없으니 황제께서 신에게 한 구역의 땅을 내려주시면 신은 저의 백성을 거느리고 와서 온 힘을 황제께 다하는 것이 신의 소원입니다"라고 하였다. 패랄이 말하기를, "황제께서는 단지 관군이 소란을 일으켰는지를 물으셨을 뿐인데, 왕은 어찌하여 이처럼 아뢰십니까?"라고 하였다.[38]

충렬왕 4년(1278)에 충렬왕은 원과 고려 사이의 현안을 해결하기 위해 자신이 직접 원 제국으로 입조하였다. 이때 쿠빌라이 카안과 면대(面對)하여 많은 것들을 얻어냈는데, 이에 대해서는 선행 연구들에서 다각도로 검토한 바 있다.[39] 여기에서는 1278년 충렬왕의 입조가 가진 성격을 기본적으로 염두에 두고, 여기에 나오는 추밀부사 패랄을 주목하고자 한다. 『고려사』의 패랄은 바로 볼라드라는 인명을 표기한 것인데, 중국 측 자료의 패라(孛羅) 혹은 박라(博羅)와 고려 측 자료의 패랄은 볼라드라는 발음을 다른 한자로 음사한 것에 지나지 않는다. 그리고 앞에서 살펴보았던 것처럼, 볼라드 칭상이 추밀부사가 된 것은 지원 14년(1277), 즉 충렬왕 3년의 일이었다. 그러므로 1278년의 제국 조정에서 추밀부사로 등장하고 있는 패랄은 앞서 분석한 볼라드 칭상을 가리키는 것임을 알 수 있다.

충렬왕은 볼라드 칭상과 만나기 전에 이미 쿠빌라이 카안에게 정치적

---

38   『高麗史』卷28, 忠烈王 4年 7月 丙申.

39   정동훈, 「고려 元宗·忠烈王대의 親朝 외교」, 『한국사연구』 177, 2017; 고명수, 「1278년 쿠빌라이-충렬왕 만남의 의미」, 『역사학보』 237, 2018; 최윤정, 「13세기(1219~1278) 몽골-고려 관계 재론-소위 '六事' 요구와 그 이행 문제를 중심으로」, 『대구사학』 142, 2021 등의 연구를 참고.

인 현안들을 직접 보고했다. 특히 일본 정벌 때문에 고려에 주둔하고 있었던 몽골군 문제에 대해서 충렬왕은 분노를 표시했을 정도로 강경한 언급을 했고, 이에 쿠빌라이 카안은 홍차구(洪茶丘)와 힌두의 군대를 모두 소환시키라는 명령을 내린 바 있었다. 그리고 쿠빌라이 카안은 충렬왕과 다시 대면했을 때에 볼라드 칭상을 시켜 몽골 군대가 고려에서 일으킨 소요에 대해 질문했던 것이다. 이에 충렬왕은 김방경 무고 사건부터 발언하기 시작하더니 몽골군을 이끄는 자들과 함께 있지 못하겠다는 말까지 쿠빌라이 카안의 면전에서 내뱉었다. 그만큼 충렬왕의 분노가 컸던 것인데, 볼라드 칭상은 격해진 충렬왕을 말리고 있었다. 기록으로만 보면, 이 자리에는 쿠빌라이 카안, 충렬왕, 힌두, 그리고 볼라드 칭상이 있었고 볼라드 칭상은 쿠빌라이 카안을 위해 고려왕 심문을 맡고 있었던 것이다.

이렇게 볼라드 칭상과 충렬왕이 만나고 이틀이 지난 뒤에 쿠빌라이 카안은 평장 카바이와 볼라드 칭상을 시켜 충렬왕에게 김방경을 이미 석방했고, 힌두와 홍차구의 군대 등을 모두 귀환시키라고 명하였다는 사실을 알려주었다.[40] 카바이와 볼라드 칭상이 동시에 등장하는 것은 앞서 살펴본 기록들에서도 지원 16년 5월 20일의 사례[41]가 있었듯이 이들은 쿠빌라이 카안의 수족과 같은 역할을 했다고 볼 수 있다. 이때 충렬왕은 자신의 격렬한 감정을 그대로 드러내면서까지 쿠빌라이 카안 앞에서 호소하였고, 쿠빌라이 카안이 충렬왕의 요구를 받아들이게 되는데 이 모든 과정을 볼

---

40   『高麗史』卷28, 忠烈王 4年 7月 戊戌.

41   각주 33 참고.

라드 칭상은 직접 지켜보고 있었던 것이다.

쿠빌라이 카안이 카바이와 볼라드 칭상으로 하여금 충렬왕을 달래주게 하고 3일이 지난 후, 카바이와 볼라드 칭상은 힌두와 충렬왕 모두에게 경고성 메시지를 보냈다.[42] 힌두에게는 군사들이 고려의 백성을 처(妻)의 무리라고 칭하면서 데리고 오는 경우가 있는데, 황제의 명령이 두렵지 않느냐고 질책한 것이다. 즉, 고려에 주둔하고 있던 몽골 군대 중에서 고려인 포로를 잡아오면서 이를 혼인한 가족들이라고 둘러대는 경우가 있었음을 알 수 있다. 충렬왕은 쿠빌라이 카안이 군대를 소환시켰다는 이야기를 듣고, 고려 백성들을 잡아갈 것을 염려한다며 쿠빌라이 카안에게 이야기했고 카안은 자신의 명령을 듣고 누가 감히 고려의 백성을 데려올 수 있겠느냐며 반문했던 적이 있었다.[43] 그것이 바로 카바이와 볼라드 칭상이 힌두에게 언급한 성지(聖旨)였던 것이다. 그리고 충렬왕에게는 진도와 탐라를 정벌할 때에 관군이 사로잡은 사람에 대해서는 논쟁을 제기하지 말라고 언급했다. 삼별초의 진압 과정에서 몽골 군대가 확보한 포로는 엄연히 몽골 군대의 재산이므로, 충렬왕이 간여할 대상이 아니라는 점을 강조한 것이었다.

충렬왕 4년에 충렬왕이 입조했을 때, 볼라드 칭상이 역할은 쿠빌라이 카안과 충렬왕 사이의 의견 교환을 잘 전달하고 중개하는 것에 있었다. 쿠빌라이 카안은 이미 볼라드 칭상을 신임하고 있었고, 조정의 정치와 관련

---

42   『高麗史』卷28, 忠烈王 4年 7月 辛丑.
43   『高麗史』卷28, 忠烈王 4年 7月 戊戌.

된 여러 사안을 그에게 맡겨서 시행했던 적이 있었기 때문에 충렬왕의 의견 제기 및 그 해결 과정에 볼라드 칭상을 개입시켰던 것이다. 볼라드 칭상은 충렬왕과 힌두 사이에서 적절한 중개자로서 양측에 대해 비교적 균형 있는 입장을 유지했던 것으로 보이고, 이때 쿠빌라이 카안은 충렬왕이 제기했던 요구들을 파격적으로 들어주며 이후 고려-원 관계의 성격이 변화되는 전환점을 마련했다. 비록 사료에서는 볼라드 칭상이 쿠빌라이 카안에게 고려 관련 사안을 어떻게 전달하고 의견을 개진했는지에 대해서는 확인할 수 없지만, 1278년 양국 군주의 만남에서 볼라드 칭상의 역할 역시 중요했다고 보아야 하지 않을까 생각된다.

그렇게 충렬왕이 협상을 마치고 귀국했으나 얼마 지나지 않은 1278년 12월에 원 제국에서는 이분희(李汾禧) 형제를 죽인 일, 지득룡(池得龍)을 귀양 보낸 일, 종전군(種田軍)과 진수군(鎭守軍)의 부인들을 추쇄(推刷)한 사안을 물었다.[44] 이분희는 김방경 무고에 가담했던 인물이었고, 쿠빌라이 카안에 의해 김방경이 풀려나자 충렬왕은 이분희 형제를 섬에 귀양을 보냈다가 바다에 던져 주살했다.[45] 그리고 지득룡은 홍차구의 무리였기 때문에 귀양을 보낸 것이었으며,[46] 고려에 주둔하는 몽골 군대의 부인들을 조사하여 데려간 것은 군대가 몽골로 귀환할 때 이들을 끌고 갈 것을 대비하여 미리 조치를 취했던 것이었다. 원 제국 측은 이에 의문을 제기했고, 충렬왕은 이 사건을 해명하기 위해 또 다시 원 제국에 입조했다. 그렇게 충렬왕은 다시

---

44 『高麗史』卷28, 忠烈王 4年 12月 癸未.

45 『高麗史』卷28, 忠烈王 4年 10月 甲寅.

46 『高麗史』卷28, 忠烈王 4年 10月 己未.

쿠빌라이 카안을 만났다.

충렬왕 5년(1279) 정월, 다시 입조한 충렬왕을 심문하기 위해 쿠빌라이 카안은 어사대부 우를룩(月烈倫)과 추밀[47] 볼라드 칭상 및 비칙치 등을 보냈다.[48] 이번에는 중서평장정사 카바이 대신 어사대부가 충렬왕에 대한 심문을 함께 맡았다. 여기에서 어사대부로 등장하는 우를룩은 우스테무르를 가리키는 것이고, 어사대부까지 동원되었다는 것은 심문의 분위기가 조금 더 엄중해졌음을 보여주고 있다. 이때 쿠빌라이 카안은 힌두와 홍차구의 상주에 의거하여 군대가 귀환할 때 그 처자를 억류하고 보내지 않은 것이 사실인지를 충렬왕에게 물었다. 몇 개월 전, 충렬왕의 요구를 파격적으로 받아들였던 쿠빌라이 카안이 이번에는 다른 태도를 취하고 있었던 것이다. 이에 충렬왕은 성지를 받들어 고려로 돌아와 관군의 처첩들의 혼서(婚書) 유무를 살펴 체례(體例)에 따라 추쇄한 것이고 감히 함부로 억류한 것이 아니라고 답변했다. 몇 개월 전과는 사뭇 달라진 분위기 속에서 충렬왕도 전과 같이 감정을 드러내는 대응을 할 수 없었던 것이다.

그리고 이분희 형제의 죽음에 대해서도 쿠빌라이 카안은 의문을 제기했다. 이 부분에 대해서는 『고려사』의 이분희 열전에서 상세한 내용을 전하고 있다. 쿠빌라이 카안은 "김방경이 높은 시위와 막강한 권력을 이용해 불법적인 일을 많이 저질렀는데, 그때마다 이분희 형제가 이를 막자 왕에

---

47 이를 보면 이때 볼라드 칭상이 知樞密院事로 승진한 것일 수도 있다. 앞서 다룬 『원사』의 상위 열전에서도 같은 해(1279)에 볼라드 칭상이 知樞密院으로 기록되어 있어서 혹 1279년에는 볼라드 칭상이 지추밀원사였다가 이후 어느 시점에 다시 추밀부사가 된 것은 아닐까 추측을 해 보게 된다.

48 『高麗史』卷29, 忠烈王 5年 正月 丙寅.

게 아뢰어 이분희 형제를 죽였다"고 하면서 이것이 사실인지를 물었던 것이다.[49] 충렬왕은 이분희 형제가 자신의 명령을 어긴 사례들을 언급하며 자신을 변호했는데, 그 자리에 있던 홍차구는 이분희 형제가 원 제국 조정에 공을 세웠다고 하면서 충렬왕의 주장에 직접 반박했다. 이후 충렬왕과 홍차구는 쿠빌라이 카안의 면전에서 거친 토론을 전개했는데, 이 토론을 일으켰던 사람이 볼라드 칭상이었다. 볼라드 칭상은 홍차구가 이분희의 공적을 거론하자 그의 공이 무엇이냐고 구체적인 대답을 홍차구에게 더 요구했던 것이다. 이번에는 충렬왕보다 홍차구 쪽으로 제국 조정의 지지가 기울어지고 있는 듯했다.

이에 대해서는『고려사』에 흥미로운 기록이 남아 있다. 홍차구가 군인들의 처자 128명을 돌려달라고 요청했을 때, 볼라드 칭상이 홍차구를 돕는 모습을 보였다는 것이다. 그리고 그 이유는 홍차구의 아들이 볼라드 칭상을 따르고 있었기 때문이라고 한다.[50] 홍차구 가문이 쿠빌라이 카안의 신임을 받고 있는 볼라드 칭상과 연계되고 있는 점이 흥미롭고, 홍차구가 쿠빌라이 카안에게 자신의 입장을 호소하면서 충렬왕은 불리한 위치에 놓이게 되었던 것이다. 이에 쿠빌라이 카안은 자식이 있는 군인의 부인은 남편에게 돌아가게 하고, 고려에서 지위가 높은 관료 중에서 죄가 있는 사람은 먼저 상주한 다음에 처벌을 내리라는 명령을 내리고 충렬왕을 고려로 돌아가게 했다. 즉, 쿠빌라이 카안은 홍차구의 손을 들어준 것이었고 이미

---

49   『高麗史』卷123,「李汾禧傳」.
50   『高麗史』卷29, 忠烈王 5年 正月 戊辰.

사망한 이분희 형제는 어쩔 수 없지만 앞으로는 이러한 처벌에 앞서 쿠빌라이 카안에게 먼저 보고가 이루어지도록 한 것이었다. 충렬왕을 견제한 것이다.

위 내용들을 통해 추정해보면, 볼라드 칭상은 충렬왕을 제어하려는 입장을 가지고 있지 않았나 생각된다. 충렬왕 4년에 쿠빌라이 카안과 충렬왕이 면대하는 자리에서 충렬왕이 감정적인 발언을 했을 때에도 볼라드 칭상은 충렬왕에게 카안이 묻는 질문에만 대답을 하라는 어조로 충렬왕을 제지했다. 그리고 이듬해 정월에 홍차구의 상소로 인해 충렬왕이 해명을 위해 다시 입조했을 때에는 더욱 홍차구의 입장을 두둔하는 모습을 보였다. 결국 그의 뜻대로 쿠빌라이 카안은 충렬왕을 통제하는 조치를 취했다. 1278년에 쿠빌라이 카안과 충렬왕이 만나 충렬왕이 고려에 유리한 여러 조치를 얻어냈던 것은 획기적이었지만, 바로 이듬해에 원 제국 조정에서 홍차구의 손을 들어주었던 것은 고려-원 관계의 현안들이 복잡하게 얽혀 있어서 충렬왕의 희망대로만 정국이 진행되지 않았음을 보여주고 있다. 볼라드 칭상은 치열하게 대립하고 있었던 이 현장을 직접 살펴보았던 것이고, 심문 과정에서 고려보다는 원 제국 측에 서 있는 홍차구를 대변하려는 입장을 가지고 있었음을 확인할 수 있다.

몽골-원 제국 시기 동서교류의 상징이라고도 할 수 있는 인물인 볼라드 칭상은 고려의 자료 속에서도 모습을 드러내고 있음을 확인할 수 있었다. 그는 충렬왕이 이른바 '친조외교'를 통해 쿠빌라이 카안과 여러 현안들을 해결하는 자리에 참석하며 이를 연결·중재하는 역할을 맡았지만, 전반적으로는 충렬왕보다는 그 반대편인 홍차구 측을 지지하는 모습을 보여주고 있다. 1278년의 친조외교를 통해 몽골 군대와 다루가치 철수 등의 성과를 올린 충렬왕이었지만, 홍차구의 반발로 인해 곧바로 다시 입조해 쿠빌라이 카안에게 해명을 해야만 했는데 이때 볼라드 칭상은 홍차구를 지지하는 입장을 더욱 선명하게 드러냈다.

4. 맺음말

8장에서는 몽골제국의 다양한 기록들에서 등장하고 있는 '볼라드 칭상'이라는 인물이 고려 측의 자료에서도 그 모습을 드러내고 있다는 점을 밝혔다. 볼라드 칭상은 쿠빌라이가 훌레구 울루스 측에 파견한 사신이었고, 이후 훌레구 울루스에 정착하여 살아가면서 서아시아에 중국 등 동아시아의 정세를 알려주었던 중요한 '매개자'의 역할을 수행했다는 점은 선행 연구들을 통해서 상세하게 다루어졌다. 이러한 연구들을 통해 중국 측의 한문 자료와 훌레구 울루스 측의 페르시아어 자료에서 모두 언급되고 있는 볼라드 칭상의 행적이 재구성되었지만, 정작 고려 측의 기록은 주목을 받지 못했다. 그러나 고려 측의 기록에서도 볼라드 칭상이 등장하고, 특히 1278년에 이루어진 충렬왕과 쿠빌라이의 대면 회담에서 이를 중재하는 역할로서 볼라드 칭상이 언급되었다는 점을 확인할 수 있었다.

쿠빌라이는 자신의 제국을 수립하고 통치의 공고화를 진행하는 과정에서 여러 관료들을 활용하게 되는데, 볼라드 칭상도 그 중 한 사람이었다. 볼라드 칭상이 대사농, 어사중승, 추밀부사 등 여러 관직을 역임하면서 쿠빌라이의 조정을 위해 다양한 역할을 수행했다는 점은 쿠빌라이가 그를 적재적소에 활용하고자 했음을 잘 보여주는 것이다. 여기에서 주목할 수 있는 것은 쿠빌라이가 볼라드 칭상에게 '심문'을 수행하는 관료로서의 임무를 종종 맡겼다는 사실인데, 이는 1278년에 충렬왕이 직접 입조하여 고려-몽골 관계의 현안을 쿠빌라이와 직접 면대하여 해결하는 과정에서도 드러나고 있다. 볼라드 칭상은 충렬왕에게 질문을 던지거나 충렬왕의 감정적인 언사를 제어하는 등 중재자로서의 역할을 수행했던 것이다. 1278년에 충렬왕이 쿠빌라이에게 입조하여 해결하고자 했던 사안 중 가장 민감했던 것이 바로 홍차구와의 갈등 문제였다. 1278년에 입조했을 때에는 충렬왕이 자신에게 유리한 방향으로 쿠빌라이의 조치를 이끌어냈지만, 얼마 지나지 않아 이번에는 홍차구가 쿠빌라이에게 상소하면서 충렬왕은 1279년에 다시 입조하여 문제를 해결해야 했다. 이때에도 볼라드 칭상은 심문의 역할을 맡았는데, 1278년의 회담과는 달리 1279년의 원 제국 조정 분위기는 홍차구를 지지하는 쪽으로 기울어져 있었다. 볼라드 칭상 역시 홍차구를 지지하는 입장을 1278년보다 더욱 선명하게 드러냈다.

볼라드 칭상이 고려 측의 기록에 등장하는 부분이 많은 것은 아니기 때문에 그의 행적 중에서 아주 사소한 것만을 밝혔다고 볼 수도 있을 것이다. 그러나 그 '사소한' 행적이 기존 연구에서는 완전히 누락된 것이므로 이를 표면으로 부각시키는 것에도 의미가 존재한다고 할 수 있을 것이다. 또한, 쿠빌라이가 볼라드 칭상을 신임하여 그에게 사안 해결을 위한 심문을 맡겼던 사실들이 등장하는데 고려 측의 기록 역시 그러한 점을 보여주고 있는 것이어서 볼라드 칭상에 대한 쿠빌라이의 신뢰를 보여주는 대목이라고도 할 수 있다. 즉, 고려 측의 기록에 나타나는 볼라드 칭상의 행적은 기존 연구에서 강조한 '동서교류의 매개자'의 측면과는 직접적으로 연결되는 것이 아니지만 원 제국에서의 정치적 활약상을 추가적으로 보여준다는 점에서 그 가치를 확인할 수 있다.

또한, 볼라드 칭상의 행적과 관련된 고려 측의 기록이 충렬왕 시기 고려와 원 관계의 성격이 정해지는 중요한 회담과 연결된 것이기 때문에 그 중요성을 간과할 수는 없다고 생각한다. 쿠빌라이 카안의 신임을 전폭적으로 받았던 볼라드 칭상은 쿠빌라이의 의중을 살펴 충렬왕에 대한 심문에 응했을 것이고, 결국 그의 태도는 쿠빌라이의 충렬왕에 대한 의중과도 연결된다고 할 수 있을 것이다. 이러한 점을 바탕으로 차후 볼라드 칭상에 대한 후속 연구들에서는 고려 측의 기록에도 주목하여 볼라드 칭상의 행적 및 고려-원 관계 연구를 위한 새로운 관점을 확보할 수 있는 계기를 마련했으면 한다.

9장

『고려사』에 수록된
원 제국의 케식문서사료

1. 머리말

13~14세기의 고려와 원의 관계가 기존의 한중관계에서 드러났던 조공-책봉의 특징과는 별도로 또 다른 독특한 양상을 내포하고 있다는 것은 주지의 사실이다. 고려의 왕이 원 제국의 황실 가문과 혼인 관계를 맺으면서 부마(駙馬)가 되었고, 원 제국은 고려의 내정에까지 간섭할 수 있게 되었던 것이다. 이로 인해 고려와 원은 여러 방면에서 상호 커다란 영향을 주고받았고, 이는 원종 시기부터의『고려사』세가 기록을 살펴보는 것으로도 충분히 확인할 수 있는 사실이다. 게다가『고려사』를 비롯한 고려의 사료에는 원 제국과 고려가 서로 주고받은 상당수의 외교문서들이 실려 있기 때문에 이를 검토하는 것은 두 나라의 역사를 동시에 살펴보는 매우 가치 있는 작업이라고 할 수 있다.

이에 9장에서는『고려사』에 기록된 여러 문서들 중에서 원 제국의 케식(keshig, 怯薛) 관련 자료를 검토하고자 한다. 카안(황제)의 신변 경호를 포함하여 다양한 역할을 수행했던 케식은 원 제국의 상위 엘리트 집단이었고, 황제를 가장 가까이에서 수행하고 있는 최측근이었다. 그렇기 때문에 당시 원 제국 정치의 흐름을 파악하기 위해서는 케식 집단의 여러 가지 측면을 살펴보지 않을 수 없는데, 중국의 사료가 아닌 『고려사』에서 케식과 관련된 내용들이 곳곳에 보이고 있어 주목할 필요가 있는 것이다. 케식과 관련된 자료들은 그 성격에 따라서 다양하게 분류할 수 있겠지만, 9장에서는 그 범위를 최대한 좁혀서 케식의 윤번(輪番) 사실을 보여주고 있는 1건의 문서사료에 대해서 집중적으로 살펴보고자 한다.

케식이라는 단어의 뜻이 함축하고 있는 것처럼,[01] 케식은 날짜에 따라 돌아가면서 황제를 호위하는 역할을 맡은 친위대로 이해되고 있다. 물론, 최근의 연구가 상기시키고 있는 것처럼 케식이라는 말 자체에는 친위대의 의미가 없고 당직(當直)이나 당번, 숙직으로 뜻이 한정되어 있으며[02] 그 임무는 황제와 그 집안을 위한 경비를 포함한 각종 잡역에 이르기까지 매우 광범위하다. 이러한 원 제국의 케식은 크게 4개로 구성되어 있었고, 이 4케식이 3일씩 교대로 숙위를 담당하면서 12일을 한 주기로 하여 업무를 담당했다. 그리고 언급했던 것처럼 케식의 역할은 황제를 호위하는 것뿐만 아니라 의복 관리, 말 사육, 요리, 술 제조 등 다양한 방면에 걸쳐 있었다.

---

01 '행운, 은총'을 의미하는 몽골어 '케식'은 順番을 지칭하는 단어이기도 하다. Ferdinand D. Lessing ed., *Mongolian-English Dictionary*, Berkeley & Los Angeles: University of California Press, 1960, p.460; 新蒙漢詞典編委會 編, 『新蒙漢詞典』, 北京: 商務印書館, 1998, 1343쪽; 단국대학교 몽골연구소 편, 『몽한대사전』, 단국대학교출판부, 2023, 2388쪽.

02 이에 대해서는 宇野伸浩, 「モンゴル帝國宮廷のケシクテンとチンギス·カンの中央の千戸」, 『櫻文論叢』 96, 2018, 248~254쪽의 내용을 참고.

이들은 유목제국의 지배자에게 충성을 바치며 항상 그와 함께했던 전형적인 '코미타투스' 집단의 일종이라고 할 수 있고,[03] 늘 지배자의 곁에 있었기 때문에 정치적으로도 상당히 중요한 존재였다.[04] 그렇기 때문에 202과 관련된 기록들은 원 제국 정치의 핵심부를 살펴볼 수 있게 하는 귀중한 자료라고 할 수 있다.

그러한 케식 관련 기록들 중에서 특히 모월(某月) 모일(某日)의 케식을 맡았던 인원들의 이름을 시작으로 어떠한 사안의 처리 절차를 다룬 기록들이 존재한다. 문서의 원본에 가까운 형태의 이러한 자료는 일찍부터 주목을 받기 시작했고 중국학계에서는 이를 '겁설윤치사료(怯薛輪値史料)'라는 별도의 용어로 부르고 있다. '윤치(輪値)'는 교대로 번갈아가며 당직을 맡는다

03　'코미타투스'에 관해서는 크리스토퍼 벡위드(Christopher Beckwith), 이강한·류형식 옮김, 『중앙유라시아의 세계사』, 소와당, 2014, 65~82쪽의 서술을 참고. 그리고 북아시아 유목국가의 군주권 형성에서 '親兵集團'이 가지고 있는 중요성은 이미 김호동에 의해 강조·분석된 바 있다. 이에 대해서는 金浩東, 「北아시아 遊牧國家의 君主權」, 東洋史學會 編, 『東亞史上의 王權』, 한울아카데미, 1993, 152~167쪽을 참조.

04　케식의 역할과 그들의 정치적 영향에 대한 대표적인 연구로는 箭内亙, 「元朝怯薛考」, 『東洋學報』 6-3, 1916; 片山共夫, 「元朝四怯薛の輪番制度」, 『九州大學東洋史論集』 6, 1977; 「怯薛と元朝官僚制」 『史學雜誌』 89-12, 1980; 「元朝怯薛出身者の家柄について」, 『九州大學東洋史論集』 8, 1980; 李治安, 「怯薛與元代朝政」, 『中國史研究』 1990-1; 屈文軍, 「元代怯薛新論」, 『南京大學學報(哲學·人文科學·社會科學版)』 2003-2; 苗冬, 「元代怯薛遣使初探」, 『雲南師範大學學報(哲學社會科學版)』 2009-4; Christopher Atwood, "*Ulus* Emirs, *Keshig* Elders, Signatures, and Marriage Partners: The Evolution of a Classic Mongol Institution" David Sneath ed., *Imperial Statecraft: Political Forms and Techniques of Governance in Inner Asia, Sixth-Twentieth Centuries*, Bellingham: Western Washington University, 2006 등이 있다. 고려와 관련된 연구로는 김보광, 「고려 충렬왕의 케시크(怯薛, kesig)제 도입과 그 의도」, 『史學研究』 107, 2012; 임형수, 「고려 케시크(怯薛)의 기능과 개혁 방향」, 『民族文化研究』 60, 2013; 林亨洙, 『고려후기 怯薛制 운영 연구』, 고려대학교 대학원 한국사학과 박사학위논문, 2018 등이 있다.

는 뜻을 가지고 있는 중국어 단어이므로 겁설윤치사료라고 하는 용어는 케식의 윤번 실태를 보여주는 자료를 가리키는 의미로 사용되고 있는 것이다. 하지만 케식이라는 단어 자체가 '윤치'를 의미하는 것이므로 엄밀하게 말한다면 겁설윤치는 똑같은 뜻을 가진 단어를 중복해서 쓴 것이라고 할 수 있다. 그러므로 여기에서는 '케식문서사료'[05]라는 용어를 사용해서 관련 내용들을 서술하고자 한다.

원 제국 시기의 일부 공문들을 보면, 황제에게 어떤 사안이 상주될 때 그 날짜와 배석했던 케식관의 이름까지도 상세하게 기록한 경우가 있고 이를 '케식문서사료'라고 칭하는 것이다. 하지만, 이러한 공문들은 찬수(纂修)의 과정을 거치면서 케식 담당 인원의 내용이 담긴 부분이 생략되고 황제의 성지, 상주문과 같은 문서들의 주요 내용만 남게 된 사례가 대부분이다. 이로 인해 문서의 원래 형태를 보존하고 있는 자료들의 숫자가 한정되어 있고 여러 자료에 산재되어 있던 이러한 케식문서사료들은 일부 연구들에서 다시 발굴하고 분석을 거쳐 체계적으로 정리한 이후에야 학계의 주목을 받을 수 있게 되었다.[06]

---

05   여기에서의 文書史料는 원래의 문서는 물론이고, 문서를 바탕으로 편찬된 다양한 형태의 텍스트를 포괄하는 개념이다. 9장에서 사용한 '케식文書史料'는 원 제국 시기에 케식의 상황을 알려주는 내용을 포함하고 있는 공문서를 토대로 삼아 각종 문헌에 기록되어 있는 문서사료를 지칭한다. 몽골제국 시기 문서사료의 형성 배경과 종류 및 자료로서의 중요성 등을 논한 최근의 연구로는 舩田善之, 「モンゴル時代漢語文書史料について-傳來と集成によって擴がる文書史料の世界」, 『内陸アジア言語の研究』 33, 2018을 참고.

06   洪金富, 「元朝怯薛輪值史料攷釋」, 『中央研究院歷史語言研究所集刊』 74-2, 2003; 劉曉, 「元代怯薛輪值新論」, 『中國社會科學』 2008-4; 「元代非皇帝怯薛輪值的日次問題-兼談《元典章》與《至正條格》的一則怯薛輪值史料」, 『隋唐遼宋金元史論叢』 1, 北京: 紫

이러한 케식문서사료가 놀랍게도 『고려사』에도 1건이 기록되어 있는데, 원 제국 역사 연구에서 『고려사』가 가지고 있는 위상을 생각한다면 비록 1건에 불과하지만 상당히 중요한 자료라고 할 수 있다. 하지만, 이 기록은 원대에 독특하게 나타나는 몽문직역체(蒙文直譯體)로 되어 있기 때문에 정확하게 해석하기가 쉽지 않다. 이에 9장에서는 우리말로 번역되어 있는 『고려사』를 참고하면서 그 해석에서 보완해야 할 사항들을 살펴보고, 더 나아가 이 자료의 의미에 대해서도 간략하게 논하고자 한다.

2. 『고려사』에 수록된 케식문서사료

a. 원대(元代) 케식문서사료의 사례

본격적으로 『고려사』에 수록된 자료를 살펴보기 전에 중국 측의 문헌에 등장하는 케식문서사료의 실례를 검토하면서 그 형태가 어떠한 것인지를 확인해보는 것이 좋을 것 같다. 아래는 강남행어사대(江南行御史臺, 남대南臺)에서 받은 문서 모음집인 『남대비요(南臺備要)』의 기사 중 하나이다.

至正十二年三月十九日, 准御史臺咨: - ①
　承奉中書省劄付: - ②
　　至正十二年三月二十二日, 咬咬怯薛第三日, 嘉禧殿裏有時分, 速

禁城出版社, 2011; 「《璿溪金氏族譜》所見兩則元代怯薛輪値史料」, 『西北師大學報(社會科學版)』52-2, 2015 등의 연구를 참고.

古兒赤不荅失里, 云都赤迭里必失, 殿中阿不花, 給事中塔海帖木兒等有來. 脫脫菩剌罕·太傅·右丞相, 伯撒里知院, 定住平章, 搠思監大夫, 普化平章, 賈魯左丞, 朶兒只中丞, 帖理帖穆爾參政, 烏古孫良禎參政, 剳撒兀孫侍御, 童子治書, 偰哲篤參政, 脫火赤參議, 王敬方參議, 李稷參議, 伯帖木兒郎中, 周璿郎中, 孛羅帖木兒參議, 馬馬碩理經歷, 劉繪員外郎, 咬住都事, 安明德都事, 直省舍人安童, 蒙古必闍赤忙哥帖木兒等, 奏: - ③-1

山南廉訪司官將分司副使完者帖木兒取迴總司, 委領千戶壹員, 將壹阡名軍人壯丁前去, 與反賊迎敵呵, 副使完者帖木兒於正月二十六日迎見反賊, 不行迎敵, 當日避走, 騎坐鋪馬, 經由四川·陝西省來到這裏有. 行事之際, 似這般怠慢了·避走的, 若不整治呵, 怎懲戒多人? 俺省院臺官衆人商量來, 如今, 完者帖木兒根底取了招伏, 將他杖斷壹百柒下, 追奪所受宣勅不叙, 發去海南常川安置呵, 怎生? 奏呵, 奉聖旨: 那般者. 欽此. - ③-2

除外, 都省合下仰照驗欽依施行. - ③-3

承此. 除外, 本臺合行移咨, 請照驗欽依施行. - ②[07]

07 원문의 표점 및 문서에 따른 문단 구분은 洪金富 點校,『元代臺憲文書匯編』臺北: 中央研究院歷史語言研究所, 2003, 188~189쪽에 따랐다. ①부터 ③-3까지의 번호는 편의를 위해 필자가 붙인 것이다.

위 기록에는 여러 문서가 동시에 등장하고 그 문체가 몽문직역체라는 점 때문에 분석이 쉽지 않지만,[08] 차근차근 살펴볼 필요가 있다. 전체적인 구조는 남대가 어사대로부터 자문(咨文)을 받은 것인데, 그 자문(②) 속에는 중서성이 보낸 차부(箚付)가 그대로 인용되어 있다. 중서성의 차부에는 상주를 할 때에 배석했던 케식 관원들과 상주에 참여한 관료들의 명단(③-1)이 먼저 기록되어 있고, 여러 관원들이 상주했던 내용과 황제의 명령(③-2)이 적혀 있으며 마지막으로 어사대에게 차부를 전달하면서 시행을 하라는 문구(③-3)로 끝을 맺는다. 대부분의 문헌들에서는 상주 내용과 황제의 지시사항을 담은 ③-2가 중요하다고 여기고, 주로 ③-1에 해당되는 부분은 생략을 하는 경우가 많은데, 위 기록에서는 ③-1 부분이 생략되지 않고 남아 있어서 케식의 현황을 파악할 수가 있다. 그래서 이를 케식문서사료라고 부르는 것이다.[09] 그러면 위 사료를 문서 구조에 맞추어 아래와 같이 해석을 해볼 수 있겠다.

---

08   원대 몽문직역체 문서 분석을 위한 문법 해석은 중국, 일본학계를 중심으로 이루어져 왔는데 최근에 한국학계에서도 박영록이 활발한 연구 성과를 제출하고 있다. 특히 박영록이 『高麗史』 등 한국측 자료에 기록된 중국측 문서에 대해 상세하게 다룬 연구들은 필자에게 큰 도움이 되었다. 박영록, 「《高麗史》蒙古 直譯體白話 牒文 二篇의 解釋的 硏究」, 『중국언어연구』 44, 2013; 「『高麗史』에 수록된 蒙元公文의 用語와 飜譯에 대한 검토」, 『대동문화연구』 85, 2014; 「蒙元 몽골어 公牘과 白話碑에 보이는 旨書의 形式과 語套의 特徵」, 『중국문학연구』 55, 2014; 「元代 直譯體公文의 構造 및 常套語 一考」, 『대동문화연구』 86, 2014; 「韓國 史書에 收錄된 明初 白話聖旨의 言語性格」, 『중국문학연구』 58, 2015; 「《高麗史》忠烈王 6년에 수록된 元朝 軍制 관련 공문에 대한 해석적 연구」, 『중국어문논총』 73, 2016 등의 연구들을 참고.

09   케식문서사료는 문서의 형식에 케식의 陪席이 구체적으로 확인되는 자료만을 지칭하는 표현이고, 문서의 내용에 케식과 관련된 조치 등이 있었는지의 여부를 고려하지 않는 용어라는 점을 밝혀둔다.

지정(至正) 12년(1352) 3월 19일, 어사대의 자문을 받았습니다. - ①

중서성의 차부를 받았습니다. - ②

지정 12년 3월 22일, 요요[咬咬] 케식 제3일, 가희전(嘉禧殿)에 있었을 때 수구르치(速古兒赤, sügürchi) 부다시리[不荅失里], 울두치(云都赤, üldüchi) 데르비시[迭里必失], 전중(殿中) 아부카[阿不花], 급사중(給事中) 타카이테무르[塔海帖木兒] 등이 있었다. 톡토[脫脫] 다르칸(荅剌罕, darqan)·태부(太傅)·우승상(右丞相), 벡사릭[伯撒里] 지원(知院), 딩주[定住] 평장, 초스감[搠思監] 대부, 부카[普化] 평장, 가로(賈魯) 좌승(左丞), 도르지[朶兒只] 중승(中丞), 테리테무르[帖理帖穆爾] 참정(參政), 오고손양정(烏古孫良禎) 참정, 자사우순[劄撒兀孫] 시어(侍御), 통지[童子] 치서(治書), 설철독(偰哲篤) 참정, 토고치[脫火赤] 참의(參議), 왕경방(王敬方) 참의, 이직(李稷) 참의, 벡테무르[伯帖木兒] 낭중(郎中), 주선(周璿) 낭중, 보로테무르[孛羅帖木兒] 참의, 마마슈리[馬馬碩理] 경력(經歷), 유회(劉繪) 원외랑(員外郎), 요주[咬住] 도사(都事), 안명덕(安明德) 도사, 직성사인(直省舍人) 안통[安童], 몽골비칙치(蒙古必闍赤, Mongɤol bichigchi) 망가테무르[忙哥帖木兒] 등이 상주했다. - ③-1

산남염방사(山南廉訪司)의 관료들이 분사(分司)의 부사(副使)인 울제이테무르[完者帖木兒]의 관사(官司)를 총괄하는 임무를 거두어들이고, 천호(千戶) 1명을 거느리는 것을 맡겨서 1,000명의 군인 장정을 이끌고 가게 하여 반적(反賊)을 맞아 싸우게 했는데, 부사 울제이테무르는 정월 26일에 반적을 만나더니 맞이하여 싸우지는 않고 당일에 피하여 도망가서 역참의 말을 타고 사천성(四川

省)과 섬서성(陝西省)을 거쳐 여기에 왔습니다. 일을 시행할 때에 이렇게 태만했고 피하여 도망갔으니 만약 정치(整治)하지 않으면, 어떻게 많은 사람들을 징계하겠습니까? 우리 (중서)성, (추밀)원, (어사)대의 관료 여러 사람들이 논의했는데, 지금 울제이테무르에게 죄를 인정하는 자백을 받아 그에게 곤장 107대를 처단하고 (그가) 받은 선칙(宣勅)은 빼앗아서 서용(敍用)하지 않게 하며 해남(海南)으로 보내서 계속 안치(安置)시키는 것이 어떻겠습니까? 상주했더니, "그렇게 하라"라는 성지를 받았다. - ③-2

(시행하는) 이외에 도성(都省)이 (차부를) 하달하니, 바라건대 살펴보고 황제의 뜻에 따라 시행하라. - ③-3

(차부를) 받았습니다. (시행하는) 이외에 본대(本臺)가 자문을 보내니 청컨대 살펴보고 황제의 뜻에 따라 시행하십시오. - ②

위 문서의 주요 내용은 반적과 싸우지 않고 그대로 도망친 울제이테무르에 대한 처벌이다. 지정 11년(1351)부터 본격적으로 시작되었던 홍건적 세력의 등장으로 인해 혼란스러워진 정국에서 울제이테무르의 행위는 엄하게 처벌을 받아야 할 사안이었던 것이다. 중앙 조정에서는 중시성, 추밀원, 어사대의 관원이 모두 모여 이 사안을 논의했고 결국 울제이테무르를 해남으로 유배를 보내는 조치까지 나오게 되었다. 이에 중서성에서는 어사대에 차부를 보내 황제의 허락을 받았다고 알려왔고, 어사대는 다시 남대에 자문을 보내서 논의 사항과 그 결과를 통지했다. 울제이테무르가 해남으로 유배를 가게 되었기 때문에 남대에도 이 사항을 알릴 필요가 있었던 것이다. 이렇게 문서의 내용에 대해서는 문제될 것이 없다. 문제는 문서의 날짜이다. 케식 등 여러 관원이 모여서 상주한 날짜가 3월 22일인데, 모든 절차를 거친 이후 남대가 어사대의 자문을 받은 것이 그보다 이른 3월 19일로 기록되어 있기 때문이다.

문서 날짜의 오류를 점검하고 수정하기 위해서 꼭 필요한 근거는 바로 '교교겁설제삼일(咬咬怯薛第三日)'이라는 문구이다. 교교겁설제삼일에서 우선 요요(咬咬)는 케식을 이끄는 장(長)의 이름인데, 『원사』에는 그가 누구인지를 알 수 있게 하는 단서가 존재한다. 지정 13년(1353) 9월 을해일에 케식관 광평왕(廣平王) 요요가 정토(征討)할 때에 공을 올리지 못해 왕작을 삭탈하고 하남행성평장정사(河南行省平章政事)로 강등시켰다는 기사가 바로 그것이다.[10] 여기에서 광평왕은 보오르추의 후손들이 대대로 받았던 왕호였기 때문에 요요 역시 보오르추의 후손이었고, 보오르추의 후손들은 대대로 제2케식을 담당했다는 점을 고려하면 요요의 케식은 제2케식이라는 것을 알수 있다. 『원사』 「병지(兵志)」의 기록에 따르면 제2케식의 담당 날짜는 해(亥), 자(子), 축일(丑日)이었으므로[11] 제2케식의 제3일은 □축일이 되어야 한다. 지정 12년 3월 22일은 간지로 병인일이기 때문에[12] 제2케식의 제3일이 아니라 제3케식의 제1일이 되어야 한다.[13]

---

10   『元史』 卷43, 「順帝本紀六」, 911쪽.

11   『元史』 卷99, 「兵志二」, 2524쪽.

12   날짜의 干支는 洪金富 編著, 『遼宋夏金元五朝日曆』, 臺北: 中央研究院歷史語言研究所, 2004, 454쪽을 참고.

13   이 문서의 날짜 오류를 수정하기 위한 여러 의견들이 선학들에 의해 제기된 바 있다. 여기에서는 이를 자세하게 서술하지 않고, 아래 연구 성과를 제시하는 것으로 대신

이렇게 케식문서사료에 기록된 날짜만 가지고도 문서에 나타난 오류를 파악할 수 있는데, 더욱 중요한 것은 사료에 등장하는 여러 관원들이라고 할 수 있을 것이다. 지정 12년 3월 당시 어떤 인물이 무슨 관직을 보유하고 있었는지가 명확히 드러나고 있고, 여기에 더하여 수구르치[14]나 울두치[15] 및 몽골 비칙치와 같은 케식의 집사(執事)들까지도 기록되어 있어 케식 출신 인물들의 파악은 물론이고 어떤 임무에 종사했는지까지 알 수 있다. 특히 위에 기록된 톡토, 벡사릭, 딩주, 초스감, 가로, 오고손양정, 설철독 등은 원대 말기 궁정 정치의 중요한 대목에서 등장하게 될 인물들이기 때문에 이러한 케식문서사료는 차후 원대 정치사의 세밀한 구성을 위한 귀중한 자료의 역할을 하고 있다고 볼 수 있다.

문서의 원본 형태를 최대한 보존하고 있는 이러한 케식문서사료는 편찬 과정을 거치면서 변형을 겪기 마련이고, 그때에 인명만이 나열되어 있는 부분은 생략되어 버리는 경우가 많다. 아마 편찬자가 이를 별로 중요하게 생각하지 않았기 때문에 삭제했을 것으로 보인다. 그런데『고려사』에 케식문서사료가 남아 있다는 점은 충분히 주목할 만하다. 고려가 원으로

하고자 한다. 葉新民,「關于元代的"四怯薛"」,『元史論叢』2, 北京: 中華書局, 1983, 84쪽; 王曉欣 點校,『憲臺通紀(外三種)』, 杭州: 浙江古籍出版社, 2002, 250쪽; 洪金富, 앞의 논문, 354쪽; 洪金富, 같은 책, 2003, 189쪽의 각주 1 등의 내용을 참고.

14   速古兒赤으로 표기된 수구르치는 원래 日傘을 들고 있는 사람을 지칭하는 것으로 이후에는 이 임무와 더불어 궁정의 의복을 관할하기도 했다.

15   云都赤으로 표기된 울두치는 칼을 들고 있는 사람을 지칭하는 것으로 무기를 소지한 채 황제를 호위하는 여러 케식 관원들 중 가장 핵심적인 위상을 가지고 있었던 것으로 생각된다. 한편, 몽골의 케식 執事를 일괄적으로 확인할 수 있는 국내의 최근 연구로는 林亨洙, 앞의 논문, 2018, 29쪽의 표를 참고.

부터 받은 문서의 도입 부분을 거의 그대로 실어놓은 것이기 때문이다. 물론『고려사』에 수록된 원 제국의 여러 공문서들 중에서 케식문서사료는 오직 1건에 불과하지만, 오히려 그렇기 때문에 이 자료를 조금 더 구체적으로 살펴볼 의미가 있다고 생각한다.

b.『고려사』의 케식문서사료 분석

『고려사』권37의 「충목왕세가」에서 충목왕 4년(1348) 2월 을미일 조목을 보면 원의 중서성에서 고려에 보낸 자문을 기록한 것을 확인할 수 있다. 이는 원 혜종이 고려의 국내 사정을 잘 다스리라는 내용이 담긴 자문이다. 우선 해당 부분의『고려사』원문과 번역문은 현재 국사편찬위원회 인터넷 사이트에서 확인할 수 있는데, 이를 그대로 옮기고 동아대학교 국역본『고려사』도 함께 참고하면서 내용을 검토해보고자 한다. 원문은 아래와 같다.

乙未 元中書省移咨云, "至正七年九月十四日, 咬咬惻薛第三日, 明仁殿內有時分, 速古赤佛家奴云, '都赤撒迪米失·殿中監給事中燕古兒赤等有來, 帖木兒荅失左丞相, 特奉聖旨, 「在前高麗百姓, 未曾歸附的時分, 他每倚本俗行來也者. 托賴上天, 屬了咱每的時分, 昨前知道不荅失里將那百姓好生殘害的.」上明知道一个人害高麗百姓麼道, 將不荅失里罰去迤南地面, 爲他依勢力不依法度行來的勾當. 已嘗命諳知彼中事體王脫懽·金那海, 敎正理去來, 時下促急, 便怎生正理的有, 如今交八麻朶兒赤和王脫懽等與省得的勾當的好人一同, 不揀是誰, 依勢力, 欺壓百姓的, 幷民閒不事理, 好生正理.

奏將來者.'"16

그리고 위 원문에 따른 번역문은 아래와 같다.

을미 원(元) 중서성(中書省)에서 자문(咨文)을 보내어 말하기를,

"지정(至正) 7년(1347) 9월 14일에 교교(皎皎)가 겁설(怯薛, 케식)을 맡아 사흘째 되는 날 명인전(明仁殿)에서 시위하고 있을 때, 속고적(速古赤, 시구르치) 불가노(佛家奴)가 말하기를, '도적(都赤, 도치)인 살적미실(撒迪米失, 사디미쉬), 전중감급사중(殿重監給事中) 연고아적(燕古兒赤, 옌굴치) 등이 왔었는데 첩목아답실(帖木兒荅失, 테무르타시) 좌승상(左丞上)이 특별히 성지(聖旨)를 받들었는데, 〈거기에서 말하기를,〉「전에 고려 백성(百姓)들이 아직 귀부(歸附)하지 않았을 때 그들은 자신들의 풍속에 따랐다. 하늘의 뜻에 응하여 우리에게 귀속한 후 최근에 와서야 부답실리(不荅失里, 부다시리, 충혜왕)가 그 백성이 잘 살려고 하는 것을 해치고 있음을 알았다.」 앞서 한 사람이 고려 백성들을 해친 것을 분명히 알아 장차 부답실리를 벌하여 남쪽 땅으로 유배 보냈는데, 이는 그가 권세에 의지하여 법도에 따라 행동하지 않았기 때문이다. 그리하여 이미 그쪽 사

---

16   https://db.history.go.kr/KOREA/item/level.do?itemId=kr&bookId=%25E4%25B8%2596%25E5%25AE%25B6&types=o#detail/kr_037_0060_0010_0040(2023년 8월 19일 접속). 동아대학교 석당학술원,『국역 고려사-世家 9』, 景仁文化社, 2008, 519쪽에도 원문이 있는데 국사편찬위원회 사이트와 거의 같다. 단, 국사편찬위원회는 聖旨의 내용을 ~殘害的까지로 보았으나 동아대학교 국역본은 원문의 끝까지를 聖旨라고 보았다. 최근에 중국에서도『高麗史』의 교감본이 출간되었는데, 이 부분의 표점은 국사편찬위원회 사이트『高麗史』와 대동소이하다. 孫曉 主編,『高麗史』, 重慶: 西南師範大學出版社; 北京: 人民出版社, 2014, 1168쪽을 참고.

정을 알고 있는 왕탈환(王脫煥, 왕토곤)과 김나해(金那海, 김노카이)를 보내어 바르게 다스리게 하였다. 사정이 긴박하고 어떻게 해서든 〈시국을〉 바로잡아야 하겠기에 지금 팔마타아적(八麻朶兒赤, 파마타르치)과 왕탈환 등에게 살피고 처리하기 좋은 사람과 함께 가게 하였으니, 만약 권세에 의지해 백성을 속이고 억누르거나, 아울러 민간에서 사리에 맞지 않는 일을 하는 자가 있으면 그가 누구든지 구별하지 말고 바르게 다스리고 와서 보고하도록 하라.'라고 하였다.[17]

위의 원문과 번역문으로는 문서의 구조를 한눈에 파악하기가 쉽지 않다. 그래서 위의 『고려사』 원문을 앞에서 원대 케식문서사료를 분석했던 형식처럼 문단을 구분해서 볼 필요가 있다. 원문에 제시된 표점대로 문서를 구분해보면 아래와 같이 적을 수 있다.

元中書省移咨云,

至正七年九月十四日, 咬咬惕薛第三日, 明仁殿內有時分, 速古赤佛家奴云,

都赤撒迪米失·殿中監給事中燕古兒赤等有來, 帖木兒苔失左丞相, 特奉聖旨, 在前高麗百姓, 未曾歸附的時分, 他每倚本俗行來也者. 托賴上天, 屬了咱每的時分, 昨前知道不苔失里將那百姓好生殘害的.

17   http://db.history.go.kr/id/kr_037r_0060_0010_0040(2023년 8월 19일 접속). 동아대학교 석당학술원, 같은 책, 364~365쪽의 번역문도 국사편찬위원회 사이트와 크게 다르지 않다.

上明知道一个人害高麗百姓麼道, 將不苔失里罰去迤南地面, 爲他依
勢力不依法度行來的勾當. 已嘗命諳知彼中事體王脫懽·金那海, 教
正理去來, 時下促急, 便怎生正理的有, 如今交八麻朶兒赤和王脫懽
等與省得的勾當的好人一同, 不揀是誰, 依勢力, 欺壓百姓的, 并民閒
不事理, 好生正理. 奏將來者.

이에 따라 문서 구조를 분석해보면 원이 고려에 보낸 자문은 속고적(速
古赤) 불가노(佛家奴)의 말을 인용하고 있는데, 불가노의 말 안에는 황제의 성
지 내용이 담겨 있고 황제의 성지 이후부터 다시 불가노가 말을 계속하고
있다. 이러한 해석이 맞는 것일까? 여기에는 치명적인 오류가 있다. 앞서
분석한 케식문서사료에서 인물들이 나열될 때 가장 먼저 나온 케식의 집
사는 수구르치와 울두치였다. 위『고려사』에서 수구르치는 속고적에 해당
되고, 울두치는 운도적(云都赤)과 연결되는 것이다. 그러나 지금까지의 국역
에서는 울두치가 하나의 단어인지를 파악하지 못하고 운(云)을 동사 '말하
다'로 해석을 하면서 시작부터 문서의 구조가 뒤엉켜버린 것이다. 수구르
치 불가노는 관원들이 황제를 만나 사안을 아뢸 때에 배석했던 케식으로,
그가 직접 말을 한 것이 아니다. 또한 살적미실(撒迪米失)의 직함으로 되어
있는 '도치'라고 하는 케식 집사는 존재하지 않는다.

그렇다면, 이 문서의 앞부분은 "지정 7년 9월 14일, 요요 케식 제3일,
명인전(明仁殿) 안에 있었을 때에 수구르치 불가노, 울두치 사디미시[撒迪米失],
전중감급사중(殿中監給事中) 엘구르치[燕古兒赤] 등이 있었고 테무르타시[帖木兒苔
赤] 좌승상이 특별히 성지를 받들었습니다"로 해석을 해야 된다. 지정 7년

(1347) 9월 14일은 계축일[18]이므로 요요가 이끌었던 제2케식의 3일과도 맞아떨어진다. 그런데, 이 사료의 다음 문제는 과연 성지의 내용이 어디까지에 해당되는가를 결정해야 한다는 것이다. 위에서 인용한 국사편찬위원회 사이트에 나온 것처럼 '殘害的'까지가 성지인 것일까? 이를 파악하기 위해서는 '殘害的' 바로 뒤의 문구인 '上明知道一个人害高麗百姓麽道'에 대한 분석이 필요하다. 국사편찬위원회 사이트의 번역문에서는 이 부분을 "앞서 한 사람이 고려 백성들을 해친 것을 분명히 알아"라고 보았고, 이강한은 "황제도 이를 잘 알고 계셨으며, 한 사람이 고려의 백성을 해치고 있다 하여"[19]라고 번역했다. 우선 상(上)에 대한 해석이 엇갈린다. 국사편찬위원회는 '앞서'라고 본 것이고, 이강한은 '황제'라고 파악한 것이다. 그러나 필자는 이것이 몽문직역체 문장에 자주 나오는 ~上(頭)가 아닐까 생각한다. ~上(頭)는 몽골어의 'tula'에 해당되는 것으로 원인을 나타내는 후치사이다.[20] 상을 앞 문장 뒤에 붙여서 '殘害的上'으로 보고 "해쳤기 때문에"로 해석해 볼 필요가 있다. 그리고 또 주목해야 할 용법은 麽道이다. 麽道는 몽골어 동사인 ke'e에 해당되는 표현으로 '~라고 (말)했다'라는 뜻을 가진다.[21] 그래서 몽문직역체 문장에서는 麽道 직전까지가 인용 혹은 누군가가 직접

---

18 洪金富, 앞의 책, 2004, 449쪽.

19 이강한, 「정치도감(整治都監) 운영의 제양상에 대한 재검토」, 『역사와 현실』 67, 2008, 206~207쪽. 이강한은 이 논문에서 위 문서의 중간 부분인 '不荅失里將那百姓好生殘害的'부터의 번역을 제시했는데 이를 聖旨의 내용이라고 간주하지 않고 있다.

20 이에 대해서는 李崇興, 『《元典章·刑部》語法研究』, 開封: 河南大學出版社, 2011, 342~348쪽을 참고.

21 같은 책, 310쪽.

말한 내용에 해당되는 경우가 대부분이다. 그래서 麼道 앞까지가 성지이지 않을까 추정해볼 수 있는데, 문제는 麼道 뒤의 내용을 보면 이 역시 황제가 한 말이라고 볼 수밖에 없다는 점이다. 그렇다면, 麼道 앞의 부분은 황제가 이전에 상주를 받았던 내용을 인용한 것이라고 볼 여지는 없을까?

이에 필자가 생각한 바의 문서 구조에 따라 원문과 그 번역문을 함께 아래에 제시하면서 논의를 이어가고자 한다.

元中書省移咨云,

至正七年九月十四日, 咬咬惕薛第三日, 明仁殿內有時分, 速古赤佛家奴·云都赤撒迪米失·殿中監給事中燕古兒赤等有來, 帖木兒苔失左丞相, 特奉聖旨,

'在前高麗百姓, 未曾歸附的時分, 他每倚本俗行來也者. 托賴上天, 屬了咱每的時分, 昨前知道不苔失里將那百姓好生殘害的上, 明知道一个人害高麗百姓'麼道, 將不苔失里罰去迪南地面, 爲他依勢力不依法度行來的勾當, 已嘗命諳知彼中事體王脫懽·金那海, 敎正理去來時下, 促急便, 怎生正理的有? 如今交八麻朶兒赤和王脫懽等與省得的勾當的好人一同, 不揀是誰, 依勢力, 欺壓百姓的, 幷民閒不事理, 好生正理, 奏將來者.

원 중서성이 자문을 보내 이르기를,

지정 7년 9월 14일, 요요 케식 제3일, 명인전 안에 있었을 때에 수구르치 불가노, 울두치 사디미시, 전중감급사중 엘구르치 등이 있었고 테무르타시 좌승상이 특별히 성지를 받들었습니다.

'이전에 고려 백성이 아직 귀부하지 않았을 때 그들은 본속에 따랐습니다. 상천(上天)의 덕에 힘입어 우리에게 귀속되었을 때 예전에 보타시리[不荅失里]가 그 백성들을 매우 해치고 있음을 알았기 때문에 명확히 한 사람이 고려 백성을 해쳤음을 알게 되었습니다'라고 하니 보타시리를 처벌해서 남쪽 지역으로 보냈고 그가 세력에 의지하여 법도에 따르지 않고 행한 일을 (처리하기) 위해 이미 일찍이 그 안의 일을 잘 알고 있는 왕토곤[王脫懽]과 김노카이[金那海]에게 명하여 정리(正理)하게 했을 때 급하게 시기를 재촉하니 어떻게 정리할 수 있었겠는가? 지금 파스마도르지[八麻朶兒赤]와 왕토곤 등으로 하여금 일을 잘 살피는 좋은 사람과 함께, 누구를 막론하고 세력에 의지해서 백성을 기만하고 억압하는 경우 및 민간의 사리에 맞지 않는 것을 잘 정리해서 보고하도록 하라.

필자가 제시한 수정 번역문에서는 앞에서 언급했던 '佛家奴云'을 "불가노가 말했다"로 해석하지 않고, 수구르치 불가노와 울두치 사디미시로 바꾸었다. 또한, 성지의 문장 중에서 麽道 앞까지는 이전 상주의 내용을 인용한 것으로 보고 ' ' 안으로 처리했다. 그 이외에도 변경된 부분이 일부 있다. 원문의 '將不荅失里罰去迤南地面, 爲他依勢力不依法度行來的勾當.'에서 將은 '장차'가 아니라 '~를'을 뜻하는 것이므로 '보타시리를'로 해석했고[22] 뒤

---

22   將을 '장차'로 해석하면 이미 귀양을 보냈다가 사망한 충혜왕을 나중에 처벌하겠다는

의 문장에서 爲를 '~했기 때문이다'로 보지 않고 '~를 위해'로 파악하여 구당(勾當) 뒤의 표점도 마침표에서 쉼표로 바꾸어 뒤의 문장과 연결시켰다. 그리고 '敎正理去來, 時下促急, 便怎生正理的有'의 표점을 '敎正理去來時下, 促急便, 怎生正理的有?'로 변경하여 해석했는데 몽문직역체에서 去來는 '해 왔다'는 뜻으로 쓰이고 時下는 '그 때'를 의미한다. 또한 怎生은 '어떻게' 혹은 '어떻습니까?'라는 용법으로 자주 쓰이는 단어이고 便은 '시기, 때'를 뜻하는 것으로 보고 '정리하게 했을 때 급하게 시기를 재촉하니 어떻게 정리할 수 있었겠는가?'로 번역했으며 怎生에 맞추어 의문문이라는 점을 부각했다. 또한, 어색한 표현들 일부를 다듬었다. 물론, 위의 케식문서사료에서 자문의 마무리에 해당되는 상투적 문구 등은 생략되어 있지만 그렇다고 해서 『고려사』에 기록된 유일한 원대 케식문서사료로서의 가치가 줄어드는 것은 아니다. 또한 그렇기 때문에 국사편찬위원회, 동아대학교 국역본, 중국 교감본 등에서 보이는 의문점들을 계속 고쳐나가야 할 필요가 있을 것이다.

그렇다면, 원이 고려에 보낸 이 자문이 가지는 역사적 의미는 무엇일까? 이 자문은 고려에 설치된 개혁 기구인 정치도감(整治都監)과 관련된 것인데, 이미 정치도감을 중심적으로 다루었던 다양한 선행 연구들을 통해 정치도감과 관련된 내용들이 밝혀진 바 있다.[23] 그러므로 본 논문에서는 선

의미가 되어 앞뒤 문맥이 연결되지 않게 된다. 그러므로 將은 '~를'로 해석하는 것이 적절하다.

23   閔賢九, 「整治都監의 設置經緯」, 『國民大學校 論文集』 11, 1976; 「整治都監의 性格」, 『東方學志』 23·24, 1980; 이정란, 「整治都監 활동에서 드러난 家 속의 개인과 그의 행동방식」, 『韓國史學報』 21, 2005; 이강한, 앞의 논문, 2008; 신은제, 「14세기 전반 원의

행 연구 성과를 기반으로 위의 자문에서 언급하는 내용이 무엇을 지칭하는 것인지에 대해서 그 맥락을 다음 장에서 서술하고자 한다.

3. 지정 8년(1348)에 고려가 받은 자문의 의미 재검토

위에서 분석한『고려사』충목왕 4년(1348) 2월 을미일 조목의 케식문서 사료는 원의 중서성이 고려에 보낸 자문이었고, 그 자문의 주요 내용은 황제의 명령인 성지로 이루어졌음을 확인했다. 여기에서 원 혜종은 고려의 정국을 '정리(正理)'할 것을 주문했다. 혜종의 고려 정국에 대한 정리의 시도가 진행되었던 주된 배경은 위 자문에 언급되어 있듯이 보타시리(不荅失里, 즉 충혜왕)가 법도에 따르지 않고 행했던 여러 사안들을 바로잡기 위한 것이었다. 충혜왕 후4년(1343)에 원에 의해 충혜왕이 포박되어 압송되고 이듬해에 귀양을 가다가 사망하자 8세의 어린 군주인 충목왕이 즉위했는데, 원에 의해 고려왕으로 인정받고 가장 먼저 내려진 교서의 내용은 "일체 폐정(弊政)을 혁신하고, 백성을 위로하고 구휼하라"[24]는 것이었다. 이는 어린 충목왕이 직접적으로 이야기했다기보다는 원 제국 측의 의중이 다분히 반영되어 있는 것으로 생각된다.

충목왕이 원에서 고려로 돌아온 이후에도 원 혜종은 조서를 통해 고

정국동향과 고려의 정치도감」,『한국중세사연구』26, 2009; 朴延華,「高麗忠穆王代整治都監改革與元廷關係」『朝鮮·韓國歷史研究』13, 延吉: 延邊大學出版社, 2013.

24   『高麗史』卷37, 忠穆王 卽位年 2月 丁未.

려의 폐정을 바로잡아야 한다는 자신의 의지를 계속 드러냈다. 충목왕 즉위년(1344) 4월에 고려에 반포된 조서 내에는 "최근에 고려국왕 보타시리가 제멋대로 무도한 행동을 하여 온 나라에 해독을 끼치니 백성들이 견디지 못하고 경사(京師)에 와서 호소했다. …… 저 바다 끝의 백성을 생각하면 모두 짐의 적자(赤子)인데 그들이 오랫동안 도탄에 빠져 있으니 나의 마음이 참으로 아프다. …… 보타시리가 행했던 학정(虐政)을 모두 개혁하고 ……"25 등의 내용이 적혀 있는데, 이를 보면 원 혜종이 충혜왕의 정치를 '학정'으로 언급하고 있고 자신이 다스리는 백성들의 호소에 따라 도탄에 빠진 고려를 구해야 한다고 인식했음을 엿볼 수 있다. 5월에 충목왕을 고려왕으로 책봉하는 조서에서도 "그대의 부친이 망신(亡身)했던 것을 경계하여 그 백성들을 이롭게 하라"26고 당부하면서 충혜왕의 실패를 또 언급했다.

혜종이 두 차례에 걸쳐 개혁의 의지를 표명하자 이에 호응하듯 고려에서는 이제현(李齊賢)이 도당(都堂)에 글을 올려 구체적인 개혁의 방법을 제시했다. 민현구(閔賢九)의 연구에 따르면, 이제현이 제안한 개혁은 총 11개의 항목으로 구분할 수 있을 정도로 광범위했는데,27 이제현의 상서(上書)를 보면 그 역시도 원 혜종이 그랬듯이 충혜왕에 대한 언급을 빼놓지 않았다. 그는 "마땅히 전왕께서 전복(顚覆)된 이후이니 작은 마음으로 조심하며 공

25   『高麗史』卷37, 忠穆王 卽位年 4月 丙戌.

26   『高麗史』卷37, 忠惠王 卽位年 5月 甲午.

27   閔賢九, 앞의 논문, 1976, 87쪽. 민현구는 이제현의 개혁안이 부분적인 성과만 거두었을 뿐이고 대부분의 사항들은 받아들여지지 않았다고 설명했다.

경하고 삼가지 않을 수 있겠습니까?"라고 하며 개혁의 시작은 충혜왕의 실정에서 비롯된 것임을 암시했고, 충혜왕이 세운 "덕녕고(德寧庫)와 보흥고(寶興庫)는 무릇 옛 제도가 아니므로 모두 혁파하여 성지에 담긴 근심하고 동정하는 뜻을 영원히 저버리지 않으시기를 바랍니다"라고 하면서 원 혜종의 의중에 부합하는 개혁을 시행해야 한다고 건의했다.[28] 이에 덕녕고와 보흥고는 곧 폐지되면서 서서히 개혁의 움직임이 시작되었고, 충목왕 즉위년 8월에는 "나의 친척들은 권세에 의지하여 사람들의 토지와 인민을 강탈하지 마라"[29]라고 하는 기황후의 의지(懿旨)까지 고려에 전달되면서 개혁이 순조롭게 진행될 수 있는 발판이 마련되었다.

충목왕 즉위년은 원의 지정 4년에 해당되는데, 이때 원 제국에서는 각종 개혁들이 추진되고 있었다. 이보다 4년 전인 후지원 6년(1340)에 권신 바얀(伯顔, Bayan)이 축출되고 그의 조카인 톡토(脫脫, Toүto)가 집권하면서 혜종과 함께 정국 쇄신을 단행한 것이다. 톡토의 집권 이후로 시작된 일련의 개혁을 통상 '지정갱화(至正更化)'라고 부르는데,[30] 이 개혁은 단시간에 완성된 것이 아니었고 지정 4년 당시에도 여전히 진행 중에 있었다. 이러한 개혁들을 추진했던 주체로는 기존에는 집권자인 톡토에 주목하곤 했지만, 그 뒤에는 늘 황제 혜종이 있었다는 점을 간과해서는 안 된다.[31] 지정 4년

28　이제현의 상소는 『高麗史節要』 卷25, 忠穆王 卽位年 5月에 기록되어 있다.

29　『高麗史』 卷37, 忠惠王 卽位年 8月 丙戌.

30　至正更化의 상세한 내용에 대해서는 王明軍·楊軍·鄭玉艶, 「試論元朝末年的"至正更化"」, 『松遼學刊(社會科學版)』 1998-4와 郭軍, 『元末"至正更化"探究』, 西北師範大學 碩士學位論文, 2012 등을 참고.

31　윤은숙, 「元末 토곤 테무르 카안의 통치와 至正更化」, 『역사문화연구』 65, 2018.

5월에 톡토가 병을 이유로 물러난 이후에도 혜종은 여러 집권자들을 교체해가면서 자신이 주도하는 개혁을 시행해나갔기 때문이다. 그만큼 혜종의 개혁 의지는 상당히 강했고, 그 의지가 고려에도 작용하고 있었다고 볼 수 있다.

충혜왕의 실정을 바로잡기 위한 개혁에 대한 혜종의 의지가 충목왕 즉위 및 새로운 정부 구성으로 끝난 것이 아니었고, 이제현의 상서에 기록된 것처럼 고려는 혜종의 성지에 담긴 뜻을 구체적으로 실현해야 했다. 이는 혜종의 뜻에 따르는 것이었음은 물론이고, 개혁을 바라고 있었던 고려 내 관료들의 의중에도 부합하는 것이었다. 이에 충목왕 즉위년 10월에 새로운 관료들이 임명되는데,[32] 여기에서 주목할 인물이 바로 우정승으로 임명된 왕후(王煦)이다. 그의 원래 이름은 권재(權載)로 충선왕의 총애를 받으면서 왕후라는 이름을 받았고 충선왕의 배려를 통해 원에서 활동했지만 충선왕이 사망한 이후로는 주목할 만한 행적이 없었다.[33] 그랬던 왕후가 갑자기 고려 조정의 최고 관료가 된 것이다. 왕후가 우정승이 되면서 정방(政房)이 혁파되고 경기(京畿) 지역의 녹과전(祿科田) 중에서 권귀(權貴)에 의해 탈점된 것을 모두 그 주인에게 돌려주는 등 본격적인 개혁 조치가 시행되었다.[34] 그러나 이에 대한 반발은 바로 생겨났던 것으로 보이고, 결국 1개월 만에

---

32   『高麗史』卷37, 忠惠王 卽位年 10月 甲子.

33   왕후의 행적에 관해서는 『東文選』卷125, 「鷄林府院大君贈諡正獻王公墓誌銘」과 『高麗史』卷110에 실린 왕후의 열전을 참고.

34   『高麗史節要』卷25, 忠穆王 卽位年 12月.

정방이 다시 설치되었다.[35] 녹과전의 복구 역시 제대로 이루어지지 않았고,[36] 권귀들과 갈등 관계에 놓일 수밖에 없었던 왕후는 충목왕 원년(1345) 12월에 파직되었다.[37]

왕후가 우정승에서 파직되면서 개혁이 제대로 이루어지지 않는 상황이 되자 혜종은 충목왕 2년(1346) 겨울에 왕후에게 입조할 것을 명했다.[38] 왕후가 원으로 들어오자 혜종은 이보다 앞선 9월에 고려에서 원으로 파견되었던 찬성사(贊成事) 김영돈(金永肫)과 왕후에게 명령을 내려 다시 개혁을 주문했고, 김영돈은 혜종의 밀지(密旨)를 고려에 가져왔다.[39] 앞에서 살펴본 자문에서 "이미 일찍이 그 안의 일을 잘 알고 있는 왕토곤과 김노카이에게 명하여 정리하게 했을 때"라는 구절은 바로 이때의 일을 가리키는 것이다. 脫懽(토곤, Toγon)은 왕후의 몽골식 이름이고, 那海(노카이, Noqai)는 김영돈의 몽골식 이름이기 때문이다. 즉, 혜종은 고려의 개혁이 진척되지 않자 직접 개혁을 담당할 관료를 지목해서 힘을 실어주고 있었던 것이다.[40] 이렇게

---

35   『高麗史』卷37, 忠惠王 元年 正月 丁未.

36   閔賢九, 앞의 논문, 89~90쪽.

37   『高麗史』卷37, 忠惠王 元年 12月 乙丑.

38   『東文選』卷125,「鷄林府院大君贈諡正獻王公墓誌銘」;『高麗史節要』卷25, 忠穆王 2年 11月.

39   『高麗史節要』卷25, 忠穆王 3年 2月. 충목왕 2년(1346) 9월에 찬성사의 직함을 가지고 원에 파견되었던 김영돈은 이듬해 2월 고려로 돌아올 때에는 좌정승이었다고 기록되어 있다. 하지만 김영돈 묘지명의 기록 순서를 살펴보면, 김영돈은 고려에 돌아와 정치도감을 설치한 이후에 좌정승으로 임명된 것으로 보인다. 金龍善 編,『高麗墓誌銘集成 第五版』, 翰林大學校 出版部, 2012, 539쪽 참고.

40   정치도감의 관원 중 한 사람이었던 田祿生의 家狀에는 '원은 群小가 아직 다 제거되지 않고 개혁이 되지 않은 弊政이 많다고 하여 사신 김영돈이 돌아갈 때 원의 군주가 밀지를 전해 충목왕으로 하여금 다시 왕후를 정승으로 삼아 整治하게 했다'는 기록이

혜종의 칙명을 받고 온 왕후와 김영돈은 충목왕 3년(1347) 2월에 개혁만을 담당하는 정치도감을 설치하고 토지 측량을 시작으로 본격적인 '정치(整治)'에 착수했다.

왕후는 혜종이 지목하여 입조를 명했던 인물이었기 때문에 당연히 개혁을 주도하는 입장에 있었는데, 사실 김영돈은 그렇지 않았다. 왕후보다 먼저 충목왕의 친조(親朝)를 청하기 위한 목적으로 파견되어 원에 와 있었던 김영돈은 고려로 돌아올 때에는 왕후와 함께 정치도감을 이끌어 가는 역할을 맡게 된 것이다. 김영돈이 정치도감의 판사(判事)가 된 배경에 대해서는 이미 선행 연구들이 주목하고 있는 것처럼 당시 원 제국 궁정의 권력을 장악하고 있었던 베르케부카(別兒怯不花, Berke Buqa)와 김영돈의 관계가 중요했던 것으로 생각된다. 베르케부카는 김영돈의 매부(妹夫)였기 때문에[41] 둘 사이의 관계가 밀접했고, 충목왕 3년을 전후로 베르케부카는 중서좌승상·중서우승상의 직임에 오르며 재상으로서의 권위를 과시하고 있었던 것이다. 베르케부카는 지방 분권형의 개혁 지향을 보였던 인물이었기 때문에[42] 고려에 대한 정치에도 관심을 가졌을 것이고, 이것이 혜종의 개혁 의

확인된다. 『牧隱先生逸稿』 卷6, 「有明高麗國推忠贊化輔理功臣匡靖大夫門下評理藝文館大提學知春秋館事兼司憲府大司憲牧隱先生田公家狀」.

41   이를 확인할 수 있는 기록은 「重大匡判三司事寶文閣大提學上護軍金恂墓誌銘」(金龍善 編, 앞의 책, 441~442쪽)과 「金文英公夫人許氏墓誌銘」(金龍善 編, 앞의 책, 481쪽) 및 『高麗史』 卷124, 「申靑傳」 등이 있다. 베르케부카와 고려의 관계에 대해서는 이개석, 『고려-대원 관계 연구』, 지식산업사, 2013, 284~291쪽의 내용도 참고.

42   John W. Dardess, *Conquerors and Confucians: Aspects of Political Change in Late Yüan China*, New York & London: Columbia University Press, 1973, p.82; 洪麗珠, 『肝膽楚越-蒙元晚期的政爭(1333-1368)』, 新北: 花木蘭文化出版社, 2011, 66쪽.

지와 더불어 고려에 개혁만을 담당하는 기구인 정치도감을 설치하면서 여기에 인척인 김영돈을 연계시켰던 것으로 보인다. 아마 김영돈에게 혜종이 밀지를 전달했던 것도 이러한 사정과 연관이 있었을 것이다.

앞에서 살펴본 자문에는 정치도감 설치 후에도 원 조정에서 수시로 지시를 하달하여 개혁을 재촉했다는 표현이 있다. 충선왕의 총애를 받아 원에서 일찍부터 활동한 경험이 있었던 왕후와 원의 재상과 인척 관계에 있는 김영돈 두 사람을 직접 개혁의 주체로 임명하여 혜종이 보내면서 큰 기대를 가지고 있었던 것이다. 그래서 혜종은 정치도감이 설치된 직후에 사신을 보내 왕후와 김영돈에게 옷, 술, 초(鈔)를 하사하면서 개혁을 독려했다.[43] 이렇게 개혁에 대한 '압박'이 계속되면서 정치도감은 충목왕 3년 2월부터 곧바로 활동을 시작했는데, 3월에 기황후의 족제(族弟) 기삼만(奇三萬)이 토지를 강탈했던 일로 인해 곤장을 치고 하옥시켰는데 기삼만이 곧 사망하면서 문제가 발생했다.[44] 또한 정승 채하중(蔡河中)과 (정동행성) 이문(理問) 윤계종(尹繼宗)에게 공전(公田)을 뇌물로 바친 관리의 처벌 사실을 제대로 보고하지 않았던 녹사(錄事) 안길상(安吉祥)을 쫓아내는 일도 있었고,[45] 기황후의 친족인 기주(奇柱)에게 곤장을 가하고 하옥시킨 일도 발생했다.[46] 정치도감

---

43 『高麗史節要』卷25, 忠穆王 3年 2月. 김영돈의 묘지명에는 혜종이 사신을 보내 御酒
     와 御衣를 하사하니 耆老들이 이는 일찍이 없었던 일이라고 탄식했다는 기록이 보인
     다(金龍善 編, 앞의 책, 539쪽). 그만큼 혜종은 정치도감에 대해 각별한 관심을 가지
     고 있었던 것이다.
44 『高麗史』卷37, 忠惠王 3年 3月 戊辰.
45 『高麗史節要』卷25, 忠穆王 3年 3月.
46 『高麗史節要』卷25, 忠穆王 3年 4月.

이 혜종의 지원과 재촉을 받아 개혁을 행하면서 처음부터 기황후의 일족을 포함한 지배층의 부정을 과감하게 적발하고 나섰던 것이다. 그러나 개혁을 향한 속도가 너무 빨랐고, 결국 정동행성을 중심으로 정치도감의 개혁에 대한 반격이 곧바로 시작되었다.

죽은 기삼만의 아내가 정동행성이문소에 호소하자, 이문소는 정치도감의 관원인 서호(徐浩)와 전록생(田祿生)을 옥에 가두었다. 이에 김영돈은 충목왕을 찾아가 항의하는데, 그때 "우리들은 친히 황제의 명령을 받들어 먼저 원악(元惡)을 다스리는데"라고 말하며 혜종의 명을 직접 받고 정치에 임하고 있음을 강조했다.[47] 그럼에도 불구하고, 해결이 되지 않자 왕후와 김영돈은 5월에 첨의부(僉議府)로 글을 올려 자신들이 황제의 명을 직접 받아 정치하고 있다고 하면서 이문소의 방해로 인해 정치가 불가능하다는 사실을 원의 중서성에 전해달라고까지 언급했다.[48] 그러나 고려 조정에서는 이에 대한 별도의 조치를 취하지 않았고, 결국 왕후와 김영돈은 직접 원으로 가서 혜종을 알현하고자 했다. 이에 이문소는 왕후와 김영돈을 쫓아가 원으로 가지 못하게 했는데, 때마침 혜종이 정치를 격려하기 위해 보낸 중서성 우사도사(右司都事) 울리부카(兀理不花, Uli Buqa)가 왕후와 김영돈을 만났고 황제의 명을 언급하며 정치의 진전 상황을 묻자 이문소는 옥에 가두었던 정치도감 관료들을 풀어 주었다.[49] 이러한 상황은 기삼만의 죽음 이후 벌어진 대립 상황이 이때까지 혜종에게 알려지지 않았고, 이문소에서는 자

47 『高麗史節要』卷25, 忠穆王 3年 4月.
48 『高麗史節要』卷25, 忠穆王 3年 5月.
49 『高麗史節要』卷25, 忠穆王 3年 6月.

신들이 정치도감을 공격하고 있다는 사실을 숨기려고 했음을 암시한다.

그러나 얼마 지나지 않아 상황은 달라졌다. 충목왕 3년 7월에 이문소에서는 정치도감의 관원들에 대한 국문을 계속 시행했고, 원에서도 공부낭중(工部郎中) 아루(阿魯, Aru) 및 형부낭중(刑部郎中) 왕호유(王胡劉)를 고려로 직접 파견해 기삼만 사건을 심문하고 나섰던 것이다.[50] 심문을 맡은 원의 관료는 정동행성에서 정치도감 관료를 국문했는데, 이는 정동행성에서 기삼만 사건에 대한 내용을 정치도감보다 원에 먼저 알렸음을 암시한다. 특히 심문을 위해 공부와 형부의 관원이 고려로 파견되었다는 것은 원의 중서성에도 관련 보고가 이루어졌음을 의미한다. 앞에서 살펴본 자문에 인용된 혜종의 발언은 이때를 전후하여 나왔던 것이다. 그러나 혜종은 구체적인 대립 상황을 전혀 언급하지 않았고 단지 정리가 잘 이루어지지 않고 있다는 점만 드러냈다. 그리고 10월이 되면 원에서 직성사인(直省舍人) 승가노(僧家奴)를 보내서 정치도감의 관료들에 대한 처벌을 직접 수행했다. 이어서 혜종은 정치도감을 다시 설치하게 하고 왕후와 갈등이 있었던 김영돈을 질책하면서 차후의 정치는 왕후가 전담하게 했다.[51]

충목왕 3년 2월에 설치된 정치도감은 결국 초반에 완강한 개혁을 수행한 것 이외에는 3월부터 기삼만의 죽음을 둘러싼 정동행성이문소와의 갈등으로 인해 관원들이 하옥되고 심문을 받으면서 본연의 역할을 해낼 수 없었다. 그리고 원에서도 정동행성이문소의 입장에 따르면서 이미 개

50　『高麗史節要』卷25, 忠穆王 3年 7月.
51　『高麗史節要』卷25, 忠穆王 3年 10月.

혁의 본질은 흐려졌다. 그런데도 혜종은 정치도감 관원들을 처벌한 이후 정치도감의 '복치(復置)'를 명령했는데, 이는 혜종 스스로도 정치도감이 제 기능을 거의 못했다는 사실을 알고 있었음을 의미한다. 그러나 혜종은 자신이 직접 개혁을 지시하고 관료까지 지명하여 만들어진 정치도감에 대한 미련을 버리지 못했다. 그리하여 정치도감에 한 번의 기회가 더 주어지게 되지만, 이미 개혁에 굉장히 큰 장애물이 존재한다는 것이 드러난 이상 과감한 정치는 실질적으로 이루어지기 어려웠다.

정치도감이 설치되었던 충목왕 3년 초에는 원에서 베르케부카가 조정의 최고 관료인 중서우승상에 잠시 동안 임명되었지만, 정치도감이 한창 공격을 받고 있던 5월에 최종적으로 우승상 직에서 파면되었다. 이미 베르케부카를 둘러싸고 어사대의 탄핵은 지속적으로 이루어지고 있었는데, 혜종은 재상을 견제하는 분위기를 최대한 활용하여 자신의 권위를 강화했다. 비록 베르케부카가 모든 세력을 상실한 것은 아니었지만, 중서우승상에서 물러난 이후부터는 정치적으로 더욱 파상적인 공격을 받으면서 그 입지가 이전보다 약해진 것은 사실이다. 이러한 정국 변화는 김영돈의 위상에도 어느 정도 영향을 끼치지 않았을까 생각된다. 김영돈의 묘지명에 따르면, 이미 정동행성이문소와의 대립이 진행되면서 김영돈은 배척을 당하게 되었고 7월이 되면 종적을 감추고 정치에 참여하지 않았다.[52] 이는 『고려사절요』에 기록된, 왕후와의 갈등으로 인해 10월에 원으로부터 질책을 받고 정치에 간여하지 못하게 되었다는 것보다 이미 앞선 시기에 김영

---

52   金龍善 編, 앞의 책, 540쪽.

돈은 정치도감에서 멀어지고 있었음을 암시한다.[53] 앞에서 살펴본 자문에 인용된 성지에서 "지금 바스마도르지와 왕토곤 등으로 하여금 일을 잘 살피는 좋은 사람과 함께"라고 하면서 9월에 정치를 다시 주문할 때에는 충목왕(바스마도르지는 충목왕의 몽골-티베트식 이름)과 왕후만 언급할 뿐, 김영돈의 이름은 빠져있다는 것도 의미심장한 대목이다. '일을 잘 살피는 좋은 사람'은 아마 고려 국내 반대파 세력의 공격 및 베르케부카의 위상 실추라고 하는 정국 배경으로 인해 정치도감에서 배제된 김영돈 대신에 다른 인물을 찾으라는 혜종의 지시였던 것으로 보인다.

이렇게 우여곡절을 거쳐 충목왕 3년 10월부터 '다시 설치된' 정치도감이 활동을 시작하게 되지만, 이렇게 재개된 정치 활동은 그 강도가 약해질 수밖에 없었다.[54] 이에 대해서 신은제는 테무르타시(鐵木兒塔識, Temür Tasi)와 왕후의 관계를 언급했다. 혜종의 성지를 받은 사람이 바로 중서좌승상인 테무르타시였고 그가 왕후의 개혁에 찬동하였을 가능성이 높은데, 테무르타시가 곧 사망하는 바람에 왕후의 유력한 지지기반이 소멸되었다는

---

53 이정란은 왕후와 김영돈의 갈등과 그로 인한 정치도감의 내적 분화가 개혁 실패의 원인 중 하나였다고 분석하며 김영돈의 갑작스러운 사퇴에 주목한 바 있다(이정란, 앞의 논문, 2005, 322~326쪽). 이정란은 김영돈이 기황후-고룡보-베르케부카와 모두 이어진다고 보았지만, 이에 대해서는 신은제가 재검토를 한 바 있다. 신은제는 베르케부카가 고룡보와는 긴밀히 연결되어 있으나 기황후와는 점점 소원해지고 있다고 보았다(신은제, 앞의 논문, 2009, 207~214쪽). 김영돈은 베르케부카가 중서우승상 직에서 끝내 밀려나고 기황후를 중심으로 한 세력이 정동행성을 장악하며 정치도감의 개혁에 반격을 가했고 혜종이 김영돈보다 왕후를 더 신뢰했던 것으로 인해 결국 물러나게 되었던 것으로 보인다.

54 최윤정, 「1356년 공민왕의 '反元改革' 재론」, 『大丘史學』 130, 2018, 261쪽.

것이다.[55] 하지만 고려에 대한 정치를 독려하는 혜종의 성지를 테무르타시가 받았다는 것만으로 테무르타시가 정치도감의 개혁을 적극적으로 지지했다고 연결시키기는 어렵다. 그는 중서성의 관원으로서 기본적인 임무를 수행한 것일 뿐, 테무르타시가 고려 정치도감의 개혁을 지지하면서 혜종에게 이를 건의했다는 어떠한 증거도 찾을 수 없기 때문이다. 게다가 테무르타시가 받은 성지는 앞에서 살펴본 것처럼, 충목왕 4년(1348) 2월에 중서성이 보낸 자문에 인용되어 고려에 도착하고 있는데, 이미 이때는 테무르타시가 사망했기 때문에 자문을 보낸 주체도 테무르타시가 될 수 없다. 결국 정치도감은 이미 혜종의 뒷받침만으로는 온전한 개혁을 수행하기 어렵다는 한계를 인지했음에도 불구하고, 혜종의 지지에 기댈 수밖에 없었다.

그러나 정치도감을 처음 설치했을 때와는 달리 혜종은 다시 설치된 정치도감에 어떠한 권려(勸勵)도 보내지 않았다. 왕후와 김영돈에게 옷과 술 등을 하사하며 정치를 격려하거나 사신을 보내 정치의 여부를 물어보기도 했던 적극성이 보이지 않고 있는 것이다. 게다가 정치도감이 다시 설치되고 1개월이 지난 11월에 왕후가 영도첨의사사(領都僉議司事)가 되었는데,[56] 이는 충혜왕의 측근이었던 강윤충(康允忠)이 주도하여 왕후의 실권을 박탈한 조치였다.[57] 하지만 혜종은 이후에도 정치도감과 관련되어 직접적인 언급을 하지 않았고, 이듬해 충목왕 4년 2월에 정리를 촉구하기 위해 보낸 자

---

55   신은제, 앞의 논문, 221~223쪽. 신은제의 연구에서도 충목왕 4년 2월에 원 중서성이 고려로 보낸 咨文에 주목했지만 그 표점과 해석은 기존의 성과를 그대로 받아들이고 있다.

56   『高麗史』卷37, 忠惠王 3年 11月 壬子.

57   『高麗史』卷124,「康允忠傳」.

문도 정치도감이 다시 설치되기 이전에 이미 작성되었던 성지를 중서성에서 인용하면서 정치도감의 임무를 상기시킨 정도에 불과했다. 이 시기를 전후하여 정치도감과 관련해서는 신예(辛裔)의 모친이 다른 사람의 노비를 탈취한 사건으로 인해 정치도감에서 신예의 동생을 가두고 곤장을 때린 일만 확인된다.[58] 결국 앞에서 살펴본 중서성의 자문은 정치도감에 보낸 원의 지시들 중에서 가장 시기가 늦은 기록이 되는 것이다.

충목왕 4년은 원 제국 및 고려에서 모두 정국의 변동이 일어났던 시기였다. 원의 궁정에서는 베르케부카가 어사대로부터 대대적인 탄핵을 받게 되고, 베르케부카 세력에 밀려났던 톡토가 혜종과 기황후의 지원을 받아 다시 중서우승상으로 복귀를 하는 과정을 밟아나가게 된 것이다.[59] 고려에서는 7월에 김영돈이 사망했고, 12월에는 충목왕까지 세상을 떠나면서 정치도감을 통한 폐정 개혁은 더욱 요원해졌다. 충목왕의 뒤를 이어 충정왕 원년(1349) 5월에 충정왕이 왕위를 계승했지만, 충목왕 즉위 때와 달리 혜종은 개혁과 관련된 지시를 전혀 언급하지 않았다. 여기에 더하여 왕후가 충정왕 원년 7월에 원에서 돌아오던 도중 사망하면서 정치도감을 이끌었던 중추들이 역사의 무대에서 사라졌다. 이후 윤7월에는 톡토가 중서우승

---

58 『高麗史節要』卷25, 忠穆王 4年 2月. 신예의 妹夫가 고룡보였다는 사실을 생각하면, 이는 정치도감이 고룡보 세력을 공격한 것이라고 할 수 있다. 하지만 기황후의 친족들을 공격했을 때 정치도감이 곧바로 정동행성의 반격을 받았음에 반해 신예의 동생을 처벌한 것에 대해서는 별다른 반격의 시도가 기록에 보이지 않는다.

59 이에 대한 상세한 내용은 권용철, 「대원제국 말기 재상 톡토의 至正 9년(1349) 再執權에 대한 검토」, 『大丘史學』 130, 2018을 참고. 이 시기 혜종의 역할을 강조한 연구로는 윤은숙, 「元末 토곤 테무르 카안의 宰相政治와 黨爭-톡토 派와 베르케 부카 派의 대립을 중심으로」, 『중앙아시아연구』 23-2, 2018이 대표적이다.

상으로 복귀했고, 베르케부카는 귀양을 갔다가 지정 10년(1350) 정월에 발해현(渤海縣, 현재 산동성 빈주시濱州市 빈성진濱城鎭)에서 사망했다. 톡토가 중서우승상이 되고 혜종과 기황후의 지원을 받아 정국을 이끌게 되면서 정치도감은 더 이상 존재할 이유가 없는 기구가 되고 말았고, 결국 8월에 정치도감은 폐지되었다.

4. 맺음말

9장에서는 『고려사』에 기록된 원대 케식문서사료의 해석 및 분석을 바탕으로 그 내용과 의미를 재검토하면서 고려 충목왕 시기 정치도감을 둘러싸고 벌어진 원과 고려의 정국을 살펴보았다. 케식문서사료는 몽골제국의 정치 구조로 인해 만들어진 독특한 형태의 공문으로 황제와의 대면을 통한 정책 결정이 이루어질 때 배석했던 케식 관원들의 이름을 밝히고 있기 때문에 붙여진 명칭이다. 훗날에 이러한 공문들이 편집되어 자료로 편찬될 때에는 늘 케식 관원들의 이름이 나열된 부분은 생략되는 경우가 많았기 때문에 정작 현존하는 케식문서사료는 그리 많지 않다. 그런 의미에서 비록 완벽히 모든 내용을 담은 문서는 아니지만, 케식문서사료의 형태를 보존한 1건의 자료가 『고려사』에 남아 있다는 사실은 충분히 주목할 가치가 있다.

『고려사』 권37의 「충목왕세가」에서 충목왕 4년 2월 을미일 조목에 보이는, 원의 중서성에서 고려에 보낸 자문이 바로 케식문서사료의 형태를 띠고 있는데, 이 문서의 구조에 대한 분석과 번역은 여전히 재검토의 필요성을 가지고 있다. 원대 공문에서 사용되었던 독특한 문체인 몽문직역체 및 케식문서사료라는 개념에 대한 이해를 바탕으로 한 뒤에 심도있는 분석을 시도해 볼 수 있기 때문이다. 9장에서는 그러한 시도를 위해 문서에 대한 현재 학계의 인식과 번역에 대해 다소간의 의문을 제기했고, 이에 대한 교정을 통해 관련 자료를 더욱 정확하게 파악하기 위한 계기를 만들고자 했다. 앞으로도 원대의 공문 분석에 대한 다양한 시각의 연구가 진행될 수 있기를 기대한다.

한편, 9장에서 분석의 대상으로 삼은 원 중서성의 자문은 혜종 황제의 적극적인 지원으로 충목왕 3년 2월에 설치되었던 정치도감이 기삼만 옥사 사건으로 인해 활동이 정지되고 원의 관원들에 의해 정치도감 관원들이 국문을 받은 이후 '다시 설치된' 정치도감의 개혁을 지시하는 내용을 담고 있다. 하지만 이 자문은 원론적인 이야기만 하고 있을 뿐, 이미 정동행성으로부터 공격을 받은 정치도감의 개혁을 계속 이끌만한 강력한 대책은 제시하지 않았다. 게다가 정치도감이 처음 설치되었을 때 직접 관원을 임명하고 사신을 보내 정치의 여부를 물었던 것과는 달리 다시 설치된 정치도감에 대한 혜종의 관심이 줄어들었고, 결국 중서성을 통한 자문만이 고려에 전달되었던 것이다. 이는 충목왕 4년부터 진행된 원과 고려의 정국 변화를 반영하고 있는 것이었고, 결국 정치도감은 구체적인 개혁을 더 이상 실현시키지 못한 채 폐지되고 말았다. 정치도감의 정치적 의미를 밝히는 데에 있어서 9장에서 분석한 자문은 중요한 의미를 지니므로 앞으로도 관련 분석과 재검토가 계속 이루어져서 원과 고려 말기 역사 연구에 일조했으면 한다.

10장

고려에 유배된
칭기스 칸 가문의 사람들

1. 머리말

13~14세기는 몽골-원 제국이 동아시아는 물론이고, 당시의 유라시아 세계 전체에 지대한 영향을 끼쳤던 시대였다. 그러한 와중에서 고려는 몽골과 오랜 세월에 걸쳐 전쟁과 화평 교섭을 반복한 끝에 매우 독특한 관계를 형성하게 되었다. 고려의 국왕은 고려를 통치하는 국왕의 지위와 더불어 원 제국 황실의 부마 및 정동행성 승상으로서의 지위까지 겸하면서 고려-몽골(원) 관계의 모든 측면에서 특이한 양상을 만들어냈다.[01] 이미 여러 연구자들이 다양한 관점에서 고려-몽골(원) 관계를 분석하였고, 그 연구 성과는 일일이 거론하기조차 어려울 정도로 축적되어 있는 상황이다.[02]

---

01   이에 대해서는 이명미, 『13~14세기 고려·몽골 관계 연구』, 혜안, 2016을 참고.

02   고려-몽골(원) 관계사 연구의 주요 흐름과 연구 경향에 대해서는 고명수, 『몽골-고려 관계 연구』, 혜안, 2019의 서론에서 비교적 자세히 언급하고 있어 이를 참조하는 것이 도움이 된다.

10장에서는 고려-몽골(원) 관계를 바라보는 여러 소재들 중에서 '유배'에 주목해보고자 한다.[03] 『고려사』나 『원사』를 살펴보면, 몽골에서 고려로 유배를 온 사례가 확인되고 있는데 여기에서는 몽골의 제왕(諸王), 즉 칭기스 칸 가문의 인물들 중에서 고려로 유배를 왔던 인물들에 대해서 조금 더 상세하게 살펴볼 생각이다. 칭기스 칸의 후손들은 이른바 '황금 씨족'으로서 몽골(원) 제국에서 가장 고귀한 혈통을 가진 사람들이었고, 그렇기 때문에 제국의 복잡한 정치적 분쟁에 휘말리는 경우가 많았다. 그로 인해 죽임을 당하는 등 다양한 처벌을 받았던 사례들이 있는데 그 중에서 고려로 유배를 왔던 인물이 『고려사』에서 확인된다.

고려에 유배를 온 몽골인 혹은 몽골 제왕에 대한 연구는 소략한 기록 탓에 왕성한 연구가 이루어진 것은 아니지만, 이 주제를 다룬 선행 연구 성과가 있다. 중국학계에서는 일찍이 펑시우칭(馮修靑)이 관련 논문을 발표한 바 있는데, 그는 분량이 많지 않은 논고를 통해 고려로 유배를 온 원 제국의 인물들에 대한 기록을 『고려사』에서 일부 찾아내어 제시하였다.[04] 이후 중국학계에서는 이 주제를 더욱 심화시켜서 논한 연구는 보이지 않고, 한국학계에서 권오중이 관련 연구를 발표하였다.[05] 권오중은 대청도가 유배지로서 지니는 의미를 확인하고, 대청도에 유배를 온 몽골인들이 어떠한 사정으로 인해 대청도까지 오게 된 것인지를 추정하였다. 한국학계

---

03   몽골-원 제국의 유배형에 대한 연구로는 胡小鵬·李翀, 「試析元代的流刑」, 『西北師大學報(社會科學版)』 2008-6 등의 연구를 참고.

04   馮修靑, 「蒙元帝國在高麗的流放地」, 『內蒙古社會科學(文史哲版)』 1992-3.

05   權五重, 「大靑島에 온 元의 流配人」, 『人文硏究』 20-1, 1998.

에서는 선구적인 연구라고 평가할 수 있으나, 원 제국의 정치적 사정에 대해서는 그리 자세한 설명이 보이지 않기 때문에 여러 몽골 제왕들이 유배를 왔던 맥락을 파악하기는 어렵다는 한계가 있다.

소략한 자료의 한계와 원 제국 역사에 대한 이해가 약간 부족했던 것 등의 이유로 인해 여러 성과는 나오지 못했다. 그나마 김난옥이 고려에 유배를 왔던 원 제국의 인물들을 정리하면서 그들에 대한 고려의 대응을 살폈던 연구를 발표하여 이 분야 연구에 큰 도움을 주고 있다.[06] 권오중의 연구는 대청도라는 공간에 한정되어 있었지만, 김난옥은 고려에 유배를 왔던 몽골인 전체를 살피고자 하면서 유배를 온 이유에 대해서도 구체적으로 분석하고자 했다. 또한, 유배인들이 고려에 왔을 때 고려 조정에서 어떻게 이들을 대우했는지에 대한 자료들을 함께 분석한 것에 연구의 가치가 있다고 할 수 있다. 그럼에도 고위 신분에 해당하는 몽골의 제왕들이 왜 고려에 유배를 왔는지에 대한 배경 설명이 상세하게 제시된 것은 아니라고 생각된다. 몽골제국사 연구자인 이개석은 대청도를 답사했던 이야기를 서술하면서 이 주제에 대해서 간략하게 다룬 바가 있다. 연구 논문이 아니고 원의 제왕들이 고려로 유배되었던 사안에 대한 소개와 자료 제시의 성격을 가진 글이지만, 참고해야 할 내용들이 있다.[07]

이에 10장에서는 원 제국 궁정의 역사를 염두에 두면서 몽골 제왕들

06　김난옥, 「원나라 사람의 고려 유배와 조정의 대응」, 『한국학보』 118, 2005.

07　이개석, 『고려-대원 관계 연구』, 지식산업사, 2013, 329~333쪽. 이개석은 대청도의 지리적 환경 및 고려에 유배를 왔던 제왕들을 간략하게 제시하고 있다. 이외에도 박원길·S.촐몬, 『한국·몽골 교류사 연구』, 이매진, 2013, 76~87쪽에서도 원말명초에 고려로 유배를 왔던 몽골 귀족들의 명단을 정리하고 있다.

이 고려로 유배를 온 배경을 최대한 추적해보고자 한다. 이를 통해『고려
사』에 매우 단편적인 기사로만 제시되어 있는 유배 기록이 등장하는 배경
을 추정해 볼 수 있을 것이라 기대한다. 여기에서는 쿠빌라이 재위 시기와
재위 이후로 절을 구분하여 서술하고자 한다. 쿠빌라이 재위 시기는 제국
내부의 반란 등 정치적 사건이 자주 일어났지만, 황제(카안)는 쿠빌라이 한
사람이었는데 쿠빌라이 사망 이후에는 잦은 계승분쟁으로 인해 정치적 내
분이 더욱 심해지면서 고려로 유배를 오는 인물들의 양상에도 변화가 생
기고 있다고 판단했기 때문이다.

2. 쿠빌라이 재위 시기 몽골 제왕의 고려 유배

원 제국에서 고려로 처음 유배를 보냈던 시기는 충렬왕 원년(1275)의
일이었고, 이때 원에서는 도적 100여 명을 탐라로 보냈다.[08] 1273년에 삼
별초 세력을 진압한 이후, 원 조정은 탐라를 직접 관할했기 때문에 엄밀
하게 따진다면, 고려의 영토로 유배를 보낸 것은 아니었다. 그리고 원에
서 유배를 보낸 기록은 충렬왕 3년(1277)에 보이는데, 이때는 도적 40명을
덕주(德州, 오늘날의 평안남도 덕천)에 유배시켰다고 한다.[09] 이렇게 죄인들을 집
단으로 유배를 보내는 모습이 확인되고 얼마 지나지 않아 원의 고위 계층,

---

08   『高麗史』卷28, 忠烈王 元年 4月 壬子.
09   『高麗史』卷28, 忠烈王 3年 3月 丁巳.

특히 원의 황족이 고려로 유배를 온 기록들이 나타나기 시작한다.

a. 아야치

충렬왕 6년(1280)에 '황자(皇子)' 아야치(愛牙赤, Ayachi)가 대청도(大靑島)로 유
배되었다는 기록은 원의 황족이 고려로 유배를 온 최초의 사례에 해당된
다.[10] 아야치는 『원사』에는 쿠빌라이(재위 1260~1294)의 여섯 번째 아들로 기
록되어 있고,[11] 페르시아어 사료인 『집사』에는 쿠빌라이의 여덟 번째 아들
로 기록되어 있다.[12] 아야치에 대해서는 『원사』에 약간의 추가적인 정보가
확인되지만, 그가 왜 고려로 유배를 왔는지를 추정할 수 있게 하는 배경이
나 사건은 보이지 않는다. 아야치가 유배를 오기 2년 전인 지원(至元) 15년
(1278)의 기록에는 "친왕(親王) 아야치가 거느리는 건도(建都)의 수군(戍軍) 중 빈
핍(貧乏)한 자에게 초(鈔) 1,277정(錠)을 하사"했다는 내용 정도가 확인된다.[13]
이를 통해서는 아야치가 직접 군대를 거느리면서 건도를 수비했다는 정보
를 알 수 있다. 건도는 현재 운남성과 미얀마 일대에 위치했던 곳으로 추
정되고, 이곳에는 서남 지역의 '만(蠻)'들이 거주하고 있어 원 제국은 이들을
통제하기 위해 종종 군사적 원정을 실시했다. 아야치는 제국의 서남쪽 변
경에서 군대를 이끌고 있었던 것인데, 기록에 등장한 2년 후인 1280년 8월
에 갑자기 고려로 유배를 오게 된 것이다.

10　『高麗史』卷29, 忠烈王 6年 8月 丙子.

11　『元史』卷107, 「宗室世系表」, 2724쪽.

12　라시드 앗 딘 지음, 김호동 역주, 『칸의 후예들』, 사계절, 2005, 364쪽.

13　『元史』卷10, 「世祖本紀七」, 202쪽.

『원사』에는 아야치가 왜 고려로 유배를 오게 된 것인지에 대한 설명은
보이지 않고, 이유를 추정할 수 있게 하는 정황도 딱히 확인되지 않는다.
『원사』에서는 1278년에 아야치가 등장하고 난 이후인 지원 21년(1284)에 다
시 이름이 보인다. "황자 아야치의 겁설대(怯薛帶) 패절(孛折) 등과 올랄해(兀剌
海)가 거느리는 민호(民戶)에게 초 21,643정을 하사"했다는 기록이 있다.[14] 아
야치의 겁설대, 즉 케식테이(케식에 소속된 인원) 등이 관할하는 사람들에게 초
를 하사했다는 것이다. 즉, 1284년의 시점에는 아야치가 원 제국에 있었다
는 것인데 『고려사』에는 충렬왕 7년(1281) 11월에 원에서 아야치를 소환했
다는 기록이 보인다.[15] 아야치는 고려로 유배를 오고 나서 1년 3개월 만에
원으로 돌아갔던 것이다.

1280년 8월부터 1281년 11월까지의 기간을 전후하여 무슨 특별한 사
건이 있었던 것일까? 사실, 아야치는 쿠빌라이의 정실인 차비(察必, ?~1281)
가 낳은 아들이 아니었기 때문에 계승권의 차원에서는 그 순위가 많이 밀
려나 있었고 이때는 황태자 친킴(眞金, Chinkim)이 사망하기 전이므로 계승분
쟁에 휘말려서 유배를 오지는 않았을 것이다. 권오중은 선행 연구에서 흥
미로운 추측을 한 바 있는데, 세조의 황후들 사이의 알력 때문에 일시 격
리시킨 것은 아닐지 생각을 해볼 수 있다고 서술했다.[16] 우선, 세조의 황후
들 사이에 알력이 있었다는 것은 기록에서는 확인할 수 없고 몽골-원 제국
에서는 콩기라트 부족 출신 황후가 가장 큰 영향력을 지니고 있었기 때문

---

14   『元史』卷13, 「世祖本紀十」, 267쪽.
15   『高麗史』卷29, 忠烈王 7年 11月 乙丑.
16   권오중, 앞의 논문, 194쪽.

에 누구도 쿠빌라이의 정실이자 콩기라트 출신이었던 차비의 위상을 뛰어넘을 수 없었다.[17] 그런데 차비 황후가 지원 18년(1281) 2월에 세상을 떠났다.[18] 아야치가 고려에 유배를 와 있던 기간 중에 사망한 것이다. 차비가 사망하면서 아야치는 다시 원으로 돌아갈 수 있었던 것일까? 기록은 더 이상의 정황을 말해주지 않고 있다.

b. 시리기

아야치가 원으로 돌아간 이후, 충렬왕 9년(1283)에 실랄지(室剌只)라는 인물이 대청도로 유배를 왔다.[19] 『고려사』의 기록에는 실랄지라는 이름만 보이고, 그의 직책이나 신분을 알려주는 더 이상의 서술은 없다. 이개석은 실랄지를 『원사』에 등장하는 시리기(昔里吉, Sirigi)로 보았는데,[20] 필자도 이에 동의한다. 그렇다면, 시리기가 왜 고려로 유배를 오게 되었는지를 살펴보아야 한다. 역사적 배경을 확인하기 위해서 먼저 페르시아어 사료 『집사』의 내용을 아래에 인용한다.

카안은 자기 아들인 노무간, 우익과 좌익의 왕자들, 즉 뭉케 카안의

---

17   콩기라트 부족 출신의 황후가 지닌 정치적 권력과 영향력에 대해서는 윤은숙, 「大元帝國 시기 황실 통혼과 여성의 정치적 역할-콩기라트 부족의 활동을 중심으로」, 『동양사학연구』 153, 2020; 이찬수, 『蒙·元帝國期 콩기라트 부의 형성·발전과 정치적 역할』, 강원대학교 대학원 사학과 석사학위논문, 2022 등의 연구를 참고.

18   『元史』 卷11, 「世祖本紀八」, 230쪽.

19   『高麗史』 卷29, 忠烈王 9年 9月 庚申.

20   이개석, 앞의 책, 331쪽.

아들 시리기, 아릭 부케의 자식들인 유부쿠르와 말릭 티무르, 카안의 조카들 가운데 수유게테이의 아들인 툭 티무르와 오르쿠닥, 카안의 사촌들 가운데 차라쿠와 오킨, 그리고 아미르들과 무수히 많은 군대-아미르들의 선임자는 한툰 노얀이었다-를 카이두의 반란을 진압하러 보냈다.[21]

이 기록은 중앙아시아를 장악하고 원의 서북 지역에서 위협적 세력을 형성했던 카이두[22]를 방어하기 위해 쿠빌라이가 넷째 아들 북평왕 노무간(那木罕, Nomuɣan)과 우승상 안통을 지원 12년(1275)에 파견했음을 알려주는 대목이다. 여기에서 시리기가 뭉케 카안의 아들이었음을 알 수 있고, 『원사』에도 시리기가 뭉케의 넷째 아들로 기록되어 있다.[23] 그런데, 2년이 지난 지원 14년(1277)에 시리기가 반란을 일으키게 되는데, 그 내용이 아래와 같이 나온다.

> 제왕 시리기가 북평왕(北平王)을 알말릭(阿力麻里, Almaliq) 지역에서 위협하여 우승상 안통(安童, Antong)을 계계(械繫)했고, 제왕들을 유인하고 협박하여 반란을 일으켜 카이두(海都, Qaidu)와 통호(通好)하게 했다. 카이두는 받아들이지 않았고, 동도제왕(東道諸王) 또한 따르지 않자 마침내 서도제왕(西道諸王)을 이끌고 화림성(和林城)의 북쪽에 이르렀다. 조서를 내려 우승상

21   라시드 앗 딘 지음, 김호동 역주, 앞의 책, 397쪽.
22   우구데이 카안의 손자인 카이두가 중앙아시아에서 세력을 구축한 것에 대한 상세한 연구로는 Michal Biran, *Qaidu and the Rise of the Independent Mongol State in Central Asia*, London: Routledge, 2016을 참고.
23   『元史』卷107, 「宗室世系表」, 2723쪽.

바안(伯顏, Bayan)에게 군대를 이끌고 가게 하여 이를 방어하게 하였다.[24]

카이두를 방어하기 위해 갔던 세력들 간의 내분이 발생한 것이다. 이른바 '시리기의 난'이라 불리는 이 사건으로 인해 노무간은 킵차크 칸국으로 보내졌고, 안통(『집사』의 한툰 노얀)은 카이두에게로 각각 보내졌다. 그러나 노무간과 안통은 죽임을 당하지는 않았고, 시리기는 카이두 등과의 제휴에 성공하지 못했다. 이에 시리기는 자신을 따르는 세력과 함께 카라코룸의 북쪽에서 활동하면서 계속 쿠빌라이의 군대를 괴롭혔다. 그러나 시리기 등 반란 세력들 사이에서도 내분이 일어나면서 지원 19년(1282) 정월에 살리만(撒里蠻, 『집사』의 사르반)에게 사로잡혔다.[25] 『집사』에 따르면, 쿠빌라이는 시리기에게 기후가 매우 나쁜 섬에 가서 생을 마치라고 명령했고, 결국 그 섬에서 사망했다고 한다.[26]

여기까지만 보면, 1283년에 대청도로 유배를 오게 된 시리기는 결국 원으로 귀환하지 못하고 사망한 셈이다. 그런데 『고려사』에는 충렬왕 15년(1289) 9월에 원에서 대왕 석렬흘(石列紇)을 인물도(人物島, 오늘날의 옹진군 덕적도)로 유배를 보냈다는 내용이 등장한다.[27] 여기에 등장하는 석렬흘은 실랄지와 글자는 다르지만, 결국 시리기라는 같은 인물의 이름을 다르게 옮

---

24   『元史』卷9, 「世祖本紀六」, 191쪽.
25   시리기의 난의 전반적인 흐름은 라시드 앗 딘 지음, 김호동 역주, 앞의 책, 396~402쪽의 내용을 참고. 시리기의 난을 분석한 대표적인 연구로는 村岡倫, 「シリギの亂: 元初モンゴリアの爭亂」, 『東洋史苑』24, 1985가 있다.
26   라시드 앗 딘 지음, 김호동 역주, 같은 책, 402쪽.
27   『高麗史』卷30, 忠烈王 15年 9月 庚辰.

역한 것으로 생각된다. 그렇다면 1283년에 대청도로 왔던 시리기가 이후에 원으로 돌아갔다가 1289년에 다시 인물도로 유배되었다고 보는 것이 자연스럽다. 시리기가 원으로 돌아간 것에 대해서는 최근의 연구 성과들을 통해서 비교적 상세한 내막이 밝혀졌다. 시리기가 원의 3차 안남 정벌(1287~1288) 도중에 안남 측에 의해 사로잡혔다가 원으로 송환되었다는 내용의 기록들이 확인된 것이다.[28] 즉, 쿠빌라이는 유배를 보냈던 시리기를 안남과의 전쟁터로 보냈고 전투 과정에서 포로가 된 시리기는 안남에서 그가 황실 사람이라는 것을 알았기 때문에 죽임을 당하지 않고 원으로 돌려보내졌다. 이렇게 돌아온 시리기를 쿠빌라이는 1289년에 다시 고려로 유배보낸 것이다. 시리기는 인물도에서 그대로 사망했을 것으로 추정된다.

c. 쿠쿠데이

한편, 충렬왕 9년(1283)에 시리기가 고려로 유배를 온 이후 등장하는 기록은 충렬왕 14년(1288)의 일이다. 이번에는 원에서 대왕 활활알(闊闊歹)을 대청도에 유배보낸 것이다.[29] 역시 유배 배경과 관련된 설명은 찾아볼 수 없다. 그렇다면, 활활알은 도대체 누구일까? 선행 연구를 발표했던 권오중과 김난옥 모두『원사』의 "제왕 차카(察合, Chaqa)의 아들 쿠쿠데이(闊闊帶,

---

28   党寶海,「昔里吉大王與元越戰爭」,『西部蒙古論壇』2013-4; 毛海明,「元初諸王昔里吉 的最終結局」,『元史及民族與邊疆研究集刊』34, 上海: 上海古籍出版社, 2017; 권용철, 「원 제국의 3차 대월 침입과 그 이후 양국의 관계『安南行記』자료의 발굴과 분석을 중심으로」,『이화사학연구』66, 2023.

29   『高麗史』卷30, 忠烈王 14年 6月 丁巳.

Köködei)가 반란을 일으켜 중구르(床兀兒, Jünggür)가 그를 잡아왔다"[30]는 기록에 주목했다. 즉, 『고려사』의 활활알과 『원사』의 활활대가 동일한 인물임을 지적한 것이다. 필자도 이에 동의한다. 알과 대는 같은 발음을 다른 글자로 음역한 것에 지나지 않기 때문이다. 그러나 쿠쿠데이의 부친인 제왕 차카가 누구인지는 더 이상의 기록이 보이지 않는다. 그래서 차카-쿠쿠데이의 가계(家系)가 정확히 누구에서부터 나왔는지는 확정할 수 없지만, 쿠쿠데이가 반란을 일으켰던 배경은 추정이 가능하다. 이미 선행 연구에서 나얀(乃顔, Nayan)의 반란을 언급한 바 있는데,[31] 필자도 이에 동의한다.

쿠쿠데이의 반란 배경을 조금 더 상세하게 확인하려면, 쿠쿠데이를 잡아왔다는 중구르라는 인물에 주목할 필요가 있다. 중구르는 킵차크인으로, 그의 선조부터 군사적으로 활약하면서 몽골-원 제국에서 지위가 높아지게 되었고 그의 아들인 엘테무르(燕鐵木兒, El Temür)는 우승상의 자리에까지 올라 권세를 휘두르게 된다. 어쨌든, 중구르가 쿠쿠데이를 사로잡았던 것은 그가 부친 툭투카(土土哈, Tuqtuqa)를 따라 나얀 반란 진압에 참가하면서 일어날 수 있었던 사건이었다. 지원 24년(1287)에 동도제왕 중 한 사람인 나얀이 동북 지역에 대한 쿠빌라이의 직접적 통제 움직임에 반발하여 반란을 일으켰고,[32] 쿠빌라이는 사태의 심각성을 깨닫고 친징(親征)을 감행했다. 이때 툭투카가 휘하의 킵차크 군대를 이끌고 활약했고, 툭투카의 아들

---

30   『元史』卷15, 「世祖本紀十二」, 312쪽.
31   권오중, 앞의 논문, 195쪽.
32   나얀의 반란에 대해서는 상당한 연구 성과가 축적되어 있다. 나얀의 난이 지닌 역사적 의미를 언급한 대표적인 연구로는 윤은숙, 『몽골제국의 만주 지배사』, 소나무, 2010; 薛磊, 『元代東北統治研究』, 北京: 社會科學文獻出版社, 2012 등을 참고.

중구르도 부친을 따라 종군(從軍)했다.[33] 그래서 1287년에 나얀의 반란은 진압되었는데, 진압되지 않은 잔여 세력들은 계속 원 제국 측의 군대와 전투를 치렀다. 이러한 상황에서 1288년 5월에 중구르가 쿠쿠데이를 잡아왔던 것이다. 아마 차카-쿠쿠데이도 동도제왕의 계열에 속한 인물들이었다고 생각된다.

1288년 5월에 사로잡힌 쿠쿠데이는 곧바로 유배의 길에 오른 것으로 보인다. 『고려사』의 기록에는 1288년 6월에 그가 등장하므로 중구르에 의해 사로잡히고 1개월 만에 고려 대청도에 도착한 것이기 때문이다. 대청도에 갇혀 지내게 된 쿠쿠데이는 원으로 돌아가지 못했고, 9년이 지난 1297년에 대청도에서 사망하였다.[34]

d. 카단의 반란에 참여한 제왕들

나얀 반란의 여파는 1287~1288년의 진압에도 불구하고 사라지지 않았다. 특히 동도제왕 가문의 일원인 카단(哈丹, Qadan)이 계속 군사를 일으켰는데, 원 제국 군대는 카단 세력을 제압하면서 점점 동쪽으로 밀어냈다. 밀려난 카단은 결국 고려에까지 침입하였고, 이에 원과 고려의 연합군이 1291년에 카단을 최종적으로 진압하였다. 1287년 나얀 반란의 여파가 1291년이 되어서야 고려에서 끝났다.[35] 동도제왕들이 대거 참여한 나얀-

---

33 『道園學古錄』卷23,「句容郡王世績碑銘」(王頲 點校, 『虞集全集』, 天津: 天津古籍出版社, 2007, 1019쪽).

34 『高麗史』卷31, 忠烈王 23年 12月 庚子.

35 카단의 행적과 관련된 국내학계의 상세한 연구로는 고명수,「몽골 諸王 카단(哈丹)의 출신과 행적」,『역사와 담론』96, 2020; 류병재,「카단(Qadan)의 고려 침입 전후(前後)

카단의 반란으로 인해 원과 고려 두 나라가 모두 피해를 입었고, 원은 반란에 연루된 일부 사람들을 고려로 유배를 보냈다. 그 기록은 아래의 세 기사를 통해서 확인된다.

원이 카단 휘하의 아리투(阿里禿, Aritu) 대왕을 잉분도(芿盆島)로 유배를 보냈다.[36]

원이 적당(賊黨) 탑야속(塔也速)을 백령도(白翎島)로, 도길출(闍吉出)을 대청도로, 첩역속(帖亦速)을 오야도(烏也島)로 유배를 보냈다.[37]

원이 카단 휘하의 대왕을 영흥도(靈興島, 현재 옹진군 영흥면에 속하는 섬)와 조월도(祖月島) 두 섬으로 유배를 보냈다.[38]

쿠빌라이는 카단의 휘하에서 반란에 동조한 제왕들을 고려의 여러 섬들로 유배를 보냈고, 제왕들 이외에도 '적당'이라 규정한 많은 인원들 중 일부를 고려에 보냈다. 위에 등장하는 이름들만 단서로 삼아서는 『원사』에서 정확히 그와 일치하는 인물을 찾기는 어려운데, 그나마 아리투가 1292년 3월에 고려에 유배를 오기 1개월 전인 2월에 쿠빌라이가 조서를 내려

상황과 고려·대원올로스 연합군의 대응」, 『몽골학』 64, 2021을 참고.

36 『高麗史』 卷30, 忠烈王 18年 3月 戊午.

37 『高麗史』 卷30, 忠烈王 18年 4月 癸亥.

38 『高麗史』 卷30, 忠烈王 18年 4月 庚午.

제왕 아투(阿禿, Atu)를 따라 난을 일으켰던 사람들을 주요 관료들에게 분여해주었다는 기록은 확인된다.[39] 여기에 등장하는 아투가 『고려사』의 아리투와 동일 인물일 가능성이 있다.

쿠빌라이 재위 시기에 고려에 유배를 온 인물들은 황자 아야치를 제외하면, 모두 원 조정을 향해 일으킨 반란과 연루된 사람들이었다. 그리고 그 반란의 심각성을 기준으로 판단하면, 쿠빌라이는 자신의 정통성에 직접적인 위협을 가했던 반란들에 가담했던 제왕들을 고려로 유배를 보냈다. 1277년부터 1282년까지 지속된 시리기의 난은 카이두 세력과 연계되면서 더욱 규모가 큰 반란으로 연결될 뻔했다. 1287년부터 1291년까지 계속된 나얀-카단의 반란도 쿠빌라이가 나얀과 카이두의 연결로를 미리 차단해서 재빨리 원정을 수행하지 않았다면, 이 역시 카이두와 동서로 연결되어 쿠빌라이를 포위할 수도 있었다. 중대한 반란을 진압한 쿠빌라이는 이에 연루된 제왕들을 고려의 섬으로 유배를 보냈고, 이러한 현상은 쿠빌라이가 사망한 이후에도 나타난다. 몽골 황실은 고려의 섬들을 죄를 지은 제왕들을 격절시키는 벽지(僻地)라고 인식했다.[40]

---

39   『元史』卷17,「世祖本紀十四」, 359쪽.

40   『元史』卷103,「刑法志二」, 2634쪽을 보면 유배를 보내는 죄수의 경우에 "오직 女直, 고려 두 민족은 湖廣으로 유배를 보내고, 나머지는 모두 奴兒干과 海青을 취하는 땅으로 유배를 보낸다"라는 기록이 보인다. 즉, 몽골인은 '奴兒干과 海青을 취하는 땅'으로 유배를 보낸다는 것인데 이는 동북 지역에 해당된다. 이에 더하여 고려의 섬으로 유배를 보내는 것은 몽골 지배자의 입장에서는 바다를 건너 도망을 칠 수 없는 곳으로 보낸다는 상징적 의미까지 담겨 있을 것이다.

3. 쿠빌라이 시기 이후 몽골 제왕의 고려 유배

앞서 2절에서 살펴보았듯이 쿠빌라이 재위 시기에는 주로 반란을 일으키거나 그에 가담한 제왕들을 고려의 섬으로 유배를 보냈던 기록이 『고려사』에 남아 있다. 그러나 쿠빌라이가 사망한 이후가 되면, 제왕들이 고려로 유배를 오는 양상에 변화가 생긴다. 이는 쿠빌라이 사후 원 제국 조정의 정치적 갈등과 계승분쟁의 여파로 인한 것이었다. 이제 14세기 원 제국 정치의 모습을 염두에 두면서 고려에 유배를 왔던 인물들을 살펴보도록 하겠다.

a. 쿠쿠추

쿠빌라이가 사망한 이후 『고려사』에서 기록된 원 제왕의 유배 사례는 충선왕 2년(1310)에 등장한다. 이때 영왕(寧王)이 유배를 왔는데, 영왕은 쿠빌라이의 서자로 모반 사안이 발각되어 그 가속들 50여 명과 함께 왔다고 기록되어 있다.[41] 이전 기록들보다는 '모반의 발각'이라는 이유가 분명히 제시되어 있다. 그리고 영왕이라는 1자 왕호가 분명하게 제시되어 있어 『원사』에서도 쉽게 동일한 인물을 찾아낼 수가 있다. 영왕의 이름은 쿠쿠추(闊闊出, Kököchü)인데 『원사』에는 쿠빌라이의 여덟 번째 아들로 기록되어 있고,[42] 『집사』에는 아홉 번째 아들로 기록되어 있다.[43] 그렇다면, 쿠쿠추가

---

41 『高麗史』卷33, 忠宣王 2年 9月 己卯.
42 『元史』卷107, 「宗室世系表」, 2724쪽.
43 라시드 앗 딘 지음, 김호동 역주, 앞의 책, 365쪽.

1310년에 왜 반역을 일으키려고 했던 것일까?

『원사』에도 쿠쿠추의 반역에 대한 기록이 짧게나마 남아 있다. 지대(至大) 3년(1310) 2월에 "영왕 쿠쿠추가 불궤(不軌)를 모의하여 월왕(越王) 토라(禿剌, Tora)의 아들 아라트나시리(阿剌忒納失里, Aratnasiri)[44]가 조력하기로 허락했는데, 일이 발각되어 쿠쿠추는 하옥되고 그 부인인 울제이(完者, Öljei)에게는 사형이 내려졌다"라고 되어 있는 것이다.[45] 이 문장 뒤의 기록들을 계속 살펴보면, 아라트나시리는 귀양을 갔고 음모에 동조했던 인물들은 사형에 처해졌다. 그리고 여러 인물들에게 상사(賞賜)를 시행하는 모습이 보이는데, 특히 무종 시기의 실세였던 삼보노(三寶奴, Sambono)에게는 쿠쿠추의 식읍을 하사하고 있다. 즉, 쿠쿠추의 반역 모의를 발각한 사람들에 대한 포상이 이루어진 것이다. 그렇다면 쿠쿠추는 왜 반란을 모의했고 토라의 아들인 아라트나시리에게 도움을 요청했던 것일까? 그 배경은 토라의 죽음에서부터 확인할 수 있다.

토라는 차가타이의 4세손으로, 대덕(大德) 11년(1307)년에 원 제국의 성종(成宗) 테무르(鐵穆耳, Temür, 재위 1294~1307) 카안이 사망한 이후 일어난 계승 분쟁에서 무종(武宗) 카이샨(海山, Qaishan, 재위 1307~1311)이 즉위하는 데에 공을 세웠다.[46] 토라는 이 공적을 인정받아 무종이 즉위한 후, 월왕의 왕호를

---

44   사료의 원문에는 중간에 忒이 빠져 있어서 '아라나시리'가 되지만, 이는 '아라트나시리'로 고쳐야 할 것이다. 참고로, 고려 충숙왕의 몽골식 이름도 아라트나시리였다.

45   『元史』卷23,「武宗本紀二」, 523쪽.

46   1307년에 원 제국에서 발생한 계승분쟁에 대해서는 권용철, 『원대 중후기 정치사 연구』, 온샘, 2019, 62~72쪽의 내용을 참고.

받을 수 있었다.[47] 그런데 무종이 즉위한 이후부터 토라의 불만이 커지게 되는데, 이는 무종이 자신의 측근들만을 등용하여 제국을 운영하면서 상대적으로 토라에 대한 대우에 신경을 쓰지 못했기 때문이었던 것으로 보인다. 결국 토라는 연회 자리에서 술에 취해 허리띠를 풀어 땅에 내던지고서 무종에게 "네가 나에게 준 것이 고작 이것뿐이다!"라고 하는 바람에 무종의 의심을 사게 되었다.[48] 결국 무종의 측근들이 토라를 국문했고, 토라는 지대(至大) 2년(1309) 정월에 사형에 처해졌다.[49] 이는 결국 무종 즉위 이후의 권력 구도가 형성되는 과정에서 빚어진 갈등이었다고 할 수 있다. 1309년 8월에는 무종의 측근들을 중심으로 상서성이 새로 설치되어 정무를 장악하였고, 원래 행정을 관장했던 중서성은 허울만 남게 되었다. 이는 당시 황태자였던 무종의 동생 아유르바르와다(愛育黎拔力八達, Ayurbarwada)를 중심으로 형성된 세력의 불만을 고조시켰고,[50] 이러한 갈등 분위기가 영왕의 반란 음모로까지 이어졌다고 추정된다. 그리고 영왕이 1309년에 사형에 처해졌던 토라의 아들 아라트나시리에게 협조를 구했던 것은 앞서 언급한 토라의 죽음에 대한 복수를 부추긴 것이었다. 이 모의가 발각되어 1310년에 영왕이 고려로 유배되었는데, 1312년에 원 제국에서 영왕을 소환하면서 귀국할 수 있었다.[51] 1311년에 무종이 갑자기 사망하면서 황태

---

47   『元史』卷117, 「禿剌傳」, 2907쪽.

48   『元史』卷117, 「禿剌傳」, 2907쪽.

49   『元史』卷23, 「武宗本紀二」, 509쪽.

50   무종의 측근들과 황태자 사이의 갈등에 대해서는 권용철, 앞의 책, 72~90쪽의 내용을 참고.

51   『高麗史』卷34, 忠宣王 4年 9月 甲辰.

자 아유르바르와다가 무종의 측근들을 숙청한 후 즉위했고(인종), 인종(재위 1311~1320)은 즉위한 이듬해에 영왕을 돌아오게 한 것이다. 권력을 둘러싼 치열한 움직임이 바로 영왕이 고려로 유배를 온 원인이었다.

b. 아무가

1317년 윤정월, 『고려사』에는 또 다시 원 제국 제왕이 유배를 왔다는 기록이 나온다. 위왕(魏王) 아무가(阿木哥, Amuga)가 탐라에 유배되었다가 곧 대청도로 옮겼다는 내용이다.[52] 아무가는 무종과 인종의 형이다. 무종과 인종은 쿠빌라이 시기 황태자였다가 사망한 친킴의 둘째 아들 다르마발라(答剌麻八剌, Darmabala)의 차남, 3남이었다. 그렇다면, 아무가는 장남인데 왜 카안이 되지 못했던 것일까? 아무가는 쿠빌라이가 하사한 시녀 곽씨(郭氏)와의 사이에서 태어난 다르마발라의 장남이고, 무종과 인종은 콩기라트 부족 출신 다기(答己, Dagi)가 낳은 아들들이었기 때문이다.[53] 모친의 위상 때문에 카안의 후보로도 언급되지 않았던 아무가였는데, 왜 고려로 유배를 오게 된 것일까?

아무가가 고려로 오기 3개월 전인 연우(延祐) 3년(1316) 11월, 원 제국에서 계승을 둘러싼 갈등이 또 다시 폭발했다. 이 갈등의 배경은 무종의 즉위에서부터 단초가 생겨난 것이다. 무종은 자신이 즉위할 때에 공적을 세운 동생 아유르바르와다를 황태자로 책립하면서 그와 "형제와 숙질이 대

---

52   『高麗史』 卷34, 忠肅王 4年 閏正月 壬申.
53   『元史』 卷115, 「順宗傳」, 2895쪽.

대로 계승한다(兄弟叔姪, 世世相承)"는 약속을 맺었다.[54] 아유르바르와다가 카안이 된 이후에는 무종의 아들을 계승자로 삼아야 한다는 뜻이다. 그러나 정작 인종은 즉위를 했음에도 황태자의 책립을 미루었고, 무종의 장남 코실라(和世瓎, Qosila)를 황태자가 아닌 주왕(周王)에 봉한 다음에[55] 운남 지역으로 가게 했다.[56] 사실상 이는 코실라를 내쫓는 조치였다. 결국 코실라와 그 측근들은 운남으로 가던 도중에 섬서 지역에서 반란을 일으켰고, 제국 조정에서는 이를 매우 심각한 사안으로 받아들여 대비했다. 그러나 코실라 진영 내부에서 분열이 생기면서 반란은 실패했고, 코실라는 중앙아시아로 망명했다. 1316년 11월은 그야말로 혼돈의 상황이었다.

코실라가 중앙아시아로 도망을 가자 인종은 자신의 아들인 시데발라(碩德八剌, Sidebala)를 1316년 12월에 황태자로 책립했고,[57] 얼마 지나지 않아 아무가를 고려로 유배를 보냈던 것으로 보인다. 이로부터 2개월이 지나 1317년 윤정월에 아무가가 고려에 도착했기 때문이다. 사실, 아무가가 코실라를 지지했다거나 시데발라의 황태자 책립에 반대했다는 기록은 전혀 보이지 않는다. 아마 인종은 갑자기 황태자가 된 시데발라의 지위를 공고히 하려는 목적으로, 그리고 또 다시 일어날 수도 있는 반란의 가능성을 염두에 두고 아무가를 고려로 보냈을 것이다.

실제로 아무가를 옹립하려는 반란 계획 사건이 『원사』에 기록되어 있

---

54   『元史』卷138, 「康里脫脫傳」, 3324쪽.
55   『元史』卷25, 「仁宗本紀二」, 571쪽.
56   『元史』卷25, 「仁宗本紀二」, 572~573쪽.
57   『元史』卷25, 「仁宗本紀二」, 575쪽.

다. 연우 5년(1318) 6월에 술사(術士)인 조자옥(趙子玉) 등 7명이 주살된 일이 있었는데, 이때 조자옥 일당은 은밀히 무기를 준비하고 바다를 건너 고려에 도착해 아무가를 데리고 대도에 오려 했다가 이진현(利津縣)에 이르렀을 때 발각되어 죽임을 당했던 것이다.[58] 이 사건이 일어나고 얼마 지나지 않아 원에서는 사신으로 이부상서를 고려에 파견하여 아무가를 위로하고 접대한 일을 문책했다.[59] 아무가를 옹립하려는 계획이 발각되었다는 것은 원 조정의 입장에서는 중대한 사안이었고, 앞으로 고려가 아무가를 더욱 철저히 감시해야 한다는 압박을 넣었던 것이라고 할 수 있다.

이로부터 5년이 지난 1323년 10월, 황제가 아무가를 소환했다는 기록이 『고려사』에 나온다.[60] 이 역시 제국의 정치적 변동과 밀접하게 연결되어 있다. 인종이 1320년에 사망한 이후, 황태자가 무사히 카안(영종, 재위 1320~1323)의 자리를 계승했다. 그러나 제국 내의 정치적 갈등은 더욱 심해졌고, 결국 지치(至治) 3년(1323) 8월에 영종이 암살되는 사태까지 전개되었다. 영종을 암살한 세력은 친킴의 장남인 감말라(甘麻剌, Γammala)의 장남인 이순테무르(也孫鐵木兒, Yisün Temür)를 옹립했다(태정제). 1323년 9월에 태정제(泰定帝, 즉위 1323~1328)가 즉위했고, 10월에는 역모를 일으켜 자신을 즉위시켰던 일당들 대부분을 숙청했다. 태정제는 자신이 반역을 통해서 카안이 되었다는 점을 최대한 부정하려고 했고, 자신의 즉위가 정당하다는 것을

---

58   『元史』卷26, 「仁宗本紀三」, 584쪽.
59   『高麗史』卷34, 忠肅王 5年 7月 辛酉.
60   『高麗史』卷35, 忠肅王 10年 10月 戊辰.

입증하기 위해서 신속하게 반역자들을 처단한 것이다.[61] 이렇게 제국에서 급격한 변화가 일어나고 있을 때에 아무가가 고려에서부터 소환의 명령을 받은 것이다. 아무가를 정치적으로 견제했던 인종, 그리고 그의 황태자로서 인종을 계승했던 영종까지 사망했고 태정제는 굳이 아무가를 견제할 이유가 없었기 때문에 곧바로 불러들인 것으로 볼 수 있다. 이후 아무가는 얼마 지나지 않은 태정(泰定) 원년(1324) 6월에 세상을 떠났다.[62]

c. 볼로드

아무가가 1323년 10월에 소환된 이후 얼마 지나지 않아 또 한 명의 제왕이 고려에 유배를 왔다. 『고려사』에는 충숙왕 11년(1324) 정월에 "황제가 패랄태자(孛剌太子)를 우리 대청도로 유배를 보냈다"라는 기록이 등장한다.[63] 역시 유배를 오게 된 이유에 대한 설명은 없다. 몽골제국에서는 카안(황제)의 아들은 물론이고, 제왕의 아들도 태자라고 지칭하기 때문에 정확히 누구인지는 단정하기가 쉽지 않다. 게다가 볼로드(孛剌, Bolod)라는 이름은 몽골에서 특이한 것이 아니고, 동명이인이 많기 때문에 한 인물을 특정하기가 더 어렵다. 그러나 『원사』에 관련 단서가 남아 있다.

영종 암살 사건에 대한 『원사』의 기록을 보면, 역모에 가담한 인물들의 지위와 이름이 열거되어 있는데 그 중에서 제왕으로 기록된 사람은 알타부카(按梯不花, Alta Buqa), 볼로드(孛羅), 울룩테무르(月魯鐵木兒, Ülüg Temür), 쿨룩부

---

61   권용철, 앞의 책, 199쪽.

62   『元史』卷29, 「泰定帝本紀一」, 648쪽.

63   『高麗史』卷35, 忠肅王 11年 正月 丙辰.

카(曲呂不花, Külüg Buqa), 울루스부카(兀魯思不花, Ulus Buqa)이다.[64] 여기에 등장하는 패라(孛羅)가 『고려사』의 패랄(孛剌)과 이름이 같은 것이다. 그리고 영종 암살 이후 즉위한 태정제는 사건에 가담한 인물들을 숙청하는데, 이때 제왕들은 1323년 12월에 유배를 보냈다. 『원사』에는 볼로드가 해도(海島)로 유배되었다는 기록이 확인된다.[65] 그래서 1개월 뒤인 1324년 정월에 볼로드가 대청도에 유배를 온 것이 된다. 즉, 볼로드는 영종 암살에 가담한 죄목으로 태정제에 의해 처벌을 받아 고려에 온 것이다.

그렇다면, 볼로드는 누구의 후손일까? 『원사』의 종실세계표를 살펴보면 볼로드(孛羅)라는 이름이 세 차례 등장한다. 첫 번째는 칭기스 칸의 막냇동생인 테무게 옷치긴(鐵木哥斡赤斤, Temüge Otchigin)의 손자의 손자인 볼로드 대왕이 보인다.[66] 두 번째는 아릭부케(阿里不哥, Ariq Büke)의 손자인 기왕(冀王) 볼로드가 확인된다.[67] 그리고 세 번째로는 아무가의 일곱 번째 아들인 볼로드 대왕이 보인다.[68] 물론, 이 정보만으로는 대청도에 귀양을 온 볼로드가 누구인지를 단정하기는 불가능하다. 그러나 필자는 아무가의 아들인 볼로드가 영종 암살 계획에 가담했을 가능성이 있지 않을까 생각한다. 왜냐하면 아무가가 인종, 영종의 계승을 둘러싼 분쟁 때문에 고려로 유배를 갔으니 이에 대한 원한을 품고 아무가의 아들인 볼로드가 복수를 위해 암

---

64   『元史』卷28, 「英宗本紀二」, 632쪽.

65   『元史』卷29, 「泰定帝本紀一」, 641쪽.

66   『元史』卷107, 「宗室世系表」, 2712쪽.

67   『元史』卷107, 「宗室世系表」, 2721쪽.

68   『元史』卷107, 「宗室世系表」, 2728쪽.

살 계획에 참여했을 수도 있기 때문이다. 그러나 이는 어디까지나 필자의 추정일 뿐, 정확한 정보는 확인하기 어렵다.

1324년에 대청도로 온 볼로드는 1329년에 원으로 소환되었다. 『고려사』에는 "황제가 볼로드 태자를 소환하였다"라는 간략한 기사로 확인된다.[69] 『고려사』의 날짜를 보면, 1329년 3월의 일인데 이때 원 제국에서는 이미 1328년에 태정제가 사망하고 그 이후 계승을 위한 내전의 과정을 거쳐 무종의 차남인 문종(文宗, 재위 1328·1329~1332)이 즉위했다가 자신의 형(무종의 장남)에게 양위를 하여 1329년 정월에 무종의 장남(13년 전 중앙아시아로 망명했던 코실라)이 즉위(명종, 재위 1329)했다.[70] 즉, 볼로드를 유배보낸 태정제가 사망하고 정권이 바뀐 상황에서 볼로드는 원으로 돌아갈 수 있었던 것이다. 『고려사』에서 유배를 오고 소환된 기록만 나오고 있는 원의 제왕들은 원의 정치적 변동에 따라 이동했음을 알 수 있는 대목이다.

d. 토곤테무르(妥懽帖睦爾, Toyon Temür)

볼로드가 소환되고 1년이 지난 충숙왕 17년(1330) 7월, 『고려사』에는 "원이 명종(明宗)의 태자 토곤테무르를 우리 대청도로 유배를 보냈는데, 나이가 11살이었다"는 기록이 등장한다.[71] 이마 고려로 유배를 왔던 원 제국 인물들 중 우리에게 알려진 가장 유명한 인물이라고 해도 과언이 아

---

69 『高麗史』卷35, 忠肅王 16年 3月 庚辰.
70 태정제의 사망 이후 코실라가 즉위하기까지 사건의 흐름에 대해서는 권용철, 앞의 책, 222~240쪽의 내용을 참고.
71 『高麗史』卷36, 忠惠王 卽位年 7月 丁巳.

닐 것이다. 토곤테무르가 바로 1333년에 즉위한 혜종(惠宗 혹은 순제順帝, 재위 1333~1370)이기 때문이다. 토곤테무르가 고려로 유배를 왔던 이유는 선행 연구에서 언급된 바 있으므로,[72] 여기에서는 그 내용을 다시 반복하지는 않고자 한다. 결국 명종의 장남이었던 토곤테무르는 원의 정치적 분쟁에 휘말릴 수밖에 없는 위치에 놓여 있었고, 이로 인해 1330년 당시의 실권을 장악하고 있었던 승상 엘테무르에 의해 쫓겨나는 신세가 되었던 것이다.

그리고 1년 5개월 남짓이 지난 1331년 12월, 원은 추밀원사(樞密院使) 윤수곤(尹受困) 등을 파견하여 토곤테무르를 원으로 데리고 돌아갔다.[73] 토곤테무르를 소환한 것에도 정치적인 이유가 있었다. 토곤테무르가 원으로 돌아간 후, 원의 요양행성(遼陽行省)에서 사람을 보내 주테무르[朱帖木兒]와 조고이(趙高伊)라는 인물을 수색하였는데, 그 이유는 이 두 사람이 황제에게 요양행성이 고려와 모의하여 토곤테무르를 옹립하려는 계획을 세우고 있다고 무고(誣告)하고 도망쳐 왔던 것이다.[74] 원 제국 조정은 토곤테무르와 관련된 소식이 들리자마자 불안감을 느끼고 고려에서부터 소환하여 현재 중국의 광서 계림(桂林) 일대로 다시 유배를 보냈다. 그리고 이 사건의 여파는 충혜왕이 갑자기 폐위되는 것으로까지 연결되었다.[75] 원 제국의 정치적 변동이 고려의 왕위교체까지 야기한 사례로, 그 중심에는 대청도로 유배

---

72   권용철, 「大元제국 시기 至順 원년(1330)의 정변 謀議와 그 정치적 영향」, 『중앙아시아연구』 23-1, 2018.

73   『高麗史』 卷36, 忠惠王 元年 12月 甲寅.

74   『高麗史』 卷36, 忠惠王 2年 正月 庚辰.

75   1332년에 충혜왕이 폐위된 배경에 대해서는 권용철, 「大元帝國 末期 政局과 고려 충혜왕의 즉위, 복위, 폐위」, 『한국사학보』 56, 2014, 76~79쪽의 내용을 참고.

를 왔던 토곤테무르가 있었다.

e. 보랄기(Boralɣi, 孛蘭奚)

원이 고려로 유배를 보낸 제왕들 중『고려사』에 마지막으로 기록된 인물이 바로 보랄기이다.『고려사』에는 원이 보랄기 대왕을 탐라로 유배를 보냈다고 기록되어 있다.[76] 하지만 보랄기 대왕이 정확히 누구이고, 왜 고려로 유배를 왔는지에 대한 설명은 필자의 관견으로는 찾을 수 없다. 아래에서 서술하겠지만, 보랄기라는 이름만으로는『원사』에서 보랄기의 고려 유배와 관련된 내용은 확인하기 어렵다. 다만 보랄기가 고려에 도착한 충혜왕 후원년(1340) 2월 병술일(음력 2월 3일)이라는 시간을 기준으로 당시의 정국을 감안하여 추정만 해 볼 수 있을 뿐이다.

『원사』에는 보랄기라는 똑같은 이름을 가진 제왕이 보인다. 그러나 1340년이라는 시간과는 차이가 나는 기사에서 등장하고 있다. 먼저 지대 2년(1309) 11월에 "제왕 보랄기가 개인적인 원한으로 사람을 죽였으니 마땅히 사형에 처해야 하는데, 대종정(大宗正) 예케 자르구치(也可扎魯忽赤, Yeke Jarɣuchi, 몽골어로 최고 재판관을 의미)가 건의하기를, 보랄기는 귀한 국족(國族)이니 장형에 처하고 북쪽 변경으로 유배를 보내 종군하게 할 것을 청하니 이를 따랐다"는 기록이 보인다.[77] 이 기록은 1340년과는 30년 이상 차이가 나고, 보랄기가 유배된 지역도 북쪽 변경이기 때문에『고려사』의 기사와는 관계

---

76   『高麗史』卷36, 忠惠王 後元年 2月 丙戌.
77   『元史』卷23,「武宗本紀二」, 519쪽.

가 없다고 보아야 할 것 같다. 그리고 지정(至正) 12년(1352) 2월에는 "한림학사승지 발라(八刺, Bala)와 제왕 보랄기에게 명하여 군사를 이끌고 대명(大名)을 지키게 했다"라는 기록이 있다.[78] 당시 홍건적을 포함하여 여러 곳에서 반란이 일어난 상황에서 제왕 보랄기에게 수비를 맡겼다는 정도만 확인할 수 있을 뿐이다.

『원사』는 기록의 특성으로 인해 같은 이름을 다른 한자로 음사(音寫)하는 경우가 종종 보이는데, 보랄기도 마찬가지이다. 『원사』에는 보랄기라는 같은 발음을 '不蘭奚'나 '卜蘭奚'로 표기한 사례가 확인되기 때문이다. 후지원(後至元) 2년(1336) 7월에는 종왕(宗王) 보랄기[不蘭奚] 등에게 셀렝게, 케룰렌 등 몽골 지역을 지키게 했다는 기사가 있고,[79] 같은 해 11월에 종왕 보랄기[不蘭奚]를 오주(梧州, 현재 중국 광서장족자치구 梧州市)에 안치(安置)했다는 기록이 보인다.[80] 몽골을 지키던 보랄기를 오주에 '안치'했다는 것은 결국 먼 남쪽으로 유배를 보냈다는 의미이다. 하지만 이 기사에서도 보랄기 대왕의 고려 유배와는 직접적인 연결점이 보이지 않는다. 『원사』의 종실세계표에서도 보랄기의 이름은 확인할 수가 없어서 누구의 후손인지도 명확하지 않다.

결국 보랄기가 고려로 유배를 오게 된 정황 정도만을 추정할 수 있을 뿐인데, 당시 원 제국은 승상 바얀이 장악하고 있었다. 혜종은 바얀의 전횡을 지켜볼 수밖에 없었고, 심지어 바얀은 칭기스 칸의 후손인 제왕들을

---

78   『元史』卷42, 「順帝本紀五」, 895쪽.
79   『元史』卷39, 「順帝本紀二」, 835쪽.
80   『元史』卷39, 「順帝本紀二」, 837쪽.

멋대로 죽이거나 귀양을 보냈던 일이 있었다.[81] 바얀의 권세는 계속 상승하여 후지원 5년(1339) 10월에는 '대승상(大丞相)'이 되었는데,[82] 이는 우승상과 좌승상을 초월한다는 상징을 지닌 것이었다. 아마 보랄기는 바얀의 위세에 도전했거나 혹은 불만을 가졌다는 이유로 고려로 쫓겨났을 가능성이 높다고 여겨진다.

1340년 음력 2월 3일에 보랄기가 탐라에 왔는데, 이로부터 13일이 지난 2월 기해일(2월 16일)에 원 제국 궁정에서는 또 한 차례 정변이 발생했다. 바얀의 조카 톡토가 혜종과 논의하여 바얀을 축출한 것이다. 조정의 실세가 순식간에 바뀌는 순간이었다. 『고려사』에는 기록되어 있지 않지만, 바얀이 축출된 결과 아마 보랄기는 탐라에 유배를 오고 얼마 지나지 않아 다시 원 제국으로 소환되었을 것으로 추정된다. 결국 고려는 원의 종실 제왕들이 유배를 오는 것을 통해서 제국 궁정 내에 중대한 일이 생겼음을 분명히 알 수 있었을 것이다.

---

81   바얀이 제왕들을 살해하거나 유배한 전횡에 대해서는 권용철, 앞의 책, 294~295쪽 참고.
82   『元史』卷40, 「順帝本紀三」, 853쪽.

4. 맺음말

지금까지 10장에서는 『고려사』에 기록된 원 제국 종실 제왕의 유배에 대해서 검토해 보았다. 『고려사』에 남아 있는 관련 기록은 매우 짧아서 누가, 언제, 어디로 유배를 왔는가에 대한 무미건조한 정보만 알려주고 있다. 유배를 '왜' 왔는지에 대한 내용은 구체적이지 않거나 아예 기록되어 있지 않기 때문에 결국 『원사』 등 원 제국 측 기록과 함께 원 조정의 정국을 살펴보아야 종실 제왕이라는 높은 위상을 가진 인물들이 고려로 유배를 온 이유를 파악하거나 추정할 수 있다.

원 제국의 제왕은 칭기스 칸 가문에 속한 '황금씨족'으로, '일반인'이 아니었기 때문에 제왕을 외지(고려)로 유배를 보냈다는 것은 제국 내에서 정치적 격동이나 분란이 일어난 결과인 경우가 많았다. 본론에서 분석한 사례들 중에서 유배를 오게 된 사유가 명확하지 않은 경우를 제외하면, 나머지는 모두 제국 내에서 일어난 반란에 연루되었거나 제위계승분쟁에 휘말리면서 유배를 오게 되었다는 것을 확인할 수 있다. 쿠빌라이 시기에는 특히 북방 지역에서 쿠빌라이의 권위에 도전하는 반란이 종종 일어났는데, 고려에 유배를 왔던 시리기는 그 자신이 직접 반란을 주도했고 1280년대 말에서 1290년대 초에 걸쳐 일어난 나얀-카단의 반란에 가담한 제왕들 역시 고려에 유배되면서 『고려사』에 이름을 남겼다. 그리고 쿠빌라이가 사망한 이후가 되면 원 제국 내에서 카안(황제)의 자리를 둘러싼 계승분쟁이 점점 격화되면서 이에 연루된 제왕들이 고려로 유배를 오는 경우가 많았다. 그들 중에서 토곤테무르는 유배라는 역경을 거친 끝에 카안으로 즉위하게 된다.

『고려사』에 매우 단편적으로 남아 있는 원 제국 제왕의 유배를『원사』등 중국 측의 기록과 연결하여 고찰하는 것은『고려사』의 기록이 등장하게 된 배경을 이해하기 위해서는 불가피한 작업이다. 또한, 중국 측의 기록에서 단지 해도로 유배를 보냈다는 정도의 두루뭉술한 내용으로 처리된 기사를『고려사』를 통해 더욱 구체적으로 확인하고 보완할 수 있게 하는 작업이기도 하다. 10장에서는 원 제국 제왕의 유배라는 소재만을 중심으로 고려와 원 양쪽의 기록을 비교하면서 검토했는데, 이러한 방법론은 고려-원 관계의 특수성으로 인해 나타난 여러 가지 현상 혹은 다양한 인물들을 살펴보는 데에도 적용될 수 있을 것이다.

참고 문헌

1. 사료

『稼亭集』

『庚申外史』(任崇岳, 『庚申外史箋證』, 鄭州: 中州古籍出版社, 1991)

『高麗史』

『高麗史節要』

『光緖順天府志』(北京古籍叢書本, 北京: 北京古籍出版社, 1987)

『圭齋文集』(湯銳 校點, 『歐陽玄全集』, 成都: 四川大學出版社, 2010)

『金華黃先生文集』(王頲 點校, 『黃溍全集』, 天津: 天津古籍出版社, 2008)

『鑾坡前集』(黃靈庚 編輯校點, 『宋濂全集』, 北京: 人民文學出版社, 2014)

『南臺備要』(王曉欣 點校, 『憲臺通紀(外三種)』, 杭州: 浙江古籍出版社, 2002)

『南村輟耕錄』(王雪玲 校點, 『南村輟耕錄』, 上海: 上海古籍出版社, 2022)

『道園類稿』(王頲 點校, 『虞集全集』, 天津: 天津古籍出版社, 2007)

『道園學古錄』(王頲 點校, 『虞集全集』, 天津: 天津古籍出版社, 2007)

『東文選』

『明史』

『牧庵集』(査洪德 編校, 『姚燧集』, 北京: 人民文學出版社, 2011)

『牧隱文藁』

『牧隱詩藁』

『秘書監志』(高榮盛 點校, 『秘書監志』, 杭州: 浙江古籍出版社, 1992)

『山居新語』(元明史料筆記叢刊本, 北京: 中華書局, 2006)

『石田先生文集』(李叔毅 點校, 『石田先生文集』, 鄭州: 中州古籍出版社, 1991)

『雪樓集』(張文澍 校點,『程鉅夫集』長春: 吉林文史出版社, 2009)

『宋學士文集』(羅月霞 主編,『宋濂全集』杭州: 浙江古籍出版社, 1999)

『樊隱先生逸稿』

『櫟翁稗說』

『王忠文集』

『元史』

『元典章』(洪金富 校定,『元典章』臺北: 中央研究院歷史語言研究所, 2016)

『益齋亂藁』

『滋溪文稿』(陳高華·孟繁淸 點校,『滋溪文稿』北京: 中華書局, 1997)

『朝鮮太祖實錄』

『存復齋續集』(李修生 主編,『全元文 40冊』南京: 鳳凰出版社, 2004)

『拙藁千百』

『至正條格』(韓國學中央研究院 編,『至正條格 校註本』휴머니스트, 2007)

『草木子』(元明史料筆記叢刊本, 北京: 中華書局, 1959)

『通制條格』(方齡貴 校注,『通制條格校注』北京: 中華書局, 2001)

金龍善 編著,『高麗墓誌銘集成 第五版』한림대학교 출판부, 2012.

노명호 외,『韓國古代中世古文書研究(上)-校勘譯註篇』서울대학교출판부, 2000.

동아대학교 석당학술원,『국역 고려사-世家 9』景仁文化社, 2008.

라시드 앗 딘 지음, 김호동 역주,『부족지』사계절, 2002.

라시드 앗 딘 지음, 김호동 역주,『칭기스 칸 기』사계절, 2003.

라시드 앗 딘 지음, 김호동 역주,『칸의 후예들』사계절, 2005.

라시드 앗 딘 지음, 김호동 역주,『일 칸들의 역사』사계절, 2018.

朴龍雲,『高麗史』百官志 譯註』신서원, 2009.

유원수 역주,『몽골비사』사계절, 2004.

이근명 외,『송원시대의 고려사 자료 2』신서원, 2010.

이진한 편,『拙藁千百 역주』, 경인문화사, 2015.

張東翼,『元代麗史資料集錄』, 서울대학교출판부, 1997.

張東翼,『宋代麗史資料集錄』, 서울대학교출판부, 2000.

張東翼,『日本古中世 高麗資料研究』, 서울대학교출판부, 2004.

채상식 편,『최해와 역주『졸고천백』』, 혜안, 2013.

許興植 編著,『韓國金石全文 中世下』, 亞細亞文化社, 1984.

國家圖書館善本金石組 編,『歷代石刻史料彙編』12, 北京: 北京圖書館出版社, 2000.

杜宏剛·邱瑞中·崔昌源 輯,『韓國文集中的蒙元史料』, 桂林: 廣西師範大學出版社, 2004.

孫曉 主編,『高麗史』, 重慶: 西南師範大學出版社; 北京: 人民出版社, 2014.

新文豐出版公司編輯部,『石刻史料新編』1輯 5冊, 臺北: 新文豐出版公司, 1977.

周少川·魏訓田·謝輝 輯校,『經世大典輯校』, 北京: 中華書局, 2020.

洪金富 點校,『元代臺憲文書匯編』, 臺北: 中央研究院歷史語言研究所, 2003.

2. 연구서

고명수,『몽골-고려 관계 연구』, 혜안, 2019.

高惠玲,『高麗後期 士大夫와 性理學 受容』, 일조각, 2001.

권용철,『원대 중후기 정치사 연구』, 온샘, 2019.

김건곤 외,『고려시대 외교문서와 사행시문』, 한국학중앙연구원출판부, 2020.

김광철,『원간섭기 고려의 측근정치와 개혁정치』, 경인문화사, 2018.

김창현,『고려 도읍과 동아시아 도읍의 비교연구』, 새문사, 2017.

김형수,『고려후기 정책과 정치』, 지성인, 2013.

김호동,『몽골제국과 고려』, 서울대학교출판부, 2007.

노명호 외,『韓國古代中世古文書研究(下)-研究·圖版篇』, 서울대학교출판부, 2000.

단국대학교 몽골연구소 편,『몽한대사전』, 단국대학교출판부, 2023.

도현철,『이곡의 개혁론과 유교 문명론』, 지식산업사, 2021.

미할 비란 등 편저, 이재황 옮김,『몽골제국, 실크로드의 개척자들-장군, 상인, 지식
        인』, 책과함께, 2021.

박원길·S. 촐몬,『한국·몽골 교류사 연구』, 이매진, 2013.

沈載錫,『高麗國王 冊封 硏究』, 혜안, 2002.

윤은숙,『몽골제국의 만주 지배사』, 소나무, 2010.

이강한,『고려와 원제국의 교역의 역사』, 창비, 2013.

이개석,『고려-대원 관계 연구』, 지식산업사, 2013.

이명미,『13~14세기 고려·몽골 관계 연구』, 혜안, 2016.

李龍範,『中世 滿洲·蒙古史의 硏究』, 同和出版公社, 1988.

이익주,『이색의 삶과 생각』, 일조각, 2013.

張東翼,『高麗後期外交史硏究』, 일조각, 1994.

정동훈,『고려시대 외교문서 연구』, 혜안, 2022.

정용숙,『고려시대의 后妃』, 민음사, 1992.

크리스토퍼 벡위드(Christopher Beckwith), 이강한·류형식 옮김,『중앙유라시아의
        세계사』, 소와당, 2014.

한국민족문화대백과사전 편찬부,『한국민족문화대백과사전 24』, 한국정신문화연
        구원, 1991.

한국역사연구회, 인천문화재단, 경기도박물관 편,『우리 역사 속의 디아스포라와
        경계인』, 경기도박물관, 2020.

許興植,『高麗로 옮긴 印度의 등불』, 일조각, 1997.

葛仁考,『元朝重臣劉秉忠硏究』, 北京: 人民出版社, 2014.

姜一涵,『元代奎章閣及奎章人物』, 臺北: 聯經出版事業公司, 1981.

邱江寧,『元代奎章閣學士院與元代文壇』, 北京: 中國社會科學出版社, 2013.

邱樹森 主編,『元史辭典』, 濟南: 山東敎育出版社, 2000.

邱樹森 主編,『遼金史辭典』,濟南: 山東敎育出版社, 2010.

鄧文韜,『元代唐兀人研究』,蘭州: 甘肅文化出版社, 2022.

謝咏梅,『蒙元時期札剌亦兒部研究』,瀋陽: 遼寧民族出版社, 2012.

薛磊,『元代東北統治研究』,北京: 社會科學文獻出版社, 2012.

蕭啓慶,『元代進士輯考』,臺北: 中央研究院歷史語言研究所, 2012.

新蒙漢詞典編委會 編,『新蒙漢詞典』,北京: 商務印書館, 1998.

余大鈞 編著,『元代人名大辭典』,呼和浩特: 內蒙古人民出版社, 2016.

余來明,『元代科擧與文學』,武漢: 武漢大學出版社, 2013.

烏云高娃,『元朝與高麗關係研究』,蘭州: 蘭州大學出版社, 2012.

王宗維,『元代安西王及其與伊斯蘭敎的關系』,蘭州: 蘭州大學出版社, 1993.

劉永海,『蘇天爵研究』,北京: 人民出版社, 2015.

李崇興,『《元典章·刑部》語法研究』,開封: 河南大學出版社, 2011.

李治安,『元代政治制度研究』,北京: 人民出版社, 2003.

李治安·薛磊,『中國行政區劃通史-元代卷(第2版)』,上海: 復旦大學出版社, 2017.

陳高華,『元大都』,北京: 北京出版社, 1982.

韓儒林,『穹廬集』,上海: 上海人民出版社, 1982.

洪金富 編著,『遼宋夏金元五朝日曆』,臺北: 中央研究院歷史語言研究所, 2004.

洪麗珠,『肝膽楚越-蒙元晚期的政爭(1333-1368)』,新北: 花木蘭文化出版社, 2011.

喜蕾,『元代高麗貢女制度研究』,北京: 民族出版社, 2003.

森平雅彥,『モンゴル覇權下の高麗-帝國秩序と王國の對應』,名古屋: 名古屋大學出版會, 2013.

箭內亘,『蒙古史研究』,東京: 刀江書院, 1930.

Akasoy, Anna. Burnett, Charles. Yoeli-Tlalim, Ronit. eds., *Rashīd al-Dīn. Agent and Mediator of Cultural Exchanges in Ilkhanid Iran*, London- Turin: The

Warburg Institute-Nino Aragno Editore, 2013.

Allsen, Thomas T. *Culture and Conquest in Mongol Eurasia*, Cambridge: Cambridge University Press, 2001.

Biran, Michal. *Qaidu and the Rise of the Independent Mongol State in Central Asia*, London: Routledge, 2016.

Brose, Michael C. *Subjects and Masters: Uyghurs in the Mongol Empire*, Bellingham: Center for East Asian Studies, Western Washington University, 2007.

Dardess, John W. *Conquerors and Confucians-Aspects of Political Change in Late Yüan China*, New York & London: Columbia University Press, 1973.

Lessing, Ferdinand D. ed., *Mongolian-English Dictionary*, Berkeley & Los Angeles: University of California Press, 1960.

Park, Hyunhee. *Mapping the Chinese and Islamic Worlds*, Cambridge: Cambridge University Press, 2012. [박현희 지음, 권용철 옮김, 『중국과 이슬람 세계의 지도 그리기 - 전근대 아시아에서의 문화 간 교류』, 경인문화사, 2024.]

3. 연구논문

강동석, 「李穀의 詩世界와 自我意識」, 『漢文敎育硏究』 35, 2010.

강혜진, 「高麗後期 淸州韓氏家 人物의 政治活動」, 『靑藍史學』 18, 2010.

고명수, 「충렬왕대 怯憐口(怯怜口) 출신 관원-몽골-고려 동혼관계의 한 단면」, 『사학연구』 118, 2015.

고명수, 「1278년 쿠빌라이-충렬왕 만남의 의미」, 『역사학보』 237, 2018.

고명수, 「몽골 諸王 카단(哈丹)의 출신과 행적」, 『역사와 담론』 96, 2020.

高柄翊, 「高麗 忠宣王의 元 武宗擁立」, 『歷史學報』 17·18, 1962.

高惠玲, 「『牧隱集』을 통해 본 李穡의 불교와의 관계」, 『진단학보』 102, 2006.

權五重, 「大靑島에 온 元의 流配人」, 『人文硏究』 20-1, 1998.

권용철, 「大元帝國 末期 權臣 엘테무르의 쿠데타-'케식' 출신으로서의 정치적 명분에 대하여」, 『史叢』 80, 2013.

권용철, 「大元帝國 末期 政局과 고려 충혜왕의 즉위, 복위, 폐위」, 『韓國史學報』 56, 2014.

권용철, 「高麗人 宦官 高龍普와 大元帝國 徽政院使 투멘데르(禿滿迭兒)의 관계에 대한 小考」, 『사학연구』 117, 2015.

권용철, 「원 제국 中期 영종의 위상 강화를 위한 노력-바이주의 중서좌승상 등용과 그의 활약을 중심으로」, 『동방학지』 175, 2016.

권용철, 「대원제국 말기 재상 톡토의 至正 9년(1349) 再執權에 대한 검토」, 『大丘史學』 130, 2018.

권용철, 「李穀의 『稼亭集』에 수록된 大元帝國 역사 관련 기록 분석」, 『역사학보』 237, 2018.

권용철, 「大元제국 시기 至順 원년(1330)의 정변 謀議와 그 정치적 영향」, 『중앙아시아연구』 23-1, 2018.

권용철, 「묘지명을 통해 본 대원제국 말기의 정국-'賽因赤答忽 묘지명'의 분석을 중심으로」, 『大丘史學』 137, 2019.

권용철, 「『高麗史』에 기록된 元代 케식文書史料의 분석」, 『한국중세사연구』 58, 2019.

권용철, 「元代 말기 쿠르기스-옹기야누-셍게시리 三代의 행적-제국 조정의 정국 변화에 대한 검토를 중심으로」, 『中國學報』 90, 2019.

권용철, 「元代 말기의 정국과 고려 文人 이공수(1308-1366)의 행적」, 『인문학연구』 59-2, 2020.

권용철, 「원 제국의 다르칸 제도가 고려에 유입된 양상-고려 후기 金汝盂 功臣敎書의 분석을 중심으로」, 『학림』 47, 2021.

권용철, 「원 제국의 고려인 관료 한영(韓永)의 행적에 대한 검토」, 『인문논총』 56, 2021.

권용철, 「몽골제국 시기 볼라드 칭상의 행적에 대한 재검토-『고려사』에 실린 기록 의 발굴을 중심으로」, 『역사학보』 252, 2021.

권용철, 「이색의 『목은문고』에 수록된 대원제국 역사 관련 기록 분석」, 『한국중세사 연구』 71, 2022.

권용철, 「승려 指空과 관련된 추가 자료와 그 해석을 위한 試論」, 『역사와 세계』 63, 2023.

권용철, 「원 제국의 3차 대월 침입과 그 이후 양국의 관계-『安南行記』 자료의 발굴 과 분석을 중심으로」, 『이화사학연구』 66, 2023.

金佳賢, 『元末, 奇皇后의 政治的 位置와 그 影響』, 수원대학교 교육대학원 석사학위 논문, 2008.

김경록, 「공민왕대 국제정세와 대외관계의 전개양상」, 『역사와 현실』 64, 2007.

金光哲, 「고려 충혜왕의 왕위계승」, 『釜山史學』 28, 1995.

김광철, 「고려 충혜왕대 측근정치의 운영과 그 성격」, 『國史館論叢』 71, 1996.

김광철, 「14세기초 元의 政局동향과 忠宣王의 吐蕃 유배」, 『한국중세사연구』 3, 1996.

김난옥, 「원나라 사람의 고려 유배와 조정의 대응」, 『한국학보』 118, 2005.

김난옥, 「충혜왕비 덕녕공주의 정치적 역할과 위상」, 『韓國人物史研究』 14, 2010.

김난옥, 「고려말 詩文 교류와 인적관계-辛裔를 중심으로」, 『韓國史學報』 61, 2015.

金塘澤, 「高麗 忠惠王과 元의 갈등」, 『歷史學報』 142, 1994.

김도영, 『고려 충혜왕의 '淫行'과 그 정치적 함의』, 전남대학교 대학원 사학과 석사 학위논문, 2012.

김병기, 「신발견 麗·元관계 자료 金汝盂의 〈文翰公 丹券〉에 대한 고찰」, 『대동한문 학』 52, 2017.

金甫桄, 『高麗 內侍 研究』, 고려대학교 대학원 한국사학과 박사학위논문, 2011.

김보광, 「고려 충렬왕의 케시크제 도입과 그 의도」, 『사학연구』 107, 2012.

金石煥, 「몽골제국의 對高麗政策의 一面: 高麗國王의 駙馬化 및 行省官 兼職을 중

심으로」, 『서울大 東洋史學科論集』35, 2011.

김영수, 「팍스 몽골리카 하 가정(稼亭) 이곡(李穀)의 이중적 정체성-'고려인-세계인'
　　　사이를 방황한 경계인」, 『동방문화와 사상』11, 2021.

金渭顯, 「麗元間의 人的 交流考」, 『關東史學』5·6, 1994.

김윤정, 「李穀의 사회관계망과 在元 고려인 사회-〈稼亭集〉에 대한 분석을 중심으
　　　로」, 『학림』44, 2019.

金昌賢, 「충선왕의 탄생과 결혼, 그리고 정치」, 『韓國人物史研究』14, 2010.

김창현, 「가정집 시 분석을 통한 이곡의 인생여정 탐색」, 『韓國人物史研究』22, 2014.

金炳秀, 「忠肅王 後 8年(1339) 監察司 榜과 忠惠王의 復位」, 『한국중세사연구』11,
　　　2001.

김형수, 「충혜왕의 폐위와 고려 유자들의 공민왕 지원 배경」, 『국학연구』19, 2011.

金惠苑, 「麗元王室通婚의 成立과 特徵-元公主出身王妃의 家系를 중심으로」, 『梨大
　　　史苑』24·25, 1989.

金惠苑, 『高麗後期 藩王 研究』, 이화여자대학교 대학원 사학과 박사학위논문,
　　　1999.

金浩東, 「北아시아 遊牧國家의 君主權」, 東洋史學會 編, 『東亞史上의 王權』, 한울아
　　　카데미, 1993.

金浩東, 「몽골帝國 君主들의 兩都巡幸과 遊牧的 習俗」, 『中央아시아研究』7, 2002.

김호동, 「蒙元帝國期 한 色目人 官吏의 肖像-이사 켈레메치(Isa Kelemechi, 1227-
　　　1308)의 생애와 활동」, 『중앙아시아연구』11, 2006.

김호동, 「≪지정조격(至正條格)≫의 편찬과 원(元) 말의 정치」, 『至正條格 校註本』,
　　　휴머니스트, 2007.

김호동, 「몽골제국의 세계정복과 지배: 거시적 시론」, 『歷史學報』217, 2013.

金浩東, 「몽골제국의 '울루스 체제'의 형성」, 『東洋史學研究』131, 2015.

南權熙·呂恩暎, 「忠烈王代 武臣 鄭仁卿의 政案과 功臣錄券 研究」, 『古文書研究』7,
　　　1995.

노명호, 「高麗時代의 功臣錄券과 功臣敎書」, 『韓國古代中世古文書硏究(下)』, 서울 대학교출판부, 2000.

노인환, 「조선시대 功臣敎書 연구-문서식과 발급 과정을 중심으로」, 『古文書硏究』 39, 2011.

류병재, 「카단(Qadan)의 고려 침입 전후(前後) 상황과 고려·대원올로스 연합군의 대응」, 『몽골학』 64, 2021.

柳洪烈, 「高麗의 元에 對한 貢女」, 『진단학보』 18, 1957.

閔賢九, 「整治都監의 設置經緯」, 『國民大學校 論文集』 11, 1976.

閔賢九, 「趙仁規와 그의 家門(上)」, 『진단학보』 42, 1976.

閔賢九, 「趙仁規와 그의 家門(中)」, 『진단학보』 43, 1977.

閔賢九, 「整治都監의 性格」, 『東方學志』 23·24, 1980.

민현구, 「高麗 恭愍王의 反元的 改革政治에 대한 一考察-背景과 發端」, 『진단학보』 68, 1989.

박경자, 「貢女 출신 高麗女人들의 삶」, 『역사와 담론』 55, 2010.

박성호, 「조선초기 공신교서와 녹권의 발급제도 변경 시기에 대한 재론」, 『古文書 硏究』 45, 2014.

박성호, 「조선초기 좌명공신 김영렬 공신문서에 대한 고찰」, 『古文書硏究』 50, 2017.

박영록, 「《高麗史》蒙古 直譯體白話 牒文 二篇의 解釋的 硏究」, 『중국언어연구』 44, 2013.

박영록, 「『高麗史』에 수록된 蒙元公文의 用語와 飜譯에 대한 검토」, 『대동문화연구』 85, 2014.

박영록, 「蒙元 몽골어 公牘과 白話碑에 보이는 旨書의 形式과 語套의 特徵」, 『중국 문학연구』 55, 2014.

박영록, 「元代 直譯體公文의 構造 및 常套語 一考」, 『대동문화연구』 86, 2014.

박영록, 「韓國 史書에 收錄된 明初 白話聖旨의 言語性格」, 『중국문학연구』 58, 2015.

박영록, 「《高麗史》忠烈王 6년에 수록된 元朝 軍制 관련 공문에 대한 해석적 연구」, 『중국어문논총』73, 2016.

박원길, 「원 제국의 고려출신 황후 다마시리-카톤(Damashiri-Khatun)」, 『몽골학』 24, 2008.

배규범, 「李穀의 『稼亭集』을 통해 본 14세기 전반기 인적 네트워크의 양상」, 『동양 한문학연구』53, 2019.

배규범, 「稼亭 李穀의 중국체험과 원나라 인적 네트워크 분석」, 『동양한문학연구』 65, 2023.

裵淑姬, 「元代 科擧制와 高麗進士의 應擧 및 授官」, 『東洋史學硏究』104, 2008.

뻴리오, 閔賢九 譯, 「高麗史에 실려 있는 蒙古語」, 『白山學報』4, 1968.

변은숙, 「고려 忠穆王代 整治都監과 정치세력」, 『明知史論』14·15, 2004.

변은숙, 「고려 충목왕대 정치세력의 성격-整治都監의 整治官을 중심으로」, 『중앙사 론』19, 2004.

서윤아, 「몽골제국 시기(1206~1259)의 '아카(aqa)'와 그 역할-바투의 정치 활동을 중심으로」, 『중앙아시아연구』22-1, 2017.

신은제, 「14세기 전반 원의 정국동향과 고려의 정치도감」, 『한국중세사연구』26, 2009.

沈永煥, 「몽골시대 高麗의 王命」, 『泰東古典硏究』29, 2012.

安在敏, 『忠惠王의 復位와 曹頔의 亂』, 서강대학교 대학원 사학과 석사학위논문, 2002.

魚江石, 「稼亭 李穀의 在元期 詩에 나타난 交遊樣相과 精神的 葛藤」, 『한국한문학 연구』45, 2010.

염중섭, 「指空의 戒律意識과 無生戒에 대한 고찰」, 『한국불교학』70, 2014.

염중섭, 「指空의 戒律觀과 티베트불교와의 충돌양상 고찰」, 『온지논총』44, 2015.

염중섭, 「麗末鮮初의 한국불교에 끼친 指空의 영향 검토」, 『동아시아불교문화』39, 2019.

염중섭, 「指空의 大都 귀환 후 행보와 입적 관련 기록 검토」, 『보조사상』 61, 2021.

元周用, 「稼亭 李穀의 記에 관한 考察」, 『동방한문학』 40, 2009.

元周用, 「稼亭 李穀 散文의 文藝的 特徵」, 『동방한문학』 46, 2011.

윤은숙, 「大元帝國 말기 奇皇后의 內禪시도」, 『몽골학』 47, 2016.

윤은숙, 「元末 토곤 테무르 카안의 宰相政治와 黨爭-톡토 派와 베르케 부카 派의 대립을 중심으로」, 『중앙아시아연구』 23-2, 2018.

윤은숙, 「元末 토곤 테무르 카안의 통치와 至正更化」, 『역사문화연구』 65, 2018.

윤은숙, 「아유시리다라의 冊寶禮를 둘러싼 大元帝國 말기의 권력쟁탈」, 『史叢』 98, 2019.

윤은숙, 「大元帝國 시기 황실 통혼과 여성의 정치적 역할-콩기라트 부족의 활동을 중심으로」, 『동양사학연구』 153, 2020.

李康漢, 「征東行省官 闊里吉思의 고려제도 개변 시도」, 『韓國史硏究』 139, 2007.

이강한, 「정치도감(整治都監) 운영의 제양상에 대한 재검토」, 『역사와 현실』 67, 2008.

이강한, 「1270~80년대 고려내 鷹坊 운영 및 대외무역」, 『한국사연구』 146, 2009.

이강한, 「공민왕 5년(1356) '反元改革'의 재검토」, 『대동문화연구』 65, 2009.

이강한, 「고려 충혜왕대 무역정책의 내용 및 의미」, 『한국중세사연구』 27, 2009.

李康漢, 「공민왕대 관제개편의 내용 및 의미」, 『역사학보』 201, 2009.

이강한, 「'친원'과 '반원'을 넘어서-13~14세기사에 대한 새로운 이해」, 『역사와 현실』 78, 2010.

이개석, 『14世紀 初 元朝支配體制의 再編과 그 背景』, 서울대학교 대학원 동양사학과 박사학위논문, 1998.

이개석, 「大蒙古國-高麗 關係 연구의 재검토」, 『史學硏究』 88, 2007.

이개석, 「元 宮廷의 高麗 출신 宦官과 麗元關係」, 『東洋史學硏究』 113, 2010.

李基文, 「高麗史의 蒙古語 單語들에 대한 再檢討」, 『學術院論文集(人文·社會科學篇)』 32, 1993.

李命美, 「高麗·元 王室通婚의 政治的 의미」, 『韓國史論』 49, 2003.

이명미, 「奇皇后세력의 恭愍王 폐위시도와 高麗國王權-奇三寶奴 元子 책봉의 의미」, 『역사학보』 206, 2010.

이명미, 「공민왕대 초반 군주권 재구축 시도와 奇氏一家: 1356년(공민왕 5) 개혁을 중심으로」, 『한국문화』 53, 2011.

이명미, 「恭愍王代 후반 親明정책의 한 배경: 몽골 복속기 권력구조에 대한 트라우마」, 『사학연구』 113, 2014.

이승수·민선홍, 「1345년 李穀의 上都 행로와 心迹」, 『한국한문학연구』 84, 2022.

李昇漢, 「高麗 忠宣王의 瀋陽王 被封과 在元 政治活動」, 『歷史學研究』 2, 1988.

李龍範, 「奇皇后의 冊立과 元代의 資政院」, 『歷史學報』 17·18, 1962.

李益柱, 『高麗·元關係의 構造와 高麗後期 政治體制』, 서울대학교 대학원 국사학과 박사학위논문, 1996.

이익주, 「高麗·元關係의 構造에 대한 研究: 소위 '世祖舊制'의 분석을 중심으로」, 『韓國史論』 36, 1996.

李益柱, 「『牧隱集』의 간행과 사료적 가치」, 『진단학보』 102, 2006.

이익주, 「『牧隱詩藁』를 통해 본 고려 말 李穡의 일상-1379년(우왕 5)의 사례」, 『한국사학보』 32, 2008.

이익주, 「고려-몽골 관계사 연구 시각의 검토: 고려-몽골 관계사에 대한 공시적, 통시적 접근」, 『한국중세사연구』 27, 2009.

이익주, 「세계질서와 고려-몽골관계」, 『동아시아 국제질서 속의 한중관계사-제언과 모색』, 동북아역사재단, 2010.

이익주, 「고려-몽골관계에서 보이는 책봉-조공 관계 요소의 탐색」, 『13~14세기 고려-몽골관계 탐구』, 동북아역사재단, 2011.

이익주, 「1356년 공민왕 反元政治 再論」, 『역사학보』 225, 2015.

이익주, 「14세기 후반 고려-원 관계의 연구」, 『동북아역사논총』 53, 2016.

이정란, 「整治都監 활동에서 드러난 家 속의 개인과 그의 행동방식」, 『韓國史學報』 21, 2005.

이정란, 「1361년 홍건적의 침입과 공민왕의 충청지역 피난정치」, 『지방사와 지방문화』 21-1, 2018.

이정신, 「고려 충혜왕의 행적과 정치적 입장」, 『韓國人物史研究』 13, 2010.

이정신, 「원 간섭기 환관의 행적」, 『韓國史學報』 57, 2014.

이종서, 「고려후기 상반된 질서의 공존과 그 역사적 의미」, 『한국문화』 72, 2015.

이찬수, 『蒙·元帝國期 콩기라트 부의 형성·발전과 정치적 역할』, 강원대학교 대학원 사학과 석사학위논문, 2022.

임형수, 「고려 케시크(怯薛)의 기능과 개혁 방향」, 『민족문화연구』 60, 2013.

林亨洙, 『고려후기 怯薛制 운영 연구』, 고려대학교 대학원 한국사학과 박사학위논문, 2018.

임형수, 「고려 충렬왕대 鷹坊의 구조와 기능에 대한 재검토」, 『역사와 담론』 93, 2020.

전병무, 「고려 충혜왕의 상업활동과 재정정책」, 『역사와 현실』 10, 1993.

정동훈, 「고려 元宗·忠烈王대의 親朝 외교」, 『한국사연구』 177, 2017.

정성식, 「詩文에 나타난 李穀의 세계관」, 『동방학』 22, 2012.

진현경, 「元代 중·후기 대칸위 정쟁과 낭기야다이-四川 일대의 향배를 중심으로」, 『대구사학』 150, 2023.

崔昭暎, 『13세기 후반 티베트와 훌레구 울루스』, 서울대학교 대학원 동양사학과 석사학위논문, 2010.

최윤정, 「元代 동북지배와 遼陽行省-行省 建置 과정과 治所 문제를 중심으로」, 『동양사학연구』 110, 2010.

崔允精, 「駙馬國王과 國王丞相: 13-14세기 麗元관계와 고려왕조 國體 보존 문제 이해를 위한 새로운 모색」, 『大丘史學』 111, 2013.

최윤정, 「1356년 공민왕의 '反元改革' 재론」, 『大丘史學』 130, 2018.

최윤정, 「13~14세기 몽골과 고려의 부마들-통혼의 정치적 의미와 고려왕권의 성격 재론」, 『중앙아시아연구』 24-2, 2019.

최윤정, 「13세기(1219~1278) 몽골-고려 관계 재론-소위 '六事' 요구와 그 이행 문제를 중심으로」,『대구사학』142, 2021.

최종석, 「1356(공민왕 5)~1369년(공민왕 18) 고려-몽골(원) 관계의 성격-'원간섭기'
　　　와의 연속성을 중심으로」,『역사교육』116, 2010.

토니노 푸지오니, 「元代 奇皇后의 佛敎後援과 그 政治的인 意義」,『보조사상』17,
　　　2002.

韓忠熙, 「朝鮮初期 淸州韓氏 永矴(~1417이전, 知郡事贈領議政)系 家系硏究: 歷官
　　　傾向과 通婚圈을 중심으로」,『啓明史學』6, 1995.

홍영의, 「개혁군주 공민왕: 공민왕의 즉위와 초기 국왕권 강화노력」,『韓國人物史
　　　硏究』18, 2012.

郭軍,『元末"至正更化"探究』, 西北師範大學 碩士學位論文, 2012.

郭曉航, 「元豫王阿剌忒納失里考述」,『社會科學』2007-9.

屈文軍, 「元代怯薛新論」,『南京大學學報(哲學·人文科學·社會科學版)』2003-2.

權五重, 「大靑島與元朝之流配人」,『歷史硏究』2009-4.

鈕希强, 「論兩都之戰的社會影響」,『邢臺學院學報』2009-3.

党寶海, 「昔里吉大王與元越戰爭」,『西部蒙古論壇』2013-4.

鄧文韜, 「元代唐兀怯薛考論」,『西夏硏究』2015-2.

勞心, 「李穡《牧隱稿詩稿》和北元若干問題探討-兼對蒙古天元帝脫古思帖木兒身份
　　　和汗系問題的辨析」,『科學大衆(科學敎育)』2018-8.

毛海明, 「元初諸王昔里吉的最終結局」,『元史及民族與邊疆硏究集刊』34, 上海: 上海
　　　古籍出版社, 2017.

苗冬, 「元代怯薛遣使初探」,『雲南師範大學學報(哲學社會科學版)』2009-4.

朴延華,『高麗後期王權硏究-以元朝控制干涉期爲中心』, 延邊大學 博士學位論文,
　　　2007.

朴延華, 「高麗忠穆王代整治都監改革與元廷關係」,『朝鮮·韓國歷史硏究』13, 延吉:
　　　延邊大學出版社, 2013.

傅樂淑,「元代宦禍考」,『元史論叢』2, 北京: 中華書局, 1983.

尙衍斌,「說沙剌班-兼論《山居新語》的史料價值」,『中國邊疆民族研究』5, 北京: 中央
　　　民族大學出版社, 2011.

尙衍斌,「元及明初高麗韓氏家族事輯」,『元史及民族與邊疆研究集刊』34, 上海: 上海
　　　古籍出版社, 2017.

舒健,「怯怜口與高麗政局關係初探-以蒙古人印侯爲例」,『元史及民族與邊疆研究集
　　　刊』23, 上海: 上海古籍出版社, 2011.

蕭啓慶,「元代四大蒙古家族」,『元代史新探』, 臺北: 新文豐出版公司, 1983.

蘇力,「《稼亭集》所見元至正五年大都災荒事」,『東北師大學報(哲學社會科學版)』
　　　2010-6.

僧格,「"答剌罕"與古代蒙古狩獵文化」,『西北民族研究』2011-3.

余大鈞,「蒙古朵兒邊氏孛羅事輯」,『元史論叢』1, 北京: 中華書局, 1982.

葉新民,「關于元代的"四怯薛"」,『元史論叢』2, 北京: 中華書局, 1983.

葉新民,「兩都巡幸制與上都的宮廷生活」,『元史論叢』4, 1992.

王明軍·楊軍·鄭玉艷,「試論元朝末年的"至正更化"」,『松遼學刊(社會科學版)』1998-4.

王一丹,「孛羅丞相伊利汗國事跡探賾-基於波斯語文獻的再考察」,『民族研究』2015-4.

于洋,「芻議元代奉使宣撫-兼議元中後期監察制度」,『新西部』2017-31.

劉曉,「元代怯薛輪值新論」,『中國社會科學』2008-4.

劉曉,「元代非皇帝怯薛輪值的日次問題-兼談《元典章》與《至正條格》的一則怯薛輪
　　　值史料」,『隋唐遼宋金元史論叢』1, 北京: 紫禁城出版社, 2011.

劉曉,「《璿溪金氏族譜》所見兩則元代怯薛輪值史料」,『西北師大學報(社會科學版)』
　　　52-2, 2015

殷小平,「元代崇福使愛薛史事補說」,『西域研究』2014-3.

李岭,「《牧隱稿詩稿》所見元明之際的中朝關係」,『內蒙古社會科學(漢文版)』36-5,
　　　2015.

李治安,「怯薛與元代朝政」,『中國史研究』1990-1.

李曉紅,『蒙元時期的答剌罕研究』, 內蒙古大學 碩士學位論文, 2013.

張金銖,「元兩都之戰及其社會影響」『安徽大學學報(哲學社會科學版)』30-5, 2006.

張岱玉,「『元史·諸王表』補證及部分諸王研究』, 內蒙古大學 博士學位論文, 2008.

丁楊梅, 鈕希强,「元代的宦官」『齊齊哈爾師範高等專科學校學報』2009-5.

陳高華,「《稼亭集》·《牧隱稿》與元史研究」,『蒙元史暨民族史論集: 紀念翁獨健先生 誕辰一百周年』, 北京: 社會科學文獻出版社, 2006.

陳廣恩,「元安西王阿難答倡導伊斯蘭教的眞正目的」,『西域研究』2005-2.

陳旭,「吸收與融合-元代西夏遺民社會地位及其民族融合的歷史考察」,『西北第二民 族學院學報(哲學社會科學版)』2008-2.

陳偉慶,「試析元朝宦官的幾個問題」,『元史及民族與邊疆研究集刊』21, 上海: 上海古 籍出版社, 2009.

馮修靑,「蒙元帝國在高麗的流放地」,『內蒙古社會科學(文史哲版)』1992-3.

韓儒林,「蒙古答剌罕考」,『中國文化研究所集刊』1-2, 1940.

胡小鵬·李翀,「試析元代的流刑」,『西北師大學報(社會科學版)』2008-6.

洪金富,「元朝怯薛輪値史料攷釋」,『中央研究院歷史語言研究所集刊』74-2, 2003.

洪金富,「元代文獻攷釋與歷史研究-稱謂篇」,『中央研究院歷史語言研究所集刊』81- 4, 2010.

喜蕾,「北元昭宗愛猷識理達臘生年考辨」,『內蒙古大學學報(人文社會科學版)』32-4, 2000.

喜蕾,「元代高麗貢宦制度與高麗宦官勢力」,『內蒙古社會科學(漢文版)』2002-3.

白鳥庫吉,「高麗史に見えたる蒙古語の解釋」,『東洋學報』18-2, 1929.

森平雅彥,「高麗王家とモンゴル皇族の通婚關係に關する覺書」,『東洋史研究』67-3, 2008.

舩田善之,「モンゴル時代漢語文書史料について-傳來と集成によって擴がる文書 史料の世界」,『內陸アジア言語の研究』33, 2018.

松田孝一,「元朝期の分封制-安西王の事例を中心として」,『史學雜誌』88-8, 1979.

宇野伸浩,「モンゴル帝國の宮廷のケシクテンとチンギス・カンの中央の千戸」,『櫻文論叢』96, 2018.

箭內亙,「元朝怯薛考」,『東洋學報』6-3, 1916.

村岡倫,「シリギの亂-元初モンゴリアの爭亂」,『東洋史苑』24・25, 1985.

片山共夫,「元朝四怯薛の輪番制度」,『九州大學東洋史論集』6, 1977.

片山共夫,「怯薛と元朝官僚制」,『史學雜誌』89-12, 1980.

片山共夫,「元朝怯薛出身者の家柄について」,『九州大學東洋史論集』8, 1980.

片山共夫,「アーマッドの暗殺事件をめぐって: 元朝フビライ期の政治史」,『九州大學東洋史論集』11, 1983.

惠谷俊之,「荅剌罕考」,『東洋史研究』22-2, 1963.

Gerelt Suuhan,「チンギス・ハーン時代のダルハンに關する一考察」,『史滴』24, 2002.

Allsen, Thomas T. "Biography of a Cultural Broker. Bolad Ch'eng-Hsiang in China and Iran", Julian Raby & Teresa Fitzherbert eds., *The Court of the Il-khans 1290-1340*, Oxford: Oxford University Press, 1996.

Atwood, Christopher. "Ulus Emirs, Keshig Elders, Signatures, and Marriage Partners: The Evolution of a Classic Mongol Institution", David Sneath ed., *Imperial Statecraft: Political Forms and Techniques of Governance in Inner Asia, Sixth-Twentieth Centuries*, Bellingham: Western Washington University, 2006.

Chan, Hok-lam. "Liu Ping-chung(1216-74): A Buddhist-Taoist Statesman at the Court of Khubilai Khan", *Toung Pao* Vol. 53, Livr. 1/3, 1967.

Dunnell, Ruth W. "The Anxi Principality: [un]Making a Muslim Mongol Prince in Northwest China during the Yuan Dynasty", *Central Asiatic Journal*, Vol. 57, 2014.

Masuya, Tomoko. "Seasonal Capitals with Permanent Buildings in the Mongol
   Empire", David Durand-Guédy ed., *Turko-Mongol Rulers, Cities and City
   Life*, Leiden·Boston: Brill, 2013.

1장 권용철, 「李穀의 『稼亭集』에 수록된 大元帝國 역사 관련 기록 분석」, 『역사학보』 237, 2018.

2장 권용철, 「이색의 『목은문고』에 수록된 대원제국 역사 관련 기록 분석」, 『한국중세사연구』 71, 2022.

3장 권용철, 「원 제국의 다르칸 제도가 고려에 유입된 양상-고려 후기 金汝盂 功臣敎書의 분석을 중심으로」, 『학림』 47, 2021.

4장 권용철, 「大元帝國 末期 政局과 고려 충혜왕의 즉위, 복위, 폐위」, 『한국사학보』 56, 2014.

5장 권용철, 「高麗人 宦官 高龍普와 大元帝國 徽政院使 투멘데르(禿滿迭兒)의 관계에 대한 小考」, 『사학연구』 117, 2015.

6장 권용철, 「원 제국의 고려인 관료 한영(韓永)의 행적에 대한 검토」, 『인문논총』 56, 2021.

7장 권용철, 「元代 말기의 정국과 고려 文人 이공수(1308-1366)의 행적」, 『인문학연구』 59-2, 2020.

8장 권용철, 「몽골제국 시기 볼라드 칭상의 행적에 대한 재검토『고려사』에 실린 기록의 발굴을 중심으로」, 『역사학보』 252, 2021.

9장 권용철, 「『高麗史』에 기록된 元代 케식文書史料의 분석」, 『한국중세사연구』 58, 2019.

10장 권용철, 「원 제국 제왕(諸王)의 고려 유배 양상」, 『세계 역사와 문화 연구』 68, 2023.

색인

고려사 속의 원 제국

초판 1쇄 인쇄 2024년 4월 9일
초판 1쇄 발행 2024년 4월 20일

지 은 이 권용철
발 행 인 한정희
발 행 처 경인문화사
편   집 김윤진 유지혜 김지선 한주연 이보은
마 케 팅 전병관 하재일 유인순
출판번호 제406-1973-000003호
주   소 경기도 파주시 회동길 445-1 경인빌딩 B동 4층
전   화 031-955-9300   팩   스 031-955-9310
홈페이지 www.kyunginp.co.kr
이 메 일 kyungin@kyunginp.co.kr

ISBN 978-89-499-6795-0 93910
값 29,000원